姓氏名人故事

张爽 编著

金盾出版社

内容提要

我国是世界上最早使用姓氏的国家。在炎黄时代，就有了中华古姓。千百年来，中华文化通过姓氏家族得以保存，由姓氏而家庭，由家庭而家族，由家族而形成家族文化与家族精神，这就是“血脉相连”的文化内涵。然而一个姓有一个姓之特性，一个家族有一个家族之传统，基因所在，教育所养。本书甄选了一百个大姓，以姓氏起源、得姓始祖、历史名人及名人故事贯串全书，集知识性、学术性、趣味性和可读性于一体。全书语言流畅、通俗易懂，是广大读者了解我国姓氏文化的最佳读物。

图书在版编目(CIP)数据

姓氏名人故事/张爽编著．—北京：金盾出版社，2016.6
(2018.2 重印)
ISBN 978-7-5186-0825-6

Ⅰ.①姓…　Ⅱ.①张…　Ⅲ.①名人—生平事迹—中国—通俗读物　Ⅳ.①K82-49

中国版本图书馆 CIP 数据核字(2016)第 053184 号

金盾出版社出版、总发行
北京太平路 5 号(地铁万寿路站往南)
邮政编码：100036　电话：68214039　83219215
传真：68276683　网址：www.jdcbs.cn
封面印刷：北京印刷一厂
正文印刷：北京万博诚印刷有限公司
装订：北京万博诚印刷有限公司
各地新华书店经销

开本：880×1230 1/32　印张：13　字数：338 千字
2018 年 2 月第 1 版第 2 次印刷
印数：3 001～6 000 册　定价：39.00 元

前 言

中国是世界上最早使用姓氏的国家。在 5 000 年前的炎黄时代,就有了中华姓氏。

上古的姓氏有姬、姜、姒、妫、姚、好等,皆从“女”字旁,也从一个方面反映了“姓”最初产生于母系氏族社会。“姓”是氏族组织的名称,“氏”是氏族内部家族组织的名号。

“姓”与“氏”作为不同级别血缘组织的名号,在先秦时代尤为明显,“三代之上,姓氏有别”之说,即是由此得出的结论。

在姓氏应用规则上,先秦时代是男子称氏,女子称姓。先秦时代的人既有姓又有氏。比如周公,姓“姬”,氏“周”;再如孔子,姓“子”,氏“孔”。女子亦然,著名的苏妲己,姓“己”,氏“苏”;周幽王为博其一笑不惜烽火戏诸侯的褒姒,姓“姒”,氏“褒”。

战国时代,随着社会血缘组织的结构形式由氏族、家族两级形态向单级的个体家庭形态转化,上古的姓氏制度也发生了巨大变化。

首先,姓与氏合流,原有的姓、氏都无区别地成为新姓氏制度中的新姓,此后无论单称“姓”“氏”,还是合称“姓氏”,其所代表的都是个体家庭的名号。

其次,姓氏在应用规则上不再有男女之分,无论男女,其个人称谓都以“姓+名”的形式出现,人们所熟知的秦王“嬴政”、刺杀嬴政的“荆轲”、为荆轲击筑送行的“高渐离”,都是“姓+名”的称谓形式。

以前同姓即意味着同祖、同血缘，但姓氏合流之后的新姓多数是由从前的氏转化而来，因而变化后的同姓也不一定具有相同的血缘关系。比如春秋时期的几个国家都有孔氏，鲁国的孔氏姓子，属殷商遗族（孔子便出自这一支）；郑国的孔氏姓姬，为周厉王之后；陈国的孔氏姓妫，据称出自虞舜。这三支孔氏在变化之后都转为了孔姓，但三者并不必然地沾亲带故。

姓氏代表中国传统宗族观念的外在表现形式，以一种血缘文化的特殊形式记录了中华民族的形成，在中华民族文化的同化和国家统一上曾起过独特的民族凝聚力的作用。它作为一种文化载体，始终活跃于政治生活、民族关系、心理民俗等方面。

千百年来，中华文化并没有因为战争而消失，大多都是通过姓氏家族得以保存，由姓氏而家庭，由家庭而家族，由家族而形成家族文化与家族精神。一个姓有一个姓之特性，一个家族有一个家族之传统，基因所在，教育所养。姓氏文化乃是中国民俗传统文化之缩影，在姓氏文化里，我们可以读到政治、经济、教育、道德，又可以读到祖先之生存状态、处世哲理、价值观念，还可以读到本族吾民之生灭盛衰、悲欢离合，可以增强民族自尊心和自豪感，从中受到教育和启发。

本书从姓氏起源、得姓始祖、迁徙分布、历史名人、名人故事等角度，去探寻姓氏文化在中国历史上的烙印，启发广大读者尤其是青少年读者对姓氏文化的认识、理解和兴趣，对整个中国历史文化的观察更清晰、更深入。

在编写过程中，得到陈雨丹、王棋、汪清秀、刘彬、邱政、李言、牛海亮、赵华伦、邱胜、何金生、何金玲、罗英、陈金华、朱伟英、鲍健明等人的大力协助，在此深表谢意。敬请广大读者提出批评意见。

编　者

目　　录

一、姓氏的由来与演变

二、古代的姓氏与名号

三、姓氏起源及名人故事

一、姓氏的由来与演变

(一)姓氏的由来

中国是一个历史悠久、民族众多的国家。姓氏是代表每个人及其家族的一种符号,是构成中华民族文化的一个重要内容。

姓氏,是姓和氏的合称。姓者,统其祖考之所自出;氏者,别其子孙之所自分。宋·郑樵《通志·氏族略》曰:“三代(夏商周)以前,姓氏分而为二,男子称氏,妊人(女子)称姓。”古代姓氏起源于人类早期生存的原始部落之中。

姓氏是怎样产生与发展的?汉·许慎《说文解字》解释道:“姓,人所生也。……因生以为姓,从姓生。”这就是说,人是母亲生的,故姓字为女旁。

“姓”对人类来说,是用来区分身份、地位的。中国人在三皇五帝以前(距今约5 000年)就有了姓,那是人类原始社会母系氏族制的初期。姓是区分氏族的特定标志符号,姓是作为共同血缘关系的识别产生的。东汉·班固《白虎通·姓名》称:“人所以为姓者何?所以崇恩爱,厚亲亲,远禽兽,别婚姻也。故纪世别类,使生相爱,死相哀,同姓不得相娶者,皆为重人伦也。”而氏则是部落、氏族的标志,是用来区别贵贱的。《通志·氏族略序》说:“氏所以别贵贱,贵者有氏,贱者有名无氏……姓所以别婚,故有同姓、异姓之别;氏同姓不同者,婚姻可通,姓同氏不同者,婚姻不可通。”东周末年,姓与氏开始混合使用,姓氏成为不同家族来历的标志,正如郑樵所说:“三代(夏、商、周三个朝代)之后,姓氏合而为一,皆所以别婚姻,而以地望(郡望)明贵贱。”

(二)姓氏起源概述

中国人姓氏的总源头可以追溯至炎黄时代,中国的姓氏基本上都来源于那个时代。具体来说总源有三:黄帝族、炎帝族、东夷族。

1. 黄帝是传说中中原各族的共同祖先

黄帝为少典之子,本姓公孙,长居姬水,而改姓姬,居轩辕之丘(今河南新郑西北),故号轩辕氏;国于有熊(今河南新郑),故亦称有熊氏;因有土德之瑞,故号黄帝;与炎帝共同被后世尊为“人文始祖”。黄帝族主要有两大分支:一支为颛顼族,一支为帝喾族。颛顼是传说中的古代部族首领,《史记》说他是“黄帝之孙而昌意之子”,号高阳氏。颛顼后裔比较有头绪的,主要有三支:一为舜族,二为禹族,三为陆终族。舜,汉·司马迁《史记》说他是颛顼的七世孙,其后代产生出陈、袁、田等姓氏。禹是颛顼的六代孙,他的儿子启,建立了夏朝,后产生出一些姓氏。陆终父祝融,是颛顼的曾孙,曾孕育出一些姓氏。帝喾是传说中古代部族首领,号高辛氏,《史记》说他是“黄帝之曾孙”“于颛顼为族子”。帝喾后裔中主要有尧族、商族、周族。尧是传说中父系氏族社会后期部落联盟领袖,是帝喾之子,其后产生出一些姓氏。商族始祖名契,是帝喾之子,被封于商(今河南商丘南),赐姓子氏。子姓是商族产生的姓氏,一部分直接源于商朝王族,而大多数则出自由殷纣王帝辛的哥哥微子启所建的子姓宋国。周族始祖名弃,也是帝喾之子,姓姬氏,其后衍生的姓氏多达数百个。此外,据有关文献记载,匈奴族和鲜卑族同黄帝也有血缘关系,所以,凡出自匈奴族或鲜卑族的姓氏,均列入黄帝族系。

2. 炎帝是传说中上古姜姓部落首领

因生于姜水(在今陕西岐山东,是渭河的一条支流),故姓姜;因以火德王,又以火名官,故称炎帝;相传他教民耕种,又曾尝百草为药以治病,故又号神农氏。他原居姜水流域,后发展到中原地区,编年体史书《竹书纪年》说他曾居陈,“陈”即今河南淮阳。他的子孙大部分在河南境内定居,使姜姓失而复得,又衍生出其他一些姓氏。在河南境内的炎帝后裔,主要有方氏、雷氏、吕氏、许氏、文氏、申氏。炎帝后裔还有在山东北部的齐氏,但其始祖吕尚是南阳吕国的子孙。

3.“东夷”是中国古代对东方各族的泛称

东夷族分为太昊族与少昊族。太昊,是传说中古代东夷族首领,也是中国神话中人类的始祖。太昊族以龙为图腾,曾以龙为官名,其后裔姓氏有任、郝及白姓的一支等。少昊,号金天氏,也是古代东夷族首领,相传他因修太昊之法,故曰少昊。少昊与太昊是继承关系,少昊部落是从太昊部落分出来的,活动中心在今山东曲阜一带,但其后代却分布在全国许多地方。少昊后裔有两个重要人物,即皋陶和伯益。皋陶是少昊的曾孙,也是东夷族的首领。当今第一大姓李及廖姓的一支,都是他的后裔。伯益是皋陶之子,是舜时东夷部落的首领。他是古代嬴姓(秦朝)各族的共同祖先,后裔相当繁盛,赵、黄、徐、马、谭、江等姓都是他的后代。

(三)姓氏的历史演变

中国人的姓氏,大部分是代代相传。其特点是:源远流长、内容丰富、出处具体。姓氏的形成各有不同的历史过程。同姓不一定是同源,如刘姓就有五处起源。异姓也可能是同出一宗,如古、吴两姓本是同源,都是古公先祖的后裔。

张、王、李、赵、钱、孙……每个人都有自己的姓氏。这些姓氏是如何产生的呢？考察其来历，大致可分为以下类别。

一是以氏族、图腾为姓。据《史记·五帝本纪》记载，黄帝与炎帝大战于阪泉之野（河北境内），当时，黄帝指挥熊、罴、貔、貅、貙、虎六个猛兽参加战斗。实际上指的是以猛兽为图腾的六个氏族的黄帝部落，其中以黄帝所在的熊氏族为首，故黄帝又称“有熊氏”。氏族社会晚期以至夏商时代，分支氏族的标号有的也成为后起之姓，如姬、姜、姒、风、己、子、任、伊、嬴、姚。由此而产生的姓氏在古代被认为是“贵”姓，如姒、姜姓等人数少，却姓氏高贵。

二是以国名为氏。夏商两代封侯赐地，西周初年实行分封，诸侯国遍布九州，这些国名多为其子孙后代的姓。如春秋战国时期的诸侯国：齐、鲁、晋、宋、郑、吴、越、秦、楚、卫、韩、赵、魏、燕、陈、蔡、曹、胡、许等，皆成为今天的常见姓。

三是以邑名为氏。邑即采邑，是古代国君封赐给卿大夫作为世禄的田邑，生活在采邑中的后代有的便继之为氏。如周武王时封司寇忿生采邑于苏（今河北临漳西），忿生后代便姓苏。据统计，以邑为氏的姓氏近200个。一些复姓由于漫长的历史演变，至今已不复存在。

四是以乡、亭之名为氏。如嬴姓秦国的始祖非子的支孙封在邑乡，得邑氏；至六世孙被周禧王封为邑侯，采食解州。齐国公族大夫分别住在东郭、南郭、西郭、北郭，这四郭便成了姓氏。这类姓氏，常见的有裴、陆、阎、郝、欧阳等。

五是以居住地为姓。这类姓氏中复姓较多，一般都带有邱、门、乡、闾、里、野、官等字，表示不同环境的居住地点。

六是以先人的字或名为氏。此姓氏较多，据统计有五六百个，其中复姓近200个。如周平王的庶子字林开，其后代以林姓传世。宋戴公之子充石，字皇父，其孙以祖父字为氏，汉代时改皇父为皇甫。又如齐国大夫童刁的孙子以刁氏传世。

七是以次第为氏。一家一族，按兄弟顺序排行取姓，如老大曰伯或孟，老二曰仲，老三曰叔，老四曰季等。后代相沿为氏，表示在宗族中的顺序。如春秋鲁国有孟孙氏、叔孙氏和季孙氏。但也有例外，如鲁庄公之弟庄父排行老二，本为仲氏、仲孙氏，因他有弑君之罪，后代便改姓孟或孟孙。

八是以官职为氏。如司徒、司马、司空、司士、司寇等。一些以官职为姓的姓氏，仅从字义上也可分辨出来，如籍、谏、库、仓、军、厨等。

九是以技艺为姓氏。如商朝有巫氏，是用筮占卜的创始者，后世便以为氏。从事冰凌的人，后代以凌为姓。又如卜、陶、甄、匠、屠等姓，均是以技艺为姓氏。

十是以谥号为姓。如庄氏，原为楚庄王之后；康氏，原为周武王之弟康叔之后。

十一是因赐姓、避讳、避祸而改姓。“赐姓”，如南明朝隆武帝朱聿键把国姓“朱”赐给了郑成功，闽台百姓称郑成功为“国姓爷”。“避讳”，如汉文帝名刘恒，恒氏因而改为常氏。“避祸”多为本族有人触犯刑律而要诛九族者，因避祸而迁人异地而改姓，如汉代大臣杨恽被害后，其后世子孙改恽姓；司马迁因祸下狱，其族人改姓同。

十二是爵位称号及爵系为氏。有皇、王、公、侯、王叔、王子、王孙、公子、公孙等姓。

十三是古代少数民族融合到汉族中带来的姓。如慕容、宇文、呼延等。

十四是其他姓源。少数民族的多字姓大部分简化、汉化改为单姓，如“拓跋”改为元姓、“贺鲁”改为周姓、“柯跋”改为柯姓、“丘穆”改为穆姓、“哈巴色”改为蒴姓等。满族大姓“索绰罗氏”改为索姓、“瓜尔佳氏”改为关姓、“钮祜禄氏”改为郎姓、“那拉氏”改为那姓、“爱新觉罗氏”改为金姓等。

另有，以德行或闻著之事为姓氏者。如汉武帝时，年高德劭的

老丞相田千秋，恩准乘车入朝，人称“车丞相”，其后人遂以车为姓。此外，还有以古都名为姓，以古朝代名为姓，纷繁复杂。

中国姓氏复杂，往往一个姓有好几个源头。例如，尹姓的起源有二：其一出自少昊的后代，以邑为姓；其二以官名命名，尹氏为商周时的官名，职位相当于宰相。商汤时有伊挚为尹，周宣王时有兮伯吉甫为尹，他们的后代中都有以尹为姓的，也称为尹氏。傅起源如下：其一出于殷商名相傅说的后裔，即商王武丁发现大臣的地方（傅岩）命名的姓氏；其二出自姬姓，黄帝裔孙大由（唐侯丹朱之子）封于傅邑，故其子孙便以地为氏，也称傅氏；其三出自赖氏改傅姓，赖氏族人为楚灵王所害，改罗、傅二氏；其四，清代有部分满洲贵族也改姓傅，如傅恒，满洲镶黄旗人，本姓富察氏。

姓氏中不但有单字姓，还有复姓，如诸葛、夏侯、司马等。复姓来源如下：一是汉族复音姓氏绝大多数产生在商周和春秋战国时代。如钟离、上官是以封邑为氏，东郭、南门是以居地为氏，公羊、子阳是以王父之字为氏，司马、司空是以官名为氏，公孙是以爵系为氏，叔孙是以族系为氏等。二是古代少数民族的复音姓氏都是来自当时的译音，由于读音的原因，翻译成汉字就成了慕容、宇文、万俟等。古代少数民族的不少姓氏原是有其意义的，如鲜卑族慕容氏，其意是“慕二仪之德，继三光之容”。宇文氏，为辽东南单于之后，因打猎捡得一个玉玺，自以为上天所授，是贵为天子的象征，鲜卑人称天子为宇文，因号宇文氏。尔朱氏，其先祖为契胡部落酋长，世居尔朱川，以住地为氏。除复姓外，还有合姓。所谓合姓，即由二姓合并而成。合姓的产生，大抵为外甥继嗣舅父、女婿继嗣岳父，而又不忍使自己的本宗“断了香火”，于是将二姓合并为一。如“陆费”，本姓“陆”，因“陆”姓之子养育于外家，继承其业，遂合外字“费”姓为“陆费”，清代有陆费墀。申屠、夏侯、范姜等均为合姓。这种合姓现象在我国古代妇女的姓名中更为常见，姓李的女子嫁姓赵的男子，则称赵李氏，如此这般的李王氏、张刘氏、吴周氏、姚

朱氏等到处都有。

姓氏发生演变，主要基于两点：姓氏的迁移和改姓。

在2 000多年里，由于战乱、灾荒及其他零星的迁移，姓氏逐渐分散到全国各地。大的迁移有这么几次：一是秦汉时代。秦朝的南征北战，促使了大量人员的流动。由于灾荒、战乱，汉代多次有大批灾民南迁。二是晋朝末期。由于发生“八王之乱”，迫使大量中原人迁到淮河以南地区。三是唐五代时期。“安史之乱”及五代时期的战乱，使大批中原人外迁，后来又有很多人迁到中原。四是北宋时期。“靖康之乱”后，宋室南迁，随行人员之多前所未有。另外，还有蒙古族、满族南侵等迁移，很多姓氏的传播，极大地丰富了中国的姓氏文化。

在长期的发展中，时有发生改姓的情况。主要原因如下：一是因避讳改姓。避长者、贤者讳等，都会导致姓氏的改变，如秦亡后项籍称霸，“籍”氏为避霸王讳，改姓为“席”。二是因避难改姓。如秦焚书坑儒，有个姓桂名贞的博士早早得了风声，与全家改姓逃亡，此后桂家后代有的姓香(guì)、有的姓炅(guì)、有的姓炔(guì)，音同字不同，以示不忘本。三是因迁徙改姓。由于融于当地的民俗也会导致改姓，如秦汉时期“韩”姓多流散到江淮一带，当地土音以“韩”为“何”，字随音变，遂有“何”姓。四是因得罪或功赐改姓。如刘邦赐项伯、娄敬姓刘，赐英布后人姓黥等。五是在民族融合中改姓。如少数民族的姓在与汉族融合后汉化，从而出现了康、安、米、石，以及贺兰、宇文等姓。六是其他原因改姓，这里不再赘述。

中国上下几千年，姓氏必然变化很多。源多水活，流量变大。历史上中国曾拥有多少姓氏，迄今尚难论断。明代《姓觿》和《万姓同谱》，收录了3 700多个姓氏，但有人指出此数至多只及曾存在过的姓氏总量的一半。《百家姓》中收录了常用的507个姓，其中复姓60个、单姓447个。目前，全国的姓氏约有14 600多个，而由中华书局出版的《中华姓氏源流大辞典》，收录了31 000多个，其中汉姓（汉族姓氏及少数民族使用的汉式姓氏）10 000多个、译姓（根据少数民族语言翻译成汉文的姓氏）20 000多个、译姓演变为汉姓的姓氏100多个，是迄今收录姓氏条目最多的姓氏书籍。这足见中华姓氏文化的博大精深。

二、古代的姓氏与名号

古人的名与字是不同的。古人幼时命名，成年（男20岁、女15岁）取字，字和名有意义上的联系。字是为了便于他人称谓，对平辈或尊辈称字是出于礼貌和尊敬。如称司马迁为司马子长，陶渊明为陶元亮，李白为李太白，杜甫为杜子美，韩愈为韩退之，柳宗元为柳子厚，欧阳修为欧阳永叔，司马光为司马君实，苏轼为苏子瞻等。

名和字，在意义上是有联系的，“字以表德”，即字是名的阐义。如屈原，名平，字原（“原”，宽阔平坦之意）；曹操，字孟德；诸葛亮，字孔明；岳飞，字鹏举；等等。有时候，人们以姓名与字连称，以示尊重，如孔丘仲尼、曹操孟德。

号（又叫别号、表号），与名字不一定有意义上的联系，但往往加上显示身份的一层意思，如“道人”“楼主”“居士”等字眼。名、字与号的根本区别是：前者由父亲或尊长取定，后者由自己取定。号，一般只用于自称，以显示某种志趣或抒发某种情感；对人称号，也是一种敬称。比如，陶潜号五柳先生，李白号青莲居士，杜甫号少陵野老，白居易号香山居士，李商隐号玉溪生，贺知章晚年自号四明狂客，欧阳修号醉翁、晚年又号六一居士，王安石晚年号半山，苏轼号东坡居士，陆游号放翁，文天祥号文山，李清照号易安居士，罗贯中号湖海散人，吴承恩号射阳山人，方苞号望溪，袁枚号随园老人。

有人用斋号或室号来称呼。如南宋诗人杨万里的斋名为诚斋，人们称其为杨诚斋；姚鼐因斋名为惜抱轩而被称为姚惜抱、惜抱先生。再如称蒲松龄为聊斋先生，梁启超为饮冰室主人，谭嗣同为谭壮飞（其斋名为壮飞楼）。

也有称籍贯的，如唐代诗人孟浩然是襄阳人，故而人称孟襄阳；张九龄是曲江人，故而人称张曲江；柳宗元是河东（今山西永济）人，故而人称柳河东；北宋王安石是江西临川人，故而人称王临川。清末有一副饱含讥刺的名联："宰相合肥天下瘦，司农常熟世间荒。"上联"合肥"指李鸿章（安徽合肥人），下联"常熟"即指光绪之师翁同龢（江苏常熟人）。

有人认为称号仍不够尊重，有时则以官职相称，如杜甫称杜工部（检校工部员外郎）、王维称王右丞。自称时，在尊长面前用学名（入学时老师起的名），不得用字、号。上书时只准用名，不能冠姓。

谥号，是死后追封的名号。古代帝王、诸侯、士卿、大臣死后，朝廷按阶位道德标准，根据其生平德行给予称号，原寓褒贬之意，即所谓盖棺定论。如称欧阳修为欧阳文忠公，王安石为王文公，范仲淹为范文正公，王翱为王忠肃公，左光斗为左忠毅公，史可法为史忠烈公，林则徐为林文忠公。但有些有名望的文人学士去世后，由亲友私谥。如陶潜去世后，颜延年谥为靖节征士；黄庭坚去世后，门人谥为文节先生。

从中国古代姓氏名字上，可以看出中华民族古代文化博大精深、源远流长。

（一）"姓"字的本意是女人生的子女

姓氏往往被连在一起用，然而，从姓氏的本意来看，原本不是一回事。

姓是会意字，从女，生声。"女"为女性、女人；"生"为生育、出生。“女、生”为姓，其本意为女人生的孩子随母亲姓。姓的甲骨文中，“生”像植物萌芽的样子，表示万物生生不息，正如人类代代相传。对于姓，东汉许慎在《说文解字》中说：“姓，人所生也。古之神圣母感天而生子，故称天子。从女、从生，生亦声。春秋传曰天资因生以为姓。”班固在《白虎通德论》卷九中说：“姓者，生也，人禀天气所以生者也。”

古人的名字极为复杂，由姓、氏、名、字、号五个部分组成，所以，姓氏最早是分开的，并不是一个词。姓产生于前，氏出现在后。据考证，中国人在三皇五帝时期已有了姓，而且子女最初都随母亲姓。在母系社会，同一个母亲所生的子女都是同姓，姓字的本意是女人生的子女，代表了一种血缘关系，是家族基因的延续。所以，一些古老的姓如姬、姜、姚、妘、妫、姒等，都是女字旁。显然，姓所标志的血缘关系最早是由女性来确定的。母系氏族社会中，人们“只知其母、不知其父”，这便是姓产生时的社会背景。

（二）姓“别婚姻”，氏“别贵贱”

到了伏羲氏族时期，随着同一祖先所繁衍的子孙越来越多，一个家族往往会分成若干支系，并散居到各个不同的地方。各个分支的子孙，除了保留姓以外，为了相互区别，以示不同，便取一个称号作为标志，这样就产生了“氏”。也就是说，“姓”是一个家族所有后代的共同称号，“氏”则是从姓中派生出来的不同支系。氏族社会时期，实行“族外婚姻”，同一个氏族的男女不能结婚，“姓”因而也起到了“别婚姻”的作用。

正如宋·郑樵《通志·氏族略》所云：“姓，所以别婚姻，氏，所以别贵贱。”春秋·左丘明《国语·周语》记载：“姓者，生也，以此为祖，令之相生，虽不及百世，而此姓不改。族者，属也，享其子孙共相连属，其旁支别属，则各自为氏。”由此可见，姓为氏之本，氏由姓所出。

（三）秦汉以后，姓和氏合二为一

周代，姓氏制度相当严密，成为宗法制度的重要组成部分。“礼不娶同姓”以法律的形式被确定下来。《通志·氏族略》记载：“贵者有氏，贱者有名无氏。”也就是说，先秦时期，男子称氏，女子称姓，但姓与氏都是贵族才有权使用的称号，没有名字的平民百姓，人们统一以其职业称呼。比如，庖丁是对姓丁的厨子的称呼；优孟是指姓孟的俳优的称呼；等等。商周以前，姓用以区别婚姻，故有同姓、异姓、庶姓之说。氏用以区别贵贱，贵者有氏，而贫贱者有名无氏。氏同而姓不同，婚姻可通；同姓不可通婚。

秦汉时期，姓和氏的区别已经微乎其微，并渐渐合二为一。《通志·氏族略》记载：“秦灭六国，子孙或以国为姓，或以姓为氏，或以氏为氏，姓氏之失，由此始……兹姓与氏浑为一者也。”西汉司马迁写《史记》时，更将姓氏混同成一个概念。清初顾炎武在《日知录》中说：“姓氏之称，自太史公始混而为一，《本纪》于秦始皇则曰‘姓赵氏’，于汉高祖则曰‘姓刘氏’，是也。”其中甚至出现了孔子“字仲尼，姓孔氏……”其实孔子原本姓子，孔是他的“氏”。至于“敬”姓历史上曾两度改“苟”姓，改姓的尴尬，则是中国古代一种特有的避讳现象。古代避讳的规矩很多，据起讫年代与《春秋》相同的《公羊传·闵公元年》记载：“春秋为尊者讳，为亲者讳，为贤者讳。”而被迫改姓大多是为避祸或避皇帝的名讳。商纣王时期的比干，原本姓子，被害后他的儿子为避祸就在子后加了个“小”字，改姓孙；司马迁遭受宫刑后，他的儿子有的在马前加了两点水，改成了姓冯，有的在司字的左边加了一竖，改成了姓同。

因避皇帝名讳而改姓的更是屡见不鲜。南宋著名史学家郑樵在所撰写的《通志·氏族略》中，曾列举出不少：“籍氏避项羽（名

籍，字羽）讳，改为席氏；庄氏避汉明帝（刘庄）讳，改为严氏；师氏避晋景帝（司马师）讳，改为帅氏……”此外，还有因避汉宣帝刘询的名讳，姓荀的改姓孙；避汉文帝刘恒的名讳，姓恒的改姓常；避汉哀帝刘欣的名讳，姓欣的改姓喜；避汉哀帝父亲刘庆的名讳，姓庆的改姓贺；等等。

（四）姓氏中的玄机

“赵钱孙李，周吴郑王……”一部宋朝撰写的《百家姓》，作为其后几百年间儿童的启蒙读物，告诉一代又一代人，姓氏在中国历史上的重要地位。明朝有《千家姓》，清朝也有自己的《百家姓》，2007年由中科院发布的《中国姓氏统计》是中国历史上第一部按照姓氏数量排序的“新百家姓”。中国姓氏是划分亲人血缘家族关系的一个标准。但看似普通的姓氏中却都暗藏玄机，主要包括以下几个方面。

1. 姓氏中暗藏着遗传密码

中科院姓氏调查，目的并非仅局限于统计姓氏数量，实际上，姓氏是连接文化遗传和生物遗传的一个桥梁。

长期以来姓氏随男，而从遗传学角度来说，只有男性具有Y染色体，因此，Y染色体就同姓氏一起遗传给男性后代，由此，具有同样姓氏的人群也就具有了同样类型的Y染色体以及它所携带的遗传基因。

调查中发现，很多遗传疾病只在同样姓氏的人群中传播，统计好姓名的数量和分布，对于研究人类遗传学就有了很大的帮助。

2. 同姓并非同家

中国人见了面，总是要问姓名，如果发现跟自己是同姓就会倍感亲切，认为彼此“五百年前是一家”。实际上并非如此，经过调查发现，一个大姓可能有很多来源。比如“李”姓，有些来自“嬴”姓，有些来自“赵”姓，唐朝时“李”姓被李世民分赐给了开国元勋，甚至在后魏时期，鲜卑的复姓也有改成“李”姓的。

姓氏是中华民族凝聚力的黏合剂，很多海外华侨要出钱修补自己的家谱，其目的是要寻找自己的根，而他们在寻根修家谱的过程中，通过与内地的联系，也对当地经济起到很大的带动作用。

3. 中国姓氏最有内涵

姓氏是一个重要的文化传承符号，但世界上没有一个国家姓氏传承得像中国这样完整而有内涵。

比如说日本，虽然也有姓的存在，但文化内涵极少。这是因为日本在明治维新前，只有少数的几个姓，明治天皇为了改革，要求全国人民都要有姓，后来虽然出现了很多个姓，但没有源头及意义，多数是以位置名来代表，如松下、井上、田中，因此，日本学者很难把日本的姓氏与人类遗传联系起来。

在美国，虽然有固定的姓氏，但因美国历史短暂(200 多年)，文化传承的时间太短，因此，美国学者对本国人的考证主要从肤色、毛发颜色和眼球颜色来确定。

在英国，姓氏则比较稳定，其来源主要借用宗教名，或在宗教名上加上表示血统关系的词缀等，以示某某之子或后代，还有在宗教名前附加表示身份的词缀。而在王室，先前采用“爱德华”作为姓氏，后来有采用“温莎”作为姓氏的。

在欧洲大陆，姓氏通常是用来区分出生地的标志。“二战”时，欧洲军队曾把同一姓氏的军人分为一组，用以增强部队的凝聚力和战斗力。

三、姓氏起源及名人故事

李 姓

姓氏起源

李姓源出有六：

一是出自嬴姓，为颛顼帝高阳氏之后裔。尧时，皋陶曾担任大理（掌管刑狱的官）的职务，其子孙按照当时的习惯，以官为氏，称为理氏。理氏改为李氏原因有二：（一）商纣时皋陶后裔理徵在朝为官，因直谏得罪了商纣王而被处死，其妻契和氏带着儿子利贞逃难时，因食李子充饥才得以活命，故改姓李氏。（二）据清·陈廷炜《姓氏考略》记载，自从有老子姓李，利贞的后裔祖上世代为理官，理、李两字古音相通，便也以李为氏。

二是出自他族改姓。三国时，诸葛亮平哀牢夷后，赐当地少数民族赵、张、杨、李等姓。鲜卑氏有复姓叱李氏，汉化后改为汉字单姓李氏，是为洛阳李氏。

三是出自他姓改李氏。据载，唐开国元勋有诸将徐氏、安氏、杜氏、郭氏、麻氏、鲜于氏等16氏，因立功从唐国姓，赐姓李氏。

四是春秋时，赵国将领武安君的后代有李左车，其后以李为姓。

五是为北魏代北复姓所改。北魏时有代北复姓叱李氏、高护氏，随孝文帝入中原后，改为单姓李氏。（见《魏书官氏书》《通志·氏族略》）

六是少数民族中本有的姓氏。延边朝鲜族，常见姓氏有李姓。

得姓始祖

据《史记·括地志》记载：寿州安丰县南130里，古六城东，禹封其少子丁六，以奉其祀。皋陶（皋陶事后葬于此）之后，历虞、夏、商，二十六世为理官，以官职为姓，故皋陶与其子孙为“理”氏。至商末年，他的裔孙理徵任商纣王的理官。时纣王无道，理徵屡屡进言，为纣王不容，终罹杀身之祸。他的妻子契和氏携幼子利贞逃难到伊侯之墟（约在河南省西部的伊河流域）。母子饥饿不堪，遂取道旁李树上的果实充饥。理利贞畏于纣王的追杀而不敢姓理，于是以“木子”救命之恩改理姓为李姓。由此看来，李姓之始当在商末周初，李利贞后被尊称为李姓始祖。

迁徙分布

李姓从形成时起，族人世居今河南鹿邑一带，春秋时期的李耳，是正史中立传的第一个李姓人物。据《新唐书》记载：李姓始祖李利贞娶陈国契和氏家的女儿，生子李昌祖，后在陈国任大夫，住在苦县。其后代分出两支，一支在陇西（今甘肃临洮），为陇西房；一支在赵郡（今河北邯郸西南），为赵郡房。

西汉时，李姓有徙居今山东、江西者。东汉、三国时，李姓有更多的人走向四面八方，向东北发展至今辽宁一带，向西北发展至今宁夏一带，向东南发展至今江苏，向南发展至今广东、湖南、湖北，向西南发展至今云南。十六国时，先后出现了两个李姓政权——大成国和西凉国，提高了李姓的声望。隋唐时，李姓随陈化父子入闽留居当地，子孙散居龙溪、漳浦诸县。武周时因避祸，宗室李姓部分人从长安、洛阳逃到江南定居。“安史之乱”时，又有一批李姓人逃往江南。随后，李光弼因平定“安史之乱”出镇徐州，进封临淮王，徙居金陵（今江苏南京），从此形成金陵李氏，后分衍于江西、四川、云南、贵州等地。唐宣宗时，因“牛李党争”，李派首领李德裕被贬为崖州（今海南三亚）司户，子孙有部分人留居当地，成为最早徙居海南的李姓人。

唐末至五代年间，河南一些李姓人随王潮兄弟入闽，定居于莆田、晋江，后又分支宁化、上杭、邵武、清流等地，进而又向西发展，分布于广东、广西一些地方。唐代以后，出于多种原因，李姓播迁更加频繁，分布地更为广泛。迁徙江南的李姓人，以寓居浙江、江苏者为多，其次还有迁至上海、江西、湖北、湖南、福建、广东、广西等地者。

明清时，李姓已遍布全国大部分地区。除大陆外，李姓还是少数在海外形成大族的姓氏，如在越南，自 1009 年起，李姓朝廷历八主 216 年，李姓人口急剧扩充，成为越南的大姓；在朝鲜，自 1392 年起，李氏朝鲜历 27 王 519 年，到日本侵占为止，李姓发展为朝鲜第二大姓。

据 2010 年人口普查显示，中国大陆李姓人口多达 9 500 余万，为中国第一大姓，约占全国人口的 7.9%。世界上有超过一亿以上的李姓人口，韩国、朝鲜、越南李姓也是大姓；在华人占少数的美国，李姓竟排到第 22 位，超过很多美国本土姓氏。

李姓在《百家姓》中排行第四位。炎黄子孙，华夏一统。天下李氏，同宗陇西。海外李氏华人与中华李氏同出一源，血浓于水，情系大唐。他们秉承着盛唐帝王之血脉，施展着帝王般的雄才大略，裂土封疆，称王海外，延续着李唐盛世的帝王霸业。李姓在中国历史上建立的政权最多，所以李姓声威显赫。

历史名人

李耳（生卒年不详），又称老子、太上老君。春秋末期思想家、哲学家，道家创始人。东方三大圣人之首，被《纽约时报》评为世界古今十大作家之首。孔子曾数次向老子问礼求道。自古有“老子天下第一”之称，可见老子的智慧和哲学思想在历史上的重要性。著有《道德经》。

李冰（前302～前235），号称陆海，出生地不详。战国时秦国蜀郡太守，水利学家。他领导修建了世界上历史最悠久的水利工程——都江堰。修完都江堰后，他又在四川什邡洛水镇修建水利工程，后病逝于此，葬于洛水镇旁边的章山之上，被后人尊为“川主”。

李世民（599～649），唐朝第二位皇帝，在位23年，年号贞观。名字取意“济世安民”，陇西成纪人。唐代著名的政治家、军事家、书法家和诗人。早年随父李渊进军长安，于公元618年建立唐朝，因功被封为秦王、天策上将。626年“玄武门之变”夺位登基后，开创了著名的“贞观之治”，为后来唐朝全盛时期的开元盛世奠定了重要基础，“功大过微，故业不堕”，为后世明君之典范，被评为千古第一明君。

李淳风（602～670），岐州雍（今陕西凤翔）人。唐代杰出的天文学家、数学家，道家学者。他自幼聪慧好学，博览群书，尤其精通天文、历法、数学、阴阳学等。由于他的卓越成就和贡献，受到了唐初李渊、李世民、李治三代皇帝的重用和拔擢，他在朝48年，历任秦王府记室参军、太史局将仕郎、承务部、太常博士、太史承、太史令、皇帝秘阁郎中。辞官隐居四川阆中仙逝。李淳风和袁天罡所著的《推背图》，以其预言准确而著称于世。李淳风是世界上第一个给风定级的人。

李白（701～762），字太白，号青莲居士，又号“谪仙人”，祖籍陇西成纪（今甘肃天水秦安）。唐代伟大的浪漫主义诗人，被后人誉为“诗仙”。其人爽朗大方，爱饮酒作诗，喜交友。天宝初，入长安，贺知章见了，称为谪仙人，荐于唐玄宗，待诏翰林。他所作诗歌，风格豪放，清新飘逸，大气磅礴，气势十足，故有“第一诗人”之称。

李泌(bì)(722～789)，字长源，京兆(今陕西西安)人。唐朝中期杰出的政治家、谋略家。历仕玄宗、肃宗、代宗、德宗四朝，官至宰相。幼有“神童”称誉，已能粗通儒、道、佛三家的学识。天宝中，自嵩山上书论施政方略，深得玄宗赏识，令其待诏翰林，为东宫属言。为杨国忠所忌，归隐名山。安禄山叛乱，肃宗即位灵武，召他参谋军事，又为幸臣李辅国等诬陷，复隐衡岳。代宗即位，召为翰林学士，又屡为权相元载、常衮排斥，出为外官。有“四次归隐，五次离京”之说。据史书记载，李泌“尤工于诗”，所写诗文很多，在学术上也很有造诣。千百年来，他一直是南岳衡山的一位传奇人物，为儒家、佛家、道家所共同赞颂。

李商隐(约813～858)，字义山，号玉溪(谿年)生，又号樊南生，怀州河内(今河南沁阳)人。晚唐最出色的诗人之一。他擅长诗歌写作，骈文文学价值也很高，和杜牧合称“小李杜”，与温庭筠合称为“温李”。其诗构思新奇、风格浓丽，尤其是一些爱情诗和无题诗写得缠绵悱恻、优美动人，广为传诵。

李煜(937～978)，字重光，初名从嘉，号钟隐、莲峰居士，彭城(今江苏徐州)人。五代十国时南唐国君(961～975年在位)，南唐元宗李璟第六子，于宋建隆二年(961)继位，史称李后主。开宝八年(975)，宋军破南唐都城，李煜降宋，被俘至汴京，封为右千牛卫上将军、违命侯。后因作感怀故国的名词《虞美人》而被宋太宗毒死。李煜虽不通政治，但其艺术才华非凡。精书法，善绘画，通音律，诗和文均有一定造诣，尤以词的成就最高，如千古杰作《虞美人》《浪淘沙》《乌夜啼》等词，被称为“千古词帝”。

李清照(1084～1155)，号易安居士，齐州章丘(今属山东)人。宋代女词人，婉约词派代表，有“千古第一才女”之称。所作词，前期多写其悠闲生活，后期多悲叹身世，情调感伤。形式上善用白描手法，自辟蹊径，语言清丽。论词强调协律，崇尚典雅，提出词“别是一家”之说，反对以作诗文之法作词。故有“第一女词人”之称。

李时珍（1518～1593），字东璧，晚年自号濒湖山人，湖北蕲州（今湖北黄冈）人。古代伟大的医学家、药物学家。自 1565 年起，先后到武当山、庐山、茅山、牛首山及湖广、安徽、河南、河北等地收集药物标本和处方，并拜渔人、樵夫、农民、车夫、药工、捕蛇者为师，参考历代医药等方面书籍 925 种，考古证今、穷究物理，记录上千万字札记，弄清许多疑难问题。历时 27 年编成《本草纲目》，是我国古代药物学巨著。此外对脉学及奇经八脉也有研究。著述有《奇经八脉考》《濒湖脉学》等。

李渔（1611～1680），字谪凡，号笠翁，浙江金华人。明末清初文学家、戏曲家、戏曲理论家、美学家。李渔自幼聪颖，素有才子之誉，世称李十郎。因家设戏班，至各地演出，从而积累了丰富的戏曲创作、演出经验，提出了较为完善的戏剧理论体系，被后世誉为“中国理论始祖”“世界喜剧大师”“东方莎士比亚”，是休闲文化的倡导者、文化产业的先行者，被列入世界文化名人之一。著有《笠翁十种曲》《笠翁一家言》《闲情偶寄》等，改定《金瓶梅》，倡编《芥子园画传》。

李鸿章（1823～1901），本名章铜，字渐甫或子黻，号少荃，晚年自号仪叟，别号省心。安徽合肥人，世人多尊称李中堂或李合肥。清末政治家、外交家，洋务运动的主要领导人之一。作为淮军、北洋水师的创始人和统帅、洋务运动的领袖、晚清重臣，官至直隶总督兼北洋通商大臣，授文华殿大学士，曾经代表清政府签订了《越南条约》《马关条约》《中法简明条约》等。日本首相伊藤博文视其为“大清帝国中唯一有能耐可和世界列强一争长短之人”，慈禧太后视其为“再造玄黄之人”。与曾国藩、张之洞、左宗棠并称为“中兴四大名臣”，与俾斯麦、格兰特并称为“19 世纪世界三大伟人”。

李广:桃李不言,下自成蹊

李广是中国西汉时期的名将。他英勇善战,历经汉景帝、武帝两朝,立下赫赫战功,对部下谦虚和蔼。文帝、匈奴单于都很敬佩他,被称为“飞将军”。元狩四年(前119),漠北之战中任前将军,因迷失道路未能参战而愤愧自杀。许多部下及不相识的人都自动为他痛哭,司马迁称赞他是“桃李不言,下自成蹊”。意寓桃李有芬芳的花朵、甜美的果实,虽然不会说话,但仍然能吸引许多人到树下赏花尝果,以至于树下走出一条小路来。比喻一个人做了好事,不用张扬,人们就会记住他。可见,只要能做到身教重于言教,为人诚恳、真挚,就会深得人心。谚语:“桃李不言,下自成蹊。”这句话虽小,却可以使人明白大道理。日本东京成蹊大学即以此为名。

李白搁笔

在黄鹤楼公园东边,有一亭名为“搁笔亭”,亭名取自“崔颢题诗李白搁笔”一段佳话。天宝年间唐代诗人崔颢登上黄鹤楼赏景写下了一首千古流传的名作:“昔人已乘黄鹤去,此地空余黄鹤楼。黄鹤一去不复返,白云千载空悠悠。晴川历历汉阳树,芳草萋萋鹦鹉洲。日暮乡关何处是,烟波江上使人愁。”此诗描写了在黄鹤楼上远眺到的美好景色,是一首吊古怀乡之佳作。

后来李白也登上黄鹤楼,放眼楚天,胸襟开阔,诗兴大发,正要提笔写诗时,突然看见崔颢的诗,看后自愧不如。只好说:“一拳捶碎黄鹤楼,一脚踢翻鹦鹉洲。眼前有景道不得,崔颢题诗在上头。”便搁笔不写了。有个少年丁十八讥笑李白:“黄鹤楼依然无恙,你是捶不碎的。”李白又作诗辩解:“我确实捶碎了,只因黄鹤仙人上天哭诉玉帝,才又重修黄鹤楼,让黄鹤仙人重归楼上。”这是唐代律诗中脍炙人口的杰作。与《黄鹤楼》可谓登临怀古的双璧。

实际上，李白热爱黄鹤楼，到了无以复加的程度，他高亢激昂，连呼"一忝青云客，三登黄鹤楼"。山川人文，相互倚重，崔颢题诗，李白搁笔，从此黄鹤楼之名更加显赫。后来，李白也仿照《黄鹤楼》写下《登金陵凤凰台》："凤凰台上凤凰游，凤去台空江自流。吴宫花草埋幽径，晋代衣冠成古丘。三山半落青天外，一水中分白鹭洲。总为浮云能蔽日，长安不见使人愁。"

李鸿章杂碎

1896 年，李鸿章访英，受到热情款待。李鸿章用手抓鸡，大家愕然，出于尊重，也学样。从此，英国人吃鸡不必拘泥于刀叉。同时，天天西餐使李无胃口，于是他让厨师将西餐的原料与蔬菜和在一起，烧成了一锅大杂烩。扑鼻香味使英国官员们馋涎欲滴，忙打听是什么菜？答曰："杂碎。"李鸿章示意他们尽情享用，结果个个赞不绝口。据说后来饭店的菜单上就有了"李鸿章杂碎"。

这说明每个民族和国家都有自己的文化传统和风俗礼仪，无高下之分。李鸿章作为一个中国使臣，在桀骜不驯的日不落帝国人面前，没有卑躬屈膝，而是巧妙地宣扬了中华民族的传统饮食文化，影响至今，不得不说他有着强烈的民族观念。

王　姓

姓氏起源

王姓源出有五：

一是出自妫姓，为齐王田和（陈厉公次子田完第九世孙）的后代，以王族称谓为氏。有出自子姓，为殷商王子比干之后，以爵号为氏。

二是出自姬姓，为周文王之后，以王族爵号为氏，得姓始祖是太子晋，其名晋，字子乔，系周灵王太子。春秋时姬姓魏献子之后。韩、赵、魏三家分晋，各自为王。后魏亡于秦，其王族避难于各地。因其中有不少支庶子孙为魏国王族，故改姓王。如信陵君魏无忌，避难于泰山，至西汉入朝，被封为兰陵君。其后自谓出自王公显贵之家，易姓王氏。

三是出自子姓，为商朝王子比干之后。

四是历史上的外族姓氏，如王氏高丽（今朝鲜）的开国君主王建，西魏王频氏之祖王雄，钳耳氏之祖王季等。

五是王者之子孙多号王氏，常以为姓。

得姓始祖

太子晋，其名晋，字子乔，系周灵王太子，约出生于公元前565年，卒于公元前549年，寿不过16岁，但聪明早慧，幼有成德。周灵王二十二年，洛阳附近水害成灾，威逼王宫，灵王拟拥土围宫，排水至村落、田园，太子晋提出应疏通河道，既解救王宫，又能保护村民和庄稼，未被采纳，由于其一再据理力争，被周灵王一怒之下贬为庶民，但太子晋之德举却名声远扬。其子宗敬后担任司徒，时人因他是太子晋之后，便称他为“王家”，之后历代相传，“王”也就演变成为他及其子孙后代的姓氏。在山西太原晋祠修建的“子乔祠”就是对王姓始祖子乔的纪念。

迁徙分布

王姓在秦汉时期基本生活在今山西芮城、夏县、蒲县、平陆，河南开封、虞城、淮县，陕西咸阳，山东淄博，福建南安等地，而子姓为王的后裔则由河南卫辉迁至今甘肃天水，山东东平，河南新蔡、新野、焦作等地。两汉时期，开始出现了以新朝皇帝王莽而得名的元城（今河北大名）王姓，琅琊王姓，以西汉谏议大夫王吉为开基祖；太原王姓，以东汉征士王霸为开基祖，分为晋阳支（以三国魏司空王昶开基)，祁县支(以三国王允为开基)。魏晋南北朝时期，五胡乱华，少数民族改王姓入主中原，而琅琊王姓的后裔王导和王敦兄弟辅佐司马睿建立东晋，时称“王与(司)马共天下”。太原王姓祁县支在司马懿专权时遭受灭顶之灾。

隋灭陈时，原仕于南朝的琅琊王姓被分别迁于关中、河北、河东等地。唐末时，琅琊王姓的后裔王潮和王审知兄弟南迁福建，建立闽国，由此，王审知被誉为“开闽第一人”。北宋灭后，三槐王姓[以唐末的黎阳(今河南浚县)令王言为开基祖]的不少人迁居江浙一带，尤以江苏昆山一支贤才辈出，成为望族。

元末战乱和张献忠余部抗清。1647 年开始清军屠川，清朝于 1647 年公开发布告示：全城尽屠，或屠男而留女。至康熙二十四年(1685)，完全占领四川全境，四川人口仅余九万，由此开始形成了著名的“江西填湖广”“湖广填四川”运动。明太祖朱元璋强令山西人外迁，在洪洞大槐树集结的山西人被分别迁于河南、河北、山东、江苏、浙江、甘肃等地。于是太原王和三槐王等在中原地区有了更为广泛的分布。另外，开闽王姓漂洋过海，扬帆南洋。著名湘潭王姓源于太原王姓，长沙王源于江南上亢王姓。海宁王氏即清末学者王国维所在的家族。王姓南北分布不平衡，长江以北地区为第一大姓，而南方地区仅为第四大姓。

王姓在《百家姓》中排行第八位。王姓是当今中国姓氏排行第二位的大姓，拥有人口一亿多，约占全国汉族人口的 7.4%。

历史名人

王诩(生卒年不详)，即鬼谷子，又名王禅、王通，号玄微子，卫国朝歌(今河南淇县)人。春秋战国时期道家、兵家、纵横家的鼻祖。他是中国历史上一位极具神秘色彩的人物，被誉为千古奇人。他通天彻地，兼顾数家学问，人不能及。常入云梦山采药修道。因隐居周阳城清溪之鬼谷，故自称鬼谷先生。苏秦与张仪为其最杰出的两个弟子。

王充(27～97)，字仲任，会稽上虞(今属浙江)人。东汉唯物主义思想家、无神论者。王充少年丧父，对母孝顺，受到乡里人的称赞。后来他到京城太学学习，拜班彪为师。《论衡》是王充的代表作品。东汉两百年间，称得上思想家的，仅有王充与王符、仲长统三人。范晔《后汉书》将三人立为合传，被后世学者誉为“汉世三杰”。

王叔和(约201～280)，名熙，山东高平人。魏晋之际的著名医学家、医书编纂家。32岁时被选为魏国少府的太医令，经过几十年的精心研究，在吸收扁鹊、华佗、张仲景等古代著名医学家的脉诊理论学说的基础上，对中医学发展史做出了两大重要贡献，一是整理《伤寒论》，一是著述《脉经》。

王羲之(303～361)，字逸少，琅琊(山东临沂)人。东晋时期著名书法家。有“书圣”之称。历任秘书郎、宁远将军、江州刺史，后为会稽内史，领右将军。其书法兼善隶、草、楷、行各体，精研体势，心摹手追，广采众长，备精诸体，冶于一炉，摆脱了汉魏笔风，自成一家，影响深远。代表作《兰亭序》被誉为“天下第一行书”。另有《黄庭经》《乐毅论》，草书《十七帖》《兰亭集序》《初月帖》。

王勃(649～676)，字子安，绛州龙门(今山西河津)人，唐朝文学家。出身儒学世家，与杨炯、卢照邻、骆宾王并称为“初唐四杰”，王勃为四杰之首。据《旧唐书》记载，他六岁即能写文章，文笔流畅，被赞为“神童”。九岁时，读颜师古注《汉书》，作《指瑕》10卷以纠正其错。16岁时，应幽素科试及第，授职朝散郎。上元三年(676)八月，自交趾探望父亲返回时，不幸渡海溺水，惊悸而死。代表作品《滕王阁序》。

王昌龄(698～756)，字少伯，祖籍山西太原。盛唐著名边塞诗人，被后人誉为“七绝圣手”。早年贫贱，困于农耕，年近而立，始中进士。初任秘书省校书郎，后又任博学宏辞，授汜水尉。与李白、高适、王维、王之涣、岑参等交厚。开元末改授江宁丞。其诗以七绝见长，有“诗家夫子王江宁”之誉。王昌龄诗绪密而思清，与高适、王之涣齐名，时谓王江宁。代表作有《出塞》《从军行》《芙蓉楼送辛渐》《长信宫词》等。

王维(701～761)，字摩诘，蒲州(今山西永济)人。盛唐诗人、画家。有“诗佛”之称；亦被称为“南宗画之祖”。早年信道，后期因社会打击彻底禅化。王维参禅悟理，学庄信道，精通诗、书、画、音乐等，与孟浩然合称“王孟”。存诗400余首，代表诗作有《相思》《山居秋暝》等。苏轼评价其：“味摩诘之诗，诗中有画；观摩诘之画，画中有诗。”

王安石(1021～1086)，字介甫，号半山，临川(今江西抚州临川区)人，北宋著名的思想家、政治家、文学家、改革家。庆历二年(1042)，王安石进士及第，历任扬州签判、鄞县知县、舒州通判等职，政绩显著。熙宁二年(1069)，任参知政事，次年拜相，主持变法。在文学中具有突出成就，为“唐宋八大家”之一。其诗“学杜得其瘦硬”，擅长于说理与修辞，晚年诗风含蓄深沉、深婉不迫，以丰神远韵的风格在北宋诗坛自成一家，世称“王荆公体”。有《王临川集》《临川集拾遗》等存世。

王祯(1271～1368)，字伯善，山东东平人。元代农学家、印刷术革新家、发明家。他当过六年县尹，对农业极为重视。1313年写成一部农业科学巨著《王祯农书》，是中国古代五大农书之一。此外，他还是一位印刷技术革新家。用木活字代替胶泥活字，发明“转轮排字盘”，大大提高排版印刷效率。著有《造活字印书法》，是最早系统叙述活字版印刷术的文献，在中国印刷史上有重要地位。

王夫之(1619～1692)，字而农，世称船山先生，湖南衡阳人。明清著名的思想家、哲学家。与先楚屈子、理学鼻祖周子等同是湖湘文化的精神源头，与黑格尔并称东西方哲学双子星座。与黄宗羲、顾炎武并称为明末清初的三大思想家。晚年居南岳衡山下的石船山，著书立说，故世称其为“船山先生”。其代表作为《读通鉴论》《宋论》。

名人故事

王羲之竹扇题字

有一次，王羲之路过山阴城的一座桥。有个老婆婆拎了一篮子六角形的竹扇在集上叫卖。那种竹扇很简陋，没有什么装饰，引不起过路人的兴趣，看样子一时是卖不出去了，老婆婆十分着急。王羲之看到这情形，很同情那位老婆婆，就上前跟她说：“你这竹扇上没画没字，当然卖不出去。我给你题上字，怎么样？”老婆婆不认识王羲之，但见他这样热心，也就把竹扇交给他写了。王羲之提起笔来，在每把扇面上龙飞凤舞地写了五个字，就还给老婆婆。老婆婆不识字，觉得他写得很潦草，很不高兴。王羲之安慰她说：“别急。你告诉买扇的人，说上面是王右军（王羲之曾为右将军）写的字。”王羲之一离开，老婆婆就照他的话去做了。集上的人一看真是王右军的书法，都抢着买，一篮竹扇很快就卖完了。

王安石不迩声色

王安石任知制诰时，其妻吴氏给他置一妾。那女子前去伺候，王安石问：“你是谁？”女子说自己是“家欠官债、被迫卖身”而来。王安石听罢，不仅没收她为妾，还送钱给她，帮助她还清官债，使其夫妇破镜重圆。

有人告诉吴氏，说她丈夫喜欢吃鹿肉丝，在吃饭时他不吃别的菜，只把那盘鹿肉丝吃光了。吴氏问，你们把鹿肉丝摆在了什么地方？大家说，摆在他正前面。吴氏第二天把菜的位置调换了一下，鹿肉丝放得离他最远。结果，人们才发现，王安石只吃离他近的菜，桌子上照常摆着鹿肉丝，他竟完全不知道。

守仁格竹的故事

王守仁18岁时，与夫人诸氏返回余姚，船过广信，拜谒娄谅。娄谅向他讲授“格物致知”之学，王守仁甚喜。之后他遍读朱熹的著作，思考宋儒所谓“物有表里精粗，一草一木皆具至理”的学说。为了实践朱熹的“格物致知”，有一次他下决心穷竹之理，“格”了三天三夜的竹子，什么都没有发现，人却因此病倒。从此，王守仁对“格物”学说产生了极大的怀疑，这就是中国哲学史上著名的“守仁格竹”。

张 姓

姓氏起源

张姓源出有四：

一是源于姬姓，出自上古黄帝之孙挥，属于以职官称谓为氏。据《新唐书·宰相世系表》载：“黄帝子少昊青阳氏第五子挥为弓正，始制弓矢，子孙赐姓张氏。”又据唐·林宝《元和姓纂》载：“黄帝第五子青阳生挥，为弓正，观弧星，始制弓矢，主祀弧星，因姓张氏。”由上述记载可知，曾是重要武器弓的发明者挥公，其后人以张为姓氏。这一支由黄帝直接传下来的张姓以青阳为发源地，亦即清阳，因在清河以北而得名（今河北清河东），是为清河张氏。民间至今有“天下张氏出清河”之说。

二是出自黄帝姬姓的后代。据《通志·氏族略》载，春秋时，晋国有大夫解张，字张侯，其子孙以字命氏，也称张氏。又载，张氏世仕晋，前403年韩、赵、魏三家瓜分晋国后，除部分留在原地外，大部分随着三国迁都而迁移。是为山西、河北、河南之张氏。

三是出自赐姓或他姓所改。据清·顾祖禹《读史方舆纪要》

载，世居云南的南蛮酋长龙佑那，于三国时被蜀相诸葛亮赐姓张，以后其子孙便以张为氏。魏国大将张辽本姓聂，后改为张氏，世居雁门马邑（今山西朔县），后成为大姓。另有韩、姬等姓人士和乌桓、女真、羯、鲜卑、匈奴、契丹等一些少数民族分支改为张姓。

四是源于古奚族，出自唐朝时奚族，属于帝王赐汉姓为氏。奚族，是一个活跃于唐、宋、辽、金时的古老民族。在历史文献中，常把奚族人记作奚人、奚回。在唐朝，奚族张氏出自帝王赐姓。

得姓始祖

张姓是一个古老的姓氏，上古时代最伟大的民族始祖轩辕黄帝，他的一个儿子（也有说是孙子）叫挥，负责监造弓箭，黄帝时代他就担任“弓正”官，后来就以“张”为姓，姓名就叫张挥。因此，这位张挥就是天下张姓的始祖。史书上也有记载，黄帝时赐了“张、王、李、赵”等姓。由此可知，张姓实为黄帝的直系后裔，其历史也跟黄帝一样，至少有 5 000 年。由于张姓的始祖是监造（一说发明）箭的人，姓旁从“弓”，所以，当后来的人问“您贵姓”时，姓张的人总是回答“张，弓长张。”这是很有道理的，由此也可看到中文的奥妙，回答“弓长张”，这就避免跟“立早章”的姓氏相混淆。后来张挥就被尊称为得姓始祖。

迁徙分布

张姓是多源流的大姓，分布较广，寻根祭祖可到河南濮阳。根据中国科学院提供资料汇编的《河南·大姓的故乡》地图显示：当前使用频率最高的 100 个大姓中，有 78 个源于河南。其中张姓、姚姓源于濮阳。

张姓最早活动于“尹城青阳”，古地在今河南濮阳和河北清河一带。直至西周宣王时期，在陕西地区出现了张姓的踪迹，西周青铜器皿上铭有张伯、张仲，他们是西周的贵族。张仲辅佐周宣王，使西周得以中兴。

春秋时，晋国是张姓发展历史上最重要的地区，河东“解邑张城”是张姓重要的聚集地和发祥地，古张城在今山西临猗西的黄河东岸。张氏世代事晋，晋灭后事韩。张老、张侯(即解张)均是晋国的大夫，张老的后代韩国贵族张良成为汉朝开国第一功臣，解张也被一部分张姓后裔奉为先祖。在西周、春秋战国时期，张姓人群主要活动于山西、陕西、河北、河南、山东等地区。

秦汉是张姓向四周发展和繁衍的重要时期，张姓在秦初就进入了“天府之国”四川。张姓族人多为三晋贵族的后裔，在反秦战争和随后的楚汉之争中，政治倾向明显，英勇善战，足智多谋，在这场战争中纷纷建功立业，封侯赐爵。张姓迅速蔓延到齐鲁燕代，由关中闯入四川，西进甘肃纵深，奉旨出使西域，贯通丝绸通道，安定宁夏、守边卫疆。张姓人群活动地区迅速发展到整个北方、西北和四川地区，其发展之迅猛是其他姓氏所不能及的，是当时北方地区的第一大姓。同时，西汉留侯张良的后裔从陕西出发，徙河北入江苏，渡过天堑长江，首次进入江南。西汉末，张姓已经到达浙江、江西和福建了。

魏晋南北朝之后，由于北方战乱和少数民族大批进入中原，张姓随其他原华北居民一起向南方和东南迁移，向有雄厚张氏基础的西北发展。西晋末，张姓族人通过渤海湾首次涉足东北，渤海湾地区成为张姓人群重要的聚集中心。唐宋时张姓开始向湖广和云贵地区移民，明朝永乐年间由广东始入台湾地区。

张姓在《百家姓》中排行第 24 位。在当今为中国三大姓之一，每个辈分有四个字，如辈分论不起来，可论世，如永字辈即为 18 世，现今很多人都搞不明白啦。现在张姓最后的辈分是“德”字辈，最后八个辈分依次为“承、继、传、守、永、念、先、德”。2013 年，张姓数量在中国排名第三，共有 8 750.2 万人，占全国人口总数的 6.83%。同时，张氏也是出圣人最多的姓氏。

历史名人

张良（约前 250～前 186），字子房，颍川城父（今河南禹州）人。汉初名臣，政治家、谋略家。与韩信、萧何并称为“汉初三杰”。曾劝汉高祖刘邦在鸿门宴上卑辞言和，保存实力，并疏通项羽叔父项伯，使刘邦得以脱身。后又以出色的智谋，协助刘邦在楚汉战争中夺得天下，帮助吕后扶持刘盈登上太子之位，死后被封为留侯。他精通黄老之道，晚年跟随赤松子云游。被誉为“第一谋士”。

张汤（？～前 116），杜陵（今陕西西安东南）人。汉武帝时期著名酷吏。因为治陈皇后、淮南、衡山谋反之事，得到汉武帝的赏识。先后晋升为太中大夫、廷尉、御史大夫。与赵禹编定《越宫律》《朝律》等法律著作。曾助武帝推行盐铁专卖，打击富商，剪除豪强。颇受武帝宠信，多行丞相事，权势远在丞相之上。张汤虽用法严酷，后人常以他作为酷吏的代表人物，但他为官清廉俭朴，不失为古代廉吏。

张骞（？～前 114），字子文，西汉成固（今陕西城固）人。卓越的探险家、旅行家与外交家，对丝绸之路的开拓有重大的贡献。武帝时以军功封博望侯，旋拜中郎将，出使乌孙，分遣副使至大宛、康居、大夏等，自此西北诸国方与汉交通，使汉朝能与中亚交流，并打通前往西域的南北两条通路，引进优良马种、葡萄及苜蓿等。

张衡（78～139），字平子，南阳西鄂（今河南南阳）人。东汉天文学家、数学家、发明家、地理学家、制图学家、诗人。是浑天仪、地动仪、指南车的发明人。张衡在天文学方面著有《灵宪》《浑仪图注》等，数学著作有《算罔论》，文学作品以《二京赋》《归田赋》等为其代表。《隋书·经籍志》有《张衡集》14 卷。南阳五圣之一，与司马相如、扬雄、班固并称汉赋四大家。

张仲景（约 150～约 219），名机，字仲景，涅阳县（今河南邓州）人。东汉末年著名医学家，被称为医圣。相传曾举孝廉，做过长沙太守，有张长沙之称。张仲景广泛收集医方，写出了传世巨著《伤寒杂病论》。它确立的辨证论治原则，是中医临床的基本原则，是中医的灵魂所在。

张九龄(678～740)，字子寿，又名博物，韶州曲江(今广东韶关)人。唐代政治家、文学家、诗人。七岁知属文，唐中宗景龙初年进士，始调校书郎。唐玄宗开元时历官中书侍郎、同中书门下平章事、中书令。他是一位有胆识、有远见的贤相。其五言古诗，诗风清淡，以素练质朴的语言，寄托深远的人生慨望，对扫除唐初所沿袭的六朝绮靡诗风，贡献尤大。张九龄被誉为“岭南第一人”，有《曲江集》20 卷传世，诗作“海上生明月，天涯共此时”为千古绝唱。

张居正(1525～1582)，字叔大，号太岳，幼名张白圭，湖广江陵(今湖北荆州)人，又称张江陵。明朝中后期政治家、改革家。他五岁识字，七岁能通六经大义，12 岁考中秀才，16 岁中举人，23 岁考中进士。隆庆元年(1567)任吏部左侍郎兼东阁大学士。隆庆六年，万历皇帝登基后，张居正代高拱为首辅。当时明神宗朱翊钧年幼，一切军政大事均由张居正主持裁决。张居正任内阁首辅 10 年中，施行了一系列改革措施。辅佐万历皇帝开创了“万历新政”。著有《张太岳集》《书经直解》《帝鉴图说》等。

张廷玉(1672～1755)，字衡臣，号研斋，康熙朝大学士张英之子，安徽桐城人。清朝著名政治家、文学家。在朝辅政 50 年，官至刑部吏部尚书，封三等伯。历任康熙、雍正、乾隆三朝。其深谙为官之道，谨小慎微，平素清廉，颇有政绩。其才华横溢，著作颇丰，如《传经堂集》《澄怀园全集》。主撰有《康熙字典》《雍正实录》《明史》《清会典》。在配享太庙的十二名异姓大臣中，是唯一的汉人。

张之洞(1837～1909)，字孝达，号香涛等，晚年字号抱冰。河北南皮人。晚清大学士、军机大臣、封疆大吏，人称张香帅。中国民族工业、重工业主要奠基人，为中国高等教育做出了巨大贡献。早年是清流首领，后成为洋务派的主要代表人物。政治上主张“中学为体，西学为用”。工业上创办汉阳铁厂、大冶铁矿、湖北枪炮厂等。光绪三十四年(1908)十一月，以顾命重臣晋太子太保。有《张文襄公全集》。张之洞与曾国藩、李鸿章、左宗棠并称晚清“四大名臣”。

张謇(1853～1926)，字季直，号啬庵。江苏海门人，祖籍江苏常熟，大清状元。中国近代杰出实业家、政治家、教育家、慈善家，主张“实业救国”。中国棉纺织领域早期的开拓者。官居三品，历任中央教育总长、实业总长、总商会总长、水里总长等职务。先后创办上海海洋大学等，与马相伯合创复旦公学，创立南通博物馆、军山气象台等。他一生创办了 20 多个企业，370 多所学校，为中国近代民族工业的兴起、教育事业的发展做出了巨大贡献，被称为“状元实业家”。

名人故事

张良圯上受书

公元前 218 年，秦始皇东巡。张良椎击秦王未遂，被悬榜通缉，不得不隐姓埋名，逃匿于下邳(今江苏睢宁北)，静候风声。

一天，张良闲步沂水圯桥头，遇一穿着粗布短袍的老翁，这个老翁走到张良的身边时把鞋脱落桥下，然后让张良替他取鞋上来给他穿上。此时的张良，小心翼翼地帮老人穿好鞋。老人仰面长笑而去。走出里许之后，又返回桥上，对张良赞叹道：“孺子可教也。”并约张良五日后的凌晨再到桥头相会。张良不知何意，但还是恭敬地应诺。

五天后，鸡鸣时分张良赶到桥上，谁知老人已等在桥头，见张良迟到，愤愤地斥责道：“与老人相约，为何误时！五日后再来！”说罢离去。结果，第二次张良再次晚老人一步。第三次，张良索性半夜就到桥上等候。他经受住了考验，老人送给他一本书，说：“读此书则可为王者师，十年后天下大乱，你可用此书兴邦立国；十三年后再来见我。”说罢，扬长而去。这位老人就是传说中的神秘人物：隐身岩穴的高士黄石公，亦称“圯(yí，桥)上老人”。

张良惊喜异常，天亮时分，捧书一看，乃《太公兵法》。从此，张良日夜研习兵书，俯仰天下大事，终于成为一个深明韬略、文武兼备、足智多谋的“智囊”。

秦二世元年(前209)七月，陈胜、吴广在大泽乡揭竿而起，举兵反秦。紧接着，各地反秦武装风起云涌。矢志抗秦的张良也聚集了100多人，扛起了反秦的大旗。后因自感身单势孤，难以立足，只好率众往投景驹(农民军领袖)，途中正好遇上刘邦率领义军在下邳一带发展势力，两人一见倾心。后来，张良多次以《太公兵法》进言刘邦，刘邦多能领悟，并常常采纳张良的谋略。于是，张良果断地改变了投奔景驹的主意，决定跟从刘邦。作为士人，深通韬略固然重要，但前提是要有善于纳谏的明主。这次不期而遇，张良“转舵”明主，反映了他清醒的头脑与独到的眼光。从此，张良深受刘邦的器重和信赖，他的聪明才智也有机会得以充分地发挥。

张九龄智谏唐明皇

张九龄棋下得好，唐明皇李隆基便常找他下棋。唐明皇不是九龄对手，却总是不服输，天天都要张九龄陪他下棋，一心要与他比个高低。九龄见唐明皇迷恋下棋不理国事，心里焦急。

一日对弈，厮杀正酣时，张九龄忍不住地对唐明皇说：“陛下，天天下棋不好。”“不要紧。”唐明皇一面回答，一面提了“车”来捉张九龄的“马”。“陛下，老这样下棋，朝廷大事你怎顾得了啊？”张九龄又说。“不要紧。”唐明皇把对方的“马”吃掉了。“现在内则官吏贪污腐化，外则异族侵境，如不富国强兵，国家一旦有难，百姓更难安居。”“不要紧，朝廷有文武百官料理，你快下棋吧。”唐明皇仍摆弄棋子。张九龄便不再说话，他一边下棋，一边想法让唐明皇把“车”腾了出来。唐明皇以为得势，拿起“车”横冲直撞，连扫几子后，又在中宫线上叫“将军”。张九龄没有起“仕”保“帅”，只上一步卒。唐明皇见走法奇怪便提醒九龄。“不要紧。”张九龄若无其事。“你不顾将军，吃帅你就输了，还说不要紧。”九龄此时大笑说：“陛下，下棋好比管理国家大事，如帅一动不动，与各子不齐心，各子也不保护他，这局棋当然输啰。下棋是娱乐，国事才要紧。”一席话说得唐明皇面红耳热。

刘 姓

姓氏起源

刘姓源出有三：

一是出自祁姓。相传祁姓是黄帝的后裔所分得的姓氏之一，为帝喾次子帝尧伊祁氏（陶唐氏）的后裔，帝尧初封于陶地，又封于唐地，故又称陶唐氏。其号曰“尧”，史称为唐尧。后来祁氏被封于刘国，亦即今定州唐县。其子孙以国为姓，相传姓刘。史称刘氏正宗，此为祁姓刘氏。

二是出自姬姓。为周太王的后裔。相传周武王去世后，周成王继位，封王季的儿子于刘邑，其后裔以邑为氏，世代相传姓刘。东周时重封王室成员刘康公为刘国国君。此为姬姓刘氏。

三是出自杜姓。杜伯的孙子士会在晋国任士师，晋襄公死后，士会去秦国接公子雍回国继位，因晋国内变故而留在了秦国，其后世取姓刘（即“留”之意）。

得姓始祖

刘累，尧之裔孙。早年，刘累曾向豢龙氏董父学豢龙之术。约公元前 1879 年，夏孔甲帝时，天神派雌雄二龙降世于（今河南临颍豢龙城东南）龙荡沟处。孔甲派刘累到此养龙，长达七年之久，并赐刘累龙姓。因刘累养龙有功，孔甲封他为御龙氏。后因一雌龙死，累把龙肉加工成美食，送给孔甲吃，孔甲享用后，感到味道鲜美，又向刘累求食，刘累怕死龙事发，孔甲追究问罪，便于约公元前1873年，迁徙到河南鲁山隐居，隐匿了原来的名字，改称“丘”，人称“丘公”，称隐居的地方为“邱公城”。孔甲知道后，不再追究，丘公改为刘累，刘累族人遂复姓为刘氏，中华刘姓遂繁衍生息。后人尊称刘累为刘姓得姓始祖。

迁徙分布

刘姓乃汉朝国姓，世界第四大姓。刘姓，以邑为氏，据专家考证，世界上刘姓人口有9 000多万，称得上是“遍地流（刘）”。刘氏建立东、西汉两朝，统治天下，于是其子孙分布于天水、中山、南阳、彭城、东平等14处之多。

汉末三国之际，中原的刘氏为避“董卓之乱”不断向四方迁徙。

魏晋南北朝时期，刘氏大举南迁，在江南影响很大，部分迁往日本和朝鲜半岛。据日本史籍也有关于此事的记载。有一部分汉朝皇室成员（刘氏）因出使、避难等原因开始渡海来到日本。历史上最有名的刘氏开拓倭奴国（日本）人物——汉献帝的玄孙刘阿知，他是今天日本原田、高桥、大藏、江上、秋月、波多江等家族的共同祖先。刘阿知到日本后，派遣使臣前往高丽、百济、新罗等国，将许多流落在这些地方的同乡族人招来日本。

唐代和宋代，刘姓已遍布大江南北，盛于全中国，直至今日。

从明朝末期开始，闽、粤刘氏陆续有人移居台湾，后又有不少人到海外谋生。之后，刘氏一方面继续保持晋唐以来就开始的由华北向东南的迁徙大势，同时又在“江西填湖广，湖广填四川”的移民浪潮中大规模地由东部地区向西南地区迁徙，并由中国东南沿海向南洋地区拓展，从而形成了刘氏的第一次移民海外高潮。

在中国历史上，刘氏族人可谓占尽风光。历史上刘氏称帝者共有66人，先后建有西汉、东汉、蜀汉、汉、前赵、南朝宋、后汉、南汉、北汉、大齐等王朝或政权。

刘姓为中国第四大姓，人口在 7 000 万以上，大约占汉族人口 5.5%，在《百家姓》之中排第 252 位。刘姓主要分布在中国本土地区。在韩国亦有分布。另外，根据日本可查档案记载日本第三大姓高桥氏出自中国刘姓，为刘邦后裔。

历史名人

刘安（前 179～前 122），西汉淮南王，著名的思想家、文学家，奉汉武帝之命所著《离骚体》是最早对屈原及其《离骚》作高度评价的著作。曾“招致宾客方术之士数千人”，集体编写了《鸿烈》（《淮南子》）一书，该书包罗万象，既有史料价值，又有文学价值。

刘向（约前 77～前 6），原名更生，字子政，楚国彭城（今江苏徐州）人，为楚元王刘交四世孙。西汉经学家、目录学家、文学家。汉宣帝时，为谏大夫。汉元帝时，任宗正。汉成帝即位后，任光禄大夫，改名为“向”，官至中垒校尉。所撰《别录》，为我国最早的图书分类目录。治《春秋穀梁传》。著《九叹》等辞赋 33 篇。今存《新序》《说苑》《列女传》《战国策》等书。其著作《五经通义》，有清人马国翰辑本，《山海经》系其与其子刘歆共同编订。

刘歆（约前 50～23），字子骏，彭城（今江苏徐州）人，名儒刘向之子。汉代经学家、数学家。建平元年（前 6）改名刘秀。西汉后期的著名学者，古文经学的真正开创者。他不仅在儒学上很有造诣，而且在校勘学、天文历法学、史学、诗等方面都堪称大家，他编制的《三统历谱》被认为是世界上最早的天文年历的雏形。此外，他在圆周率的计算上也有贡献，是第一个不沿用“周三径一”的中国人，并定该重要常数为 3.15471，只略微差了 0.0131。著有《七略》。

刘洪（约 130～196），字元卓，泰山郡蒙阴（今山东蒙阴）人。东汉杰出的天文学家和数学家。自幼聪慧好学，博览六艺群书，学识渊博，尤精于天文、历法；在年轻时即踏入仕途，应太史令征召赴京城洛阳，被授予郎中，后迁常山国长史，撰成了《乾象历》一书，后对《九章算术》进行注释，撰成《九章算术注》；成功地发明了“正负数珠算”，因此被后人称为“珠算”的早期奠基人、珠算之父。同智圣诸葛亮、书圣王羲之，并称为“琅琊三圣”。著有《乾象历》《七曜术》和《九章算术》。

刘徽（约 225～295），汉菑乡侯后裔，山东淄博人。三国时魏国数学家。刘徽思维敏捷，方法灵活，既提倡推理又主张直观。他是古代最早明确主张用逻辑推理的方式来论证数学命题的人。为数学刻苦探求，矢志不移，给中华民族留下了宝贵的财富。三国魏景元四年（263），注《九章算术》（九卷），后撰《重差》，作为《九章算术注》的第十卷。唐初以后，《重差》更名为《海岛算经》。

刘勰（约 465～520），字彦和，京口（今江苏镇江）人。南朝梁文学理论家、文学批评家。他曾官县令、步兵校尉、宫中通事舍人，颇有清名。晚年在山东莒县浮来山创办（北）定林寺。刘勰虽任多种官职，但其名不以官显，却以文彰，一部《文心雕龙》奠定了他在中国文学史上和文学批评史上的地位。

刘禹锡（772～842），字梦得，彭城（今江苏徐州）人，祖籍洛阳。唐朝文学家、哲学家。他的家庭是一个世代以儒学相传的书香门第，是唐中晚期著名诗人，有“诗豪”之称。与柳宗元并称“刘柳”，与韦应物、白居易合称“三杰”，并与白居易合称“刘白”，有《竹枝词》《杨柳枝词》《乌衣巷》等名篇。有哲学著作《天论》三篇，有《刘梦得文集》，存世有《刘宾客集》。

刘松年（约 1155～1218），钱塘（今浙江杭州）人。南宋孝宗、光宗、宁宗三朝的宫廷画家。擅画人物、山水，师张训礼，而名声盖师，其作品被誉为画院人中“绝品”。善于作山水画，与李唐、马远、夏圭合称“南宋四家”。传世代表作品有《四景山水图》卷、《天女献花图》卷、《西湖春晓图》、《醉僧图》等。著有《溪亭客话》。

刘基（1311～1375），字伯温，青田县（今浙江文成）人，故称刘青田。元末明初的军事家、政治家、文学家，明朝开国元勋，明洪武三年(1370)封诚意伯，故又称刘诚意。刘基通经史、晓天文、精兵法。他辅佐朱元璋完成帝业，被后人比作诸葛武侯。朱元璋多次称刘基为："吾之子房也。"在文学史上，刘基与宋濂、高启并称"明初诗文三大家"。民间广泛流传着"三分天下诸葛亮，一统江山刘伯温；前朝军师诸葛亮，后朝军师刘伯温"的说法。他以神机妙算、运筹帷幄著称于世。

刘统勋(1698～1773)，字延清，号尔钝，诸城(今山东高密)人。清代政治家、军事家。雍正二年(1724)中进士，历任刑部尚书、工部尚书、吏部尚书、内阁大学士、翰林院掌院学士及军机大臣等要职。刘统勋官至宰相，为政40余载清廉正直，敢于直谏，在吏治、军事、治河等方面均有显著政绩。乾隆三十八年(1773)猝逝于上朝途中，乾隆皇帝闻讯慨叹失去股肱之臣，追授太傅，谥号文正。

名人故事

刘备三顾茅庐

汉末，黄巾事起，天下大乱，曹操坐据朝廷，孙权拥兵东吴，汉宗室豫州牧刘备听徐庶和司马徽说诸葛亮很有学识，又有才能，就和关羽、张飞带着礼物到隆中(今河南南阳城西，一说湖北襄阳城西南)卧龙岗去请诸葛亮出山辅佐他。恰巧诸葛亮这天出去了，刘备只得失望地回去。不久，刘备又和关羽、张飞冒着大风雪第二次去请。不料诸葛亮又出去了。刘备只好留下一封信，表达自己对诸葛亮的敬佩和请他出来帮助自己挽救危局的愿望。

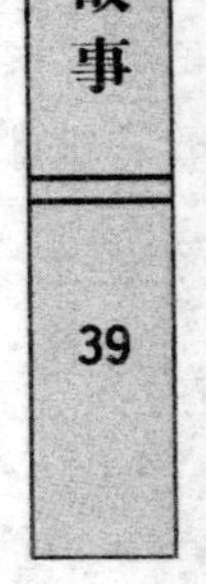

过了一段时间，刘备吃了三天素之后，和关羽、张飞第三次请诸葛亮。当他们到诸葛亮家时已经是中午，诸葛亮正在睡觉。刘备不敢惊动他，一直站到诸葛亮醒来，才彼此坐下谈话。

诸葛亮精辟地分析了当时的形势，提出了首先夺取荆、益作为根据地，对内改革政治，对外联合孙权，南抚夷越，西和诸戎，等待时机，两路出兵北伐，从而统一全国的战略思想，这次谈话即是著名的《隆中对》。

《三国演义》中把刘备三次亲自请诸葛亮的这件事情，叫作“三顾茅庐”。诸葛亮在著名的《出师表》中，也有“先帝不以臣卑鄙，猥自枉屈，三顾臣于草庐之中”之句。

刘邦赴“鸿门宴”

“鸿门宴”这个故事发生在陈胜、吴广起义后的第三年（前206）。陈胜、吴广起义后，各地云起响应，其中有楚国贵族出身的项梁、项羽叔侄，有农民出身的刘邦。陈胜、吴广起义失败后，项梁扶楚怀王的孙子名叫熊心的人做了楚王，刘邦也投靠了项梁。前207年，项梁战死，怀王派项羽等去救援被秦军围困的赵国，同时派刘邦领兵攻打函谷关。临行时，怀王与诸将约定，谁先入关，便封为关中王。

项羽大破秦军后，听说刘邦已出咸阳，非常恼火，就攻破函谷关，直抵新丰鸿门。这时刘邦的左司马曹无伤暗中派人告诉项羽说刘邦想在关中称王。项羽听了，更加恼怒，决定第二天发兵攻打刘邦。

张良向刘邦分析，不宜和项羽硬拼，刘邦只得退出咸阳，回师霸上，知道自己军力不及项羽四十万大军，便把在咸阳所得一切，原封不动地送到项羽营中，并说愿让项羽称关中王。范增已觉出刘邦必成大器，便命项羽设下“鸿门夜宴”，一心诛除刘邦，但此事为项伯知悉，项伯顾念和张良故人之情，向刘邦大军报讯。刘邦知道这鸿门宴是去不得的凶险之地，但张良却表示不去便只有死路一条，赴会也许能有生机，刘邦无奈只得应约前往。

鸿门宴当日，范增早已布下天罗地网，定要把刘邦人头留下，谁知刘邦竟以一跪化解了项羽之怨恨，范增便再命“项庄舞剑，意在沛公”，一心要在席中把刘邦刺死，可是还是被项伯和樊哙给解了围，刘邦便借故逃遁而去。

陈　姓

姓氏起源

陈姓源出有六：

一是出自妫姓，是舜帝的后裔。据《通志·氏族略》记载：周武王灭商朝纣王以后，建立周朝以后，找到舜的后人“陈胡公妫满”，封他在陈（今河南淮阳）这个地方，建立了“陈国”。胡公满传至十世孙妫完，陈国内乱，陈厉公的儿子妫完怕株连自己，出逃到齐国，以故国为氏，称陈氏。

二是出自于陈国公族后裔。陈国在妫满死后，其子孙有以国为氏，即陈氏。陈胡公满的子孙，除陈完这一支主系外，还有三支：（一）陈哀公之子妫留，避居陈留（今河南开封陈留镇）。（二）陈愍公之长子陈衍。避居阳武户牖（今河南兰考东北）。（三）陈愍公次子陈全温之后的陈引奇，居于固始（今河南固始），后因无子，便以颍川陈寔为嗣子，遂融入颍川陈氏。

三是刘氏改姓。《通志·氏族略》记载：广陵（今江苏江都东北）陈氏，实为刘氏，春秋时，因鲁相无子，以外孙刘娇为嗣。

四是白氏改姓。《河南官氏志》记载：陇右白永贵，于隋初改为陈氏，此为万年（今陕西西安）之陈氏。白姓原为龟兹王帛氏，因入仕内地，怕胡人之姓遭受歧视，而改为陈氏，史称陈永贵。他有孙叫令英，史称陈令英。

五是侯莫陈氏改姓。据《魏书·官氏志》记载：北魏时期鲜卑贵族侯莫陈氏随北魏孝文帝迁都洛阳后，孝文帝实行汉化改革，易胡姓为汉姓，于496年把侯莫陈氏改为单姓陈氏。

六是少数民族改姓或赐姓而来。如女真族陈氏，据陈述《汉姓女真姓的对照和说明》可知女真皇族完颜氏中，有的在金末已改为陈氏。又如蒙古族陈氏。据《续通志・氏族略四》载，陈氏，明太祖朱元璋赐给降明的蒙古贵族的姓。如恰恰赐名陈守忠，哈哈赐名陈元等。

得姓始祖

陈姓人是舜帝的后裔。在舜当天子之前，尧把他的两个女儿嫁给了舜，并让他们居住在妫河边。于是舜的后代便称为妫姓。西周初年，周武王灭了商朝以后，他找到当时舜帝的后代妫满，把大女儿嫁给他，封他在陈，建立了陈国，定都宛丘（今河南淮阳）。他选贤任能，扬善罚恶，励精图治，使陈国强盛了许多年。妫满死后，谥号为胡公，故又称陈胡公、胡公满。他的子孙便以国为姓，称为陈氏，并尊陈胡公为陈姓的得姓始祖。

迁徙分布

先秦时期，陈姓主要活动于河南、安徽、湖北地区，秦汉时期，陈姓的足迹已踏上了湖南、江苏、山西、山东。

西晋末年，中原动荡，居民纷纷南迁，安徽、江苏、浙江、江西已经是陈姓主要的迁移地区。同时，中原地区大姓林、黄、陈、郑率先进入了福建，到南朝时，陈姓已经成为福建的四大姓之一，主要是颍川派陈宸的后裔。

唐朝初，以河南固始人为主力，陈政、陈元光父子率 58 姓经江西攻入福建，祖孙四代一直任漳州地区的行政长官，后人尊陈元光为“开漳圣王”，其后裔成为闽、粤、台地区和南阳诸岛陈姓的主要派系。唐末固始人王审知在福建建立了闽国，大批中原陈姓再一次移民福建，从此，陈姓成了东南地区的第一大姓。

宋朝时期，陈姓在全国的分布主要集中于福建、江西、浙江、四川四省，全国形成了以闽粤赣湘、苏浙、四川、河南为中心的四大块陈姓聚集地。

宋元明 600 年陈姓在全国重新形成了浙苏皖鲁、赣闽粤湘两大块陈姓人口聚集地区，陈姓聚集重心开始向东、向南分离。

陈姓在《百家姓》中排列第 10 位，为当今中国第五大姓氏，在广东、福建、台湾地区最有影响。在当代陈姓人群大约占了全国总人口的 4.63%，陈姓总人口大约在 5 800 万。全世界陈氏约 9 000 万之多。陈姓以南方居多，成为南方第一大姓，占南方地区比例为 10.6%。

历史名人

陈寿（233～297），又作长寿，字承祚，巴西安汉（今四川南充）人。西晋史学家。少时好学，师事同郡学者谯周，在蜀汉时曾任卫将军主簿、东观秘书郎、观阁令史、散骑黄门侍郎等职。蜀降晋后，历任著作郎、长广太守、治书侍御史、太子中庶子等职。著《三国志》。与《史记》《汉书》《后汉书》并称“前四史”。

陈祎（602～664），即玄奘，洛川缑氏（今河南偃师）人。唐代高僧，后世俗称唐僧。与鸠摩罗什、真谛并称为中国佛教三大翻译家。玄奘 13 岁出家，629 年从长安西游，历尽千辛万苦到达印度，645 年回到长安，著有《大唐西域记》12 卷，记述他西游亲身经历的 110 个国家及传闻的 28 个国家的山川、地邑、物产、习俗等。这是研究印度以及中亚等地古代历史地理之重要资料。

陈维崧（1625～1682），字其年，号迦陵，宜兴（今属江苏）人。清代词人、骈文作家。少时即擅长诗文，称天才，受推崇。其诗沉郁雄丽，词多达 1 800 多首，骈体文则被称为唐天宝之后无匹敌者。年逾五十始举博学鸿词科，授翰林院检讨，参加纂修《明史》。著有《湖海楼诗集》《迦陵文集》。

陈宝箴（1831～1900），字左铭，江西义宁（江西修水）人。晚清维新派政治家。光绪二十一年（1895）任湖南巡抚，力行改革。又保荐杨锐、刘光第、谭嗣同、林旭参与新政。与义宁陈氏一家四代的陈三立、陈衡恪、陈寅恪、陈封怀四位杰出人物，被后人称为“陈氏五杰”。

陈虬(1851～1903)，原名国珍，字庆宋，号子珊，浙江乐清人。晚清思想家、教育家。自幼勤奋好学，自学成才。戊戌变法前和汤寿潜(字蛰仙)合称“浙东二蛰”，和陈黻宸、宋恕合称“东瓯三杰”。是造诣很深的中医师，也是我国最早的新式中医学校创办人。他以维新变法思想和中医实践两方面的光辉成就载入史册。

名人故事

陈寿：一代良史

景耀六年(263)，蜀汉灭亡，陈寿因而多年不被荐举。西晋时期政治家、文学家张华欣赏其才华，认为他虽然有行为不检点的嫌疑，但按照情理不应被贬废。于是推举其为孝廉，授官佐著作郎，又出任阳平县令。陈寿撰写《诸葛亮集》，上报朝廷。后授职著作郎，兼任本郡(巴西郡)中正。

益州自从东汉光武帝之后，蜀郡人郑伯邑、太尉赵彦信(赵谦)以及汉中人陈申伯、祝元灵，广汉人王文表(王商)都是博学多闻，撰写有巴、蜀的《耆旧传》。陈寿认为这些书都不值得流传后世，于是合并巴郡、汉中地区，撰写成《益部耆旧传》10篇。散骑常侍文立向朝廷呈献此书，得到武帝的嘉奖。280年，晋灭吴，统一天下。陈寿撰写完成《三国志》，共65篇。当时的人们盛赞其善于叙写史事，具有良史的才干。

玄奘法师：热爱故国，诲人不倦

玄奘法师在西行的道路上，历经艰难险阻，曾被高昌王阻留，毫不动摇，绝食三日，以死明志，体现了中华民族的骨气。回国以后，于贞观二十年(646)撰成《大唐西域记》十二卷，记载唐代西北边境至印度的疆域、山川、物产、风俗、政事和大量佛教故事和史迹，成为后人研究西域和印度古代政治、经济、宗教、文化、民族关系等问题的珍贵文献。还把印度的天文、历算、医学、乃至制石蜜技术等介绍传入中国，丰富了中国传统文化的宝库，成为中外文化交流的杰出使者，因其爱国精神和巨大贡献，被誉为“中华民族的脊梁”。

玄奘法师先后在长安慈恩寺和铜川玉华宫等地译经 19 年，共译出经论 75 部，总计 1 335 卷。其数量之巨、译文之精美、内容之完备信达，实超前代译师，后更无人能比。法师白昼译经，晚上继续，三更暂眠，五更复起。除译经外，每天晚饭后还要抽出时间，为弟子讲演新译经论，解答提出的种种问题，并与寺中大德研讨各种理论，评述诸家异同，融会贯通。其译业彪炳、不辞劳瘁，讲学论道、诲人不倦的精神，也是空前卓绝的。

杨 姓

姓氏起源

杨姓源出有三：

一是出自姬姓。周成王封弟弟叔虞于唐，人称唐叔虞。唐叔虞的儿子燮继位后，因唐地有晋水，就改称晋侯。周宣王之子尚父，幽王时被封为杨侯，春秋时晋国灭杨，杨成为晋国羊舌肸的封地。晋武公时封次子伯侨于杨，称杨侯，是为杨姓人的受姓始祖。公元前 514 年，晋灭羊舌氏，伯石有子逃往华山仙谷，遂居华阴，称为杨氏，史称杨氏正宗。

二是以封地为姓。周武王之子(姓姬)叔虞，字子于。周灭唐(今山西翼城西)后，把唐封地给他，并赏给他怀姓九宗。叔虞(又称唐叔虞)的儿子燮继位以后,因唐地南临晋水,就改称晋侯。这样,叔虞就成了周代晋国的始祖。叔虞的后裔有封于杨者。杨,在今山西洪洞东南。春秋时灭于晋国,成了晋国大夫羊舌肸的封地。被封于杨地者的后代就用封地名"杨"作为姓氏。

三是改姓而来。比如赐姓、收养、避难、少数民族改姓等。

得姓始祖

据《元和姓纂》和《通志·氏族略》所载,杨出自姬姓,晋武公(唐叔虞之子燮的十世孙)时封次子伯侨于杨(今山西洪洞东南范村东古城一带),称杨侯,后来其子孙以国为姓,杨姓自此正式诞生。杨伯侨被视为杨姓一族的得姓始祖。

据史料记载,杨伯侨乃是晋武公次子。由于当时实行的是嫡长子继承制,其兄最终继承君主之位,是为晋献公。而杨伯侨则被封于杨,至于杨伯侨如何治理自己的封邑,史籍并没有叙述,但根据其家族在晋国显赫的地位来看,杨伯侨应该是一个相当有作为的人,没有他苦心经营和励精图治,他的后裔很难一直位列高位。

关于杨姓得姓始祖问题,现还有两种不同的看法。一说认为周成王之弟姬杼是为杨姓的得姓始祖,一说认为其得姓始祖是周宣王的小儿子尚父。

迁徙分布

杨姓的发源地,是在今山西省境内,后为晋所灭,其子孙因避乱,远在春秋战国(前770~前221)时期就有个别杨姓人士自山西迁至江苏和安徽省境内,散布于长江中下游地区。

秦、汉时期。有的迁居河内,有的迁居冯翊(今陕西大荔)。杨氏为晋所灭后,便向西发展繁衍,其先迁入陕西,后迁入山西省汾水中游的霍县一带,而后繁衍至今河南境。至汉时杨氏已广泛分布于中国北方大部分地区。

晋、唐时期，由于西晋末年“永嘉之乱”和唐玄宗时的“安史之乱”，及宋朝的“靖康之乱”，中原社会动荡，许多杨氏子孙为了避乱，大举南迁，其中以福建为迁播中心，广布江南广大地区。南宋初有大商人杨垢，随康王南渡，自河南定居宝山白沙，“潜心经商，诚一无伪，商民共信，聚集成市”。宋末，杨荣从上虞迁至上海；另支杨氏，与钟王李三姓被流配到奉贤滨海地区；元朝，渤海滨州人杨乘、嘉靖进士杨道亨的先人，相继自杭州和河南迁人青浦；元末，钱塘杨璃迁南汇下沙；著名诗人诸暨杨维桢避乱华亭天马山。

明、清时期。朱元璋为了复苏湖南，采取了“江西填湖广”的政策，因而大批的江西、浙江的杨氏宗族迁往湖广地区。

杨姓在《百家姓》中排列第 16 位。当今，杨姓为中国第六大姓氏，约占全国汉族人口的 3.08%，在全国分布极广，尤以长江流域的省份多杨姓，杨氏人口大约是 4 000 万。

历史名人

扬雄（前 53～18），字子云，蜀郡成都（今四川成都）人。本姓杨，特自标新，易姓为扬。西汉官吏、辞赋家。少好学，口吃，博览群书，长于辞赋。年四十余，始游京师长安，以文见召，奏《甘泉》《河东》等赋。成帝时任给事黄门郎。王莽时任大夫，校书天禄阁。扬雄是继司马相如之后西汉最著名的辞赋家。所谓“歇马独来寻故事，文章两汉愧扬雄”。在刘禹锡著名的《陋室铭》中“西蜀子云亭”的西蜀子云即为扬雄。

杨修（175～219），字德祖，陕西华阴人，太尉杨彪之子。东汉末年的文学家。杨修学问渊博，极聪慧，任丞相府主簿。史载“是时，军国多事，修总知外内，事皆称意”，后因夺嫡而被杀。杨修一生著作颇丰，结集成册的两文稿已佚，著有赋、颂、碑、赞、诗、哀辞、表、记、书凡 15 篇。今共存作品数篇，其中有《答临淄侯笺》《节游赋》《神女赋》《孔雀赋》等。

杨素(544～606),字处道,弘农华阴(今属陕西)人。隋朝权臣、诗人,杰出的军事家、统帅。他出身北朝士族,北周时任车骑将军,曾参加平定北齐之役。他与杨坚(隋文帝)深相结纳。杨坚为帝时,任杨素为御史大夫,后以行军元帅率水军东下攻陈。灭陈后,晋爵为越国公,任内史令。杨广即位,拜司徒,改封楚国公。

杨炯(650～692),弘农华阴(今属陕西)人。唐朝诗人。与王勃、卢照邻、骆宾王并称"初唐四杰"。显庆六年(661),年仅11岁的杨炯被举为神童,上元三年(676)应制举及第,授校书郎。后又任崇文馆学士,迁詹事、司直。天授元年(690),任教于洛阳宫中习艺馆。如意元年(692)秋后改任盈川县令,因吏治严酷,后人称他为"杨盈川"。杨炯以边塞征战诗著名,如《从军行》《出塞》《战城南》《紫骝马》等。

杨万里(1127～1206),字廷秀,号诚斋,吉州吉水(今江西吉水)人。南宋著名爱国诗人,文学家。与陆游、尤袤、范成大并称"南宋四大家""中兴四大诗人"。一生作诗两万多首,被誉为一代诗宗。其诗语言浅近明白,清新自然,富有幽默情趣,称为"诚斋体"。代表作有《晓出净慈寺送林子方》《小池》等。

杨士奇(1366～1444),名寓,字士奇,江西泰和(今江西吉安)人。明初著名政治家、学者。官至礼部侍郎兼华盖殿大学士,兼兵部尚书,历五朝,在内阁为辅臣40余年,首辅21年。与杨荣、杨溥同辅政,并称"三杨"。时人称之为"西杨"。"三杨"中,杨士奇以"学行"见长,先后担任《明太祖实录》《明仁宗实录》《明宣宗实录》总裁。

杨荣(1371～1440),原名子荣,字勉仁,建安(今福建建瓯)人。明初著名政治家、文学家。与杨士奇、杨溥并称"三杨",时人称为"东杨"。永乐十六年(1418)任首辅。在文渊阁治事38年,谋而能断,老成持重,尤其擅长谋划边防事务。正统三年(1438)晋升少师。其诗风直接影响了从永乐到万历年间的诗歌创作,时称

"台阁体"。

杨溥(1372～1446)，字弘济，湖广石首(今湖北石首)人。明初著名政治家。正统九年任当朝首辅。杨溥与杨士奇、杨荣合称"三杨"，时人称之为"南杨"，并称其"有相度"。他为人谨慎，有时就连上朝时也总是低头循墙而行。晚年时眼见王振权势益振，却无能为力。正统十一年(1446)卒，赠特进、光禄大夫、左柱国、太师，谥号文定。

杨慎(1488～1559)，字用修，号升庵，四川新都人，杨廷和之子。明代文学家。正德六年状元，官翰林院修撰，修《武宗实录》。武宗微行出居庸关，上疏抗谏。世宗继位，任经筵讲官。嘉靖三年，因"大礼议"受廷杖，谪戍终老于云南永昌卫。终明一世记诵之博首推杨慎，又能文、词及散曲，论古考证之作范围颇广。著作达百余种。后人辑为《升庵集》。

名人故事

扬修:阔字谜

三国时的才子扬修是曹操的主簿，是一位很有名的思维敏捷的官员和有名的敢于冒犯曹操的才子。有一次，曹操差人为自己建造了一座花园，建成后他去观看时，不置褒贬，只取笔在门上写一个"活"字。许多人看了都不知其意。扬修却看破了其中的隐意，说:"门内添活字，乃阔字也。丞相嫌门阔耳。"曹操嫌门太阔了。于是，人们再筑围墙，改造妥当，曹操再来看，很高兴，问是谁知道了我的用意。左右告诉他，是扬修。曹操嘴上赞扬修，内心里已是很忌讳他了。

杨廷和:语惊四座

杨廷和少年成名志向远大。他 12 岁中举，19 岁时比父亲先考中进士，喜欢考察研究国家的旧制旧例、民情、边防事务及一切法家理论，志向高远。

当时，一夜分为五更，两小时一更；古称秋季三个月为“三秋”，即初秋七月（孟秋）、中秋八月（仲秋）、晚秋九月（季秋）。这一联是明代大学士杨廷和父子的杰作。相传杨廷和八岁那年，有一次，他父亲与客人对饮到深夜，出上句“一夜五更，半夜五更之半”让客人对，可是无人对出，在一旁的杨廷和随即应对“三秋八月，中秋八月之中”，语惊四座。

黄　姓

姓氏起源

黄姓源出有五：

一是出自嬴姓。据《诸暨孝义黄氏族谱》所载，黄氏为嬴姓十四氏之一。帝舜时，东夷部落首领伯益因助禹治水有功，故受帝舜赐姓嬴。《汉书·郡国志》曰：“故黄国，嬴姓。”

二是出自金天氏。台骀是少皋金天氏的曾孙，因治水有功，颛顼封他到汾川（今山西汾水流域）。其后人曾在春秋时其建立沈、姒、蓐、黄等国，周初，为晋所灭，子孙遂以国为氏。这支嬴姓黄氏，主要集中分布在今山西一带，是为山西黄氏。

三是古代南方蛮族有黄姓。在广西南宁一带。武陵溪人、峒人和壮族等少数民族中，都有黄姓。《新唐书》记载：“邕管（在广西境内）蛮有黄姓。唐黄少卿、少高、少温是。”其实，此支黄氏乃是战国时期，南下加入到江南“蛮族”地区的黄国遗民的后裔。

四是出自近代其他民族。一为避乱时改姓，如满族之“伊喇氏、西林觉罗氏、鄂吉氏、鄂佳氏、那拉纳喇氏”，亦或回族之“蒲氏”。或是如台湾原住民汉化时由当权者、汉人赐姓。

五是他姓改为黄姓。上古时候，黄、王同音，故有的王姓改为黄姓；还有其他原因改姓黄的，如陆姓、巫姓、吴姓、金姓改黄姓等。

得姓始祖

陆终，上古时期火神祝融（掌管火的官）吴回之子。后其继任祝融。周代时，其后被封于黄（今河南省潢川西十二里），建立了黄国。黄国后来被楚国所灭，其后代子孙分散到了各地，他们不忘亡国之恨，遂以原国名为氏，称黄姓，并尊陆终为其得姓始祖。

迁徙分布

黄姓的原始祖先——黄夷的发源地在今内蒙古东部、燕山之南的辽河西源——西拉木伦河流域。后来向东南迁徙，经河北迁安西的黄山和束鹿县的黄丘进入山东半岛，加入东夷集团，成为九夷中的一支。再往后，在华夏与东夷的大融合之中，黄氏有一些人融入壮、瑶、侗、水、布依等少数民族。黄夷和其他许多少昊子孙氏族，跟随颛顼从山东半岛内迁到了中原地区。

亡国后的黄氏遗民，有的逃至今河南中部，大批被迁到今湖北境内，有的在楚国做了官。据说今黄冈、黄陂、黄梅等地，都是因为黄氏迁来而得名的。

汉代以后，黄氏因任官等原因分别向大江南北迁徙，南至湖南、江西、四川等地，北至河南固始、南阳。黄氏入居福建，始于晋代。宋元之际，黄氏称盛于闽粤，至明末清初，开始移居到台湾，后又有不少人移至海外。

黄姓在《百家姓》中排行第 96 位。当今中国第七大姓，黄姓人口约 2 700 万，约占全国人口的 2.2%，在南方人中所占比例较多。另外，黄姓在台湾人中更为常见，与郑姓共同享有“黄郑排满街”之美誉。

黄歇（前314～前238），楚国江夏人。战国时期著名的政治家。与魏国信陵君魏无忌、赵国平原君赵胜、齐国孟尝君田文并称为“战国四公子”，曾任楚相。黄歇游学博闻，善辩。楚考烈王元年（前262），以黄歇为相，封为春申君。赐淮北地12县。

黄庭坚（1045～1105），字鲁直，号山谷道人，洪州分宁（今江西修水）人。北宋著名的文学家、书法家。英宗治平四年（1067），进士及第，历官叶县尉、北京国子监教授、秘书丞、黔州安置等。黄庭坚虽身居高位，侍奉母亲却竭尽孝诚，名列二十四孝之一。他还是著名诗人，与杜甫、陈师道和陈与义素有“一祖三宗”（黄为其中一宗）之称，与苏轼齐名，世称苏黄，著有《山谷词》。黄庭坚书法为“宋四家”之一。

黄道婆（约1245～1330），又名黄婆或黄母，松江府乌泥泾镇（今上海徐汇）人。宋末元初知名棉纺织家。出身贫苦，少年流落崖州（今海南），以道观为家，师从黎族人学会运用制棉工具和织崖州被的方法。元贞年间（约1295），重返故乡，由于传授先进的纺织技术以及推广先进的纺织工具，而受到家乡百姓的敬仰。去世以后，松江府曾成为全国最大的棉纺织中心，松江布有“衣被天下”的美称。在清代的时候，被尊为布业的始祖。

黄公望（1269～1354），本姓陆，名坚，江浙行省常熟人。后过继永嘉府（今浙江温州）平阳县黄氏为子，因改姓黄，名公望，字子久，号一峰、大痴道人。元代著名全真派道士、画家。中年当过中台察院椽吏，后皈依“全真教”。擅画山水，师法董源、巨然，得赵孟頫指授。所作水墨画笔力老到，简淡深厚，世称“浅绛山水”。与吴镇、倪瓒、王蒙合称“元四家”。擅书能诗，撰有《写山水诀》，存世作品有《富春山居图》《九峰雪霁图》《丹崖玉树图》《天池石壁图》等。

黄宗羲（1610～1695），字太冲，一字德冰，号南雷，浙江绍兴府

余姚县人。明末清初经学家、史学家、思想家、地理学家、天文历算学家、教育家。与顾炎武、王夫之并称“明末清初三大思想家”；与弟黄宗炎、黄宗会号称“浙东三黄”；与顾炎武、方以智、王夫之、朱舜水并称“明末清初五大家”，亦有“中国思想启蒙之父”之誉。与陕西李颙、直隶容城孙奇逢并称“海内三大鸿儒”。黄宗羲提出“天下为主，君为客”的民主思想。其学问极博，思想深邃，著作宏富，一生著述50余种，300多卷，其中最为重要的有《明儒学案》《明夷待访录》《今水经》《大统历推法》《四明山志》等。

黄钺(1750～1841)，字左田，又名左君，号壹斋、左庶子，安徽芜湖人。清朝政治家、教育家、画家、艺术评论家。历仕乾隆、嘉庆、道光三朝。乾隆五十五年(1790)进士，授户部主事，后由主事提升为“赞善，入直南书房”，又升为礼部尚书，赐紫禁城骑马肩舆入直，加封太子少保衔。宣宗成封他为军机大臣，不久调任户部尚书，参与大典事宜，从事“京察议叙”。黄钺在朝，“矢勤矢慎”，历职27年，忠于职守。在学术上很有造诣，著有《壹斋集》《壹斋诗集》，另有画学专著《二十四画品》。道光二十一年(1841)逝世，享年92岁。

黄遵宪(1848～1905)，字公度，别号人境庐主人，广东嘉应州人。清朝诗人，外交家、政治家、教育家。1876年中举人，历充师日参赞、旧金山总领事、驻英参赞、新加坡总领事，戊戌变法期间署湖南按察使，助巡抚陈宝箴推行新政。工诗，喜以新事物熔铸入诗，有“诗界革新导师”之称。作品有《人境庐诗草》《日本国志》《日本杂事诗》等。被誉为“近代中国走向世界第一人”。

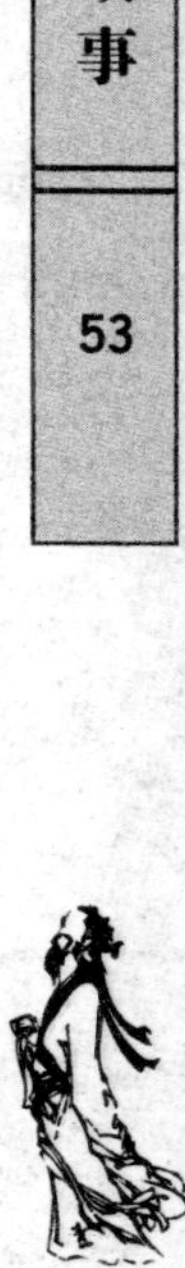

名人故事

黄庭坚：与舅舅斗对

有一天，李常来到黄庭坚家，见黄庭坚正伏案攻读，便想试一试外甥的才学。进书房时，李常见院内有一棵桑树，便以桑、蚕、茧、丝、锦缎之间的关系为题，吟顶真上联道：桑养蚕，蚕结茧，茧抽丝，丝织锦绣。

见舅父又来考试，黄庭坚非常高兴，才思益发敏捷。他从手中握的那管毛笔得到启发，立即答对出下联：

草藏兔，兔生毫，毫扎笔，笔写文章。

李常见外甥小小年纪便能对出这样难度较大的联句，从此对黄庭坚更加器重、爱护，着意精心栽培，使之进步更快。

黄宗羲：藏书大家

黄宗羲学问渊博，来自于他的丰厚藏书。他嗜好藏书，喜抄书、借书。读遍家中所有藏书，仍嫌不足，借抄于范钦“天一阁”、曹溶“倦圃”、徐乾学“传是楼”、钱谦益“绛云楼”、祁氏“澹生堂”、钮氏“世学楼”等藏书楼之书。每出走回归，常带一书童携书同返，访求足迹几乎遍及大江以南所有著名藏书家。后来祁氏“澹生堂”藏书散出，精华亦大半归于他。并与许元溥、刘城约为抄书社，世所罕见之书，多赖以得传。建书楼“续抄堂”于南雷，思承东发（即南宋学者黄震）之绪。

藏书目的，在于系统收集明代资料，提倡藏书在于致用，反对只藏不用、视为珍玩的鉴赏家。告诫学者：“当以书明心，勿玩物丧志也。”历几十年辛勤收集和整理勘校，藏书达七万卷之多。未及编目，即遭大水；因年事已高，死后不几年又遭大火，失去大半。经再传弟子郑性整理后，仅得三万卷，入藏于“二老阁”。他收集史料的方法，也影响了同代的学者如全祖望、厉鹗等人，对清代文化、学术的发展有一定影响。他撰写的《天一阁藏书记》《传是楼藏书记》等，是研究明清私人藏书文化的重要史料，也是他藏书思想的核心文献。藏书印有“余姚黄氏书库藏书印”“黄宗羲印”等。

钱 姓

姓氏起源

钱姓源出有二：

一是源于彭姓，是以官职命民的姓氏。周朝有官职名“钱府上士”掌管财政，遂以官为氏。相传为古帝颛顼玄孙彭祖（即籛铿）的后代。宋·郑樵《通志·氏族略》将钱氏列入“以官为氏”类，说：颛帝曾孙陆终生彭祖，裔孙孚，周钱府上士，因官命氏焉。

二是赐姓，是中国古代帝王彰布皇家威仪，昭示荣宠，笼络、褒奖臣属，邀集人心的重要手段之一。五代时钱谬曾以杭州为中心建立了吴越国，历时 86 年之久，是时境内安宁，人民富足，有不少吴越臣僚先后都被赐以国姓“钱”，而改姓为钱。《宋史·吴越钱氏世家》称，吴越王钱谬“与战士多赐己姓”，至忠懿王钱弘俶临朝称制，这些因赐姓而改姓钱氏之人“皆称同宗”，都自认为属于钱姓之人了。目前属于这种赐姓的钱姓人仅见于台湾高山族土著中，据《台湾姓氏源流》记载，清乾隆二十三年（1758），台湾高山族土著七姓中有一支因忠于朝廷，有功于国家，被乾隆帝赐姓为钱，此后相沿不改，迄今仍为钱氏。

得姓始祖

颛项帝是我国南方早期主要八个姓氏的先祖，有裔孙名铿，后来封于彭城（今江苏徐州），因此得了彭姓，彭铿是有名的长寿者，据说亲历夏商两代，活了 800 多岁，被尊为彭祖。彭祖有孙名孚，西周时担任钱府上士，其后子孙便以其官名为氏，称钱姓。他们尊钱孚为钱姓的得姓始祖。

迁徙分布

自周代起，钱姓的郡望有下邳郡、吴兴郡和彭城郡等。下邳郡为东汉时改临淮郡为下邳国，南朝宋时设郡，其范围大致为今江苏西北和安徽东北的广大地区。吴兴郡是三国孙吴所设，治所在今浙江吴兴南，辖地有今浙江临安、余杭、德清以冯于长江以南。彭城之地最早名楚国，西汉时曾改为彭城郡，但不久就复为楚国，到东汉又改为彭城国，治所在彭城（今江苏徐州），范围包括今山东微山，江苏徐州、铀山、邳县西北部、沛县东南部及安徽瞧溪东部等。

钱孚是在西周都城镐京做官的，因此钱姓应起源于北方，但其发展繁衍却是南方盛于北方。秦时有御史大夫钱产，子孙居下邳。西汉时徐州人钱林因王莽专政，弃官隐居长兴（今属浙江）陂门里；钱逊也因王莽之乱而徙居乌程（今浙江吴兴）。此后，下邳、吴兴两郡钱姓人丁兴旺，渐渐成为当地望族。

唐时，光州固始人陈政、陈元光父子入闽，有中原钱姓将佐跟随，在福建定居。

宋元时期，钱姓发展到今广东、四川、安徽、湖南等省。

明清两代，今上海、云南、湖北等省市也成为钱姓的聚居地。钱姓在南方分布广泛，从清朝开始，居住在闽、粤及沿海的钱姓族人有人迁居台湾，有人迁居海外。

钱姓在《百家姓》中排行第 2 位。在当今中国大陆姓氏排行榜上名列第 89 位，在台湾省名列第 98 位，人口约 300 万，占全国人口总数的 0.22%左右。

历史名人

钱起（？～780），字仲文，吴兴（今属浙江）人。唐代诗人。天宝进士，曾任考功郎中，故世称钱考功。代宗大历中为翰林学士。与韩翃、李端、卢纶等号称“大历十才子”。钱起长于五言，词彩清丽，音律和谐，又与郎士元齐名，当时称为“前有沈宋，后有钱郎”

(《唐诗三百首新注》)。有《钱考功集》,集中五绝《江行无题一百首》及若干篇章,为其曾孙钱珝所作。

钱选(1239～1299),字舜举,湖州(今浙江吴兴)人。宋末元初著名画家,与赵孟頫等合称为“吴兴八俊”。南宋景定三年乡贡进士,入元不仕。工诗,善书画。画学极杂:山水师从赵令穰;人物师从李公麟;花鸟师从赵昌;青绿山水师从赵伯驹。人品及画品皆称誉当时。继承苏轼等人的文人画理论,提倡士气说,倡导戾家画。他提倡绘画中的“士气”,在画上题写诗文或跋语,萌芽了诗、书、画紧密结合的文人画的鲜明特色。代表作有《八花图》《浮玉山居图》等。

钱大昕(1728～1804),字晓徵,号辛楣,又号竹汀,江苏嘉定(今上海嘉定)人,清代史学家、汉学家。钱大昕是18世纪中国最为渊博和专精的学术大师,他在生前就是饮誉海内的著名学者,王昶、段玉裁、王引之、凌廷堪、阮元、江藩等著名学者都给予他极高的评价,公推钱氏为“一代儒宗”。与纪昀并称“南钱北纪”。著有《二十二史考异》。

名人故事

钱镠睡警枕

五代十国时期,贫苦出身的钱镠,年轻时做过盐贩,后来做到了某级官员手下的部将。黄巢起义攻打浙东的时候,钱镠用小股兵力保住了临安(今浙江杭州)。唐王认为他有功,封他为都指挥使,继而又提拔为节度使,镇守临安,被封为吴越王。

钱镠当上节度使以后,在临安盖起了豪华的住宅。出门的时候,坐车骑马,都有兵士护送。他的父亲对他这种做法很不满意,每次看到钱镠要出门,就有意避开。钱镠得知父亲回避他,心里不安。有一次他不用车马,不带随从,步行到他父亲的屋里,问老人为什么回避他。

老人说："咱家世世代代都是靠打鱼、种庄稼过活的，没有出过有财有势的人。现在你到了这个地位，周围都是敌对势力，还要跟人家争城夺池。我看我们钱家今后要遭殃了。"钱镠听了，表示一定要记住父亲的嘱咐。打那以后，为了保住吴越不受强国威胁，他养成了一种高度警惕的习惯：夜里睡觉时，为了不让自己睡得太熟，用一段滚圆的木头做枕头，叫作"警枕"。倦了就斜靠着它休息；如果睡熟了，头从枕上滑下，人也就惊醒过来了。

钱镠就是靠他的谨慎小心，一直保持他在吴越的统治地位。吴越国虽然小，但是因为长期没有遭到战争的破坏，经济渐渐繁荣起来。

钱谦益：背礼娶姬

钱谦益与柳如是的爱情故事，数百年来为人津津乐道。

与钱谦益出生官宦、中科举、当大官的人生相比，柳如是无疑就是一个苦命人。她生于嘉兴，家贫如洗，从小被卖到妓院。逆境中成长的柳如是性格倔强，极其聪慧，精通文墨，擅长琴棋书画，不但名列"秦淮八艳"，更为重要的是，她非常有抱负：一定要嫁一个"博学好古，旷代逸才"的男人。她甚至还宣称："天下有一知己，死且无憾。"

然而，不久之后，让大家惊讶的事情发生了。崇祯十四年(1641)，赋闲在家的文坛领袖钱谦益在一艘船上迎娶了相识不久的柳如是。这一年，钱谦益刚好59岁，而柳如是才23岁。依照明末的道德标准，士大夫涉足青楼、狎妓纳妾，会被看作风流韵事，但要大礼婚娶妓女，则是伤风败俗、悖礼乱伦之举，被视为洪水猛兽。钱谦益爱柳如是心切，全然不顾世俗偏见和礼法名器，坚持用大礼聘娶。因为他的声望实在太高了，此举让许多循规蹈矩的读书人无法接受，舆论哗然，简直到了人神共愤的地步。于是在婚礼当

天，许多人站在岸边，捡起石头往他们结婚的船上砸去。

然而，柳如是不在乎，她只求“知己”；钱谦益更不在乎。为了置办风风光光的婚礼，他忍痛把自己珍藏多年的宋刻《汉书》出售。婚后，这对闻名一时的“老少配”，还不断被人嘲笑。

有一天，钱谦益对柳如是说：“我爱你乌黑头发白个肉。”柳如是俏皮地回答说：“我爱你雪白头发乌个肉。”这些不知是真是假的闺房私话，竟然成为公众乐此不疲的话题，被广泛传播，其中蕴含的讥讽、嘲笑和艳羡等复杂情绪不言而喻。

吴　姓

姓氏起源

吴姓源出有四：

一是以吴国号为姓，出自姬姓，是黄帝轩辕氏的直系后裔。商朝时，黄帝的十二世孙古公亶父（周太王）建立了周部落。太王共有三子。太王的大儿子泰伯和二儿子仲雍知道了父王的意思是先传位给小儿子季历，再传位给姬昌，就决定自动让贤，便一起南下荆蛮。泰伯和仲雍给当时比较落后的江南带去了中原先进的文化，被当地土著推举为君长，号称句吴。泰伯死后，由仲雍继位。周武王灭商后，仲雍的三世孙周章为诸侯，国号改称吴，并追封太伯为吴伯。至仲雍的第十九世孙寿梦称王，建都姑苏（今江苏苏州）。寿梦的第四子季札本该继承王位，但他避而不受，逃到延陵以耕田为生。此后吴王寿梦的后裔分为两支：一支在政治上发展，出现了吴王阖闾、吴王夫差等著名国君；另一支则是季札及其后裔独立发展，人丁繁衍众多，构成了当今吴姓的绝大部分。吴国被越国所灭后，其子孙便以国为姓，称吴姓。

二是上古时已有吴姓。一是舜的后代有封在虞的，因“虞”与

"吴"音相近,故舜后有吴姓;二是颛项帝时有吴权,其后亦有吴氏;三是少康帝时有神箭手吴贺,其后有吴姓。

三是出自古帝颛项时期吴权之后裔。相传为上古颛项帝(高阳氏)时吴权的后代。

四是少数民族与汉族融合产生吴姓。锡伯族、柯尔克孜族、朝鲜族、赫哲族等均有吴姓者。

得姓始祖

黄帝是中华民族的人文始祖,也是吴姓历史上记述的远古初祖,他居住在姬水流域(约在今陕西北部),以姬为姓。相传黄帝娶了四位贤淑的妻子,生了 25 个儿子,其中得姓者 14 子,其后分 14 支部族。公刘下传数代到古公亶父时,中原已进入殷商时期,这时周人又受到戎、狄的侵扰,在古公亶父率领下被迫离开豳地继续迁徙。周人一路南迁,他们爬过梁山,渡过漆水、沮水,到达岐山下的周原(今陕西岐山一带)。周原可谓周人居住的祖地,这里土地肥沃,适合多种庄稼生长,于是建立城市和村庄,让族众过定居的生活,并在周人氏族制度的基础上设置了官职,建立了近似国家职能的行政管理制度。周人、周族的称呼就是因为古公亶父及其部落定居周原而来。周初,泰伯、仲雍受到周王朝表彰,其后裔受封于吴,建立起强大的吴国,后世吴姓子孙则多把泰伯、仲雍尊为得姓始祖。

迁徙分布

古代的吴国,位置是在今江苏无锡一带,此地也是吴姓发源地。周初,是泰伯的封地。至十九世孙寿梦时开始称王,国势也日益强大,国境一直延伸到今浙江的嘉湖一带。与此同时,吴姓首先向北临近的齐、鲁之间迅速迁徙繁衍。这一带的吴姓,多为寿梦第四子季札之后。其后迁入河南、安徽等地。

公元前 537 年,吴楚交战,厥由(吴王寿梦的第五子,季札之弟)受命前往敌营犒劳楚师,侦察敌情。一至楚营,便被抓住。此后,他流亡楚国,娶妻生子。后代以名为姓,形成吴姓的分支——厥由氏。又如夫差的儿子吴姑蔑,在与越人作战中被俘;吴亡前数年,夫差的太子吴友和王孙弥庸也一同被俘,流落到越国。吴芮属吴征生这一支,秦朝时,吴芮以才能出众,当上了番阳(今江西鄱阳东)县令。他为政深得民心,百姓尊为“番君”。秦末农民起义,吴芮纵观天下大势,遂率领当地越人起兵响应。后转战西北,与项羽等入关破秦,立下汗马功劳,项羽封他做衡山王。汉朝分封功臣,吴芮被封为长沙王,建都临湘(今湖南长沙),食邑三千户。自此,吴姓宗族中吴芮一支又自江西迁到湖南。据《广东通志》载,吴霸后裔兴旺,五岭以南,特别是广东一带的吴氏大部分是吴霸的后代。

魏晋至隋唐的700余年间,北方少数民族不断入侵中原,致使北方战争频繁,南方则相对安定。因而北方士民大量南迁,吴氏宗族也在南迁之列。据唐·林宝撰写的《元和姓纂》记载,这期间的吴氏大族主要分布在吴郡、武昌、濮阳、渤海、陈留等地,并呈南兴北衰之势。

自吴允承回迁吴郡奉祀先祖吴泰伯三代之后,历史进入了三国时期,吴氏家族成为割据江东的孙吴政治的国戚,孙策、孙权兄弟的母亲吴国太便出自吴郡吴氏。

吴姓在中国南北方都得到巨大的发展,并逐渐在许多地方形成当地一大郡望。其中南阳吴氏,为汉初长沙王后裔吴复兴所开基,其后子孙繁衍各地,形成许多吴氏望族分支。据史料记载,吴氏子孙在江南分支开基的地方主要有今浙江的杭州、杭井、奉化、温州、临海、平阳、临安;江西的兴国、石杭;福建的莆田、福州、漳州、泉州、汀州;广东的潮州、嘉应州、南雄;广西的梧州、南思等地。

宋元时期,吴姓已遍布全国。上代的一些吴姓大宗仍保持兴盛局面,季札次子吴征生一支在两宋产生了科举官宦世家吴相家族,濮阳吴氏的一支经辗转迁徙后形成根深叶茂的汝南——太原吴氏，渤海吴氏成员南迁江南后落地生根，在两宋时期形成江南第一望族吴宣家族。以上吴姓望族都很重视世系传承，其历史渊源十分清晰。

明清时期，吴姓的分布更为广泛。据其家谱记载，到清乾隆时，这支吴氏已传了十三代。

吴姓在《百家姓》中排行第 6 位，在当今中国姓氏排行榜上名列第 8 位，占全中国汉族人口的 2.05%，约 2 780 万人。

历史名人

吴道子(680～759)，因唐玄宗赐名道，又名道玄，河南阳翟(今河南禹州)人。唐朝画家，画史尊称为画圣。早年喜欢作画，未及弱冠便能“穷丹青之妙”。擅画佛道人物，远师南朝梁张僧繇，近学张孝师，笔迹磊落，势状雄峻，生动而有立体感。曾在长安、洛阳等地寺观作佛道宗教壁画 300 余间，情状各不相同。张彦远认为“山水之变，始于道子，成于二李(思训、昭道)”。苏轼认为“画至吴道子，古今之变，天下之能事毕矣”。被后世尊称为“百代画圣”，被民间画工尊为祖师。画作有《明皇受箓图》《十指钟馗图》《送子天王图》《孔雀明王像》《托塔天王图》《大护法神像》等 93 件收入《宣和画谱》。

吴承恩(1500～1582)，字汝忠，号射阳山人，淮安山阳(今江苏淮安)人。明代杰出的小说家。吴承恩自幼聪明过人，《淮安府志》载他：“性敏而多慧，博览群书，为诗文下笔立成。”但他科考不利，至中年才补上“岁贡生”，后流寓南京，长期靠卖文补贴家用。晚年因家贫出任长兴县丞，不久愤而辞官。创作四大名著之一——《西游记》。

吴敬梓(1702～1754)，字敏轩，一字文木，号粒民，安徽全椒人。清代最伟大的小说家之一。幼即颖异，善记诵。稍长，补官学弟子员。尤精《文选》，赋援笔立成。雍正十三年(1735)，巡抚赵国辚举以应“博学鸿词”，不赴。移家金陵，为文坛盟主。著有《文木山房诗文集》《文木山房诗说》和小说《儒林外史》等。

吴其濬(1789～1847)，字季深，一字瀹斋，号吉兰，别号“雩娄农”，河南固始人。清代著名植物学家。除植物学外，在农学、医药学、矿业、水利等方面均有突出成就。嘉庆二十二年(1817)状元，官授翰林院修撰。为清代河南省唯一的状元，一生“宦迹半天下”，曾任兵部左侍郎，户部右侍郎，湖广总督，云贵总督，湖南、浙江、云南、福建、山西巡抚等职。著有《植物名实图考长编》，共 22 卷，收集植物 838 种；《植物名实图考》，共 38 卷，记载植物的分布，涉及中国的 19 个省。

吴汝纶(1840～1903)，字挚甫，一字挚父，安徽桐城(今安徽枞阳)人。晚清文学家、教育家。同治四年进士，授内阁中书。曾先后任曾国藩、李鸿章幕僚及深州、冀州知州，长期主讲莲池书院，晚年被任命为京师大学堂总教习，并创办桐城学堂。与马其昶同为桐城派后期主要代表作家。著有《吴挚甫文集》四卷、《诗集》一卷、《吴挚甫尺牍》七卷、《深州风土记》二十二卷、《东游丛录》四卷。

名人故事

吴起攻亭

吴起担任西河郡守期间，秦国有个岗亭靠近魏国境内。这个岗亭会对魏国的种田人造成很大危害，但是又不值得征调部队攻打它。于是吴起就在北门外放了一根车辕，然后下令说：“谁能把车辕搬到南门外，就赏赐他上等田地、上等住宅。”起初没有人去搬它，最终有个人把车辕搬到南门，吴起立即按照命令行赏。不久吴起又在东门外放了一石红豆，下令说：“谁能把红豆搬到西门，赏赐如前。”百姓们都争抢去搬。最后吴起下令道：“明天要攻打岗亭，能冲锋陷阵的，就任命他做大夫，赏赐上等田地和住宅。”百姓们争

先恐后参战,一个早上就把岗亭攻占了。

吴道子:秃尾神马

唐朝时候,画圣吴道子来朝鸡足山。他在金顶寺住宿的那天晚上,作了一幅《立马图》,那马画得真是活灵活现。要画最后一笔马尾的时候,他忽然感觉身体不适,就去禅房休息了,第二天便早早下山,把那幅未完成的《立马图》给忘记了。

吴道子下山后,禅师细看《立马图》,才发觉马尾巴还没有画,十分惋惜,但也无可奈何,只得将它挂在禅堂侧室里。禅师每天要在画前烧一炉香,一来怀念大师,二来观赏马图。看那马,越看越觉得活灵活现,好像嘶鸣着要跳下来。

突然,山下十来个农人闹闹嚷嚷地冲进寺院来,状告禅师,说寺院有一匹秃尾马糟蹋自己的庄稼。禅师百般辩解,说寺院不可能养马的,农人仔细搜过寺院也一无所获。禅师忽然想起那幅画来,便告诉农人,自己无马,只有一幅吴道子大师画的立马图,请进屋来看看。农人一看那图上的马,都大吃一惊,于是,指着画上的马说:“就是它,天天夜里偷吃我们的庄稼。”禅师大怒,指着秃尾画马骂道:“畜生,留着你害人,不如送你到火塘里去。”一说这话,只见那马跪了下来,两眼流着泪。庄稼汉看着真是惊奇,觉得把它烧了也可惜,就说:“算了,只要它诚心改悔,不再糟蹋庄稼就行了。”

画上的马变成了真的,固然是一种神奇的传说,但却反映了吴道子画动物具有传神之笔。

赵　姓

姓氏起源

赵姓源出有三:

一是出自嬴姓，形成于西周，其远祖为伯益，得姓始祖是造父。相传周穆王的驾车大夫叫造父，是伯益的后裔。造父从华山一带得到八匹千里马，献给周穆王。周穆王乘着这八匹千里马驾的车子西巡狩猎。来到昆仑山上，西王母在瑶池设宴招待他，饮酒唱歌，乐而忘返。这时东南方的徐偃王造反，造父驾车日行千里，及时赶回镐京，发兵打败了徐偃王。由于造父这次平叛有功，赐以赵城，称为赵氏。造父就是普天下赵氏的始祖。后因周幽王无道，造父的七世孙叔带离周奔晋，从此赵氏子孙世世为晋大夫。叔带的七世孙赵衰，曾随晋文公重耳流亡十九年，回国后担任执政大臣。战国初年，赵衰的七世孙赵襄子联合魏氏、韩氏三家分晋，建立赵国，为战国七雄之一。

二是皇帝赐姓和少数民族改姓赵氏。赵姓的发展史上，由于赐姓、冒姓和改姓及其他途径加入赵姓的也不少。中国历代帝王为笼络、褒奖臣属，不但用惯常的封官加爵、赏赐钱财等手段，还通过钦赐国姓来达到目的。其中，最为典型的就是宋代皇帝对归顺的少数民族首领等赐姓赵，以示恩宠。

三是因避祸、姻亲、过继、入赘等原因改姓赵。

得姓始祖

赵姓源出嬴姓，远祖可追溯至 4 000 多年前的少昊。少昊后裔伯益掌管火种和驯养兽鸟，助禹治水有功，得姓嬴。伯益后裔造父是周穆王的驾车大夫，在平定徐偃王之乱中立了大功，被封于赵城（今山西洪洞北）。后人以封邑为名，至今已有 3 000 多年历史。造父被天下赵姓尊为始祖。

迁徙分布

赵氏是一个多民族、多源流的古老姓氏群体，发祥地在今山西省。西周时，造父的侄孙非子封于犬丘，建立秦国。造父的第七代子孙叔带率部分宗族由周投晋，并且昌盛壮大，在三国分晋时建立赵国，史称“去周如晋，赵姓始昌”。到赵国灭亡时，赵姓已分布于山西、河北、河南、山东等地。

秦始皇灭赵后，把代王嘉之后迁往甘肃天水，赵王迁被流放到今湖北房县。秦朝末年，秦国宗室真定（今河北正定）人赵佗建立南越国，又把赵姓活动范围推广至今两广和越南北部。

西汉末年，赵飞燕姐妹被害，其族人被迫迁徙至辽西郡，也是赵姓人在东北活动的开始。东汉末年为避董卓之乱，洛阳人赵达避难迁居江东，真定人赵云入蜀为将。北魏时，天水赵姓一支迁居洛阳，其后裔孙赵贵镇守并迁至武川（今内蒙古）。

唐初，有赵姓将士在平“蛮獠啸乱”中开赴福建并定居。

五代时，有赵姓随刘龚南汉政权在广州定居。据《宋史・宗室世系表》载：宋朝宗室分为三个支派，即太祖（赵匡胤）支派、太宗（赵光义）支派、魏王（赵廷美）支派。太祖支派分为燕王（赵德昭）支派和秦王（赵德芳）支派，燕王支派在北宋末年因外放做官而迁居如下地区：安徽颍州，四川蜀州（今崇庆），江苏泰州、镇江，福建福州、泉州，江西吉安，湖北江陵，广东南雄等地，秦王支派则迁居如下地区：浙江绍兴、湖州、台州、明州、婺州，福建福州、泉州，江苏真州、太平州；而魏王则降调至房州（今湖北房县），其子孙为官而迁徙地区有河南开封、洛阳，山东沂州、济州，福建汀州，江苏昆山、溧城，浙江秀水等。

靖康之耻之后，徽钦二宗被掳往五国城（今黑龙江松花江口），太宗支派因此而在东北广大地区播迁繁衍。南宋初，康王赵构南迁杭州定都，则有赵姓移居江南，有的移居江苏常熟，有的移居江西上饶。南宋被灭，南宋宗室散逃至澎湖、潮阳等地，后在闽粤一带繁衍。

自宋代以后，赵姓遍布全国各地。值得指出的是海外赵姓的播迁。明末，有赵姓不惜冒险远渡重洋到海外，其民族构成多种多样，聚居地为东南亚和美国。如瑶族中的赵姓在缅甸、老挝、越南和美国、法国、加拿大等国都有分布；壮族中的赵姓散布于越南、老挝、泰国等地。

从清康熙年间开始，闽粤等地的赵氏族人陆续迁到台湾、南洋，更有人漂洋过海，移居到欧美各国。

赵姓在《百家姓》中居首位，按实际人口统计，当今为中国第七大姓。总人口约 2 700 万，占全国人口总数的 2%左右。

历史名人

赵普(922～992)，字则平，幽州蓟人，后徙居洛阳。北宋著名的政治家。赵普喜《论语》，有“半部《论语》治天下”之说。对后世很有影响，成为以儒学治国的名言。显德七年(960)正月，与赵匡胤发动陈桥兵变，以黄袍加于赵匡胤之身，建立宋朝。乾德二年(964)任宰相，协助太祖筹划削夺藩镇、改革官制、制定守边防辽等许多重大措施。

赵孟頫(fǔ)(1254～1322)，字子昂，号松雪道人，吴兴(今浙江湖州)人。元代大臣，书画家。因元世祖赞赏其才貌，两年后任从四品的集贤直学士。至元二十九年(1292)出任济南路总管府事。大德三年(1299)，被任命为集贤直学士行江浙等处儒学提举。至大三年(1310)，受皇太子赏识，后官居一品，名满天下。赵孟頫博学多才，能诗善文，懂经济。特别是书法和绘画成就最高，人称“一代宗师”。与欧阳询、颜真卿、柳公权并称“楷书四大家”。著有《松雪斋文集》等。

赵翼(1727～1814)，字云崧，号瓯北，江苏阳湖(今江苏常州)人。清代文学家、史学家。乾隆二十六年(1761)进士。官至贵西兵备道。旋辞官，主讲安定书院。论诗主“独创”，反模拟，与袁枚、张问陶并称清代“性灵派”三大家。所著《廿二史札记》与王鸣盛《十七史商榷》、钱大昕《二十二史考异》合称清代“三大史学名著”。

赵之谦(1829～1884)，初字益甫，号冷君；后改字撝叔，号悲庵等，浙江会稽(今绍兴)人。清代著名的书画家、篆刻家。自幼读书习字，博闻强识，曾以书画为生。与任伯年、吴昌硕并称“清末三大画家”，其书、画、篆刻对后世都影响甚深，其中篆刻成就巨大。近代的吴昌硕、齐白石等大师都从他处受惠良多。

名人故事

赵匡胤：杯酒释兵权

公元961年，宋太祖赵匡胤“黄袍加身”之后，始终有一种担心，怕有朝一日手下的大将会发动兵变，把自己的“黄袍”再穿到别人身上。对此，大臣赵普看在眼里，记在心上。有一天，赵普对宋太祖说，要想杜绝手下人发动政变，首先应该解除武将，特别是有功之臣的兵权。宋太祖认为言之有理，于是决定采纳他的建议。

一天晚朝后，宋太祖把石守信、高怀德等禁军高级将领留下来喝酒，开始了他的杯酒释兵权行动。那天晚上，当酒兴正浓的时候，宋太祖突然把服务人员赶走，对手下大臣直言不讳地说：“我若不是靠你们出力，是到不了这个地位的，为此我从内心念及你们的功德。但做皇帝也太艰难了，我整个夜晚都不敢安枕而卧啊！”石守信等人问为什么，宋太祖继续说：“这不难知道，我这个皇帝位谁不想要呢？”石守信等人听了知道这话中有话，连忙叩头说：“陛下何出此言，现在天命已定，谁还敢有异心呢？”宋太祖说：“不然，你们虽然无异心，然而你们的部下想要富贵，一旦把黄袍加在你的身上，你即使不想当皇帝，到时也身不由己了。”

宋太祖一席话，软中带硬，使将领们意识到自己受到猜疑，弄不好会引来杀身之祸，都恳请宋太祖给他们指一条明路。于是宋太祖说出了让他们交出兵权，回家颐养天年的想法，大家都表示同意。第二天，石守信、高怀德、王审琦、张令铎、赵彦徽等上表声称自己有病，纷纷要求解除兵权，宋太祖欣然同意。

解除有功之臣大权之后，宋太祖另选一些资历浅、个人威望不高、容易驾驭的人担任禁军将领。

“杯酒释兵权”后，宋太祖不仅兑现了让大将过上好日子的诺言，赏赐他们家产良田，还主动与禁军高级将领联姻，把守寡的妹妹嫁给高怀德，又把两个女儿分别嫁给石守信和王审琦的儿子。大臣们虽然被剥夺了兵权，但事后也没有多少怨言。

周 姓

姓氏起源

周氏源出有五：

一是出自姬姓，是用国名作姓氏的。后稷的裔孙古公父（即周太王）为狄所逼，率领族人自邰迁徙至陕西岐山下周原，从此称为周族。古公的曾孙姬发，继承其父姬昌的遗志，联合诸侯，攻灭商朝，建立周朝。平王以后，传至第 24 王周赧王时，于前 256 年被秦国灭掉，以赧王为首的王族，都被废为庶人（百姓），迁到今河南临汝西北。当地人称其为周家，于是他们就以“周”作为自己的姓氏。

二是周平王有个儿子叫姬烈，被另封于汝南（今属河南），被当地人称为周家，后来演化成周氏。

三是东周庄王时，周公姬旦的后代周公黑肩企图杀死庄王而改立王子克，事泄被杀，其后代亦称周氏，这也是出自姬姓之周。

四是由姬氏改的周氏。唐先天年间，唐玄宗名叫李隆基，为了避讳，把姬氏改为周氏。

五是鲜卑族复姓中有贺鲁氏，后改为周氏。周姓还有一支是少数民族改姓，北魏时魏献帝的次兄晋乃氏改为周氏。孝文帝迁都洛阳后改鲜卑姓为汉姓周氏。周氏除上述来源外，北周、唐、后梁时又有因改姓、赐姓而形成的，还有冒为王姓而成的周氏。

得姓始祖

周姓是一个历史悠久、姓源复杂的姓氏，历史可以上溯至远古黄帝时代。周姓源于姬姓，是黄帝的后裔。但是具体一点说，周姓的主要起源是在春秋战国。周朝的王族并不姓周，而是姓姬。西周建立之后，周文王的四子周公姬旦的后人世袭周公爵位，到春秋时，周公黑肩因谋反被杀，周公世系爵位被废，黑肩的后人以周为姓。秦朝统一中国，灭亡周朝，周朝王室后人以周为姓。所以，周姓都以周文王或者周公为得姓始祖。

迁徙分布

周姓最初发源于今陕西渭河平原地区。周姓由西向东迁徙繁衍，与周王朝都城由陕西向河南东迁有密切关系。自平王东迁洛阳后，周氏得到大量繁衍，曾一度成为巨族。

战国秦汉时期，秦灭六国时对各国贵族的迁徙，以及秦末战乱，为周姓发展、扩散提供了条件。这一时期周姓迁徙到今河南南部、江苏北部等地，并在当地形成望族，即汝南周氏、沛国周氏。

魏晋南北朝时，因北方长年战乱，出现了第一次民族大迁徙，周姓族人也随从中原的士族大举南迁。

隋唐前后，周姓又有大规模发展，唐末五代连续几十年的军阀混乱，特别是北宋末年金兵南下与南宋末年蒙古兵南下，这几次大战逼使河南、山东一带的中原周姓大量南迁，主要迁往福建、浙江、广东。唐初，有周姓族人随陈元光入闽开基福建漳州。

唐朝末年，河南光州固始县周姓迁徙福建建瓯马伏为世居地，称为“马伏周家”。

北宋太宗淳化二年(991)又迁居福建崇安仙店。北宋末年，金兵攻陷汴京，河南固始周姓随宋南渡，迁至闽汀宁化(今福建宁化)。南宋末年元朝初年，这支周姓继续南迁进入广东梅县。北宋灭亡时，山东、河南一带周姓，大批随宋高宗南渡长江，定居浙江，陆续分布于杭州、诸暨、绍兴、萧山等地。周姓人粤是北宋末年与南宋末年从中原南徙。如新会桥亭房周氏及沙富房周氏，原籍均在河南，分别是南宋初年随宋高宗南渡与南宋末年随宋少帝南迁的。

元末明初，江西吉安府周姓移民到湖南邵阳地区。

明清以来，周姓比较集中的省份是江苏、浙江、广东、湖南、湖北、江西、福建等省。周姓在台湾主要集中在台南、台北两地，大多是由北方南迁福建和广东，再由福建、广东移居台湾的。大陆周姓移居海外，始于鸦片战争以后的晚清时代，主要来自大陆的福建、广东。周姓在《百家姓》中排行第 5 位。如今周姓人口列全国第 9 位。人口约 2 500 万，占全国人口总数的 2.03%。主要集中分布在湖南、四川、江苏、湖北、江西五省，大约占周姓总人口的 34%。

历史名人

周勃（？～前 169），沛县（今属江苏）人。西汉军事家、政治家。青年时以织薄曲（蚕具）为生，并常作丧事中的吹鼓手。秦末随刘邦起义，转战各地，因军功升任将军。汉朝建立，封绛侯。又随高祖平定韩信、陈豨和卢绾的叛乱，升任太尉。惠帝、吕后时，仍任太尉。吕后死，他与陈平定计，诛杀企图夺取政权的吕产、吕禄等人，迎立文帝，任右丞相。公元前 169 年，回封国后去世。

周亚夫（前 199～前 143），沛郡丰邑（今江苏丰县）人。西汉时期的军事家、丞相。他是名将绛侯周勃的次子，军事才华卓越，在吴楚七国之乱中，他统率汉军，三个月平定了叛军，拯救了汉室江山。后被冤下狱，闭食自尽。

周瑜（175～210），字公瑾，庐江舒（今安徽舒城）人。三国吴国名将。少与孙策为友，随策征战有功，任建威中郎将，领兵 2 000 人。时年 24 岁，人称周郎。策死，与张昭同辅孙权，任前部大督。建安十三年（208），曹操率军南下，他与鲁肃坚决主战，并亲率大军大破操军于赤壁。后官至偏将军、南郡太守。精于音乐，听乐，有误必知，当时谣称“曲有误，周郎顾”。

周敦颐(1017～1073)，字茂叔(原名敦实，号濂溪)，道州营道(今湖南道县)人。北宋哲学家。历官州县，颇有政绩。熙宁元年(1068)，知郴州。他博学力行，著《太极图说》，究明万物之本原，提出无极、太极、阴阳、五行及“无极而太极”“万物生生而变化无穷”。主张以“中正”“仁义”为立人之道，又著有《通书》。程颢、程颐皆为其弟子。

名人故事

周亚夫：平定七国

汉景帝三年(前154)，吴王刘濞联合楚王刘戊、胶西王刘印等七国发动叛乱，打出“诛晁错、清君侧”的旗号。景帝于是升周亚夫为太尉，领兵平叛。这时的叛乱军正在猛攻梁国，但周亚夫并不想直接救援，他向景帝提出了自己的战略计划：“楚军素来彪悍，战斗力很强，如果正面决战，难以取胜。我打算先暂时放弃梁国，从背后断其粮道，然后伺机再击溃叛军。”景帝同意了周亚夫的计划。

于是周亚夫绕道进军。到了灞上，遇到一位名叫赵涉的士人，赵涉建议周亚夫再往右绕道进军，以免半路受到叛军的袭击。周亚夫听从了赵涉的建议，走蓝田、出武关，迅速到达了雒阳，搜索之后果然抓获了伏兵。

此时，周亚夫暗中派军截断了叛军的粮道，还派兵劫去叛军的粮食。叛军只好先来攻打周亚夫，但几次挑战，周亚夫都不出战。时间一长，周亚夫军中都有些军心不稳了。

一天晚上，营中突然发生混乱，嘈杂声连周亚夫的大帐里都能听见，但他始终躺在床上不动。一会儿，混乱自然就平息了。几天后，叛军大举进攻军营的东南，声势浩大，但周亚夫却让部下到西北去防御。结果在西北遇到叛军主力的进攻，由于有了准备，所以很快击退了叛军。

叛军因为缺粮，最后只好退却，周亚夫趁机派精兵追击，取得胜利。战争结束后，大家纷纷称赞周亚夫的用兵之道。七王之乱的平定，维护了西汉王朝的统一，加强了中央集权。

周敦颐：少年立志

周敦颐从小聪明好学，勤于思考。遇到什么问题，喜欢寻根究底，不搞明白绝不罢休。他会经常向衡州（今衡阳）的舅舅提出一些看似稀奇古怪的问题，如什么天上的星星是怎么来的，太阳为什么东起西落，月亮为什么有盈亏圆缺，为什么会刮风下雨，地上的万事万物是怎么形成的，等等。对于周敦颐提出的这些问题，周辅成总是不厌其烦，尽自己所知给予解答。当然，这其中的很多问题，周辅成是没有办法回答清楚的。一方面，受周辅成的知识所限，另一方面也是受当时的科技水平所限。而周辅成也非常喜欢周敦颐的这一性格。

随着年龄的增长，周敦颐的知识也在不断地增长，学业大有进步。到十二三岁时，周敦颐已经读完了《四子书》（即《四书》）和《尚书》《诗经》《礼经》《春秋》等儒家典籍，有的还能背诵得滚瓜烂熟。同时，周敦颐还能写出一手好文章，不仅立意新颖，而且有着自己的独特见解。

徐 姓

姓氏起源

徐姓源出有二：

一是以国为氏。徐戎，亦称徐夷或徐方，为东夷之一。夏代至周代，分布在今淮河中下游（今江苏西北部和安徽东北部）。周初，以今江苏泗洪一带为中心，建立徐国，在东夷中最为强大，春秋时为楚国所败，周敬王八年（前 512）被吴国吞并。据《元和姓纂》及《通志・氏族略》所载，徐氏为颛顼、皋陶之后。夏禹时封伯益之子若木于徐国。从若木至徐偃王共三十二世。徐偃王攻周，被周穆王及造父击败。后又封徐偃王子宗为徐子。春秋时，徐国被吴灭后，徐子的遗族以原国名“徐”为氏。

二是清代满族姓氏舒穆禄氏改为徐氏，如徐元梦，为满洲正白旗人。

得姓始祖

徐若木，伯益之子，伯益曾佐大禹治水，为禹治水成功立下了汗马功劳，因此在论功行赏时，伯益的儿子若木被封到古代的徐城，建立了徐国。因若木首封徐国，其后代以国为氏，称为徐氏，徐若木便为徐姓的得姓始祖。

迁徙分布

徐姓人最早繁衍于今江苏徐州、安徽泗洪县，后扩至凤阳，以古代徐国为源地，世居而繁衍了 1 000 多年，直到春秋末期为楚所灭，有徐姓人避居河南、山东，并在山东繁衍昌盛起来。此外，在靠近徐国的江苏、安徽、江西、浙江一带，在秦汉时亦有徐姓人在活动。东汉以前，已有徐姓人西迁至今甘肃境内。

东汉桓帝时，“南州高士”徐稚迁居今江西南昌，徐稚被后人尊为“东海堂”徐姓的始祖，其子中有迁至浙江衢州府、龙游的，孙辈中有迁居今浙江绍兴、信安，江西南昌，江苏苏州、吴县一带。此期间徐姓亦有迁居河南者。徐姓大举南迁始于魏晋之际。

南北朝五胡乱华，北方徐姓避居江南，到隋唐时期，在我国南方又有了进一步的繁衍。

宋末时，有徐姓人由江南石城迁居福建汀州（今长汀南）上杭、连城二县。元时，有徐姓人从江西、福建迁居今广东丰顺、海丰、梅县、博隆及潮州南坑。明清时，徐姓已广布于我国的大江南北。

总之，徐姓在秦汉时期，主要分布在我国北方的黄河下游地区，尤以山东徐姓繁衍最为旺盛。徐姓向南播迁，自唐代以后几乎是络绎不绝，此期广布江南各地，这正是南方各地徐姓众多的原因，徐姓尤以江西、江苏、广东、浙江、四川、山东、安徽人数最多，上述七省的徐姓约占全国汉族徐姓人口的65%。

徐姓在《百家姓》中排行第150位。当今，徐姓是中国姓氏排行第11位的大姓，人口有2000多万人，约占全国汉族人口的1.43%。

历史名人

徐陵(507～583)，字孝穆，东海郯(今山东郯城)人。南朝梁陈间诗人、文学家。早年即以诗文闻名。八岁能文，12岁通《庄子》《老子》。梁武帝萧衍时期，任东宫学士，常出入禁宫，为当时宫体诗人，与庾信齐名，并称“徐庾”。入陈后历任尚书左仆射、中书监等职，继续宫体诗创作，诗文皆以轻靡绮艳见称。有《玉台新咏》等，后人辑有《徐孝穆集》。

徐祯卿(1479～1511)，字昌谷，一字昌国，吴县(今江苏苏州)人。明代文学家。天性聪颖，少长文理，人称“家不蓄一书，而无所不通”。在文学流派上，与李梦阳、何景明、康海、王九思、边贡和王廷相并称为“前七子”，被人称为“吴中诗冠”。江南四大才子之一。明弘治十八年(1505)中进士，因貌丑，改授大理左寺副。明正德五年(1510)被贬为国子监博士。徐祯卿后期信仰道教，研习养生。著有《迪功集》《迪功外集》及文学批判著作《谈艺录》。

徐渭(1521～1593)，初字文清，后改字文长，号天池山人等，绍兴府山阴(今浙江绍兴)人。明代文学家、书画家和军事家。少年时天才超逸，入徐氏私塾读书，性格豪放，“指掌之间，万言可就”。嘉靖二十二年(1534)，23岁时，与萧勉、陈鹤、杨珂、朱公节、沈炼等号“越中十子”。他能谋善断，几乎以一己之力尽破倭寇之患，晚年

悉心培养出李如松这位名将，建立不朽功勋。他的诗，袁中郎尊之为明代第一；他的戏剧，受到汤显祖的极力推崇；至于绘画，他更是我国艺术史上成就最为突出的人物之一。有《徐文长全集》遗世。

徐光启(1562～1633)，字子先，号玄扈，松江府上海县人。明末数学和科学家、农学家、政治家、军事家等。万历三十二年(1604)中进士，开始步入仕途。官至崇祯朝礼部尚书兼文渊阁大学士、内阁次辅。崇祯六年(1633)赠太子太保、少保，谥文定。曾入天主教，与意大利人利玛窦研讨学问。尤以农学、天文学最见长，其作品主要有：《诗经六帖》《农政全书》《崇祯历书》《几何原本》(译本)等。被称为"圣教三柱石"之首。

徐霞客(1587～1641)，名弘祖，字振之，号霞客，南直隶江阴(今江苏江阴)人。明代著名的地理学家、旅行家。被称为"千古奇人"。一生志在四方，不避风雨虎狼，与长风云雾为伴，以野果充饥，以清泉解渴。足迹遍历北京、河北、山东、河南、江苏等 16 省，所到之处，探幽寻秘，并记有游记，记录观察到的各种现象、人文、地理、动植物等状况。著《徐霞客游记》，其开篇之日(五月十九日)被定为中国旅游日。

徐继畬(yú)(1795～1873)，字松龛，别号牧田，山西代州五台人。晚清名臣、学者，地理学家，《纽约时报》称其为"东方伽利略"。道光六年(1826)进士，历任广西、福建巡抚、闽浙总督、总理衙门大臣、首任总管同文馆事务大臣。他是中国近代开眼看世界的伟大先驱之一，又是近代著名的地理学家，在文学、历史、书法等方面也有一定的成就。著有《瀛寰志略》《古诗源评注》《退密斋时文》和《退密斋时文补编》等。

徐寿(1818～1884)，字生元，号雪村，江苏无锡人。清末科学家，近代化学的启蒙者。青少年时，学过经史，研究过诸子百家，有独到见解。1861 年，曾国藩在安庆开设军械所，征聘了徐寿、其子徐建寅、华蘅芳等。次年 7 月，制造出我国第一台蒸汽机，标志着中国近代工业的开端。1866 年 4 月，制造出中国海军的第一艘蒸汽动力船——“黄鹄”号。1868 年起，在江南制造总局“翻译馆”工作 17 年。1874 年与英国人傅兰雅在上海创办我国第一所科技学校——格致书院、第一份科技期刊——《格致汇编》。

名人故事

徐霞客："智"寻石狮子

徐霞客成长在江苏江阴。有一天，江边发生了一件怪事，很多人在打捞落水的石狮子，却怎么也找不着。原来，从前这个岸边有座土地庙，庙前有座石狮子，有一年河岸崩塌，石狮子掉到了江里，十多年以后要重修土地庙，大家就想把石狮子从水里打捞上来。

打捞的人都觉得经过那么多年河水的冲刷，石狮子肯定被冲到下游去了。他们几次潜入水里，把下游水域找了个遍，都没找到石狮子的踪影。大家正在纳闷，徐霞客站出来说："我知道石狮子会在什么地方。"

在场指挥的县令看了看他，十分怀疑地问道："你真的知道石狮子在哪里吗？"徐霞客自信地说："石狮子落水已经有十年了，当然不会在原来落水的地方。你带人到上游找找看吧。"

县令一听，哈哈大笑起来："难道石狮子有腿吗，怎么会往上游跑呢？"徐霞客说："我想石狮子落水后对水流形成了阻碍，会使周围的水流得更快，阻碍水的那一侧的泥沙会被水冲走，成为空穴，时间长了，石狮子就会倒向迎着水流的方向，就逆之而行了。"

县令听了觉得有道理，就派人前往上游寻找，过了没多久，人们果然从上游找到了石狮子。大家都称赞徐霞客聪颖。

孙 姓

姓氏起源

孙姓源出有三：

一是出自姬姓，为卫国国君康叔的后代。据《元和姓纂》所载，周文王第八子康叔为卫国国君，其九世孙叫惠孙，惠孙有孙子乙，字伍仲，伍仲以祖父的字命氏，就是孙氏。因此他又叫孙仲。孙仲的子孙世居汲郡，是为河南孙氏。

二是出自芈姓，为春秋时楚国令尹孙叔敖之后。孙叔敖是楚国期思（今河南固始）人，字孙叔，在他任楚令尹时，因教化民众，曾在期思开发水利有功，而深得楚人的拥护，其子孙便以他的字命氏，也称孙氏。

三是出自妫姓。春秋时，陈（为周武王灭商后所封的妫姓国）厉公的儿子叫陈完，因事逃到齐国后，改姓田，田完的五世孙无宇次子田书，为齐国大夫，因有功被齐景公赐姓孙氏。后来齐国内乱，孙书的后人出奔吴国。吴将孙武，其后是为山东孙氏。

得姓始祖

春秋时，陈（为周武王灭商后所封的妫姓国）厉公的儿子叫陈完，在任陈国大夫时同太子御寇很要好，御寇被杀后，他怕受株连而逃到齐国。到齐国后，陈完不愿再用原来的国名为姓，就改成田姓（古时田和陈发音相同）。田完的四世孙田桓子无宇有二子，小儿子田书，字子占，在齐国为大夫，因为伐莒（周代诸侯国）有功，齐景公把他封在乐安（今山东广饶北），并赐他孙姓。孙书就成为孙姓始祖。

迁徙分布

孙姓自商末周初立姓之后，一直活跃在河南和山东一带。春秋初，姬姓孙氏一直世袭卫国的上卿，权倾一国，孙姓在河南地区发展很快，到春秋末，孙氏在卫国失宠，北迁晋国。发源在山东的妫姓孙氏发展得蓬蓬勃勃，尤其在战国时期出了一位赫赫有名的军事家孙武，其子孙因父功而封富春侯，封地在今浙江富阳，形成了孙氏的南方著名郡望吴郡。

秦汉以后，妫姓孙氏成了全国孙姓的主力，由山东向四周拓展，西进山西太原，南达浙江南部，向西南达到湖北。三国时，孙坚父子在江南建立了吴国，孙氏的发展达到了顶峰。

在魏晋南北朝时，北方、中原和江南的孙氏都得到了迅速发展，出现一批孙氏名家大族。

到了唐宋时期，孙姓已遍布于大江南北、五湖四海。宋朝形成的“百家姓”的第一句就是赵钱孙李，可见孙姓的社会地位和影响。明末清初，孙姓进入了台湾。

孙姓在《百家姓》中排名第三。在现今中国姓氏排行第 12 位，人口约 2 215 万，约占中国总人口的 1.44%。主要分布于山东、河南、河北、江苏、黑龙江、吉林、安徽等地。

历史名人

孙武（约前 545～前 470），字长卿，齐国乐安（今山东惠民）人，春秋时期著名的军事家、政治家，被尊称为兵圣。后人尊称其为孙子、百世兵家之师、东方兵学的鼻祖。他是兵法家孙膑的先祖。由齐至吴，经吴国重臣伍员举荐，向吴王阖闾进呈所著兵法十三篇，被重用为将，他曾率领吴国军队大破楚国军队。其著有巨作《孙子兵法》十三篇，被誉为“兵学圣典”，置于《武经七书》之首。被译为英文、法文、德文、日文，成为国际最著名的兵学典范之书。

孙膑（生卒年不详），出生于阿、鄄之间（今山东阳谷与菏泽之

间)，是孙武的后代。战国初期军事家，兵家代表人物。孙膑原名不详，因受过膑刑故名孙膑。孙膑曾与庞涓为同窗，因受庞涓迫害遭受膑刑，身体残疾，后在齐国使者的帮助下投奔齐国，被齐威王任命为军师，辅佐齐国大将田忌两次击败庞涓，取得了桂陵之战和马陵之战的胜利，奠定了齐国的霸业。有《孙膑兵法》存世。

孙思邈(581～682)，京兆华原(今陕西耀州)人。北周、隋唐医药学家，被后人誉为“药王”。他7岁读书，每日背诵1 000多字，有“圣童”之称。到了20岁，已精通诸子百家学说，既“善谈庄、老”，又“兼好释典”，学问非常渊博。隋唐两代帝王屡次请他做官，他都“固辞不受”，而立志学医，并下了很大的苦功完成了不朽著作《千金要方》。经过长期刻苦的钻研，他的医学造诣很深，成为隋唐时期医药界的佼佼者。659年，完成了世界上第一部国家药典《唐新本草》。宋代林亿称道：“唐世孙思邈出，诚一代之良医也。”

孙星衍(1753～1818)，字渊如，阳湖(今江苏武进)人，后迁居金陵。清代著名藏书家、目录学家、书法家、经学家。少年时与杨芳灿、洪亮吉、黄景仁以文学见长，袁枚称他为“天下奇才”。于经史、文字、音训、诸子百家，皆通其义。辑刊《平津馆丛书》《岱南阁丛书》堪称善本。著有《周易集解》《寰宇访碑录》《孙氏家藏书目录内外篇》《芳茂山人诗录》等多种文集。

孙诒让(1848～1908)，字仲容，浙江瑞安人。晚清经学大师、著名教育家。与俞樾、黄以周合称“清末三先生”。有“晚清经学后殿、朴学大师”之誉，章太炎称他“三百年绝等双”。官刑部主事，旋归不复出，专攻学术，精研古学40年，著书30余种。所著《周礼正义》为一生心力所瘁，为清代群经新疏中杰出之作。《墨子间诂》亦为注墨的权威之作。《契文举例》为考释甲骨文开山之作。《温州经籍志》，被誉为“近世汇志一郡艺文之祖”。《四库全书简明目录批注》二十卷，《四部别录》两卷，则是目录版本学的专著。

孙武练兵

春秋时期有个伟大的军事家名叫孙武，有一天他去见吴王阖闾，吴王问他能不能训练女兵，孙武说：“可以。”于是吴王便拨了一百多位宫女给他。

孙武把宫女编成两队，用吴王最宠爱的两个妃子为队长，然后把一些军事基本动作教给她们，并告诫她们要遵守军令，不可违背。不料孙武开始发令时，宫女们觉得好玩，都一个个笑了起来。孙武以为自己话没说清楚，便重复一遍，等第二次再发令，宫女们还是只顾嬉笑。这次孙武生气了，便下令把队长拖出去斩首，理由是队长领导无方。

吴王听说要斩他的爱妃，急忙向他求情，但是孙武说：“君王既然已经把她们交给我来训练，我就必须依照军队的规定来管理她们，任何人违犯了军令都该接受处分，这是没有例外的。”结果还是把队长给杀了。宫女们见他说到做到，都吓得脸色发白。第三次发令，没有一个人敢再开玩笑了。

所谓“军令如山”就是这个道理。孙武训练军队非常严厉，丝毫不肯马虎，连吴王向他求情也不买账。正是由于他这种认真的态度，才能训练出精良的部队。我们不管做任何事情，如果也能具备他这种认真的精神，相信每一件事必定都能做得非常圆满。

“药王”孙思邈

孙思邈医术高明的声誉传遍都城长安，隋文帝请他出任“国子博士”，这是主管教育行政及给王侯公卿的子弟教书的官职，孙思邈不慕高官厚禄，假托有病谢绝，继续隐居埋名，钻研医学，为山区人民解除疾病的痛苦。久住山区的人很容易得大脖子病，脖子前面长出一个大瘤子来。孙思邈想:人们常说,吃心补心,吃肝补肝。能不能用羊靥治疗大脖子病呢?他试着治了几个病人,果然都治好了。一天,一个患腿疼的病人来就诊,孙思邈便给他针灸。他按照医书上的穴位,扎了几针,都未能止疼。他想,难道除了古人发现的 365 个穴位之外,再没有别的穴位了吗?他仔细地寻找新的穴位,一面用大拇指轻轻按掐,一面问病人按掐的部位是不是疼,病人一直摇头。最后,当孙思邈的手指按掐住一点时,病人立即感到腿疼的症状减轻了好多。孙思邈就在这一点扎了一针,病人的腿立刻不痛了。这种随疼点而定的穴位,叫作"阿是穴",又名天应穴、不定穴。这是孙思邈对我国针灸学的一大贡献。

马　姓

姓氏起源

马姓源出有三:

一是出自嬴姓,帝颛顼裔孙伯益之后赵奢的封地马服,属于以居邑名为氏。战国时赵王有子叫赵奢,以善于用兵而著称。因功卓著被赵惠文王封在马服,称为马服君,死后便葬于封邑,其子孙最初以马服两字为其姓氏。由此看来,马姓先祖是 2 000 多年前战国赵国马服君赵奢,所以,赵奢为后世汉族马氏的始祖。史称马姓正宗。

二是出自他姓改马姓。如汉代有汉戚人马宫,本姓马矢,至马宫以仕学显,改姓马。

三是出自他族改姓。西域人马庆祥,人居临洮狄道(今甘肃省境内),遂以马为氏。蒙古人月乃和,因其祖在金末为凤翔兵马判官,遂改姓马氏,取名祖常。马祖常之后亦为马氏。金元以后,为回族大姓。

得姓始祖

据《史记》上说，赵奢是战国时期赵国皇室裔孙，也是惠文王时期的八大将军之一。他一生戎马疆场，战功赫赫，在朝中与蔺相如、廉颇齐名。赵惠文王二十九年（前 270），秦国联合韩国发动了侵略赵国的战争，大军直抵阏与（今山西和顺）。惠文王召集廉颇、乐乘商讨对策。他们认为，此地道路既远又险，不便出兵相救。但赵奢认为，阏与虽道路遥远险狭，但这就如两只老鼠在洞中相斗，谁勇敢谁就能获胜。赵惠文王赞同他的说法，于是派赵奢率军前往救援。赵奢一面施计迷惑秦军，说他只注重防御不去救援阏与，使秦军麻痹起来；另一面命令军队连夜兼程赶往阏与，在距离阏与 50 里的地方，赵军利用居高临下的优势，勇猛出击，溃败秦军数万，赵奢大军凯旋。赵惠文王为了奖赏赵奢，赐号为“马服君”，封邑位于马服山（今邯郸西北的紫山），其子孙常以“马服”自居，后来，又逐渐改为“马”姓。这样，赵奢就成了汉族马姓的始祖。

迁徙分布

马姓最初发祥于春秋战国时代的河北邯郸一带。在战国末期，马姓子孙就已有一些迁居陕西关中，在此后的时期内，马姓不断得以发展，并且有许多成为当朝高官。家族逐渐得以兴旺，并且最终使扶风茂陵（今陕西兴平茂陵）成为马氏的发展繁衍中心。

在西汉时，马姓中又增添了由马矢姓改姓马而来的一支，也逐渐得到壮大。两汉至南北朝时期，马姓除在扶风茂陵成为望族外，还分布于今河南、河北、山东、湖北、四川、甘肃、江苏、浙江等省的一些地方，同时汉代时期，马姓宗族大举西迁到西北地区，后来再度东迁到黄淮地区。

唐朝末年，王潮、王审知入闽，有河南马姓人随同前往，在福建安家落户，后发展成为大族。许州鄢陵（今属河南省）人马殷从军作战，在唐末，五代十国时期被封为王，建立楚国，包括现今湖南全

省，广西大部及广东、贵州部分地区，从而使马姓在广大的地区内得到巨大发展，分布于各地。

宋代以后，闽、粤地区马姓逐渐增多。到了明代，马姓族人得以进一步发展。至清代后期，马姓开始有些移居于台湾，进而又远徙外国。

马姓在《百家姓》中排行第 52 位。在当今中国姓氏排行第 14 位，人口约 1 846 万，约占全国汉族人口的 1.15%，是全国回族十三大姓之一。主要生活在北方，特别是西北地区。

历史名人

马援(前 14～49)，字文渊，扶风茂陵(今陕西兴平)人。著名军事家，东汉开国功臣之一。新朝(王莽所建)末年，天下大乱，马援为陇右军阀隗嚣的属下，甚得隗嚣的信任。后归顺光武帝刘秀，为刘秀统一天下立下了赫赫战功。天下统一之后，马援虽已年迈，但仍请缨东征西讨，西破羌人，南征交趾，官至伏波将军，因功封新息侯，被人尊称为“马伏波”。其老当益壮、马革裹尸的气概甚得后人的崇敬。

马皇后(39～79)，马氏，名字失载，扶风茂陵(今陕西兴平东南)人。马援之女，汉明帝的皇后，史学家。建武二十八年(52)，入太子宫。由于她生性谦恭和顺，太子对她宠爱有加。中元二年(57)，刘庄即位，谓汉明帝，封其为贵人。永平三年(60)春，马氏被立为皇后。马皇后一生以俭朴自奉、待人和善、约束外家著称。著有《显宗起居注》，开创了“起居注”这一史书体例之先声。

马融(79～166)，字季长，扶风茂陵(今陕西兴平)人。东汉时期著名经学家，马援的从孙。历任校书郎、郡功曹、议郎、大将军从事中郎及武都、南郡太守等职。再任议郎，又在东观校勘儒学典籍，后因病离职。延熹九年(166)，马融去世，享年 88 岁。一生除注群经外，兼注《老子》《淮南子》。

马致远（约 1250～1321），字千里，号东篱，大都（今北京）人，元代戏曲作家。与关汉卿、郑光祖、白朴被誉为“元曲四大家”，其作品大都清丽高雅，意境高远。一生写下了大量的散曲和杂剧，以描写王昭君的《汉宫秋》为其代表作。

马建忠（1845～1900），字眉叔，江苏丹徒（今属镇江）人。清末语言学家。曾赴国外留学，精通多国语言。第二次鸦片战争后，因愤外患日深，开始研习西学。著有《马氏文通》十卷，以拉丁文法研究汉文经籍的语言结构规律，为中国第一部较系统的语法著作。另著有《适可斋记言记行》等。

名人故事

老当益壮的马援

中国历史上有“聚米为山”“马革裹尸”“穷当益坚”“老当益壮”的成语，都是马援留下来的名言。马援是协助汉光武帝建立中兴大业的功臣。

马援是战国中期名将赵奢的后代，由于赵奢被封为马服君，所以一部分子孙姓马。他的祖先世代清廉，家中并不富有，马援的父亲在他 12 岁时去世后，生活更显得拮据。

少有大志的马援，曾经想放弃学业去边疆开垦，他的大哥也答应了，并且对他说：“你是我们马家最有希望的人，当会大器晚成。”可是不久，大哥病死，马援为哥哥服孝，对寡嫂非常孝顺，很得乡里的称赞。

后来王莽当政，马援到了边区垦田、畜牧，拥有牛、马、羊数千头，有几百户人家受他指挥，算是个创业有成的大商人了。但马援不以此为满足，他常常说：“丈夫为志，穷当益坚，老当益壮。”意思是说：一个男子汉大丈夫，越穷越要有骨气，越老越要强壮勇敢。因此，他把赚来的钱统统散给兄弟故旧，自己依旧穿羊裘着皮裤，

两袖清风地在田野垦牧。

后来马援投效光武帝刘秀，协助其平定群雄。此时，羌人作乱，朝中大臣主张放弃羌县，免得耗损国力。

马援独排众议，认为不可轻言放弃国土，畏首畏尾的结果，将招致更大的祸患，因而率领大军，猛扑羌人，赢得胜利，被任命为陇西太守。然后，他劝导农耕、兴办水利，羌民得以安居乐业。

马援当了六年太守，回到京城官拜虎贲中郎将。他喜欢讲故事给大家听，由于他须发清朗，眉目如画，身长七尺五寸，蔼然可观，口才出色，因此上自皇太子，下至街市少年，都爱听他讲故事，且个个听得津津有味，从故事中学到许多做人做事的道理。马援还善于兵法，每回论起调兵遣将的道理，汉光武帝都很佩服他，常常说："伏波论兵，与我意合。"建武十七年，光武封马援为伏波将军。

此后，马援南征越南，大获全胜，回都以后，匈奴正在边境为患。这位报国心切的英雄，又不顾一切地请求出征，他始终认为，男子汉大丈夫要死在战场才光荣，躺在病床上靠儿女服侍算什么。

马援最后一次出征，是建武二十四年(49)。他听说汉军深入蛮夷很久不得平定，又跃跃欲试，请求光武帝派他出征。

不服老的马援亲领大军去攻五溪蛮人去了。他冲锋陷阵，战绩辉煌，最后不幸染上瘟疫，病死军中，完成了马革裹尸的壮志。

朱　姓

姓氏起源

朱姓源出有四：

一是出自曹姓，是颛项帝的后裔。朱姓始成于西周，是古帝颛项高阳氏之后。古帝颛项的玄孙陆终有六个儿子，第五子名安，大禹赐曹姓。周武王灭商建立周朝后，封安的后裔曹挟在邾（今山东邹城一带），建立邾国，附庸于鲁国。邾国又作邹国，亦称邾娄，有今山东费县、邹城、滕州、济宁金乡等，建都于邾（今山东曲阜东南南陬村），公元前614年邾文公迁都于绎（今山东邹城东南纪王城）。到了战国中叶为楚所灭，邾国贵族以国为氏，就是邾氏，后邾国君主支庶子孙又去邑为朱姓。

二是据《魏书·官氏志》记载，鲜卑族竭烛浑氏、朱可浑氏，在孝文帝时住在洛阳，他们一起改为朱姓。

三是《元和姓纂》记录说舜时有一个大臣名叫朱彪（一作朱虎），他的后人以朱为姓。由此看来，帝舜时代就已经有了朱姓。居住在闽、粤等沿海地区的朱氏，从明代开始陆续有人移居台湾，进而又有人远徙东南亚及欧美一些国家和地区。

四是宋国的开国君主宋微子启（商纣王的庶兄）有裔孙朱晖，原以国名为氏，称宋氏。春秋时，诸侯灭宋，其后裔逃至砀（今安徽砀山），改宋氏为朱氏。

得姓始祖

在远古部落首领颛顼时代，颛顼的后代曹安被封在曹（今山东定陶县西南）。周武王消灭了商朝以后，把他的弟弟振铎封在了曹国，而把曹安的后代曹挟改封在邾国（今山东曲阜东南），称为朱子挟。战国时代，朱子挟建立的邾国被楚宣王所灭。其后人以国名为姓，改“邾”为“朱”，称为朱氏。朱子挟从而也就被尊称为朱姓的得姓始祖。

迁徙分布

先秦时期，朱姓族人主要生活在北方的中原地区，但仍发展缓慢，人少势微。到秦汉时期，朱姓得以较快发展，名人不断涌现，先后出现了朱氏三大家族，使朱姓得以巨大发展。

到西汉中期至东汉末年，终于形成了朱姓历史上影响深远的四大望族，即吴郡朱氏、沛国朱氏、南阳朱氏、平陵朱氏。其中吴郡朱氏兴起于西汉中期，以朱买臣为开基祖，其子孙在三国、魏、晋时世代为官，从而繁衍为江南四大望姓之一。沛国朱氏则渊源久远，被奉为朱姓正宗，历汉、魏、晋、南北朝，终成朱姓望族。而南阳朱氏与平陵朱氏经汉朝时发展繁衍，也终于成为当地望族。

到了魏晋南北朝时期，政治动荡，外族入侵，朱姓族人纷纷由原来的河南、山东等北方繁衍地迁徙南方。同时出现与少数民族融合的情况，令朱姓更加得以繁衍，先后出现了河南朱姓望族、江南朱姓望族等，魏晋南北朝时期成为朱姓发展的一个重要时期。

隋唐五代时期，是朱姓发展的低潮期，由于当时实行科举制，朱姓失去世袭高官的地位，特别是江南朱姓走向衰败，但在此期间依然出现了永城朱姓、昌平朱姓，从而使朱姓广布于安徽、广东、湖南等地区。

在宋元时期，居于江南的朱姓又开始复兴，出现了一批以朱熹为代表的名人，在历史的发展上又出现了一个新高潮，并使浙江、河南、河北、安徽朱姓得以繁衍。

明清时期，朱姓发展进入顶峰，朱姓在明时成为皇姓，族大势盛，在各地均出现名门望族。到清时，由于农民起义，外族入关，最终在此时朱姓再次进入低谷，但因避难外迁反而广布于全国各地。

朱姓在今日以江苏、浙江、广东、河南等省分布最多，上述四省朱姓约占全国汉族朱姓人口的44％。

朱姓在《百家姓》中排行第17位。在当今中国是姓氏排行第14位的大姓，人口约有1 500万，约占全国汉族人口的1.25％。主要分布在江、浙、皖等地区。

历史名人

朱熹（1130～1200），字元晦、仲晦，号晦庵、晦翁，徽州府婺源县（今江西婺源）人。宋朝著名的理学家、思想家、哲学家、教育家、诗人，闽学派的代表人物，儒学集大成者，世尊称为朱子。朱熹是程颢、程颐的三传弟子李侗的学生，任江西南康、福建漳州知府、浙东巡抚，做官清正有为，振举书院建设。官拜焕章阁侍制兼侍讲，为宋宁宗皇帝讲学。朱熹著述甚多，有《四书集注》《太极图说解》《通书解说》《周易读本》《楚辞集注》，后人辑有《朱子大全》《朱子集语象》等。其中《四书集注》成为钦定的教科书和科举考试的标准。

朱元璋(1328～1398)，字国瑞，原名重八，后取名兴宗，濠州钟离(今安徽凤阳)人。明朝开国皇帝。幼时贫穷，曾为地主放牛。元至正四年(1344)，入皇觉寺，25岁时参加郭子兴领导的红巾军反抗元朝，至正十六年(1356)被部下诸将奉为吴国公。至正二十八年(1368)，朱元璋击破各路农民起义军后，在应天府称帝，国号大明，年号洪武。后结束了蒙元在中原的统治，最终统一中国。朱元璋在位期间，社会生产逐渐恢复和发展了，史称“洪武之治”。

朱耷(1626～约1705)，本名由桵，字雪个，号八大山人等，江西南昌人。明末清初画家，中国画一代宗师。明宁王朱权后裔。明亡后削发为僧，后改信道教，住南昌青云谱道院。擅书画，花鸟以水墨写意为宗，形象夸张奇特，笔墨凝练沉毅，风格雄奇隽永；山水师法董其昌，笔致简洁，有静穆之趣，得疏旷之韵。擅书法，能诗文。存世作品有《水木清华图》《荷花水鸟图》等。

朱彝尊(1629～1709)，字锡鬯，号竹垞，又号驱芳，晚号小长芦钓鱼师，又号金风亭长，秀水(今浙江嘉兴)人。清代诗人、词人、学者、藏书家。康熙十八年(1679)举博学鸿词科，除检讨。康熙二十二年(1683)入直南书房。曾参加纂修《明史》。博通经史，诗与王士祯称南北两大宗。作词风格清丽，为浙西词派的创始者，与陈维崧并称朱陈。精于金石文史，购藏古籍图书不遗余力，为清初著名藏书家之一。著有《曝书亭集》《日下旧闻》《经义考》等。

朱轼(1665～1736)，字若瞻，又字伯苏，号可亭，瑞州府高安县(今江西高安)人。清代著名政治家。历仕康熙、雍正、乾隆三朝，官至太子太傅文华殿大学士，兼吏兵二部尚书，为乾隆帝师。颇具惠政，居官廉洁，刚正不阿，世人颂其“束其励行，通经史百家”。卒后次年归葬故里，乾隆帝御赐“帝师元老”。曾与蔡世远同辑《历代名臣传》《历代循吏传》《历代名儒传》，另有《周易传义合订》《广惠编》《朱文端公文集》等。

名人故事

朱熹追索其诗

朱熹有足疾，曾有一个江湖郎中来为他治疗。针灸以后，朱熹感到腿脚轻便了不少。他十分高兴，重金酬谢的同时，还送给这个道人一首诗：“几载相扶藉瘦筇，一针还觉有奇功。出门放杖儿童笑，不是从前勃窣翁。”意思是说，好多年走路靠一根瘦竹撑动，想不到针灸还真有神奇之功。扔开拐杖出门儿童看了发笑，这难道就是从前匍匐而行的老翁？道人拿了朱熹手书的诗章，就离去了。

没几天，朱熹足疾重新发作，且比没针灸前更厉害了。他急忙派人去追寻道人，但此人早已不知道逃到哪里去了。朱叹息道：“我不是想惩罚他，只是想追回赠的那首诗，唯恐他拿去招摇撞骗，误了别人的治疗。”

朱元璋摆皇后宴

有一年全国大灾，百姓流离失所，饿殍遍野，可一些达官贵人仍旧花天酒地，吃喝玩乐。朱元璋为了整治这种奢侈之风，借皇后的生日，摆了一次别开生面的宴席，宴请前来道贺的文武百官。宴席只有四菜一汤：

第一道菜是炒萝卜。朱元璋说：“‘萝卜者百味药也。’民间有句俗语：‘萝卜进了城，药铺关了门。’愿众爱卿吃了这碗菜后，百姓都说‘官府进了城，坏事不出门。大家快吃！’”

第二道菜是炒韭菜。朱元璋又说："小小韭菜青又青，长治久安得人心。愿你们吃了这个菜，黎民百姓安居乐业，长治久安。"

第三、第四道菜是两碗青菜。朱元璋指着说："两碗青菜一样香，两袖清风好臣相。吃朝廷的俸禄要为百姓办事，应该像这两碗青菜那样清清白白。"

随后，宫女们端来一碗葱花豆腐汤。朱元璋又说："小葱豆腐青又白，公正廉明如日月，寅是寅来卯是卯，吾朝江山不改色。"

宴后，朱元璋当众宣布："今后请客，最多只能这几个菜，皇后的寿筵就是榜样。谁若违犯，定严惩不贷。"

朱元璋的"四菜一汤"，全是素菜，乃真"四菜一汤"也。当然，我们也曾有过"四菜一汤"的招待制度，尽管丰盛的"四菜一汤"之质已与朱元璋的不可同日而语，但对官场奢华确实是个约束。前几年，连"四菜一汤"也不提了，一掷千金，招待之丰盛，"公宴一顿饭，农民数亩粮"，已司空见惯。因此，我们要以"朱元璋摆皇后宴"为借鉴，倡导克俭立国，从自身做起。

胡姓

姓氏起源

胡姓源出有四：

一是出自妫姓，以人名为氏。西周初年，帝舜的后人胡公满受封于陈国，春秋末被楚国所灭，其后人有的以胡为氏。根据《元和姓纂》等史籍记载，胡氏的姓源可以追溯到上古圣君虞舜的妫姓后裔。这样说来，其胡姓始祖，应当是3 000多年前被周武王封为陈地的胡公满了。胡公满是虞舜的第三十三代孙，周武王的东床快婿，被封为陈侯。由此可见，中国胡氏的先祖是正统的虞舜后裔，黄帝子孙。

二是出自姬、归姓，以国名为氏：一是姬姓胡国，在河南漯河东，是西周初分封的周朝同姓诸侯国。它曾参与以楚国为首的联军去攻打吴国，后来又跟随楚国与吴国作战，楚国回师途中顺便吞并了胡子国；二是归姓胡国，在安徽阜阳。在鲁定公时被楚国灭掉。春秋末期，这两个胡国先后被楚国所灭，其国君的子孙都以胡为姓，国人都以胡为氏，称胡氏，形成两支胡氏，世代相沿。

三是他姓改为胡姓。南北朝时，北魏鲜卑族有胡(纥)骨氏，入中原后改为汉姓，称胡氏。另汉代太御胡广，本姓黄，后改为胡姓，其子孙以胡为氏。又在胡氏中，曾经出现过复姓胡母氏。胡母氏这一复姓，得姓于齐宣王之时，距今有 2 000 多年的历史。胡氏复姓，开始也很盛行。秦时，有太史令胡母敬，汉时有胡母生和胡母班。晋代以后，胡母复姓渐渐被“胡”这一单字姓氏所代替。由于其后世子孙大多改姓为胡，使得胡母复姓所传日渐减少。这大概是这一胡母复姓传之不多，至今仍然为数稀少的原因之一。

四是古代北方匈奴族后裔敕勒族人的姓氏。胡姓中，除了源自黄帝后裔的这一支外，外族改姓胡的也为数不少。汉代以后，特别是五胡乱华之时，进入中原的外族，纷纷改姓“胡”氏，为汉族胡氏添了新的成分，使得后来胡姓的繁衍又多了一支世系。如后周的胡琮，就是敕勒族人，其后世子孙皆为胡姓。

得姓始祖

远古时代，舜当天子之前，尧将其两女嫁给舜，让其居于妫河边，从此舜的后代便称为妫姓。西周初年，周武王灭商后，将自己的长女嫁与舜帝的后代妫满为妻，封于陈，建立陈国，定都宛丘(今河南淮阳)，妫满在陈地建国为陈。他选贤任能，扬善罚恶，励精图治，使陈国强盛多年。妫满死后，谥号为陈胡公，故又称胡公满。其子孙有以其谥号为姓者，称为胡姓。陈胡公亦被后人尊为胡姓的得姓始祖。

迁徙分布

胡氏的起源地，是周王朝初期的封地陈国，即今河南淮阳。从此之后，胡氏以此为源地，其后世子孙逐渐向四处延伸。经过数代繁衍，先后南达新蔡(今属河南)，北到山西，并成为当时的胡氏望族。

先秦时期，胡姓主要的活动地区在黄河以南、淮河和汉水流域地区。秦汉两晋时，胡姓已经播迁到各地，西达四川和陕西，北到山西、河北，南抵广东、福建，东临江浙。在唐宋之际，胡姓已经在长江流域地区形成了优势。清初进入台湾。

宋元明期间六百余年，胡姓人口主要向东南和南方地区迁移，全国胡姓人口重心由西向东漂移，东南地区的胡姓有了稳健的发展，赣浙皖地区是胡姓的密集区。

胡姓在《百家姓》中排列第158位。在当今中国姓氏排行第13位的大姓，人口众多，约占全国汉族人口的1.3%。明末清初，福建等地沿海胡姓族人开始迁徙至台湾。

历史名人

胡瑗(993～1059)，字翼之，泰州海陵(今江苏如皋)人。北宋理学先驱、思想家和教育家。因世居陕西路安定堡，世称安定先生。自幼聪颖好学，七岁善属文，13岁通五经，被左右乡邻视为奇才。与孙复、石介并称“宋初三先生”。庆历二年(1042)至嘉祐元年(1056)，历任太子中舍、光禄寺丞、天章阁侍讲等。胡瑗毕生从事教育，先后在泰州、苏州、湖州和京师太学执教30年左右，对教育事业做出了很大贡献。著有《周易口义》《洪范口义》等。

胡惟庸(？～1380)，濠州定远(今安徽定远)人，与李善长同乡。明代大臣、酷吏。元至正十五年(1355)归顺朱元璋于和州(今安徽和县)，为元帅府奏差。后历任主簿、知县、通判、太常寺卿、中书省参知政事。洪武六年(1370)至十三年(1376)间，任左丞相，居百官之首。因被疑叛乱，爆发胡惟庸案，后遭朱元璋处死。

胡应麟(1551～1602),字元瑞,号少室山人,别号石羊生,浙江兰溪人。明朝著名学者、诗人和文艺批评家。五岁读书成诵,九岁从乡间塾师习经学,特爱古文辞。稍长,能撰各体诗篇。16 岁入庠为秀才。明万历四年(1576)乡试中举。会试累不第。但在文献学、史学、诗学、小说及戏剧学方面都有突出成就,为一代学术巨匠。与李维桢、屠隆、魏允中、赵用贤称为“末五子”。代表作有《诗薮》。

胡林翼(1812～1861),字贶生,号润芝,湖南益阳人。晚清中兴名臣之一,湘军重要首领。道光十六年(1836)进士。授编修,先后充会试同考官、江南乡试副考官。历任安顺、镇远、黎平知府及贵东道,咸丰四年(1854)迁四川按察使,次年调湖北按察使,升湖北布政使、署巡抚。抚鄂期间,曾多次推荐左宗棠、李鸿章、阎敬铭等,为时人所称道,与曾国藩、李鸿章、左宗棠并称为“中兴四大名臣”。有《胡文忠公遗书》等。

胡光墉(1823～1885),幼名顺官,字雪岩,安徽绩溪人。晚清著名徽商、政治家。幼时家贫,稍长,由人荐往于姓钱肆当学徒,得肆主赏识,擢为跑街。白手起家开办胡庆余堂中药店。后入浙江巡抚幕,为清军筹运饷械,1866 年协助左宗棠创办福州船政局,在左宗棠调任陕甘总督后,主持上海采运局局务,为左大借外债,筹供军饷和订购军火,又依仗湘军权势,在各省设立阜康银号 20 余处,并经营中药、丝茶业务,操纵江浙商业,资金最高达 2 000 万两以上,人称“为官须看《曾国藩》,为商必读《胡雪岩》”。

名人故事

胡瑗:实行太学“寄宿制”

宋代起初规定太学学生不能住宿,主要因为太学右侧是御书阁,消防工作特别重要,每到夜半时分,宿舍里的灯烛要全部熄灭,实行“火禁”。嘉祐元年(1056),胡瑗与孙复主持太学,他们为了让学生有较多的时间过集体生活,请求有关部门放宽火禁,如发生意外,概由他俩负责。此后太学就实行“寄宿制”。每晚由师生轮流值班,督促小心火烛。同时规定学生每月放假四次,其余时间皆留校住宿。每日起身、就寝以鸣鼓为号,进出校门必须请假,平时也不准随意会客和离校。这种寄宿生制度在有条件的地方延伸到州、县之学,在今日的学校中还一直沿袭使用,且日臻完备。

综观胡瑗教育生涯,他的确留下了丰富且可行的教育制度和教学经验,并做出了巨大贡献。我们不仅可以看到他自强不息、艰苦创业、以苦为乐、终身教育的敬业奉献精神,而且可以看到他勤勉好学、求真务实、力纠时弊的勇气。同时,还可以看到他淡泊名利、躬行力践、诲人不倦的高尚品质。

胡瑗不仅是著名的古代教育家,而且是杰出的思想家。他独特的教育理论和丰富的社会实践,皆源于其学术思想的深厚造诣。

大义商人胡雪岩

初春的一天,胡雪岩(胡光墉)正在客厅里和几个分号的大掌柜商谈投资的事情。谈到最近的几笔投资时,胡雪岩面色凝重。店里的掌柜们最近做了一些投资,大家多少都盈利了,只是,有的大掌柜赚取的利润很少。胡雪岩绷着脸,教训其中几个在投资中获利甚微的大掌柜,告诉他们下次投资时必须分析市场,不要贸然投入资金。

胡雪岩话音刚落,外面便有人禀告,说有个商人有急事求见。前来拜见的商人满脸焦急之色。原来,这个商人在最近的一次生意中栽了跟头,急需一大笔资金来周转。为了救急,他拿出自己全部的产业,想以非常低的价格转让给胡雪岩。

胡雪岩不敢怠慢,让商人第二天来听消息,自己连忙吩咐手下去打听是不是真有其事。手下很快就赶回来,证实商人所言非虚。

胡雪岩听后，连忙让钱庄准备银子。因为对方需要的现银太多，钱庄里的又不够，于是，胡雪岩又从分号急调大量现银。第二天，胡雪岩将商人请来，不仅答应了他的请求，还按市场价来购买对方的产业，这个数字大大高于对方转让的价格。那个商人惊愕不已，不明白胡雪岩为什么连到手的便宜都不占，坚持按市场价购买那些房产和店铺。

胡雪岩拍着对方的肩膀让他放心，告诉商人说，自己只是暂时帮他保管这些抵押的资产，等到商人挺过这一关，随时来赎回这些房产，只需要在原价上再多付一些微薄的利息就可以。胡雪岩的举动让商人感激不已，商人二话不说，签完协议之后，对着胡雪岩深深作揖，含泪离开了胡家。

商人一走，胡雪岩的手下可就想不明白了。大家问胡雪岩，有的大掌柜赚钱少了被训斥半天，为什么他自己这笔投资赚钱更少，而且到嘴的肥肉还不吃，不仅不趁着对方急需用钱压低价格，还主动给对方多付银子。

胡雪岩喝着热茶，讲了一段自己年轻时的经历："我年轻时，还是一个小伙计，东家常常让我拿着账单四处催账。有一次，正在赶路时遇上大雨，同路的一个陌生人被雨淋湿。那天我恰好带了伞，便帮人家打伞。后来，下雨的时候，我就常常帮一些陌生人打伞。时间一长，那条路上的很多人都认识我了。有时候，我自己忘了带伞也不用怕，因为会有很多我帮过的人为我打伞。"

说着，胡雪岩微微一笑："你肯为别人打伞，别人才愿意为你打伞。那个商人的产业可能是几辈人积攒下来的，我要是以他开出的价格来买，当然很占便宜，但人家可能就一辈子也翻不了身了。这不是单纯的投资，而是救了一家人，既交了朋友，又对得起良心。谁都有雨天没伞的时候，能帮人遮点雨就遮点吧。"

众人听后，久久无语。后来，商人赎回了自己的产业，也成了胡雪岩最忠实的合作伙伴。在那之后，越来越多的人知道了胡雪岩的义举，对他佩服不已。官绅百姓，都对有情有义的胡雪岩敬佩不已。胡雪岩的生意也好得出奇，无论经营哪个行业，总有人帮忙，有越来越多的客户来捧场。

金银珠宝、古玩字画，都不是真正的宝藏；人格的魅力，才是人一生最大的宝藏。

林 姓

姓氏起源

林姓源出有三：

一是出自子姓。据《晋安世谱校正序》《元和姓纂》等有关资料所载，出自子姓，为黄帝高辛之后，商汤子姓后裔，以居地为氏。

二是出自姬姓。据《通志・氏族略・以字为氏》所载，东周时，周平王的庶子名开，字林，其后子孙以祖父字为姓，称之为林姓。

三是出自少数民族改姓。据《魏书・官氏志》所载，北魏孝文帝在迁都之后，实行汉化，将本族原来复姓丘林姓的一部分改汉字单姓林氏，是为河南洛阳林姓。

得姓始祖

商朝末年，商纣王宠爱妲己，荒淫无道，杀害忠良。比干作为纣王的叔叔，对纣王丧尽天良的行为一再劝阻，纣王从来不听并且怀疑比干是否忠心，于是惨无人道地剖开了比干的胸膛，挖出他的心。比干被害的消息传到家中，比干的夫人陈氏担心纣王再来加害，于是不顾怀孕在身，带着奴婢逃到朝歌(今河南汲县)一带的长林山中避难，就在当地生下了一个儿子，因常喝泉水便起名字叫泉。周武王灭了商朝以后，厚葬了比干，四处寻访比干后人的下落。于是陈氏带着儿子泉去见周武王，周武王有感于比干的儿子在山林中所生，其父坚贞不屈，便赐他姓林名坚。从此，以周武王赐名林坚为标志，林姓正式诞生。林坚从而就成了林姓的得姓始祖。

迁徙分布

林姓最初发祥于河南省境内。自周武王赐名林坚，林坚食邑博陵(今河北安平)后，子孙世袭其爵。春秋时期，林姓由于官职调迁与避乱隐居，散居于周(今陕西、河南一带)、鲁、齐、卫等地。

战国时期，赵宰相林皋，始居九门(今河北藁城西北)，生有九子，分别为文、成、宣、化、德、修、明、勉、昭，父子均十分贤德，被称为“九龙之父”“十德之门”。后来因为赵王妒其才能欲加害，所以迫使林姓举家迁至西河(即榆林河，流经陕西榆林，注入永定河)避难。汉朝时，林姓子孙历任少府、太子太傅等官职，从而在济南地区使林姓成为名门望族。后由于再次遭受政治迫害，中原林姓在东汉末、三国时期大批南迁，迁入江浙一带。

至西晋末年，中原林姓开始进入福建。林坚第81代孙林颖之长子林懋曾任下邳太守，分出了下邳林姓；次子林禄曾任晋安(今属福建省)太守、晋安郡王，死后葬于惠安县涂岭九龙岗，成为海内林姓拜谒圣地，为林姓在福建开基始祖。其苗裔散居侯官、福唐、长乐、惠安、龙溪、漳浦等地，称“闽林晋安世系”，成为林姓最大、最著名的一支。晋安林姓又派生许多支派，最盛的有两支：一为侯官世系(今福建福州)，民族英雄林则徐即属此支后裔；一为莆田世系，此支自林禄之孙林绥始，林绥的第13世孙林披生九子，俱官刺史，号“九牧林家”。晋安世系分支较著名的还有琼州世系与睢阳世系，分别在唐朝与南宋时迁入海南，并且部分由于战争在明朝时散居于河南、甘肃等地。

林姓在唐朝时最早入台，在明清之际，闽粤沿海地区的林姓开始移居台湾，繁衍发展。林姓在福建、广东、台湾三省分布较多，约占全国林姓的60%，为我国典型的南方姓氏，如今已遍布全国各地，而且还远播到港澳与国外。

林姓在《百家姓》中排行第147位。在当今中国姓氏排行中列第16位。人口众多，约占全国汉族人口的1.7%。

历史名人

林逋(967～1028)，字君复，钱塘(今浙江杭州)人。北宋著名隐逸诗人。出生于儒学世家，恬淡好古，早年曾游历于江淮等地，隐居于西湖孤山，终身不仕，未娶妻，与梅花、仙鹤做伴，称为“梅妻鹤子”。宋真宗闻其名，赐粟帛，诏长吏岁时劳问。今存词三首，诗300余首。后人辑有《林和靖先生诗集》四卷，其中《将归四明夜话别任君》《送丁秀才归四明》等为思乡之作。

林良(约1416～约1480)，字以善，广东南海人。明代画家。他因善画而被荐入宫廷，授工部营缮所丞，后任锦衣卫指挥、镇抚，值仁智殿。擅画花果、翎毛，着色简淡，备见精巧。其水墨禽鸟、树石，继承南宋院体画派放纵简括笔法，遒劲飞动，有类草书，墨色灵活，为明代院体花鸟画的代表作家，也是明代“水墨写意画派”的开创者。传世作品有《灌木集禽图》《山茶白羽图》《双鹰图》等。

林则徐(1785～1850)，字元抚，又字少穆，晚号村老人。福建侯官(今福建福州)人。清末政治家，禁烟领袖和民族英雄。嘉庆九年(1804)中举。嘉庆十六年中进士。曾与龚自珍、魏源、黄爵滋等提倡经世致用之学。1838年12月被委以钦差大臣节制广东水师，赴广东禁烟。次年6月，在虎门销烟两万余箱。鸦片战争中极力抵英。林则徐平生爱好诗词书法，著作有《云左山房文钞》《云左山房诗钞》《林文忠公证书》《林则徐集》《林则徐书简》等。

林黑儿(？～1900)，女，天津人。清末义和团首领之一，“红灯照”的组织者。自称“黄莲圣母”。幼时学过拳棒，曾随父亲在上海等地卖艺。1900年，参加义和团运动，在天津侯家后南运河船上设坛，组织“红灯照”。六七月间，八国联军进逼天津，她率众与张德成等联合打击了侵略者。后因清政府妥协投降，天津沦陷后，她亦负伤被俘，英勇牺牲。

名人故事

林则徐虎门销烟

道光十八年(1838)十一月十五日，林则徐受命钦差大臣。

1839 年 3 月 10 日，林则徐经过两个月的行程到达广州，成千上万的人挤满了珠江两岸，人人争睹钦差的风采。整个广州都在等待和倾听钦差大臣的声音，林则徐的回答是第二天在辕门外贴出两张告示：一是《收呈示稿》，宣明钦差大臣到广州的目的是查办海口事件。二是《关防示稿》，无异于钦差大臣此行的第一个宣言，是采取禁烟行动的先声。这个告示是林则徐作为钦差大臣向广州官员、百姓和外国人的首次公开亮相，它不仅再次以清廉告白天下，而且是为了驾驭极其复杂的局面。林则徐当天住在越华书院。到 3 月 28 日，林则徐收缴鸦片取得了第一回合的胜利。林则徐与邓廷桢等人会商后，就收缴的地点、验收、押运、存储、看管、守卫等各个环节做了无懈可击的指令和安排。

到 5 月 18 日，共收缴烟土 19 187 箱，又 2 119 袋，总重量 1 188 127 公斤。在收缴的这段日子里，林则徐一刻不怠地监督这一庞杂的过程，日夜操劳，一丝不苟，无一纰漏。

缴烟获得了完全的胜利。林则徐报告道光皇帝，要求验明实物数量，然后焚毁。道光对林则徐表示了很大的信任，他让林则徐和邓廷桢、怡良等人将收缴的鸦片就地销毁。

6 月 3 日，历时 23 天的虎门销烟，在林则徐的指挥下，向全世界宣告了中华民族的决心。虎门销烟，是人类历史上旷古未有的壮举，展示出中华民族无与伦比的伟大形象，这是一次抗击外来侵略者的胜利。

何 姓

姓氏起源

何姓源出有四：

一是出自姬姓。周武王之子封于韩，灭国。其后裔韩武子（另一种说法是韩武子是晋同族曲沃桓叔后裔，即周成王弟姬唐叔虞之后）仕晋，封于韩原，以地为氏。后来与赵、魏三家分晋，成为诸侯。秦始皇灭六国，韩氏族裔遁逃江淮之间被改姓何。

二是他氏改姓。东汉灵帝大将军何进异父弟朱苗为车骑将军，改姓何。另有南方郝姓由于古代语音流传后来书写作何。郝姓原为北方姓氏，亦为南方郝、杨、刘三大姓之一（见《新唐书·南蛮传》）。郝古音按《广韵》呵各切，《集韵》《韵会》《正韵》黑各切，从音壑。（见《康熙字典》）古代语言相传较多，书写较少，南方语音音调更有曲折变化，因此郝、何同音，经过历代流传，因此南方部分郝姓渐渐被改为何姓。

三是赐姓。北魏孝文帝迁都洛阳后，推行汉化，鲜卑姓贺拔氏改为汉姓何氏。元末吐蕃宣抚使锁南之子铭归顺明朝，世袭河州卫指挥同知，赐姓何氏。

四是以国名为氏。唐朝时中亚地区有九个突厥族小国，史称“昭武九姓”。后来内迁中原，各以国名为氏。

得姓始祖

据《泷阳水木记》载，何瑊，原名韩瑊，韩国后期韩王安时贵族，被任命为公族大夫，曾与韩非一起同掌国政。因在对待秦国的态度上与安不一致而退隐韩原。秦灭韩国，韩王安被劫掳，国破家亡，瑊与其妻流寓庐江，操舟为业。其后，秦始皇出游博浪沙被人袭击，疑是六国公子所为，而通令全国暗访六国之后，欲斩草除根、杜绝后患。秦吏密察居民姓氏。一日，一吏登上韩瑊之船询问其姓氏，适天气寒冷，韩瑊指水戏称“此为吾姓”。意以水寒喻韩。吏不悟，以为是指“河”为姓，瑊说姓氏当从人。吏离开，瑊安然无事。后得知为秦令查询，惊骇不已，喟然长叹：幸有上天保佑，吾家才幸免刀锯之难，“乃拜何字之赐，遂以何姓”。韩瑊遂定居庐江，勤耕苦读为业，家道日隆。韩瑊就成了何姓的得姓始祖。

迁徙分布

何氏是一个典型的多民族、多源流姓氏群体。在两汉至魏、晋、南北朝时期，何氏由江淮迁入山东、河南、山西、陕西、四川等地，从而形成以中国北方为主要繁衍地带的局面。在这一时期，何氏逐渐繁衍壮大，且形成了庐江、陈郡、东海三大郡望，在政治上与文化上出现大量高官与名人，终使何氏成为名门望族，从而为他们以后的发展打下了坚实的基础。后由于“永嘉之乱”，何氏在晋朝开始南迁，成为“入闽八姓”之一。

在隋、唐时期，何氏在中国南北地区均得以巨大发展，尤其以南方各地繁衍为盛。在此时期，何氏族人在各个领域均出现了十分突出的人物，同时也显示出其聪明才智。何氏在唐朝中期再次大举入迁福建，使何氏得以继续发展。宋元时期，何氏由于身处南方且南方经济持续发展，从而也使其成为当时更大的望族，此间人才辈出，进士及第者不可胜数，忠义之士也屡屡出现，忠义、爱国成为何氏当时的历史特色。但到了元朝，何氏有成就的文人逐渐增多，从而文采掩蔽了政声，出现了何氏人一辈子不求闻达显要的现象。

明、清时代，何氏的发展自北向南大规模快速推进，且出现了不少钟鸣鼎食之家和世代簪缨之族，出现了何氏文化兴盛，专门人才众多，涉及领域广泛之现象，家族逐渐壮大，从而遍布于全国广大地区。

何姓在《百家姓》中排行第21位。在当今姓氏排行榜上名列第18位，属于大姓系列，人口约1 600万，占全国人口总数的1.2%，族人遍布全国各地，在分布上呈现南多北少的格局。

历史名人

何承天(370～447)，东海郯(今山东郯城)人。南朝宋大臣、天文学家。5岁丧父，赖母徐氏抚孤成人。承天自幼聪明好学，诸子百家，莫不博览，幼年从学于当时的学者徐广。历官衡阳内史、御史中丞等，世称何衡阳。元嘉时为著作佐郎，其通览儒史百家，经史子集，知识渊博。精天文律历和计算，对天文律历造诣颇深。兼通音律，发明一种接近十二平均律的新律，能弹筝，复擅弈棋，著作有《达性论》《与宗居士书》《答颜光禄》《报应问》等。

何景明(1483～1521)，字仲默，号白坡，河南信阳人。明代文学家。自幼聪慧，8岁能文，弘治十五年(1502)，19岁中进士，授中书舍人，并任内阁。正德初，宦官刘瑾擅权，何景明谢病归里。刘瑾诛，官复原职。官至陕西提学副使。他是明代“文坛四杰”中的重要人物，也是明代著名的“前七子”之一，与李梦阳并称文坛领袖。曾倡导明代文学改革运动，著有辞赋32篇，诗1 560首，文章137篇，另有《大复集》38卷。

何绍基(1799～1873)，字子贞，号东洲，别号东洲居士，晚号蝯叟。道州(今湖南道县)人。晚清诗人、画家、书法家。道光十六年(1836)进士。咸丰初简四川学政，曾典福建等乡试。历主山东泺源、长沙城南书院。通经史，精小学金石碑版。据《大戴记》考证《礼经》。书法初学颜真卿，又融汉魏而自成一家，尤长草书。著有《惜道味斋经说》《东洲草堂诗·文钞》《说文段注驳正》等。

何景明：官囊不满三十两

何景明一生为人耿直，凡是权贵不交，宦官不交。有时权贵请他，没法拒绝，就自带马桶，坐在马桶上吃饭。在陕西时，只要见着权贵的家属为非作歹，他抓住就打。从任上病归时，身上只有白银30两。何景明作为皇帝的钦差大臣出使滇南归来，不取地方官吏贡献一金一物。在就任陕西还里时，当看到宦官刘瑾擅权、贪赃枉法，他敢于直言纳谏，上书吏部尚书，劝其秉政毋挠。当文坛挚友李梦阳受迫害关到江西牢狱时，人人自危，唯何景明上书吏部为之奔呼。并在《应诏陈言治安疏》里，揭露皇帝存在的四个错误：义子不当蓄；边军不当留；番僧不当宠；宦官不当任。

高　姓

姓氏起源

高姓源出有四：

一是出自姜姓。吕侯伯夷第37代孙姜尚，传至太公八世孙文公姜赤，文公次子受封于高邑，称公子高。依照周朝贵族礼仪，其孙傒取祖名为氏，为高傒。高傒在齐国为上卿时，迎立公子小白为君，就是齐桓公。高傒成为著名的渤海高氏的始祖。

二是另一支姜姓高氏。齐惠公姜元有一子叫公子祁，字子高，其孙强取祖字为氏，名高强，其后亦为高氏。

三是出自他族或他姓改姓。如魏时，鲜卑族有楼氏，后改高氏。十六国时，后燕皇帝慕容云自称为高阳氏后裔，遂改姓高，称高云，其后裔有改复姓为单姓，称高氏。

四是以“高”字开头的两个字的复姓，后有改单姓“高”为氏。

譬如:高车氏、高堂氏、高阳氏、高陵氏等。中国历史上,高姓称帝王者 14 人,曾建立北齐、燕、荆南等政权。

得姓始祖

炎帝生于姜水(今陕西扶风),以姜为姓。炎帝 17 世孙伯夷辅佐大禹治水有功,于虞、夏之际受封吕(原在陕西,后迁南阳)侯,子孙因以吕为氏。伯夷第 37 代孙姜尚即姜太公,又名吕尚、吕望,辅佐周文王、周武王灭商立周有奇功,受封于齐,立都营丘(今山东淄博东北,又称临淄)。齐国传至太公八世孙文公姜赤,文公次子吕服受封于高邑(今山东禹城),称公子姜高。按当时宗法制度,诸侯家族只包括近亲三代,即诸侯、公子(诸侯之子)、公孙(诸侯之孙)。公孙之子不再算公室,因而必须另外立氏。所以,公子姜高之孙姜傒,被周天子任为掌军权的齐国上卿后,即赐以王父字为氏,称“高傒”。齐国还有一支姜姓高氏,源于齐桓公之子齐惠公姜元的儿子公子祁(字子高)。公子祁之孙姜强亦取祖字为氏,名高强,其后裔遂以高为氏。由此算来,源于姜齐的高氏,也已 3 000 余年。后来,由于高傒助齐桓公称霸建大功,齐桓公赐以卢邑(今山东长清),并准予世袭上卿以为表彰。高傒的后裔成为高姓群体中最重要的一支,因此高傒被今天大多数高姓族人尊为得姓始祖。

迁徙分布

春秋战国时期,高氏主要活动在华北地区,其中一支在战国后期,楚国灭越后,经吴越之地,进入楚国,最终到达海南。

秦汉时期高姓的足迹已经遍布于华北、陕甘宁以及中原地区。东汉末期是高姓的鼎盛时期,在山东地区形成了历史上最著名的渤海高姓。

西晋时,高姓主要向北和东北迁移。南北朝时,高姓因北齐的灭亡而被迫移民陕南和西蜀。后中原人民为躲避战乱,大规模迁徙日本群岛,形成两次日本史书称之为“归化人”赴日的高潮。主要祸根是由于西晋后期的五胡乱华等，长期的民族仇杀使大陆汉族人不堪忍受，开始了向四周大规模迁徙的浪潮：主要是南迁江南，其次是由东北逃向朝鲜半岛，南北两路难民都有相当多的一部分最后去了日本。当年阿知王（刘姓）去日本时，高姓有随行者。

隋唐时期，高姓主要的活动地仍在长江以北，但继续向四川和江浙地区迁移。五代宋元时期，高姓大批移民于江南各地，尤其是江浙地区。明末清初高姓进入台湾。

高姓在《百家姓》中排行第 153 位，在中国大陆的姓氏排行榜上名列第 19 位，在台湾则名列第 30 位，人口约 1 476.9 万，占中国人口总数的 0.92%左右。

历史名人

高适（约 700～约 765），字达夫、仲武，渤海郡（今河北景县）人。唐代著名的边塞诗人。曾任刑部侍郎、散骑常侍、渤海县侯，世称高常侍。高适与岑参并称“高岑”，与岑参、王昌龄、王之涣合称“边塞四诗人”。代表作为《燕歌行》，有《高常侍集》等传世。

高启（1336～1373），字季迪，号槎轩，长洲县（今江苏苏州）人。元末明初著名诗人。学识渊博，擅长诗赋，在文学史上，与刘基、宋濂并称“明初诗文三大家”，与杨基、张羽、徐贲并誉为“吴中四杰”，与王行等号“北郭十友”。洪武初，以荐参修《元史》，授翰林院国史编修官，受命教授诸王、擢户部右侍郎。有《高太史大全集》《凫藻集》等。

高攀龙（1562～1626），字存之，江苏无锡人，世称“景逸先生”。明朝政治家、思想家，东林党领袖，“东林八君子”之一。万历十七年（1589）中进士。万历二十年（1592）被任命为行人司行人。因上疏参劾首辅王锡爵，被贬广东揭阳典史。万历二十三年（1595），辞官归家，与顾宪成兄弟复建东林书院，在家讲学 20 余年。天启元年（1621），重获起用，被任命为光禄寺丞。历任太常少卿、大理寺右少卿、太仆卿、刑部右侍郎、都察院左都御史等职。著有《高子遗书》十二卷等。

高鹗(1758～约1815),字云士,号秋甫,别号兰墅、行一,汉军镶黄旗内务府人。清代文学家。因协助程伟元整理出版《红楼梦》闻名于世,别号“红楼外史”。乾隆六十年(1795)中进士,授内阁中书。历官汉军中书、内阁典籍、内阁侍读。嘉庆六年(1801),以内阁侍读任顺天乡试同考官。后选都察院江南道监察御史,又升刑科给事中。他半世为官,两袖清风。《红楼梦》能够流传,他是第一功臣。著有《高兰墅集》《兰墅诗钞》等。

名人故事

高攀龙:静坐学说

高攀龙担任行人司行人(掌传旨、册封等事)职位时大量阅读经典,但仍自感“读书虽多,心得却少”,于是改用半日读书、半日静坐的方法涵养德行,此后几十年从未间断。

高攀龙的静坐功夫造诣甚高。所谓静坐以“平常”为要诀,“平常”即清静自然:“以其清静不容一物,故谓之平常”。“静中妄念即净,昏气自清,只体认本性、原来本色,还他湛然而已”“湛然动去,静时与动时一色,动时与静时一色,所以一色者,只是一个平常也。故曰无动无静,学者不过借静坐中认此无动无静之体云尔”。可见,静坐,改变了一个人的内在品质,实际上就是换了一个人。

高攀龙在著作《书静坐说后》中又把理学的“主一”观念引入静坐论,认为“必收敛身心,以主于一,一即平常之体也,主则有意存焉,如意非著意,盖心中无事之谓一,著意则非一也”。可见高攀龙的静坐说也并非一味讲静,具有“以静为主,动静交养”的含义。

郭 姓

姓氏起源

郭姓源出有五：

一是据《新唐书·宰相世系表》《元和姓纂》等资料所载，出自姬姓，为黄帝后裔，以封邑为氏。

二是据《姓氏考略》所载，出自夏代郭支和商代郭崇之后裔。

三是以居住地为姓氏。据《风俗通》所载，姓氏取自“城、郭、园、池”居住地。

四是出自冒姓。根据《五代史》所记载，后梁有成姓人成纳冒姓郭氏。

五是出自他族或他姓改姓。据史料所载，有常姓人及少数民族如拉提氏、戈勒氏、鄂尔根千氏、瓦勒克氏、郭包勒氏、郭尔佳氏、郭罗罗氏、果尔齐氏等众多姓氏改为郭姓者。

得姓始祖

夏王朝时期有大夫郭支，夏末商初有大夫郭崇（非后唐时期的应州骑军都校郭崇），此二人皆为郭氏之始。在古书中记载：“禹乘二龙，郭支之御。”“上古有郭侯，夏朝的禹即有驭手郭哀。”郭支与郭哀是中国有史籍记载的最早的郭氏人。因此，中国上古历史上建阳城（今河南登封）等古郭国的夏王朝人郭支与郭哀，都被后人认为是郭氏人的得姓始祖。

迁徙分布

先秦两汉时期，郭姓族人繁衍之地仍以山西、陕西、河南为主。自西汉末以来，郭姓主要在太原、冯翊、颍川、华阴、京兆（今西安附近）、中山鼓城（今河北正定附近）、昌乐（今属河北省）、河东曲沃

(今属山西省)、河内、广平、西平、河东闻喜、河南、敦煌等郡形成望族。其中,"太原郭氏"即形成于两汉时期,魏晋以来成为郭姓族人繁衍播迁的主要源地。

魏晋南北朝时期,由于战乱频繁,大量的中原人南迁,郭姓人也开始在浙江、江苏等地散居,南迁者尤以太原郭氏居多。

隋唐时期,山西、山东以郭姓为第一大姓。这一时期,除战乱使得郭姓入居浙江、江苏、湖北等地外,还形成以华阴郭子仪为始祖的汾阳堂(太原郭氏分支,为堂号,非山西静乐)郭氏一族。后汾阳郭姓后裔嵩入闽成为福建郭姓始祖之一。

从五代到宋元时期,随着金兵的入主中原及蒙古军队南下,迫使郭姓人再度南迁,由此,郭姓人遍布大江南北。

明末清初,福建郭氏有一支迁居台湾,郭姓人散布全国各地。

郭姓在《百家姓》中排行第 144 位,是当今中国姓氏排行第 18 位的大姓,人口约有 1 054 万人,约占全国汉族人口的 1.1%。

历史名人

郭璞(276～324),字景纯,河东郡闻喜县(今山西闻喜)人。东晋文学家、训诂学家、风水学者。好古文、奇字,精天文、历算、卜筮,擅诗赋,是"游仙诗"的祖师。郭璞是两晋时代最著名的方术士。代表作为《游仙诗》,著有《江赋》等,并注释《尔雅》《穆天子传》《山海经》《楚辞》等典籍,为后世注疏家所推崇。

郭子仪(697～781),华州郑县(今陕西华县)人,祖籍山西太原。唐代政治家、军事家。早年参加武举,以"异等"的成绩补任左卫长史,累迁至单于都护府副都护、振远军使。天宝八年(749),郭子仪任横塞军使。天宝十三年(754),改任天德军使兼九原太守。在平息安史之乱,维护国家统一中功绩卓著。780 年,郭子仪被尊为"尚父",进位太尉、中书令。著有《论吐蕃书》等。

郭沔(miǎn)(约 1190～1260),字楚望,浙江永嘉(今温州平阳)

人。南宋时音乐家、琴家，琴坛浙派始祖。赵宋南渡，建都临安（今浙江杭州），作为南宋政治、文化的中心，诸多琴家交往频繁。在整理旧谱、提倡创作、传授琴艺方面，颇为时人推崇。作《潇湘水云》《泛沧浪》《飞鸣吟》等曲。

郭守敬（1231～1316），字若思，邢州龙岗（今河北邢台）人。元朝著名的天文学家、数学家、水利专家和仪器制造专家。郭守敬曾担任都水监，负责修治元大都至通州的运河。1276 年，郭守敬等人开始修订新历法，经四年时间制定出《授时历》，通行 360 多年，是当时世界上最先进的一种历法。1981 年，国际天文学会以他的名字为月球上的一座环形山命名。

名人故事

郭子仪：诚感鱼朝恩

郭子仪抵御吐蕃时，宦官鱼朝恩指使人挖掘其父坟墓，大臣都担心他举兵造反。郭子仪入朝后，代宗将此事告诉他，他流泪道："我长期带兵，不能禁止士兵损坏百姓的坟墓，别人挖我父亲的坟墓，这是上天惩罚，不是有人和我过不去。"鱼朝恩感动得泪流满面，金殿上所有的人也都感动得欷歔不已。回到府中，鱼朝恩给郭子仪写了一封信，一方面表达了懊悔之心，一方面邀请郭到章台一叙。章台是当时的高级娱乐场所。当时朝中有个副相叫王钦得知此事，心想：如果鱼、郭结好，我如何在朝中混啊。于是给郭子仪写了一封信说鱼朝恩要加害郭，要郭别去赴约。郭手下将领知道后也劝他别去，要去的话带上 3 000 护卫队。郭子仪大笑说：在天子脚下，鱼再横也不敢杀人啊。于是只带一个小童、一个老军欣然赴宴。鱼远远地迎接郭，感激地说：郭公的胸怀真如大海一样啊。从此，鱼、郭二人成了刎颈之交。

郭子仪聪明过人，知道如何将已不可挽回的局势化为对自己

有利的形势，非胸襟如大海的人做不到啊。郭公明智，知道先国家后小家；郭公智慧，明白人在大红大紫时也要低调啊。

罗 姓

姓氏起源

罗姓源出有五：

一是出自妫姓，以国名为氏。据《通志·氏族略·以国为氏》所载，周代有罗国，初封宜城（湖北宜城），徙枝江。春秋时被楚国所灭。周末居长沙，国人以原国名“罗”为氏。

二是相传为古帝祝融的后代。

三是唐朝西突厥可汗斛瑟罗入中国，其后以斛瑟罗为氏，后改姓“罗”氏。

四是为鲜卑族复姓所改。据《魏书·官氏志》所载，南北朝时，北魏有代北复姓“破多罗”氏，随魏孝文帝南迁洛阳后，定居中原，代为汉姓“罗”氏。

五是清代皇族爱新觉罗氏中有改姓“罗”，后代亦称罗氏。望族居豫章郡（江西南昌）。

得姓始祖

颛顼，号高阳氏，乾荒之子。姬始，中国上古五帝之一（五帝中另外四位：黄帝、帝喾、唐尧、虞舜）。为罗氏的姓始祖生有圣德，能专正天人之道，故号颛顼。《山海经》《史记》等记载，颛顼是黄帝的曾孙，生于若水，15 岁，佑伯父少昊初为政，20 岁时，黄帝驾崩，颛顼继承中央天帝之位，开始统领四方诸侯，在位 78 年，寿 98 岁。颛顼一生崇尚文治，主要功绩是：文治安邦，始建中央（国家）统治机构，在全国设立九师。规范宗教事务，始以民事纪官，教民耕种，大力发展农耕，创制历法定婚姻，制嫁娶，整顿社会秩序。武功方面，平共工，征九黎，定三苗，初步完成了华夏的统一。颛顼是炎黄联盟的重要首领之一。他的曾孙祝融（吴回）为帝喾时的火下官，掌管民事。周有功，能光融天下，帝喾便命他为祝融，被后人尊为火神。祝融的后裔分为已、董、彭、秃、妘、曹、斟、毕等八姓，史称“祝融八姓”。他的子孙周初被封在宜城（今河北宜城）建立罗国。公元前 690 年，罗国被楚国所灭，祝融子孙前列逐渐向南迁移，为不忘之国恨，罗子国的遗臣遗民们遂以原国名为姓，故后人尊颛顼为罗姓得姓始祖。

迁徙分布

罗氏是一个非常典型的多民族、多源流姓氏。先秦时期，罗氏一直活跃在湖北、河南、甘肃地区。到楚文王时，罗姓族人向南进入湖南的汨罗县。

秦汉时，罗姓已经播迁到江西南昌地区，一直到宋朝，罗姓在江西发展很繁荣，为江西的大姓。随后罗姓从湖南和江西向南进入两广地区，向西进入湘西和湘南，再向西进入川东、贵州、云南。到了唐朝以后，尤其在明朝，罗姓已经分布到祖国的大江南北，在广东、福建、四川等地得到了稳定的发展，清初罗姓进入台湾。

罗姓在《百家姓》中排行第 75 位。在当今中国姓氏排行榜上名列第 20 位，属于大姓系列，人口约 1 338 万，占全国人口总数的 1%左右。

历史名人

罗邺（825～?），余杭（今浙江杭州）人。唐朝诗人。约唐僖宗乾符中前后在世。尤长律诗，才智杰出，笔端超绝，气概非凡。以七言诗见长。在咸通、乾符年间（860～879），时宗人罗隐、罗虬俱以声格著称，遂齐名，号“江东三罗”。有“素有英姿，笔端超绝”之誉，号“诗中虎”。著有诗集一卷，《新唐书艺文志》传于世。

罗贯中（约 1330～约 1400），名本，字贯中，号湖海散人。山西太原人。元末明初小说家,《三国演义》的作者。主要作品有小说《三国志通俗演义》《隋唐志传》《残唐五代史演传》《三遂平妖传》。其中《三国志通俗演义》,又称《三国演义》,是罗贯中的力作,这部长篇小说对后世文学创作影响深远。除小说创作外,尚存杂剧《赵太祖龙虎风云会》。

罗洪先(1504~1564),字达夫,号念庵,江西吉安府吉水(今吉水县)人。明代学者,杰出的地理制图学家。明世宗嘉靖八年(1529)中状元,授翰林院修撰,迁左春房赞善。被罢归后,成为传承“王学”之说的儒学家。一生奋发于地理学等科学的研究,“考图观史”,发现当时地图多疏密失准、远近错误,于是亲自外出调查收集资料,绘成《广舆图》,并创编成地图集形式,使地图更为科学实用。罗洪先堪称与墨卡托同时代的东方最伟大的地图学家。著有《念庵集》二十二卷,《冬游记》一卷。

名人故事

罗贯中写书入迷

一天,罗贯中的家里人都出去了,他一人专心致志地在写作。一个乞丐来讨吃的,对罗贯中说:“秀才行行好吧,小人已经断粮几天了。”这时他正写到“群英会蒋干中计”中周瑜领蒋干察看后营粮草一段,听说“断粮”,头也没抬,口中喃喃念道:“营中粮草堆积如山,即可取之!”说完,仍只顾埋头写书。乞丐听他说后便毫无顾忌地拿了些米走了。

一盗贼也趁火打劫,进屋把米粮全部盗走。妻子回家发现后,着急地说:“家里没吃的了,你到底管不管啊?”恰巧此时他刚写完“出陇上诸葛装神”,听妻子说“没吃的了”,不禁搁笔哈哈大笑起来:“陇上麦熟,何不食之?”其时麦子还未吐穗,妻子只好借些粮米度日。据说后来,他还曾用“水淹七军”“火烧连营”的办法来对付麦田里的野猪。

郑　姓

姓氏起源

郑姓源出有二：

一是出自姬姓，以国名为氏，黄帝裔孙后稷之后，远祖郑桓公，得姓始祖郑友。《史记》记载，周宣王封弟姬友于郑，建立西周最后一个诸侯国，史称郑桓公。幽王时任周司徒，掌管教化。他见幽王宠幸褒姒、重用奸臣，预感将发生变乱，便问计太史公，把家属和重要财产安置在虢、郐之间名“京”之地，史称“虢郐寄孥”。次年，西周王室发生“犬戎之乱”，桓公为国捐躯，子掘突袭位，是为郑武公。后郑武公乘护送周平王东迁之机，先后灭虢、郐，建立新的郑国。郑国于公元前375年为韩国所灭，子孙播于陈、宋间，以原国名为姓氏。

二是出自少数民族。回族中较有影响的郑姓人，出自明朝皇帝朱棣赐姓，主要是明代航海家郑和养子郑赐后代，原是来自西域的外族人，因同化改用汉族人通常所用姓氏。土家、朝鲜、瑶、京、纳西、白、哈尼、裕固等民族均有郑姓。

得姓始祖

周宣王公元前806年封小弟姬友于郑（陕西华县东），史称郑桓公。郑国公元前769年东迁新郑，于公元前375年为韩国所占据，郑人奔于陈、宋间，以原国名为氏。后来，郑桓公的子孙以国为姓，从此就开始有了“郑”姓。郑桓公就是郑姓的始祖。

迁徙分布

郑姓在战国时因为韩国所灭，便散迁到河南东部及山东、安徽等地。秦时，19世孙郑袭迁司州河南洛阳。27世孙郑其举族迁回荥阳。秦汉以后，郑姓已迁入邻近地区，主要以今山东、安徽、陕西、山西等境为其分布的主要地区。其后 29 世孙郑宾居山东高密，31 世孙郑众之子安世迁居咸阳。因汉武帝令“强宗大族，不得聚居”，24 世孙南迁至浙江会稽山阴。郑姓大举南迁始于“永嘉之乱”之时。

西晋永嘉二年（308），“中原动荡，衣冠始入闽者八族”，其中第四大姓即为郑姓。唐初，河南郑氏又有随陈政、陈元光父子移居福建者。唐末，又有河南故始郑氏随王潮、王审知入闽。

明清之际著名民族英雄郑成功的先祖即是此次入闽的。郑氏移居台湾，始于郑成功；郑姓迁至海外，始于清朝，现分布于泰国、菲律宾、印尼、马来西亚、加拿大、美国等国家。

郑姓在《百家姓》中排名第 7 位，在当今中国大陆姓氏排行榜上名列第 21 位。人口约为 936 万，约占中国大陆总人口的 0.78%。主要集中分布在浙江、福建、江西、安徽、江苏等地。

历史名人

郑玄（127～200），字康成，北海高密（今山东高密）人。东汉末年的经学大师。曾入太学，又从张恭祖等，再从马融。游学归里之后，复客耕东莱，聚徒授课，弟子达数千人。他遍注儒家经典，以毕生精力整理古代文化遗产，使经学进入了一个“小统一时代”。党锢之祸起，遭禁锢，杜门注疏，潜心著述，有《天文七政论》《中侯》等书，共百万余言，世称“郑学”，为汉代经学的集大成者。

郑虔（691～759），字趋庭，又字若齐（一字弱齐、若斋），河南荥阳人。盛唐著名文学家、诗人、书画家，又是一位精通天文、地理、博物、兵法、医药近乎百科全书式的一代通儒，诗圣杜甫称赞他“荥阳冠众儒”“文传天下口”。郑虔学富五车，精通经史，书画成就卓然一家，传略广泛见诸《辞海》《辞源》等辞书，以及历代文学家、诗人、书画家、书法家等专业性辞典之中，是中国历史文化名人。

郑光祖(生卒年不详),字德辉,平阳襄陵(今山西襄汾)人。元代杂剧家和散曲家。所作杂剧在当时"名闻天下,声振闺阁"。与关汉卿、马致远、白朴合称"元曲四大家"。所作杂剧可考者18种,现存《周公摄政》《王粲登楼》《翰林风月》《倩女离魂》《无塩破连环》《伊尹扶汤》《老君堂》《三战吕布》等,其中《倩女离魂》最著名,除杂剧外,郑光祖写散曲,有小令六首、套数两套流传。

郑成功(1624～1662),本名森,又名福松,字明俨、大木。福建泉州南安人。明末清初军事家,抗清名将,民族英雄。弘光时监生,因蒙隆武帝赐明朝国姓"郑",赐名成功,并封忠孝伯,世称"郑赐姓""郑国姓""国姓爷",又因蒙永历帝封延平王,称"郑延平"。1661年率军横渡台湾海峡,翌年击败荷兰东印度公司,收复台湾,开启郑氏在台湾的统治。有《延平王集》行世。

郑燮(xiè)(1693～1765),字克柔,号板桥,自称板桥居士。江苏兴化人。清代画家、文学家。康熙秀才、雍正举人、乾隆元年进士。一生主要客居扬州,以卖画为生。"扬州八怪"之一。中进士后曾历官河南范县、山东潍县知县,施惠政。以请赈饥民忤大吏,乞疾归。其诗、书、画均旷世独立,世称"三绝",擅画兰、竹、石、松、菊等物,其中画竹已五十余年,成就最为突出。他的诗清新脱俗,朴实泼辣。著有《板桥全集》。

名人故事

郑板桥逸事

以"怪"出名。板桥的"怪",颇有点济公活佛的味道,"怪"中总含几分真诚、几分幽默、几分酸辣。每当他看到贪官奸民被游街示众时,便画一幅梅兰竹石,挂在犯人身上作为围屏,以此吸引观众,借以警世醒民。

颇有骂名。他无官一身轻,再回到扬州卖字画,身价已与从前大不相同，求之者多，收入颇为可观。但他最厌恶那些附儒风雅的暴发户，就像扬州一些脑满肠肥的盐商之类，纵出高价，他也不加理会。高兴时马上动笔，不高兴时，不允还要骂人。他这种怪脾气，自难为世俗所理解。有一次为朋友作画时，他特地题字以作坦率的自供："终日作字作画，不得休息，便要骂人。三日不动笔，又想一幅纸来，以舒其沉闷之气，此亦吾曹之贱相也。索我画，偏不画，不索我画，偏要画，极是不可解处。然解人于此，但笑而听之。"

个人润例。写字画画，斤斤计较于酬金，自是俗不可耐。但板桥毫不隐讳，而且明定出一则可笑的怪润例："大幅六两、中幅四两、书条对联一两、扇子斗方五钱。凡送礼物食物，总不如白银为妙。盖公之所送，未必弟之所好也。若送现银，则心中喜悦，书画皆佳。礼物既属纠缠，赊欠犹恐赖赈。年老神疲，不能陪诸君子作无益语言也。""画竹多于买竹钱，纸高六尺价三千；任渠话旧论交接，只当秋风过耳边。"明明是俗不可耐的事，但出自郑板桥，转觉其俗得分外可爱，正因他是出于率真。

巧骂豪绅。有一次，一个豪绅求郑燮题写一个门匾。那个豪绅平日里巴结官府，干尽了坏事。郑燮决定要捉弄他一下，便写了"雅闻起敬"四个字。油漆门匾时，郑燮叮嘱漆匠对"雅、起、敬"三个字只漆左半边，对"闻"字只漆"门"字。过了一段时间，豪绅楼前门匾上的字没上漆的部分模糊不清了，而上漆的部位越发清晰。远远一看，原来的"雅闻起敬"竟成了"牙门走苟"（"衙门走狗"的谐音）。

梁　姓

姓氏起源

梁姓源出有四：

一是梁氏源出有数支：梁氏始于有熊，有熊为部落长，生黄帝，黄帝生昌意，昌意生高阳，高阳生益。益之裔孙秦仲，周平王时为大夫。据《通志·民族略》载，秦仲受命讨西戎，秦种有子五人，长曰庄公、少曰康。周平王召庄公昆弟五人，与兵七千，使伐西戎，破之，于是以其先人大骆、犬邱地与庄公，俾嗣秦，而封其弟康于夏阳（今陕西韩城）梁山为梁伯，建立梁国，数传至周襄王十一年（前641）为秦所灭，其遗民就以国名“梁”为氏。

二是春秋时，晋有梁益耳、梁弘、梁由靡，以晋有解梁城、高梁、曲梁之地，此则以邑命氏。

三是战国初，赵、魏、韩三家分晋之后，公元前 361 年魏惠王都大梁（今河南开封），魏国亦被称为梁国，后亦有梁氏。

四是周平王之子姬唐，封于南梁，其子孙也以梁为姓。

得姓始祖

相传颛顼帝有一孙女名女修，因偶拾燕子蛋食后生了大业，大业娶少典氏之女为妻，生下伯益。伯益因辅佐大禹治水有功，帝舜赐他嬴姓，伯益便为古代嬴姓各族的祖先。西周时，因其后裔中秦仲父子征讨西戎有功，周宣王封秦仲次子康在夏阳梁山（今陕西韩城附近），建立梁国，立为国君，称梁康伯。公元前 641 年，秦穆公攻灭梁国，梁伯的后代遂以国为氏，称梁姓，伯益也就成为梁姓的得姓始祖。

迁徙分布

春秋初分别起源于陕西和河南的梁姓，很快散布到山西、河北、山东、江苏等地。东晋时梁姓始渡长江进入江南地区，晋朝末，梁姓已经移民福建、广东。唐宋时梁姓的主体主要分布于山东、河南和陕西地区。经历东晋、隋唐的北方地区的战乱，梁姓受到了重大的损失，梁姓人群随中原人群一起背井离乡，向南方和东南方迁移。到了明清时期，梁姓在粤桂湘赣四省繁衍很快，在南方稳定地发展，最终形成了今天典型的南方大姓。清初梁姓始入台湾。

梁姓，在《百家姓》中排名第128位。在2007年全国姓氏人口排名第21位，约占全国汉族人口的0.84%。尤以广东多此姓，约占省人口的4.7%，全国汉族梁姓人口35%在广东。

历史名人

梁红玉(1102～1135)，女，楚州(今江苏淮安)人，南宋名将韩世忠之妻，古代杰出的女军事家。在抗金斗争中，多次立功。建炎三年(1130)，在平定苗傅叛乱中立下殊勋，一夜奔驰数百里召韩世忠入卫平叛，被封为安夫人、扬国夫人。后独领一军与韩世忠转战各地，多次击败金军。

梁佩兰(1629～1705)，字芝五，号药亭等，晚号郁洲，南海(今属广东省)人。清初诗人，文学家。年近六十方中进士，授翰林院庶吉士。未一年，遽乞假归，结社南湖，诗酒自酬。其诗歌意境开阔，功力雄健俊逸，为各大诗派一致推崇，被时人尊为“岭南三大家”与“岭南七子”之一。著有《六莹堂前后集》等。

梁章钜(1775～1849)，字闳中，又字茝林，号茝邻，晚号退庵，祖籍福建长乐。清朝大臣、学者、文学家。曾任江苏布政使、甘肃布政使、广西巡抚、江苏巡抚等职。上疏主张重治鸦片囤贩之地，强调“行法必自官始”，并积极配合林则徐严禁鸦片。向朝廷提出以“收香港为首务”的督抚，其政绩突出，深受百姓拥戴。晚年从事诗文著作，一生共著诗文近70种。其在楹联创作、研究方面的贡献颇丰，乃楹联学开山之祖。著有《楹联丛话》《制义丛话》《称谓录》《归田琐记》等。

名人故事

梁章钜：十字令抒为官之道

梁章钜《归田琐记》曾写过两首《十字令》，分录如下：

《贪官十字令》

红，
圆通，
路路通，
认识古董，
不怕大亏空，
围棋马钓中中，
梨园子弟殷勤奉，
衣服整齐言语从容，
主恩宠德满口好称颂，
座上客常满杯中酒不空！

《清客十字令》

一笔好字不错，二等才情不露；
三斤酒量不吐，四季衣服不当；
五子围棋不悔，六出昆曲不推；
七字歪诗不迟，八字马吊不查；
九品头衔不选，十分和气不俗。

两首《十字令》，刻画出两种截然不同的为官之道，真可谓形象逼真、入木三分。《贪官十字令》将贪官从官职升迁的秘诀到官场处世的原则、从组织程序的黑幕到活动范围的肮脏、从行贿方式的龌龊到贪赃手段的卑鄙、从公众形象的虚伪到舆论导向的控制，将封建社会的腐朽黑暗刻画得淋漓尽致，讥讽了当时的官场恶习，刻画出了投机钻营者的嘴脸，揭开了贪官的“隐私”。

谢　姓

姓氏起源

谢姓源出有三：

一是出自姜姓，是炎帝后裔申伯的后代。相传炎帝居于姜水畔，便以姜为姓。至商代有后裔孤竹君的长子伯夷与叔齐一起投奔到周。到周后反对武王伐商，武王灭商后他们又逃到首阳山，因不食周粟而死，他们的后裔仍留在商朝。成王继位后封伯夷的后裔为申侯，称申伯，是申氏的始祖。厉王时娶申伯之女为妃，生子为宣王，宣王继位后，封母舅申伯于谢国，后来这一家失去了爵位，公元前 668 年楚国灭掉申国。其子孙按当时的习惯以新都之邑名为姓，称谢氏。望出陈留、会稽，史称谢氏正宗。是为河南谢氏。

二是出自任姓，为黄帝之后。相传黄帝之子 25 宗。得其姓者 14 人，为 12 姓，其中第七姓为任姓。任姓有 10 个小国，其中第一为谢国，因周宣王时使召公营谢邑，以赐申伯，盖谢已失国，子孙亡散，以国为姓。是为河南谢氏。

三是为他姓改谢姓。据《旧唐书·文苑传》，卫州人谢偃之本为鲜卑族人，姓直勒氏，后改为谢氏。亦为河南谢氏。

得姓始祖

谢姓的始祖是姜太公的后代申伯。谢姓炎帝 53 世孙姜太公，又称子牙，辅助灭商有功。传至 63 世申伯、申甫兄弟，周宣王念太公开国之功，封申伯于陈留郡谢邑（今河南唐河南）。申伯子孙便以地为姓。申伯为谢姓始祖，申甫仍姓姜。所以说谢姜同源。《元和姓纂》记载："姜姓，炎帝之允。申伯以周宣王舅受封于谢，今汝南谢城是也，后失爵，以国为氏焉。"申伯为周宣王王后的兄弟。王后姓姜，以贤德著称。申伯就以姜后兄弟和国舅的身份取得了一份封地谢。后来，谢被楚吞并，其子孙也就按照当时的习俗，以国为氏，全都改姓了谢。申伯就成了谢氏的得姓始祖。

迁徙分布

中国的谢姓，发源于河南，申被楚灭后，楚把谢姓人一部迁到淮河上、中游一带，后又把其中部分再迁到今湖北武当山东南的荆山，楚国亡后，谢姓一部南迁潇水流域，一部入重庆涪陵。

汉魏时期，原潇水谢姓的谢夷吾发迹于会稽山阴（今浙江绍兴）一带，后裔谢嫁女于孙权，使自己的家族变为皇亲国戚；而中原的谢缵与其子孙均显贵于曹魏。

两晋南北朝时期，以陈郡阳夏（今河南太康）谢衡为代表的谢姓人（谢缵后裔）从北方渡江南下，东山会稽派始祖谢衡迁会稽始宁，其子谢鲲迁豫章（今江西南昌），谢鲲弟谢褒，因担任会稽郯县令而迁居郯县（今浙江嵊州），这支谢姓显贵于东晋南朝，侨居于江浙三吴，以谢安、谢石、谢玄、谢琰为代表，并且使得原分为南北的谢姓获得了新的交流。同时阳夏还有一支谢姓迁康乐（今江西万载东南），又有谢姓北上西迁至陕西冯翊郡，南迁居四川成都、彭水、云南永昌一带。

隋唐五代时期的谢姓在以前的基础上又有了较大发展，其中谢夷吾和谢缵的后代都在东南沿海地区或中原一带进一步繁衍播迁，唐僖宗时，谢衡后人中还有一支迁江西宁都。宋时，有会稽山阴谢夷吾之后迁居福建长乐，以及嵊县、上虞等地。

至元明清时，南方各省的谢姓人，发展势头远远超过北方，并诞生了许多知名人物和著名家庭，江西宁都的谢新（谢衡后裔）随文天祥收复梅州后，任梅州令，谢新之子谢天佑，定居梅州福乡，成为谢姓在闽、粤之地的开基始祖。谢姓入台，始于明末，同时也有谢姓人迁吕宋（菲律宾）等东南亚各地，清同治年间，有广东南海丹山的谢姓迁美国旧金山……至此，谢姓人广布各地。

谢姓在《百家姓》中排行第34位，在当今中国姓氏排行第24位，约占全国汉族人口的0.72%。谢姓人在全国分布广泛，尤以广东、江西、四川、湖南等省较多，约占全国汉族谢姓人口的45%。

历史名人

谢安(320～385)，字安石，陈郡阳夏(今河南太康)人。东晋著名政治家。谢安在383年淝水之战中一举成名，他多才多艺，善行书，通音乐。性情娴雅温和，处事公允明断，不专权树私，不居功自傲，有宰相气度。他治国以儒、道互补；作为高门士族，能顾全大局，以谢氏家族利益服从于晋室利益。张舜徽赞其为“中国历史上有雅量、有胆识的大政治家”。作品有《兰亭诗二首》《与王胡之诗》。

谢玄(343～388)，字幼度。陈郡阳夏(今河南太康)人。谢裒之孙，谢奕之子，谢安之侄。东晋时期军事家。谢玄有经国才略，善于治军。早年为大司马桓温部将。太元二年(377)，为抵御前秦袭扰，谢安荐谢玄为建武将军、兖州刺史，领广陵相，监江北诸军事。他招募北来民众中的骁勇之士，组建训练一支精锐部队，号为“北府兵”。后率兵击败前秦军的进攻，进号冠军将军，加领徐州刺史。太元八年(383)，在淝水之战中，取得以少胜多的巨大战果。与吴兴太守张玄之并称“南北二玄”，为世人所称美。

谢灵运(385～433)，原名公义，字灵运，小名客，人称谢客，世称谢灵运，陈郡阳夏(今河南太康)人。东晋名将谢玄之孙。南北朝时期杰出的诗人、文学家，也是一位旅行家。他的创作活动主要集中在刘宋时代，并开创了中国文学史上山水诗派，代表作有《山居赋》。谢灵运还兼通史学，工于书法，翻译佛经，曾奉诏撰《晋书》。《隋书·经籍志》《晋书》录有《谢灵运集》等14种。

谢朓(464～499)，字玄晖，陈郡阳夏(今河南太康)人。南朝齐时著名的山水诗人，出身世家大族。谢朓与谢灵运同族，世称“小谢”。初任竟陵王萧子良功曹、文学，为“竟陵八友”之一。后官宣城太守，终尚书吏部郎，又称谢宣城、谢吏部。曾与沈约等共创“永明体”。今存诗两百余首，多描写自然景物，间亦直抒怀抱，诗风清新秀丽、圆美流转，善于发端，时有佳句；又平仄协调，对偶工整，开启唐代律绝之先河。著有《谢宣城集》五卷传世。

谢良佐(1050～1103)，字显道，蔡州上蔡(今河南上蔡)人。北宋官员、学者。从程颢、程颐学，与游酢、吕大临、杨时号称“程门四先生”。神宗元丰八年(1085)进士，知应城县。谢良佐创立了“上蔡学派”，是心学的奠基人、湖湘学派的鼻祖，在程朱理学的发展史上起到桥梁作用。著有《论语说》。

谢迁(1449～1531)，字于乔，号木斋，浙江余姚人。明代政治家。成化十一年(1475)状元，授以翰林院修撰。嘉靖朝一品大学士。明武宗即位后，谢迁晋升为少傅兼太子太保。与刘健、李东阳一起辅佐皇帝，当时人们评价说：“李公谋略高超，刘公办事果断，谢公谈吐尤健。”三人均被誉为“贤相”。谢迁为当时明朝余姚三个“阁老”中最著名的一个。著有《归田稿》八卷。

名人故事

谢安下棋定军心

晋朝时，爆发了著名的淝水之战。东晋以 8 万人马，打败了号称百万人马的前秦大军。

公元 383 年冬天，寒风呼啸，大地呜咽，东晋京城一片惊慌。前秦的首领苻坚凭借自己统一北方后的广袤天地，力量空前强大，于是发兵百万攻打东晋，要扫平江南。晋孝武帝司马曜，急诏宰相谢安进宫商讨御敌大计。谢安从容启奏道：苻坚倾国出师后方空虚，战线过长，兵力分散，军需粮草接应困难，内部又分离不团结。臣早将淮北流散之民迁往淮南，坚壁清野断其供给，其势难以立

足。晋孝武帝大喜，令其统领 8 万人马抗击秦军。

谢安在大军压境之际一如既往，闭口不谈大战之事。大将谢玄是他的侄儿，看到叔叔如此，不禁心急万分，询问破敌计划。谢安说："到时再说吧。"谢玄回去坐立不安，实在放心不下，就和大都督谢石（谢安的弟弟）、辅国将军谢琰（谢安的儿子）一同去看望谢安。三人进得府来，谢安依旧不谈御敌之事。只见他从从容容，吩咐家人和姬妾一同去东山别墅游山玩水。山林间，小溪旁，摆下了棋盘，谢安与兄弟、子侄轮流下棋，他走棋如行云流水，下得得心应手。而谢石、谢琰和谢玄这些人，一个个心事重重，心不在焉，心里惦记着战事，棋下得前后矛盾，一个个都败下阵去。直到日落西山谢安才尽兴而归。

三人深受谢安的感染，知道谢安定是胸有成竹了，所以回去后各司其职，各练其兵，人不慌，国不乱。军民上下，严阵以待。

在前秦兵马攻打下寿阳城后，令五万人马驻守洛涧。秦军主将苻融得到晋兵缺粮的消息后，马上请苻坚火速出兵，以免晋军退走。苻坚得到消息马上把大军留在河南项城，自领轻骑 8 000，星夜驰往寿阳。先锋都督谢玄得知秦军人马未齐，马上命 5 000 精兵攻打洛涧。领兵名将刘牢之奋勇当先大破敌军，毙敌 15 000 人，大获全胜。洛涧大捷，谢石命全军水路齐进，八万精兵声势浩大。秦军大败，人心恐慌，寿阳城上苻坚惊慌失措，看着八公山上的草木，以为都是晋兵。这就是成语"草木皆兵"的由来。随后，晋军彻底打败了秦军，获得了淝水之战的决定性胜利。

消息传到晋朝，谢安正在下棋，家人送上战报，他略瞟了一眼，随手放在旁边，好像没事一样，继续下棋。客人问信里说些什么，谢安若无其事地说：子侄之辈已经破敌了。等棋下完，送走客人，谢安高兴得手舞足蹈，转身过门时，一脚踢在门槛上，把木屐的齿都碰断了！

宋 姓

姓氏起源

宋姓源出有二:

一是出自子姓,以国名为氏。周武王封殷王帝乙长子微子启于商丘。宋传国36世,后为齐、魏、楚三国灭而分之,子孙以国为氏。《通志·氏族略》有载:“宋民,子姓,商之裔也。”子姓源起为大众所认同。

二是出自少数民族改姓或赐姓而来。(一)如《五代史》载,五代时辰州(今湖南省沅陵)蛮酋有宋姓;(二)清朝贵阳府有宋姓土司,得姓于元朝;(三)清朝满洲嵩佳氏改宋姓,世居沈阳、牛庄、铁岭的满洲人改宋姓;(四)清朝高丽人(今朝鲜族)改宋姓;(五)明时赐元人伯奇特兆尔姓宋名一诚。

得姓始祖

商朝传到帝乙时已走向衰败,帝乙长子子启,是商纣王帝辛的庶兄,最初封在微(在殷墟附近),故称微子启,原为太子,理当继帝位。但帝乙废太子,立纣王为嗣,纣王继位后,荒淫无道,微子启屡谏不从。周武王克商灭纣,建立周朝,见微子启很顺从周朝,于是封微子启于商丘,以奉汤王之祭,从而建立了宋国,微子启仁德贤明,深得人民的爱戴。宋国建国700多年,到战国后期,即公元前286年,被齐、楚、魏三国瓜分,宋国遗民子孙便以国名为姓,称为宋氏,他们尊微子启为宋姓的得姓始祖。

迁徙分布

宋氏是一个多民族、多源流的姓氏群体。在商周、春秋战国期间,宋氏一直活跃在河北、河南和山东等地。汉晋南北朝时,宋姓已经播散于山西、陕西、甘肃、湖北、安徽、江西、浙江等地。唐宋时期，宋氏已扩展到四川、广西、湖南、广东、福建等地，尤其盛兴于陕西地区。元明清至今，宋姓可说随处可见，无处不在了。清初进入台湾省。

宋姓在《百家姓》中排行第118位。在当今姓氏排行榜上名列第22位，属于大姓系列。人口约1 107.6万，占全国人口总数的0.89%左右。

历史名人

宋玉（约前298～约前222），又名子渊，崇尚老庄，楚国鄢（今湖北钟祥）人。战国时期文学家、辞赋家。一说为屈原弟子。曾事楚顷襄王。好辞赋，为屈原之后辞赋家，与唐勒、景差齐名。流传作品有《九辨》《风赋》《高唐赋》《登徒子好色赋》等。所谓“下里巴人”“阳春白雪”“曲高和寡”“宋玉东墙”的典故皆因他而来。

宋璟（663～737），邢州南和（河北邢台）人。唐代著名政治家。十七岁中进士，历任义昌令、上党尉、监察御史、凤阁舍人、御史台中丞、吏部侍郎、吏部尚书、刑部尚书、黄门监等职。开元十七年（729）拜尚书右丞相。授府仪同三司，晋爵广平郡公。经武周、中宗、睿宗、殇帝、玄宗五帝，在任52年。开元年间与姚崇同朝为相，把一个充满内忧外患的唐朝，改变为政治、经济、文化、军事处于世界领先地位的大唐帝国，史称“开元盛世”。代表作《梅花赋》。

宋祁（998～1061），字子京，安州安陆（今湖北安陆）人。宋代文学家、史学家。天圣二年（1025）进士，官翰林学士、史馆修撰。与欧阳修等合修《新唐书》，书成，进工部尚书，拜翰林学士承旨。与兄宋庠并有文名，时称“二宋”。诗词语言工丽，因《玉楼春》词中有“红杏枝头春意闹”句，世称“红杏尚书”。

宋濂（1310～1381），字景濂，号潜溪，别号玄真子等，浙江浦江人。明初政治家、文学家、思想家。少时聪明好学，号称“神童”。

曾受业于元末古文大家吴莱、柳贯、黄溍等，精通《五经》。被明太祖朱元璋誉为“开国文臣之首”，学者称太史公。宋濂与高启、刘基并称为“明初诗文三大家”，又与章溢、刘基等并称为“浙西四先生”。与刘基均以散文创作闻名，并称为“一代之宗”。其散文质朴典雅，各有特色。他推崇台阁文学，文风淳厚飘逸，为其后“台阁体”作家的文学创作提供范本。其代表作品有《送东阳马生序》《朱元璋奉天讨元北伐檄文》等。

宋应星（1587～1666），字长庚，江西奉新县人，明末科学家。万历四十三年（1615）举于乡。崇祯七年（1643）任江西分宜教谕，崇祯十一年（1647）为福建汀州推官，崇祯十四年（1650）为安徽亳州知州。他在江西分宜教谕任内著成《天工开物》三卷十八篇，是一部中国古代手工业和农业生产技术综合性的科学巨著，在国际上影响很大。英国汉学家与历史学家李约瑟称他为“中国的狄德罗”。

名人故事

宋璟“像长了脚的春天”

唐中宗时，宋璟被任命为谏议大夫。不久，他直言触怒了中宗，被贬为刺史。到地方后，他廉洁奉公，尽力为百姓做好事，使当地民风变得淳朴起来，家家户户都安居乐业。

他在广州任都督时，当时广东人都用茅竹建房子，经常发生大火。宋璟教他们用砖瓦盖房，减少了火灾，造福了百姓。后来他当了宰相。一次，他的远房叔叔宋元超在参加吏部的选拔时，对主考官说了自己和宋璟的特殊关系，希望能得到照顾。被宋璟得知后，特地关照吏部不能给他官做。

唐玄宗做太子时，很喜欢他的家奴王毛仲，后来王毛仲因功升为辅国大将军，朝廷上下，巴结他的人很多。王毛仲的干女儿要出

嫁，唐玄宗问他还缺什么。王毛仲说有一位客人请不来。唐玄宗说：那一定是宋璟了。在宋璟的治理下，唐朝出现了路不拾遗的局面，史称“开元盛世”。

当时人们称赞宋璟，像长了脚的春天，走到哪里，就把光明和温暖带到哪里。

宋濂冒雪访师

宋濂自幼好学，不仅学识渊博，而且写得一手好文章，被明太祖朱元璋赞誉为“开国文臣之首”。

宋濂很爱读书，遇到不明白的地方总要刨根问底。一次，宋濂为了搞清楚一个问题，冒雪行走数十里，去请教已经不收学生的梦吉老师，但老师并不在家。宋濂并不气馁，而是在几天后再次拜访老师，但老师并没有接见他。

因为天冷，宋濂和同伴都被冻得发抖，他的脚趾都被冻伤了。当宋濂第三次独自拜访的时候，掉入了雪坑中，幸亏被人救起。当宋濂几乎晕倒在老师家门口的时候，老师被他的诚心所感动，耐心地解答了他的问题。后来，宋濂为了求得更多的学问，不畏艰辛困苦，拜访了很多老师，最终成了闻名遐迩的散文家！

唐 姓

姓氏起源

唐姓源出有五：

一是出自祁姓和姬姓，为黄帝轩辕氏之后，亦为帝尧之后。帝尧是黄帝轩辕氏的玄孙，姓伊祁，名放勋，尧是他的谥号。他最初被封于陶，后来迁于唐，所以被称为陶唐氏。尧成为天子后，开始以“唐”为国号，所以又称唐尧，世称“唐放勋”，称颂他的功勋和德化之治。帝尧的后裔则被迁往杜国，称唐杜氏。唐杜氏的后裔有以国为氏的，称唐氏。

二是出自唐叔虞，为黄帝轩辕氏之后。尧做了百年天子后禅位给舜，尧逝世后，舜封他的儿子丹朱为唐(今河北唐县)侯。到周武王时，唐侯作乱被成王所灭，唐国之地就被改封给成王之弟唐叔虞，即著名的“桐叶封侯”典故。《史记·晋世家》：“成王与叔虞戏，削桐叶为珪以与叔虞。曰：‘以此封若。’史佚因请择日立叔虞。成王曰：‘吾与之戏耳。’史佚曰：‘天子无戏言’。言则史书之，礼成之，乐歌之。于是遂封叔虞于唐。”唐叔虞的子孙也以国为氏，后来就姓了唐。

三是出自丹朱之后，为帝尧之后，亦为黄帝轩辕氏之后。周昭王时，曾封丹朱之后在鲁县为唐侯，被楚灭后，其子孙也姓唐。

四是春秋时，又有一支姬姓唐诸侯国，被楚昭王灭后，其后人也称为唐氏。以上这四支唐氏，均源自轩辕氏。

五是少数民族用唐姓或改姓唐姓。东汉时唐姓始有他族加入。如南方白狼王中有唐姓；陇西(今属甘肃)羌亦有唐姓。

得姓始祖

尧原姓祁，也叫伊祁，名放勋，尧是他的谥号。他最初被封为唐(今山西翼城西)侯，即位后，又立国号唐，所以称为唐尧。唐尧是传说中的圣明天子，被后人尊为“良师帝范”“文明始祖”。据说，他做了100年天子，后来禅位给舜。他死后，帝舜封他的儿子丹朱为唐(今河北唐县)侯。唐国经历夏商两代，周初被周公灭掉。周成王封弟弟叔虞在唐，改封唐侯后人为杜伯(把唐公及其后人迁于杜城，降爵为伯)，称为唐杜氏。唐杜氏的后裔有以国为氏者，此为陕西唐姓。唐氏后人奉唐尧为唐姓的得姓始祖。

迁徙分布

早期的唐氏，主要分布于魏、楚、晋、秦，如战国时魏有唐雎；楚有唐昧。西汉时，唐雎之孙唐厉徙居沛国（今江苏沛县）；东汉时唐翔在丹阳（今安徽当涂东北）定居；晋代唐熙定居凉州（今甘肃武威），其子唐辉又徙居晋昌（今山西定襄西北）；南朝齐时有三吴地区农民起义首领唐寓之曾攻占钱塘（今浙江杭州），称帝，国号吴。由此可见，南北朝时期唐氏已相当广泛地分布于大江南北的许多地方。唐朝时有河南固始唐氏移居福建。

宋代有晋昌唐氏随宋室南渡，定居江西宁都，后迁广东潮阳、大埔，又有迁梅州及广西者。明清时期，又有唐氏族人移居台湾，远涉海外。至此，唐氏族人足迹遍布中国大地。

清代，闽、粤唐氏有的移居台湾，进而又有人远徙海外，如当代有"航运业大王"之称的印尼华人唐裕。在日本、韩国、越南等国均有分布。在韩国分布在江原道、京畿道、忠清南道。在日本分布在九州、本州一带。

唐姓在《百家姓》中排行第 64 位。在中国姓氏中排行第 26 位。人口约 1 600 万，约占全国汉族人口的 0.65%。今唐姓以四川、湖南、贵州、山东、安徽、广西等省区居多，这些唐姓占全国唐姓人口的 60%。

历史名人

唐慎微（生卒年不详），字审元，四川成都人。宋代医学家、药学家。出身于世医家庭，对经方深有研究，知名一时。他对发展药物学和收集民间单方做出了非常大的贡献，开创了药物学方剂对照之先河，而且在多年广泛采集的基础上，于 1082 年编成《经史证类备急本草》（简称《证类本草》）三十二卷，收药物 1 746 种，其中有 600 多种是前代本草书中未曾记载的。唐慎微堪称是中华中医领域的药学始祖。

唐琬(1128～1157),字蕙仙,南宋才女,越州山阴(今浙江绍兴)人。陆游母舅唐诚女儿,自幼文静灵秀,才华横溢。她是陆游的第一任妻子,与陆游两情相悦,后因陆母偏见而被拆散。她也因此写下著名的《钗头凤》(世情薄)。不久,一代佳人唐婉便香消玉殒,抑郁而终,也因此而有了陆游众多纪念佳人的千古绝唱。

唐寅(1470～1523),字伯虎,号六如居士等,浙江杭州人。明朝著名的画家、诗人。自幼聪明伶俐,20余岁时家中连遭不幸,家境衰落,在好友祝枝山的规劝下潜心读书。29岁参加应天府公试,得中第一名"解元"。唐寅玩世不恭而又才华横溢,诗文擅名,与祝允明、文徵明、徐祯卿并称"吴中四才子"(即"江南四大才子"),著有《六如居士全集》。画名更著,与沈周、文徵明、仇英并称"吴门四家",又称为"明四家"。有《骑驴归思图》《山路松声图》《事茗图》《秋风纨扇图》和《百美图》等绘画作品传世。

唐顺之(1507～1560),字应德,号荆川,武进(今江苏常州)人。明代儒学大师、军事家、散文家,抗倭英雄。嘉靖八年(1529)会试第一,官翰林编修,后调兵部主事。当时倭寇屡犯沿海,唐顺之以兵部郎中督师浙江,曾亲率兵船于崇明破倭寇于海上。升右佥都御史,巡抚凤阳。学者称"荆川先生",著有《荆川先生文集》。

名人故事

唐寅学画记

唐寅是明朝著名的画家和文学家,小时候在绘画方面显示了超人的才华。相传唐寅的老师沈周是祝枝山为他找的。唐寅年少时家境不好,父亲在苏州开酒店谋生,酒店收拾得干净整洁,常有文人墨客来饮酒吟诗。

唐寅自幼喜欢画画,到十三岁时,父亲就让他在店中帮忙干活,不再上学,当儿子画出得意的画,父亲就把画张贴在店墙上。

一次，才子祝枝山来到酒店喝酒，很喜欢墙上的画，就问老板画是由谁画的。老板回答说是儿子画的。祝枝山很惊讶地要求见见孩子。在得知了唐寅家境贫寒之后，便决定找一位丹青妙手来教他画画。不久，祝枝山带着画师沈周来到了酒店。

沈周也很欣赏唐寅的画，但想考考他才气如何，就为他出了一个字谜："去掉左边是树，去掉右边是树，去掉中间是树，去掉两边是树，这是什么字？"唐寅略一思考就说出了谜底是个"彬"字。沈周很高兴，就收下了唐寅。

唐寅拜师在大画家沈周门下后，学习自然更加刻苦勤奋，很快便掌握绘画技艺，深受沈周的称赞。不料，由于沈周的称赞，使一向谦虚的唐寅也渐渐地产生了自满的情绪，沈周看在眼中，记在心里。一次吃饭时，沈周让唐寅去开窗户，唐寅发现自己手下的窗户竟是老师沈周的一幅画，他非常惭愧，从此潜心学画。

唐琬：钗头凤由来

一日，陆游去游览沈园，正巧遇到唐琬夫妇也在园中。双方很尴尬。唐琬的后夫知道他们两人情缘未了，就主动为他们安排一个单独谈话的机会，便说："你表兄来了，你们是亲戚，何不去聚聚呢？"于是，唐琬就带了一个丫鬟，还有一壶酒向陆游走了过来。双方各说别后往事，知道今生缘分已尽，再无复合的机会，有说不尽的伤心。唐琬亲手向陆游敬了一杯酒。陆游饮后，在沈园题写了那首《钗头凤》：

红酥手，黄縢酒，满城春色宫墙柳。东风恶，欢情薄，一怀愁绪，几年离索。错！错！错！

春如旧，人空瘦，泪痕红浥鲛绡透。桃花落，闲池阁，山盟虽在，锦书难托。莫！莫！莫！

写罢，搁笔而去。

二人沈园别后，唐琬悲恸不已。回到家后，反复玩味陆游的词，便和了一首同样曲牌的词：

世情薄，人情恶，雨送黄昏花易落。晓风干，泪痕残，欲笺心事，独语斜阑。难！难！难！

人成各，今非昨，病魂常似秋千索。角声寒，夜阑珊，怕人寻问，咽泪装欢。瞒！瞒！瞒！

追忆似水的往昔、叹惜无奈的世事，感情的烈火煎熬着她，使她日臻憔悴，抑郁成疾，在秋意萧瑟的时节化作一片落叶悄悄随风逝去。

许　姓

姓氏起源

许姓源出有五：

一是出自姬姓、妫姓衍生的姬姓，为颛顼后裔吴回生陆终，陆终长子曰樊，樊为已姓，封于昆吾，为昆吾氏，尧舜时期昆吾氏首领许由为当世大贤，死后葬于箕山，后人多以许由为许氏始祖。夏之昆吾为商汤所伐灭，后人迁徙至河南许昌。

二是出自姜姓，以国为氏，是炎帝神农氏的后裔。许氏与齐氏同祖，为上古四岳伯夷之后。“四岳”（尧舜时四方部落首领）是由姜姓发展出来的四支胞族，他们和姬姓部落结成联盟，跟“子姓”商族平行发展。以姬姓和姜姓部落为主的盟军打败了商纣王，建立了姬姓国——西周。周成王时，大规模分封诸侯，其中商的旧地也分封了一些姬姓诸侯国和姜姓诸侯国，许国正是被周分封的姜姓诸侯国之一，其始祖为文叔，也称为许文叔。春秋时，许国成为楚国的附庸，战国初期被楚所灭。许国亡国后，子孙以国为氏，称许氏，史称许姓正宗。

三是源于姬姓，出自春秋时期卫文公之子姬其浒，属于以先祖名字为氏。卫国君主文公姬毁生有公子姬其浒，亦作姬其许，后出任卫国大司徒，主管征发徒役，兼管田地耕作与其他劳役。姬其浒辅佐父亲卫文公实施减赋税、少刑法、与民共苦的政策，使卫国经济逐渐繁荣起来，并迅速强大。姬其浒的哥哥就是著名的卫成公姬郑，曾被大夫元咺一度废黜，后在春秋霸主晋文公姬重耳的帮助下恢复君位。卫国大司徒姬其浒留给后世最称道的，就是从他开始有了“司徒”这一复姓。在姬其浒的后裔子孙中，有以先祖名字为姓氏者，春秋战国时期，“浒”与“许”二字通假，故而亦称许氏；而更多的姬其浒后裔则以其官职称谓为姓氏，称司徒氏。

四是源于满族。属于汉化改姓为氏。一是顺布鲁氏多冠汉姓为许氏，二是伊拉哩氏在清朝中叶以后多冠汉姓为许氏等。

五是源于其他各少数民族汉化改姓为氏。清朝以后，在广西泗城府（今广西凌云）土司、黎族、瑶族、彝族、土家族、阿昌族，以及北方地区的回族、蒙古族、朝鲜族等少数民族中，均有许氏族人分布。其来源大多是在唐、宋、元、明、清时期，中央政府推行的羁縻政策及改土归流运动中，流改为汉姓许氏。

得姓始祖

许由亦称许繇，是尧舜时期的高士贤人。尧帝老了以后，曾打算把帝位让给许由，许由坚决不接受，逃到了箕山下面，自己农耕而食。后来尧又请他做九州长官，他就到颍水河边去清洗耳朵，表示不愿听到这件事。许由死后被葬于箕山，后人称为许由山。许由的后代子孙便以其名讳为姓，称为许姓，许由则成为许姓的得姓始祖。

迁徙分布

许姓的发源地在今河南许昌东。春秋战国时期，许国为郑、楚等国所逼，曾多次在今河南及安徽部一带迁都。许国被楚灭后，除部分迁居今湖北荆山及湖南芷江等地外，多数许姓就地繁衍或北上迁徙。许姓北上最初迁徙之地是冀州高阳(今河北高阳),后有许氏复迁回河南宝丰等地。

秦汉之际许姓已遍布河南、河北大部分地区。此后,北方许姓主要分布于今河南、河北、安徽、陕西、山西等广大地区。许姓南迁始于魏晋南北朝之时。

唐初,陈政、陈元光父子奉命入闽,有河南许姓将佐随同前往,在福建安家落户。唐僖宗时,侍御史许爰镇守漳州招安,后人晋江石龟。唐代以后,许姓已大举南迁繁衍于今江苏、浙江、湖北、福建、广东等省地。宋末元初,许氏有一支徙居广东。

明代,福建人许冲怀、许申移居台湾,此后许氏又多次向台湾迁徙,进而又有移居海外者。清代,迁至湖南、广东、广西、福建的许氏,有的融入侗、壮、苗、布依、土家等少数民族。

许姓在《百家姓》中排行第 20 位。在中国姓氏排行榜上名列第 28 位。人口约 898.4 万,占人口总数的 0.56%,以江苏、山东、云南、广东、河南、浙江等省居多,约占许氏人口的 55%。

历史名人

许慎(58～147),字叔重,汝南召陵(今河南郾城)人。东汉经学家、文字学家。许慎倾尽毕生精力,从事于弘扬和发展中国传统文化。《说文解字》是其一生最精心之作,前后花费了他半生的心血。由于许慎对文字学做出了不朽贡献,后人尊称他为“字圣”。因许慎所著的《说文解字》闻名于世界,所以研究本书的人,皆称许慎为“许君”,称《说文》为“许书”,称其学为“许学”。

许劭(约 150～约 195),字子将,汝南平舆(今河南平舆)人。东汉末年著名人物评论家。据说他每月都要对当时人物进行一次品评,人称为“月旦评”。他曾经评价曹操为“君清平之奸贼,乱世之英雄”。

许敬宗(592～672),字延族,杭州新城(今浙江富阳)人。唐初著名大臣、文学家。隋时官直谒者台奏通事舍人事。到了唐代，为著作郎，兼修国史。永徽三年(652)，许敬宗入朝担任卫尉卿，加弘文馆学士，兼修国史，撰写《武德实录》《太宗实录》，迁太子右庶子。高宗即位，提拔他为礼部尚书。历任侍中、中书令、右相。著有文集80卷，今编诗27首。

许衡(1209～1281)，字仲平，号鲁斋，怀州河内(今河南沁阳)人。宋元之际著名的理学家，大臣。从姚枢得宋二程及朱熹著作，与枢及窦默相讲习。宪宗四年(1254)，忽必烈召为京兆提学，授国子祭酒。定朝仪、官制。至元八年(1271)，拜中书左丞，改授集贤大学士兼国子祭酒，又领太史院事，与郭子敬修成《授时历》。著有《读易私言》《鲁斋遗书》。

许景澄(1845～1900)，原名癸身，字竹筠，浙江嘉兴人。晚清政治家、外交家。同治年间进士。1880年开始外交生涯，他曾被清政府任命为驻法、德、奥、荷四国公使。1890年改任驻俄、德、奥、荷等国公使，曾写《外国师船表》。1897年，出任总理各国事务衙门大臣兼工部左侍郎，并兼任中东铁路公司督办。著有《许文肃公遗稿》《许文肃公外集》《出使函稿》。

名人故事

许劭品评曹操

曹操没有得志显名的时候，曾经置办厚礼很谦逊地求许劭为他谈相。许劭看不起他，不肯说，曹操找了个空子威胁许劭。许劭不得已，就说："君清平之奸贼，乱世之英雄。"曹操极为高兴地走了。

曹操的确是乱世奸雄的典型形象。他出场时还是个富有正义感的人，当看到董卓专擅朝政、滥杀无辜百姓，而朝臣又束手无策时，就挺身而出，前往相府刺杀董卓，行刺不成，就逃回故乡。散家资，募乡勇，发矫诏，聚十八路诸侯结盟，共讨董卓。然而，一旦把汉献帝掌握到手中，就原形毕露，“挟天子以令诸侯”，成为欺君罔上的乱臣贼子。曹操既是敏于识人、善于用人的首领，又是嫉贤妒能、不肯容人的人。

邓　姓

姓氏起源

邓姓源出有五：

一是出自子姓（商族的始祖契为子姓）或曼姓。据《元和姓纂》所载，商高宗武丁封他的叔父曼季于邓国曼城（在今河南邓州），是为曼侯，称曼氏，曼氏后来又改封邓国（在今河南孟州西南），为邓侯。经西周、春秋延续了几百年。西周时，邓国是周朝南方较为重要的一个异姓侯国，但因与楚为敌，于公元前 678 年被楚国灭掉。邓侯子孙为纪念故国，便纷纷改姓邓，史称邓姓正宗。

二是黄帝时有邓伯温国，要早于殷邓。

三是出自姒姓（夏的始祖大禹为姒姓）。据《路史》所载，相传夏朝时帝仲康有子孙封在邓国（今河南邓州一带），邓郡的后世子孙以国为氏，称邓氏。

四是出自李氏。据《安化邓氏谱序》所载，五代十国时期的南唐后主李煜的第 8 子李从镒，受封为邓王。公元 975 年，北宋灭唐后，宋太宗下令缉拿南唐宗室，李从镒之子天和出逃，以父亲封为氏，其后子孙遂称邓氏。

五是少数民族改姓而来。如两晋时有羌人姓邓，清广西庆远府土司邓氏始于明朝、瑶族勒当氏汉姓为邓，还有满、壮、蒙古、哈尼、苗、土家等民族均有此姓。

得姓始祖

邓姓源于子姓（商族的始祖契为子姓）。商朝时，殷王武丁封其叔父曼季于邓国曼城，同时封其为侯爵，后来曼季建立了邓国，人们称他为邓侯。邓国经西周、春秋，一直延续了几百年，西周时，邓国是周朝南方较为重要的诸侯国之一，后因与楚国为敌，至鲁庄公十六年（前 678），或说为鲁桓公七年（前 705），为楚所灭，邓侯子孙为纪念故国，受武丁所封，便以国名为姓，其后人尊武丁为邓姓的得姓始祖。

迁徙分布

邓姓发源于今河南境内，大举南迁于东晋之时，而播迁入闽、粤则早于汉代。汉代中期，邓况自楚徙居南阳新野。至东汉初，因族人为光武帝刘秀的中兴汉室立下大功及与东汉皇室的亲戚关系，一跃而成为东汉显赫的家族。但至东汉安帝时，有人诬告邓弘等曾反对立安帝，引起安帝不满，因而使邓氏遭受了一次大的劫难。此后，南阳邓氏不断外迁，有南至湖南、湖北者，也有西至山西、甘肃者。

西晋末年“永嘉之乱”时，有南阳邓叔攸迁至福建宁化石壁乡，后又分支泉州等地。东晋十六国时，中原邓氏大举南迁，分布于江南许多省份，以江西、江苏居多。总之，邓姓早期主要还是以河南境内为其繁衍的中心，其首先迁入的地方是今山东高密一带。与此同时，已有邓姓南迁入今四川、广东等地。

至晋代，邓姓的子孙在北方已落籍于山东、河北、陕西、山西、甘肃、安徽等地；在南方已迁居到今江苏、湖南、四川等地。

至唐代，南阳邓氏分衍出的支派更多，分别居于甘肃、山西、湖南、河南等省的一些地区。

宋时，邓姓在南方已播及江西、湖北、福建、广西等地。明末，福建人邓显祖移居台湾，此后，闽粤邓氏又有一些人向台湾迁徙，

进而又有徙居海外者。

邓姓在《百家姓》中名列第180位。在当今姓氏榜上位居第27位。人口约898.5万，占全国人口总数的0.56%左右，并以四川、广东、福建、湖南、江苏、江西、台湾等省最多。今邓姓人最集中的地方是中原地区、长江流域及沿海一带，其中江西、湖南、河南为最，四川、广东、福建、江苏次之。

历史名人

邓析（前545～前501），河南新郑人，郑国大夫，春秋末期思想家，“名辨之学”倡始人。与子产同时，名家学派的先驱人物。他第一个提出反对“礼治”思想。他的主要思想倾向是“不法先王，不是礼义”。著有《无厚篇》《转辞篇》。

邓廷桢（1776～1846），字维周，又字嶰筠，晚号妙吉祥室老人等，江苏江宁（今南京）人。清代官吏，民族英雄。嘉庆六年（1801）进士，工书法、擅诗文、授编修，官至云贵、闽浙、两江总督，与林则徐协力查禁鸦片，击退英舰挑衅。著有《石砚斋诗抄》等多部著作传世。

邓世昌（1849～1894），原名永昌，字正卿，广东广府人。清末海军杰出爱国将领、民族英雄。1894年中日甲午战争时为“致远号”巡洋舰管带，1894年9月17日在黄海海战中壮烈牺牲，谥壮节公，追封太子少保衔。

名人故事

邓析：“两可说”

邓析的一个重要思想就是“两可说”。在正统观点看来，这是一种“以非为是，以是为非，是非无度”的诡辩论，就是模棱两可、混淆是非的理论。

《吕氏春秋·离谓》中记载了这样一个故事：洧河发大水，郑国有一个富人被大水冲走淹死了。有人打捞起富人的尸体，富人的家人得知后，就去赎买尸体，但要价很高。于是，富人家属就来找邓析，请他出主意。邓析对富人家属说："你安心回家去吧，那些人只能将尸体卖给你，别人是不会买的。"于是富人家属就不再去找得尸者了。得尸体的人着急了，也来请邓析出主意。邓析又对他们说："你放心，富人家属除了向你买，再无别处可以买回尸体了。"

从这个故事来看，邓析对买卖尸体双方所说的话，确实有一点诡辩的嫌疑，但是，邓析在这件事情中只是一个中立者，所以他没有义务和责任一定要站在某一方的立场上说话。而且，得尸者和赎尸者各有正当的理由，邓析也没有理由偏袒任何一方。因此，双方在向邓析咨询的时候，他就只能为对方出有利的主意。邓析的回答都是正确的，而且反映出他已经具有了相当完整的朴素辩证观念。

在邓析看来，辩论必须根据实际情况，不能任意胡说，否则就会带来祸患，特别是辩论必须要遵循一定的标准，所以"两可"不失为一种辩说方法，但不可滥用。

冯　姓

姓氏起源

冯姓源出有二：

一是出自姬姓，为周文王昌之后。据《元和姓纂》《后汉书》等所载，周文王第 15 子毕公高后裔毕万，西周时，在晋为大夫，当时晋献公陆续攻灭了许多小国，其中包括毕万的一支子孙被封于冯城，其后子孙以邑为姓氏，称冯姓。史称冯氏正宗，是为河南冯氏。

二是出自归姓，为冯简子之后。据《世本》所载，春秋时郑国有大夫冯简子，因封邑在冯而得氏。后冯邑被晋国所夺，成为魏氏子弟长卿的封邑，长卿的后裔也称冯氏。是为河南冯氏。

得姓始祖

冯氏，早在战国时代就已经出现，据《元和姓纂》和《广韵》记载，冯姓是周文王之后，他们的祖先，可追溯到周文王的第十五个儿子毕公高，他的后代封在魏地，其子孙采邑于冯城。而记载姓氏的最早典籍《世本·氏姓篇》说冯姓是“郑大夫冯简子之后”。冯简子是春秋后期郑简公时人，据说他博学多才，能断大事，当时郑国凡事要跟诸侯打交道，许多大事都先同他商议，再做决定。自此，这一支子孙就以邑为氏，衍生出冯氏，冯简子就成为冯姓的得姓始祖。

迁徙分布

冯姓最初发祥于河南荥阳地区。东周后期一支冯氏家族向南，先进入了楚地（今湖南、湖北）。有一支冯氏家族向西，进入陕西关中等地。还有一支冯氏家族向北，进入山西等地。另一支冯氏家族向东，进入齐鲁大地，这一支冯氏即来自上文中所说的魏地。他们很快为当地浓厚的文化氛围所习染，“冯谨客孟尝君”的千古佳话，就是发生在这一时期。

战国时有冯亭，入赵国，拒秦战死，其宗族分散，有的留上党潞县，有的在赵国，子孙有许多为将相。至西汉文帝时，车骑都尉冯唐徙居安陵，其弟冯骞自上党徙居京兆杜陵。此外，先秦时代，冯氏已有徙居今山东者。

三国以前，冯氏还有迁至今四川射洪、中江、渠县等地及湖北公安者，东晋末，冯氏又有徙居和龙者。

唐玄宗时著名宦官高力士，本为冯盎之曾孙，后为宦官高延福收养，改姓高，此为冯姓改为高姓者。

唐末黄巢起义时，中原冯氏有一支避难南迁福建宁化石壁，宋代分出上杭、漳州、武平等支脉，至宋末元初，上杭冯氏有的又南迁至广东平远、潮州、揭阳，后再迁至丰顺、梅州等地。

在元明清时期，冯氏族人更加发展，也历经迁移，进入广东、福建、台湾等地，有的还远播于海外，从而使冯氏成为遍及我国各个地区的大姓。

冯姓在《百家姓》中排行第9位。在当今中国姓氏排行榜上名列第27位。人口约861.5万，占全国人口的0.64%。如今，冯氏家族在全国分布广泛，相对集中分布于广东、河南、河北、江苏、山东、云南等省地。

历史名人

冯嫽（生卒年不详），西汉著名女政治家、外交家，也是中国历史上第一位女外交家。太初四年（前101），随公主刘解忧远嫁和亲到乌孙国。由于她多才多智，成为刘解忧的得力助手。后嫁给乌孙右大将。她在协助刘解忧加强汉朝同西域诸国之间的友好关系方面做出很大贡献，深得西域各国人民的敬服，因此尊称她为“冯夫人”。

冯道（882～954），字可道，号长乐老，瀛州景城（今河北沧州西北）人，五代著名政治家，古代大规模官刻儒家经籍的创始人。历仕后唐、后晋（契丹）、后汉、后周四朝十君，拜相二十余年，人称官场“不倒翁”。好学能文，主持校订了《九经》文字，雕版印书，世称“五代监本”，为我国官府正式刻印书籍之始。在五代时期，他事亲济民、提携贤良，有“当世之士无贤愚，皆仰道为元老，而喜为之偁誉”的声望。著有《荣枯鉴》。

冯梦龙（1574～1646），字犹龙，又字子犹，号龙子犹、墨憨斋主人、顾曲散人等。长洲（今江苏苏州）人。明代文学家、戏曲家。少时有才情。博学多闻，广为同辈所钦服。为人旷达，不拘一格。曾与文震孟、姚希孟、钱谦益等名人结社作文。他发愤著书，完成《喻世明言》《警世通言》《醒世恒言》的编纂工作。晚年，冯梦龙仍孜孜不倦，将《水浒传》与《三国演义》《西游记》《金瓶梅》定为“四大奇书”。又曾从事《古今谭概》《太平广记钞》《智囊》《情史》《太霞新奏》等的评纂工作。

冯子材(1818～1903),字南干,号萃亭,广东钦州(今属广西)人,晚清名将。咸丰元年(1851),参加天地会起义军,后擢副将、总兵。同治元年(1862)升广西提督,配合湘军、淮军与太平军对抗。后又调任贵州提督。1883 年 12 月,中法战争爆发,他应两广总督张树声之邀督办广东高、雷、钦、廉四府团练,参加抗法战争,取得镇南关大捷。1899 年,任云南提督。两年后又调为贵州提督。治军四十余年,寒素如故。著有《军牍集要》。

名人故事

冯嫽:巾帼不让须眉

为了继续汉朝与乌孙的友好联盟,应乌孙国王的再次请求,汉武帝把楚王刘戊的孙女解忧封为公主嫁给乌孙王军须靡。解忧公主在乌孙深得人民的爱戴,被尊称为"乌孙国母"。解忧在乌孙生活长达 52 年,生三男两女,长子元贵靡世袭乌孙国王,次子万年为莎车王,三子大乐是乌孙大将;长女弟史嫁给龟兹王,小女素光为乌孙若呼翕侯的妻子。

冯嫽是解忧公主的侍者,嫁给了乌孙右大将为妻。冯嫽是一位杰出的女政治家和外交家,她"尝持汉节为公主使",遍访天山以南城郭诸国。她胆识过人,通晓古今,才干出众,赢得了当地人民的敬重和信任,人们尊称她为"冯夫人"。她是我国历史上第一位杰出的女外交家。公元前 60 年,先后两次为巩固乌孙王权往返长安-乌孙国。冯嫽是我国书法史上最早出现的女书法家,是西域历史上第一位书法家,擅长书写隶书。

公元前 53 年,汉朝又将相夫公主嫁给乌孙王元贵靡。此时乌孙已经完全归属汉朝,其前任乌孙王翁贵靡,在执政三十多年间为"汉乌合和"做出了巨大贡献。

韩　姓

姓氏起源

韩姓源出有三：

一是出自“姬”姓。以邑为氏。据《通志·氏族略》所载，周成王分封其第叔虞于唐邑（山西翼城）。因邻晋水，叔虞之子燮（xiè）继位后，称为晋侯。晋穆侯之孙毕万受封于韩原（陕西韩城），其后逐有韩氏。

二是以国为氏。战国七雄之一有韩国，三家分晋以后，于公元前403年由周威烈王承认为诸侯，建都阳翟（今河南新郑）。公元前230年，韩国被秦国攻灭。国族后人有的以“韩”为氏。

三是据《魏书·官氏志》所载，北魏有代北三字姓“出大汗”氏，后改为汉字单姓“韩”氏。

得姓始祖

司马迁在《史记·韩世家》里记载，韩姓的先祖，出自西周王族、姬姓，西周成王的一位弟弟叫唐叔虞，他的一位后人被分封于韩原（今山西汾水以北，河津与稷山一带）这个地方，说是让他侍奉晋国。此人世称“韩武子”，名韩万，其实，他并不姓韩，之所以称之为韩是因其封地而得名。韩姓的得来，是在韩武子后代三世的时候，韩武子的三世孙名韩厥。按照周王朝的册封，自厥起，他和他的后代才是真正的韩姓了。因此，韩厥就是韩姓的得姓始祖。

迁徙分布

韩姓最早活动在春秋时的晋国，随着韩虔建立韩国并建都平阳（今山西临汾），又两次迁都，一阳翟（今河南禹州），一新郑（今河南新郑）。秦亡后，韩国宗室韩王信起初被封为颍川王，而后又改封太原，其后裔韩骞为避王莽之乱南迁南阳，这支韩姓在东汉得到很大发展。后周少保韩褒徙居昌黎（今辽宁义县），其子韩仲良徙居京兆三原（今陕西三原）。

东汉末年社会动荡，有韩姓人徙居安定安武（今甘肃镇原），不久又有人从安定安武回迁河北武安，常山太守韩耆徙居九门（今河北藁城），其子韩茂任后魏中书令、征南大将军、安定公。韩茂曾孙韩睿素为桂州长史，成为这一时期飞黄腾达的韩姓人。东汉末年，农民起义；西晋末年，八王之乱；南北朝时，五胡乱华。中原人为避战乱，大举南迁，韩姓则有迁往西北、东北、西南、江南者，颍川和南阳的韩姓不少人迁居江南。

唐代时，有四位韩姓宰相，即韩瑗、韩弘出自南阳，韩休、韩滉出自昌黎，唐宋八大家之首韩愈虽出生于河南孟州，却是韩睿素之后，因此他的著作被后人辑为《昌黎先生集》。韩愈曾被贬潮州刺史，为韩姓最早入广东者。此时，陈留（今河南开封东南）、河东（今山西太原）、广陵（今江苏扬州）都有韩姓大族，都称从颍川迁徙而来。

南宋时，居于北方和中原的韩姓人迁往江、浙、粤、闽一带，又据有关学者证实，江浙鄂皖各地的韩姓人多为韩世忠后裔。

元明清时期，韩姓发展的主要特点是江浙一带的韩姓人较大规模地播迁于南方各省，有的迁居台湾，甚至漂泊海外，到菲律宾、马来西亚等国定居。

韩姓在《百家姓》中排行第15位，是当今中国姓氏排行第25位的大姓。人口众多，约占全国汉族人口的0.86%。当今，韩姓主要分布于我国北方的河南、陕西、山西、甘肃、河北、辽宁等省，南方则以江苏、安徽、浙江、湖北、福建等省为主。

历史名人

韩非（约前280～前233），韩国公族（今河南禹州）人，战国末期思想家、哲学家，法家创始人。与李斯同师事荀卿。他纵观天下形势，集法家思想之大成，提出“缘道理以从事”，实现“法、术、势”三合一，以收“道法万全”之效果。在《韩非子》中，著有《解老》《喻老》等篇，集中表述了韩非的哲学观点。韩非认为这是“廉直不容于邪枉之臣”，便退而著书，写出了《孤愤》《五蠹》《内外储》《说林》《说难》等著作。

韩信（约前231～前196），淮阴（今江苏淮安）人。著名军事家。西汉初期官至大将军，封为楚王，后贬为淮阴侯。他智勇双全，治军严明，辅佐刘邦平定天下，屡建奇功，运筹帷幄于千里之外，有“韩信点兵，多多益善”之颂。与张良、萧何并称“兴汉三杰”。著有《兵法》三篇。

韩愈（768～824），字退之，河南河阳（今河南孟州）人，郡望河北昌黎，世称“韩昌黎”。唐代文学家、哲学家、思想家，晚年任吏部侍郎，又称韩吏部。因谥号“文”，又称“韩文公”。贞元八年（792）中进士，曾参加讨伐淮西叛藩吴元济的战争，任裴度的行军司马。他是唐代古文运动的倡导者，被后人尊为“唐宋八大家”之首，与柳宗元并称“韩柳”，有“文章巨公”和“百代文宗”之名。后人将其与柳宗元、欧阳修和苏轼合称“千古文章四大家”。他提出的文道合一、气盛言宜、务去陈言、文从字顺等散文的写作理论，对后人很有指导意义。在思想上，韩愈是中国“道统”观念的确立者，是尊儒反佛的里程碑式人物。代表作有《韩昌黎集》四十卷、《外集》十卷、《师说》等。

韩世忠（1089～1151），字良臣，延安（今陕西绥德）人。宋朝名将，与岳飞、张俊、刘光世合称“中兴四将”。其身材魁伟，勇猛过人。出身贫寒，十八岁应募从军。英勇善战，胸怀韬略，在抗击西夏和金的战争中为宋朝立下汗马功劳，而且在平定各地的叛乱中也做出重大贡献。为官正派，不肯依附奸相秦桧，为岳飞遭陷害而鸣不平。他是南宋朝一位颇有影响力的人物。

韩信:忍胯下之辱

韩信是一位叱咤风云的战将,为汉王朝的建立立下了赫赫战功。就是这位叱咤风云的盖世英豪,早年却忍受了胯下之辱。

韩信是淮阴人,出身贫寒。曾经多次投靠在邻乡的一个亭长家里求食,一连几个月。一次,亭长的妻子很早就起床把饭做好自己吃了,等韩信吃饭时已没有饭了。韩信从此便再也不去亭长家。

史书记载,一天韩信到淮阴城的河边去钓鱼,有几位老大娘在那里漂洗丝绵。其中有一位老大娘见韩信到了吃饭时间还坐在河边,知道他没有饭吃,便把自己带的饭分给他吃。此后,一连数十天都是如此。韩信非常感动,向老大娘道谢说:“我将来一定加倍报答您!”老大娘却生气地说:“谁稀罕你的报答呢?一个堂堂男儿汉却养不活自己,我是看你可怜才给你饭吃!”

当时,淮阴城有个年轻屠户看不起韩信,他轻蔑地对韩信说:“别看你身材高大,又喜欢带刀佩剑,其实你是个胆小鬼!”韩信不予搭理。那年轻屠户又当众侮辱他说:“难道你不承认吗?那好,如果你不是胆小鬼,就刺我一刀;要不就从我的胯下爬过去吧!”韩信把那年轻屠户看了好一会儿,想了又想,居然从他的胯下爬了过去。那人哈哈大笑,满街的人也都嘲笑韩信胆小怕事。

后来,项梁率兵起义,韩信拔剑从军,项梁兵败后,韩信又跟随项羽的部队,他多次向项羽献计都不被采纳。当汉王刘邦率兵进入蜀地时,韩信投奔了汉军。后来得到萧何的赏识,被保举给刘邦做了大将,从此一举成名,为刘邦打下了半壁江山。

公元前 202 年,垓下会战,打败了项羽,刘邦封韩信为楚王。韩信到达封地,找到当年曾分给他饭吃的那位老大娘,赏给黄金一千两作为报答。又找到那位亭长,只赏给他一百钱,对他说:“你做

好事有始无终。”最后，他召见那位曾让他受胯下之辱的屠户，对将领们说：“他是一个壮士。当时他侮辱我时，我难道真的不敢杀他吗？不是的。但我杀了他就不能成名，不能实现自己的抱负了，所以我忍辱而达到了现在的境地。我真该谢谢他啊，他磨炼了我的意志！”结果，不但不杀他，还任命他为楚国中尉。

曹 姓

姓氏起源

曹姓源出有三：

一是起于黄帝姬姓的后代。公元前 11 世纪，周文王之子、周武王之弟叔振铎被封于曹，建都陶丘，成为始封之君，也就成为曹氏的始祖。

二是由邾姓改姓为曹。提起曹氏姓源，往往同朱氏联系起来。这是因为朱姓源于周时的邾国，而邾国本来是曹姓所建。颛顼帝的玄孙陆终生有六子，其中第五子安被周武王封在邾国。古代邾国贵族一直以国为氏。后来邾被为楚所灭，安的子孙，一部分改姓朱，一部分则改姓曹。这两支曹姓子孙都发源于山东省境内，所以，早期的中国曹姓人都来自山东。

三是古代曹国人来中国后以曹为姓。古代的曹国，大约在今乌兹别克共和国撒马尔罕的北方和东北方一带。《北史》《隋书》等书记为昭武诸国之一。当时，有曹国人来中国，有的以曹为姓，传至后世。

得姓始祖

据《史记》记载，黄帝之孙颛顼高阳氏，是属于以图腾崇拜为姓的姓氏。据史籍《史记·楚世家》的记载：“高阳氏……陆终生子六人，一曰昆吾，二曰参胡，三曰彭祖，四曰会人，五曰曹姓，六曰季连……一支出自姬姓，周文王第13子曹叔振铎，受封于曹（今山东定陶西南），建立曹国，后为宋国所灭，子孙便以国为氏。”因此，曹叔振铎亦被认为是曹姓始祖。

迁徙分布

曹氏是一个典型的多民族、多源流姓氏。先秦时，曹姓主要活动在甘肃、山东和江苏北部。秦汉时，曹姓已分布于长江以北各省和华东地区。唐初和唐末，中原有两次南下大移民，曹姓是其中进入福建的中原姓氏之一。唐末宋初，曹姓进入了两广。宋元明600年间，曹姓在全国分布主要集中于江苏、山东、浙江三省，大约占全国曹姓总人口的44%。分布于江西、安徽等省。全国重新形成了鲁、苏、浙、赣、皖曹姓人口聚集大区。清初曹姓进入台湾地区。

曹姓在《百家姓》中排行第26位。在当今姓氏排行榜上名列第30位，属于大姓系列。人口约791万，占全国人口总数的0.60%左右。

历史名人

曹操（155～220），字孟德，一名吉利，小字阿瞒，沛国谯县（今安徽亳州）人。东汉末年杰出的政治家、军事家、文学家、书法家。三国中曹魏政权的缔造者，以汉天子的名义征讨四方，对内消灭二袁、吕布、刘表、马超、韩遂等割据势力，对外降服南匈奴、乌桓、鲜卑等，统一了中国北方，奠定了曹魏立国的基础。曹操精兵法，善诗歌；散文清峻整洁，开启并繁荣了“建安文学”，史称“建安风骨”；擅长书法，尤工章草，在《书断》中被评为“妙品”。曹操在世时，担任东汉丞相，后为魏王。代表作有《观沧海》《龟虽寿》等。

曹丕（187～226），字子桓，沛国谯县（今安徽亳州）人，曹操长子。三国时著名的政治家、文学家，曹魏的开国皇帝（220～226年在位）。曹丕文武双全，八岁能提笔为文，善骑射，好击剑，博览古今经传，通晓诸子百家学说。220 年正月，曹操逝世，曹丕继任丞相、魏王。之后受禅登基，以魏代汉。曹丕自幼好文学，于诗、赋、文学皆有成就，尤擅长于五言诗，与其父曹操和弟曹植，并称“三曹”，今存《魏文帝集》二卷。

曹植(192～232)，字子建，沛国谯县(今安徽亳州)人，曹操之子。三国时曹魏著名文学家，建安文学的代表人物。其诗以笔力雄健和词采画眉见长，散文具有“情兼雅怨，体被文质”的特色，加上其品种的丰富多样，使他在这方面也取得了卓越的成就。后人因其文学上的造诣而将他与曹操、曹丕合称为“三曹”。南朝宋文学家谢灵运有“天下才有一石，曹子建独占八斗”的评价。清代王士祯尝论汉魏以来两千年间诗家堪称“仙才”者，曹植、李白、苏轼三人耳。其代表作有《洛神赋》《白马篇》《七哀诗》等。

曹不兴(生卒年不详)，亦名弗兴，孙吴吴兴(今浙江湖州)人。三国时著名画家。被称为“佛画之祖”，是文献记载最早一位传奇画家。在黄武年间(222～229)享有很大的声誉，与皇象的草书、严武的围棋、菰城郑妪的算相、吴范的善候风气、赵达的算术、宋寿的解梦和刘敦的天文，并称为吴中“八绝”。善画龙、虎、马及人物，有落墨为蝇、引龙为雨等传奇故事，其佛画成就对后世影响很大，相传其所画龙头令谢赫叹服不已。代表作为《龙头样》。

曹寅(1658～1712)，字子清，号荔轩，又号楝亭，北京人。康熙名臣，文学家、藏书家。16 岁时入宫为康熙御前侍卫，深得康熙赏识。官至通政使司通政使、管理江宁织造、巡视两淮盐漕监察御史。曹寅为人风雅，喜交名士，通诗词，晓音律，主编《全唐诗》，著有《楝亭诗钞》《诗钞别集》《词钞》《词钞别集》等传世。曹寅是曹雪芹的祖父。

曹雪芹(约 1715～约 1763)，名沾，字梦阮，号雪芹，又号芹溪、芹圃，籍贯辽阳(一说沈阳)，生于南京。曹雪芹是江宁织造曹寅之孙。清代文学家。早年在南京江宁织造府亲历了一段锦衣纨绔、富贵风流的生活。至雍正六年(1728),曹家以亏空获罪被抄家,曹雪芹迁回北京老宅。后又移居北京西郊,靠卖字画和朋友救济为生。其素性放达,爱好广泛,对金石、诗书、绘画、园林、中医、织补、工艺、饮食等均有所研究。他以坚韧不拔的毅力,历经多年艰辛,终于创作出极具思想性、艺术性的伟大作品——《红楼梦》,堪称中国古代长篇小说的高峰。

名人故事

曹植七步成诗

曹操死后,长子曹丕继位。曹丕唯恐几个弟弟与他争位,便先下手为强。于是,先夺了二弟曹彰的兵权,又逼四弟曹熊上了吊。此时,就剩下老三曹植,曹丕内心更加恨之。一天,命曹植在大殿上走七步之内,以“兄弟”为题吟诗一首,但诗中不能出现“兄弟”二字,成则罢了,不成便要痛下杀手。曹植不假思索,立刻脱口而出:“煮豆燃豆萁,豆在釜中泣。本是同根生,相煎何太急!”这便是赫赫有名的“七步成诗”。曹丕听了以后潸然泪下,没下得了手,只是把曹植贬为安乡侯。

曹不兴:落墨为蝇,引龙为雨

一天,曹不兴在为孙权画屏风时,画到一篮杨梅,曹不兴因为周围观看的人啧啧称赞非常兴奋,不小心误落笔墨,于是他便顺手将墨点绘成一只苍蝇。孙权来看画好的屏风时,以为真有一只苍蝇飞到了画上,便举起手想要把苍蝇轰走,可是没有想到苍蝇竟然是画上去的。由此可以想象,曹不兴善于写生的艺术,已达到了极为纯熟的程度,甚至能够骗过人的眼睛。这就是著名的“落墨为蝇”的故事。

曹不兴画的动物,栩栩如生,特别是画龙,仿若腾云驾雾一般。

赤乌元年(228)冬十月,孙皓游青溪,看到一条赤龙由天而降,凌波而行。因此,他便让曹不兴把龙的形状画下来。曹不兴画得非常成功,于是得到了孙皓的赞赏,珍藏于秘府。到宋文帝时,天下大旱,一连几个月滴雨未下,田地干裂,庄稼焦枯。人们天天跪在地上,虔诚地向苍天祈祷也不管用。后来,不知谁的主意,取来曹不兴画的龙放在水旁,不一会儿,果然雷声隆隆,大雨倾盆,可谓“引龙为雨”。虽然是个巧合,但却说明了曹不兴画的龙形象生动,以至于人们信若神明。龙本是一种人心营构之象,能令人们以象为真的作品,其构思、技巧自然与当时的审美要求相吻合。

曾 姓

姓氏起源

曾姓源出有三:

一是出自姒姓,是以封地名命名的姓氏,最早的起源地是古之鄫国(今山东峄县以东)。据《世本》记载,夏朝少康封小儿子曲烈于鄫,后来被莒国灭掉。鄫太子巫逃到鲁国,把“鄫”字去掉“邑”旁,表示离开故城,始称曾氏。

二是源于官位,出自春秋时期官称曾臣,属于以官职爵位称号为氏。曾,就是孙子之子的称谓。而曾臣,原来是西周时期王室排名最末的大夫,屈称为曾臣,在后来的春秋时期,成为所有诸侯国大夫对周王室的屈称。这在史籍《左传·襄十八年》中记载:“曾臣彪将率诸侯以讨焉。曾臣,犹末臣。曾祖曾孙者,曾为重义。诸侯之于天子,无所可重。曾臣犹末臣,谦卑之意耳。”在许多称曾臣的后裔子孙中,有以先祖官职爵位称号为姓氏者,称曾臣氏,再后有省文简化为单姓曾氏、臣氏者,世代相传至今。

三是源于其他少数民族,属于汉化改姓为氏。今土家族、彝

族、苗族、黎族等少数民族中，均有曾氏族人分布，其来源大多是在唐、宋、元、明、清时期中央政府推行的羁縻政策及改土归流运动中，流改为汉姓曾氏，世代相传至今。

得姓始祖

据史籍《世本》《元和姓纂》及《姓氏考略》记载，夏禹的第五世孙少康中兴了夏室后，曾把自己最小的儿子姒曲烈封于鄫（今河南方城北）为侯爵，世代相袭为鄫侯。周武王姬发灭殷商后，再封鄫侯为子爵，延续夏禹的世祀，并移封鄫于山东临沂苍山县西北部城。由于鄫国是春秋时的一个小国，常常被莒国、邾国和鲁国欺凌，为了改善同邻近侯国的关系，鄫侯便与较为强大的鲁国建立了姻缘关系。鄫国历经了夏、商、周三朝，承袭了近 2 000 年，在周灵王姬泄心三年（公元前 569），鲁襄公向春秋霸主晋厉公姬寿曼要求把鄫国作为自己的附庸国，并代鲁国负责向盟主国提供一部分贡赋，为此进攻鄫国。此前，鲁釐公（鲁僖公）姬申将女儿嫁给了鄫侯姒时泰，还生了公子姒巫。不久，姒时泰又娶了莒国君主莒犁比公之女，生子后欲立为储君，这就危及了姒巫的政治地位，而鄫国亲近晋、鲁两国的行为，自然也受到莒犁比公的强烈反对。后来，莒国联合邾国攻伐鄫国，鲁襄公赶紧派大夫臧纥率军援救鄫国，结果却吃了败仗。到了春秋时期的周灵王五年（前 567），公子巫因自恃有鲁国作后盾，因而再次怠慢了莒国。莒犁比公乘鲁襄公与齐灵公争抢莱国之地、疏于扶助鄫国之机，一举灭掉了鄫国。

之后，太子巫（姒巫）的后裔子孙中，多以故国名为姓氏者，称鄫氏，后因失去了国邑而去掉“邑”偏旁，表示失去国土，改称曾氏，后主要在鲁国生息繁衍，世代相传至今。曾氏族人自此尊奉姒曲烈、太子巫为得姓始祖，千百年来一向严厉禁止同姓族人通婚。

迁徙分布

曾氏是一个古老姓氏，最初发源于今山东省兰陵县西北一带。

先秦时期，逃至鲁国的曾姓后代在鲁为官，并且就此繁衍生息下来，同时向四周地区播迁，使曾姓族人遍布于山东、河北等地。

秦汉期间，曾姓人因一直以“孝”著称，被封建统治者尊为“宗圣”，从而声名显赫，家族昌盛。进入魏晋南北朝时期，连年战乱频仍，社会始终处于动荡之中，加之西晋末年“永嘉之乱”，中原士族大举南迁，所以曾姓在此期间也大量进入南方诸省，其一支徙居于会稽（今浙江绍兴），尚有几支分别迁居蜀郡（今四川成都）、豫章（今江西南昌）、吴郡（今江苏苏州）、河内（今河南沁阳）、南阳（今属河南）、江夏（今湖北鄂城）、襄阳（今属湖北省）等地。从而在唐朝之前就已形成曾姓遍布全国，名人不断涌现，家族势力日渐壮大的局面，逐渐成为中国著名的大姓之一。

盛唐时期，社会安定，宗族发展速度加快，扩张、播迁亦为时尚。唐末，曾姓有人迁福建者。至宋末，由于战乱，外族入侵，曾姓又几度迁移。

元明清时期，曾姓已播迁于各地，已在台湾、新加坡、马来西亚、印度尼西亚、菲律宾、泰国、越南、缅甸、日本、美国、法国、澳大利亚、新西兰等许多国家和地区安家落户了。

曾姓在《百家姓》中排行第 385 位。在当今姓氏排行榜上名列第 38 位，新百家姓名列第 32 位，在台湾则名列第 16 位，属于大姓系列。人口约 836.9 万，占全国人口总数的 0.52%左右。当今曾姓在中国人口众多，尤以四川、湖南、广东、江西等省多此姓，上述四省曾姓人口约占全国汉族曾姓人口的 66%。

历史名人

曾子（前 505～前 435），名参，字子舆。鲁国南武城（今山东嘉祥）人。春秋末期著名思想家、教育家。八儒之中的第三家颜氏之儒的传人，今之《论语》出于颜氏之学。16岁拜孔子为师，勤奋好学，颇得孔子真传。一生积极实践和推行以仁孝为核心的儒家主张，传播儒家思想。他的修齐治平的政治观，省身、慎独的修养观，以孝为本的孝道观影响中国2 000多年，至今仍具有极其宝贵的社会意义和实用价值，是建立和谐社会的思想道德修养。编《论语》、著《大学》、写《孝经》、著《曾子十篇》，后世尊奉为“宗圣”，是配享孔庙的四配之一。曾子是儒家正统思想的正宗传人，他把孔子的思想和学问授给弟子，又将孔子的言行整理成《论语》，上承孔子之道，下开思孟学派，对孔子的思想一以贯之。曾子在儒学发展史乃至中华文化史上均占有重要的地位。

曾公亮(999～1078)，字明仲，号乐正，泉州晋江(今福建泉州)人。北宋著名政治家、军事家、军火家、思想家。仁宗天圣二年(1024)进士，仕仁宗、英宗、神宗三朝，历官知县、知州、知府、知制诰、翰林学士、端明殿学士、参知政事、枢密使和同中书门下平章事等。封兖国公、鲁国公。曾公亮与丁度承旨编撰《武经总要》，为中国古代第一部官方编纂的军事科学百科全书。

曾巩(1019～1083)，字子固，南丰(今属江西)人，世称南丰先生。北宋文学家。嘉祐进士，尝奉诏编校史官书籍，官至中书舍人，曾为王安石所推许。散文平易舒缓，长于叙事说理，讲究章法结构，为“唐宋八大家”之一，有些文章对当时在位者的因循守旧表示不满，主张在“合乎先王之意”的前提下对“法制度数”进行一些改革。有《元丰类稿》。另《隆平集》也为其所作。

曾国藩(1811～1872)，初名子城，字伯涵，号涤生，又名曾传豫，湖南长沙府湘乡县(今湖南娄底)人。晚清重臣，湘军的创立者和统率者。清朝军事家、理学家、政治家、书法家、文学家，晚清散文“湘乡派”创立人。道光十八年(1838)进士，入翰林院，为军机大臣穆彰阿门生。累迁内阁学士，礼部侍郎，署兵、工、刑、吏部侍郎。太平天国运动时，组建湘军，力挽狂澜，攻灭太平天国。与胡林翼并称曾胡，与李鸿章、左宗棠、张之洞并称“晚清四大名臣”。其一生奉行为政以耐烦为第一要义，主张凡事要勤俭廉劳，不可为官自傲。他修身律己，以德求官，礼治为先，以忠谋政，在官场上获得了巨大的成功。官至两江总督、直隶总督、武英殿大学士，封一等毅勇侯。著有《治学论道之经》《持家教子之术》《冰鉴》《曾国藩家书》。

名人故事

曾子烹彘

曾子的夫人准备到集市上去，他的儿子哭着闹着要跟着去。他的妻子对儿子说：“你先回家待着，待会儿我回来杀猪给你吃。”她刚从集市上回来，曾子就要捉猪去杀。她就劝止说：“只不过是跟孩子开玩笑罢了。”

曾子说：“妻子，可不能跟他开玩笑啊！小孩子没有思考和判断能力，要向父母亲学习，听从父母亲给予的正确教导。现在你欺骗他，这是教孩子骗人啊！母亲欺骗儿子，儿子就不再相信自己的母亲了，这不是实现教育的方法。”于是曾子就杀猪煮肉给孩子吃。

曾巩：一举端掉“霸王社”

公元 1071 年，曾巩调任齐州（今山东济南）知州。有一周姓富户，其子周高为富不仁，横行乡里，民愤极大，但周家“力能动权贵”，与地方官沆瀣一气。曾巩初来乍到，搜集证据，将周高法办。章丘一带有一伙叫作“霸王社”的土豪，杀人越货，无恶不作，曾巩派兵将他们悉数抓获，将 31 名罪犯判刑，发配边疆。他还在齐州开创了“保伍”之法，以五户为一保，监督出入，实行外来人口登记，有盗贼则鸣鼓相援。通过曾巩的治理，齐州盗、劫等犯罪率明显下降，由治安案件多发之州变成了平安之州，风气为之一清。

曾巩既勤政又务实，而且凡事能从实际出发。为治理黄河，朝

廷从各地调集民工，要从齐州调丁两万。当曾巩听说一些地方的户口有漏登、瞒报现象后，决定马上开展人口普查工作，从下至上，层层上报，反复核实，最后发现，九丁抽一就能满足征丁之需。他的这一务实作风，使许多寻常百姓免去了徭役之苦，减轻了他们的负担。

曾巩在齐州的政绩有：推行王安石新法，刺激了农业生产；修建齐州北水门，解决了困扰齐州城多年的水患问题；疏浚了大明湖。后人在千佛山建曾公祠，在大明湖畔建南丰祠（曾巩又称南丰先生），为了纪念曾巩为齐州所做的巨大贡献。

曾国藩：少时审蛋案

一天，天气晴朗，年幼的曾国藩从学校回到了家里。刚放下书包，其父就焦急地说："我明明煮了五个鸡蛋，怎么只有四个？煮熟的鸡蛋是分给你们吃的，现在少了一个，不知是哪个偷吃了，快帮你母亲查一查。"曾国藩思索了一下，答到："这个很容易，我有办法查出来。"说罢，他端出一个脸盆，倒了几杯茶，把家里的人都喊拢来，叫每人喝一口茶水，吐到盆里，他站在旁边观察，结果有一个佣人吐出的茶水里夹有鸡蛋黄粉。曾国藩的父亲高兴极了，觉得儿子聪明，将来肯定能当官审案子。

彭　姓

姓氏起源

彭姓源出有三：

一是源于姬姓，颛顼帝曾孙吴回之子陆终的儿子籛铿的封地大彭，属于以国名为氏。据《通志·氏族略》《姓氏寻源》所载，颛顼帝有玄孙陆终，陆终第三子姓籛名铿，受封于彭地（今江苏徐州），建立大彭国，称彭祖，大彭国在殷商末期被商王武丁所灭。其后，大彭国子孙以国名为氏，称彭氏。史称彭祖是所有彭氏的受姓始祖，是为江苏彭氏。

二是出自妘姓，为帝喾时的火官祝融之后八姓之一有彭姓。据《国语》所载："祝融之后，八姓，己、董、彭、秃、女、斟、曹、芈。"此说是讲彭姓为祝融之后，为八姓之一。

三是出自汉后由他族改姓而来。据《姓氏考略》所载，有胡、西羌、南蛮，清时满、蒙、回、苗、白、瑶、土家、苦聪、彝、拉祜等民族有彭姓。

得姓始祖

彭姓出自颛顼帝的后裔，上古时代，颛顼帝有一曾孙名吴回，吴回在帝喾时为火正祝融(用火的官)。吴回的儿子陆终娶鬼方氏的女儿为妻，陆终之妻怀孕三年后都未能产下一子，万般无奈的陆终只好用利刃剖开妻子左肋下方，产下三子，剖开右肋下方，又产下三子。六个儿子中的第三子名篯铿，后来被封在大彭，为商朝时的诸侯国之一，篯铿是个有名的长寿者，据说他一生活了800多岁，经历了夏、商两代，所以又称他为彭祖。他的子孙就按照当时的习惯，以国命姓，称为彭姓，他们尊彭祖为彭姓的得姓始祖。

迁徙分布

彭氏是一个典型的多民族、多源流的姓氏群体。商末时，大彭氏失国，此时已有彭姓人迁居河南南阳一带，其中有位名叫彭仲爽的人由南阳去楚为大夫，是为彭姓徙居湖南、湖北的开始。

西周建立后，因彭是西周王朝的盟国，其国祚得以延续。彭以伯为爵号受到西周王朝的重视。周平王东迁后，随着周天子势力的衰弱，南方楚国的强大，彭终于在公元前710年为楚所灭，彭地入楚，成为楚最早所灭的方国之一。

先秦时期，彭姓的活动区域是在西起陕甘南部，西南直达四川中部，东南抵浙江西部，东北进山东南部，北扫河南，南依湘江的广阔地区。以这个活动地区为中心，彭姓向四周播迁，至唐宋时，彭姓已经在全国各地都有分布。

宋元明期间，彭姓的分布总格局变化较大，主要由北方向东南迁移，但西部四川的彭姓减少很多，向南方迁移。全国重新形成了赣、湘、鄂的彭姓人口聚集区。

自清代开始，闽粤彭姓有部分移居台湾，并有移居东南亚及欧美的彭姓人。至此，彭姓已广布全国各地。

彭姓在《百家姓》中排行第 47 位。在当今姓氏排行榜上名列第 39 位，属于超级大姓系列。人口约 787.6 万，约占全国人口总数的 0.49%。如今，彭姓分布广泛，尤以湖南、四川、湖北等省分布最多，上述三省的彭姓约占全国汉族彭姓人口的 49%。

历史名人

彭祖(生卒年不详)，一作彭铿，传以长寿见称。古代养生学奠基人，大彭氏国创始人，号称华夏最长寿老人，传说寿高八百。原系先秦传说中的仙人，后道教奉为仙真。尧帝因治水而积劳成疾，卧病在床，彭祖创制野鸡汤帮助尧帝恢复健康，而精神焕发。之后尧便把彭城封给他，所以后世称他为“彭祖”。舜的时候，他从师尹寿子，学得真道，遂隐居武夷山。到商代末年，已有 767 岁(或说有 800 余岁)。彭祖在历史上影响很大。孔子对他推崇备至；庄子、荀子、吕不韦等先秦思想家都有关于彭祖的言论。

彭龟年(1142～1206)，字子寿，号止堂，南宋清江人。宋代官员，文学家。少好学，喜深思。读程氏《易》，至废寝忘食。从朱熹、张栻而学。南宋乾道进士。历官焕章阁待制、知江陵府，迁湖北安抚使。开禧二年(1206)，其忠宁宋诏赠宝谟阁直学士，加赠龙图阁学士。其学识广博，著有《解经祭仪正致录》《奏议外制》《内治圣鉴》《止堂集》等。

彭玉麟(1816～1890),字雪琴,湖南衡阳渣江人。清朝著名政治家、军事家、书画家,人称雪帅。与曾国藩、左宗棠并称大清三杰,与曾国藩、左宗棠、胡林翼并称中兴四大名臣,湘军水师创建者,中国近代海军奠基人。官至两江总督兼南洋通商大臣、兵部尚书,封一等轻车都尉,受命赴广东办理防务。彭玉麟于军事之暇,也绘画作诗,以画梅名世,有《墨梅图》冠绝,与郑板桥的墨竹齐名,被称为“清代书画二绝”。他的诗后结集付梓,题名《彭刚直诗集》。

名人故事

彭祖茶油

彭祖的养生之道中有一点是非常重要的,那就是健康饮食。彭祖作为史载第一位养生大家,对于食物十分讲究。彭祖根据自己的养生之道为尧帝调养身体所制的野鸡汤中放入小小的员木果籽,也就是通常我们说的茶籽,尧帝食用后,虽日理万机,却百病不生。一时传为美谈并流传下来。尧帝在位 70 年,终于 118 岁仙寿的秘密也尽在这茶籽之中。《彭祖养道》上曾记载:“帝食,天养员木果籽。”茶油为员木果籽(茶籽)所榨,富含多种营养,被称为“东方橄榄油”,乃我国特有物种。早在 4 000 多年前,彭祖就发现并利用茶籽养生的功效,并融入自己的“雉羹之道”,为后世的“烹调之道”打下坚实的基础。不能不说彭祖既是一位养生家与大厨,更是一位发现者,为我们后世的健康饮食养生指明了方向。

彭玉麟:铁血寒梅

彭玉麟多才多艺,诗书画俱佳,他一生画了上万幅梅花图,在每幅梅花图都题上以梅花寄情的咏梅诗。这些号称“梅花百韵”的咏梅诗,寄托了彭玉麟一生对梅姑的爱恋、思念、牵挂,自己的愧疚和悔恨。他所画之梅堪为一绝。笔下的梅花,据称是思念梅姑之爱情之物:“老干繁枝,鳞鳞万玉,其劲挺处似童钰。”他画的梅树,身姿虬曲,铁骨铮铮,古拙苍劲。枝间的梅花,吐蕊绽放,生机盎然。特别是他的“墨梅图”更是冠绝,与郑板桥的墨竹齐名,被称为“清代书画二绝”。

梅姑本是彭玉麟外祖母的养女竹宾,以辈分而言,可以说是彭玉麟的长辈(阿姨),较彭玉麟年长几岁。据说彭玉麟称她“姑姑”,两人年纪相仿,青梅竹马,情愫渐生,至私许终身。后来,两人始终未有结合,原因表面上是八字不合,真正的理由是辈分不符。后来,在彭母的主持下,梅姑嫁到别家姚氏,四年后死于难产,彭玉麟闻讯身心俱裂,哭吟“一生知己是梅花”,并发誓要用余生画10万幅梅花以纪念两人之情。他每画成一幅,必盖一章曰“伤心人别有怀抱”“一生知己是梅花”。

彭玉麟说到做到,他画了整整40年,才完成了以万幅梅花纪念梅姑的承诺,丧妻后终生未娶。他画的梅花:干如铁,枝如钢,花如泪。辞官隐居期间,一是在湖口水师昭忠祠旁边建厅,遍栽梅花,号称“梅花坞”,即石钟山著名旅游景点梅花坞;二是在家乡筑“退省庵”,在庵里吟诗作画,号退省庵主人。

萧 姓

姓氏起源

萧姓源出有三:

一是嬴氏萧姓因国得名,当嬴姓萧国被灭以后,嬴姓子孙以国为姓氏。

二是子氏萧姓也来源于国名。春秋末年,作为宋国附国的萧国被楚灭了以后,子姓萧国子孙改姓为萧,以纪念故国。

三是外族改姓。主要源于北宋时,辽国契丹族的拔里氏、乙室己氏族等集体改姓为萧。清朝时满洲八旗舒穆禄氏族的一部分、伊喇氏族的全部改姓为萧。南方也存在着由土著民族转为汉族萧姓的现象。

得姓始祖

萧姓原出于子姓，在春秋时期，宋国有一名将叫南宫长万，在攻打鲁国时战败被俘，被囚于后宫，几个月后才回到宋国，宋闵公为此曾多次取笑他，长万因被触痛处而恼羞成怒，一次乘酒兴杀死了闵公，并从此公开叛乱，另立公子游为君。宋国群公子纷纷逃往萧邑（今安徽萧县西北）。后来宋国微子之后大心率王族弟子及随从组建的军队，诛杀了南宫长万，平息了这次叛乱，扶闵公之弟御说继位，是为宋桓公。宋桓公因大心平叛有功，就把大心封于萧地，以为附庸，建立了萧国，称大心为萧君，人称萧叔大心。公元前597年萧被楚所灭，其子孙遂以国为氏，称为萧姓。大心也就被后人尊为萧姓的得姓始祖。

迁徙分布

萧姓最早发源于今徐州萧县，先秦时期，萧姓族人由于国家被灭而居鲁、宋、楚之间，后子孙多居丰沛。秦汉时期，社会动荡，迫使萧姓外迁，进入第一个发展迁徙时期。萧姓经长期迁居，已从原聚居地向四周大量繁衍，且名人辈出，汉相萧何便是其典型代表，他早年辅佐刘邦起义，在攻占咸阳后，注意收集秦的律令图书、郡县户口、社会情况等大量资料，为西汉王朝的创建立下汗马功劳，并协助刘邦消灭异姓诸侯王，他的子孙也分别入仕于两汉，均为高官，为汉朝的繁荣做出了巨大贡献，因此家族兴旺，几个较大的郡望即在此期形成，萧氏子孙大多居金陵、长陵、兰陵、杜陵。

三国魏晋时期，战乱频繁，加上两晋时期的“永嘉之乱”，士族南迁，萧姓族人也随之而徙，播迁于南方诸省，使家族得以进一步发展壮大。南北朝时期，萧姓显贵于天下，建立了齐、梁两朝，繁衍

昌盛、人才辈出，使萧姓发展进入一个鼎盛时期。

唐宋年间，社会相对稳定，经济繁荣，萧姓族人一方面文人墨客遍布于天下，另一方面由于新成分的涌现，即居住在中国北方及东北的契丹族萧氏劲族的加入，从而成为一个显贵、庞大的家族。在此期间萧姓也有迁入福建、广东定居者，至此，在唐宋以前，萧姓已广布于我国山东、河南、河北、安徽、北京、福建、广东等地区。

元明清时期，萧姓徙居于南方四川、湖南、江西、湖北等省份，名人不断使萧姓成为名门，自清康熙末年，萧姓族人开始了多次入迁台湾，有的还远播海外，使萧姓真正遍布于我国南北方各地。

萧姓在《百家姓》中排行第 99 位。在当今姓氏排行榜上名列第 30 位，属于大姓系列。人口约 898.4 万，约占全国人口总数的 0.56%。今日萧姓在我国分布较广，尤以四川、湖南、江西、湖北、山东、广东等省多，约占全国汉族萧姓人口的 69%。

历史名人

萧何（前 257～前 193），沛丰人。西汉丞相，政治家，汉初三杰之一。早年任秦沛县狱吏，秦末辅佐刘邦起义。楚汉战争时，他留守关中，使关中成为汉军的巩固后方，不断输送士卒粮饷支援作战，对刘邦战胜项羽、建立汉代起了重要作用。萧何采摭秦六法，重新制定律令制度，作为《九章律》。在法律思想上，主张无为，喜好黄老之术。汉十一年（前 196）又协助刘邦消灭韩信、英布等异姓诸侯王。刘邦死后，他辅佐汉惠帝。代表作《九章律》。

萧子显（487～537），字景阳，梁南兰陵（今江苏常州）人。南朝梁史学家、文学家，大臣。萧子显是齐高帝萧道成之孙。历任太子中舍人、国子祭酒、侍中、吏部尚书等职。后迁吴兴太守。博学能文，好饮酒、爱山水，不畏鬼神，恃才傲物。著有《南齐书》等。

萧统（501～531），字德施，小字维摩，南兰陵（祖籍江苏丹阳）人，梁武帝萧衍长子，母亲为萧衍的贵嫔丁令光，又称丁贵嫔。南朝梁代文学家。于天监元年(502)十一月被立为太子,然英年早逝,未及即位即于531年去世,死后谥号“昭明”,故后世又称“昭明太子”。主持编撰的《文选》又称《昭明文选》,为我国现存最早的文章总集,对后世文学创作颇有影响。

萧云从(1596～1673),字尺木,号于湖老人等,安徽芜湖人。明末清初著名画家,姑孰画派创始人。自幼好学,“笃志绘事,寒暑不废”。1638年云从与弟云倩,加入复社,与东林党相呼应,同魏忠贤阉党马士英、阮大铖等斗争。1644年,明廷灭亡。不愿与清合作,或闭门读书赋诗作画,或遨游名山大川,诗画才华,成就日著。诗继承杜甫,多即事忧时之作,雄浑奔放,音韵铿锵。著有《易存》《韵通》《杜律细》等。

名人故事

萧何月下追韩信

秦末农民战争中,韩信仗剑投奔项梁军中,项梁兵败后归附项羽。他曾多次向项羽献计,始终不被采纳,于是离开项羽前去投奔刘邦。

有一天,韩信违反军纪,按规定应当斩首,临刑时看见汉将夏侯婴,就问到:“难道汉王不想得到天下吗,为什么要斩杀壮士?”夏侯婴以韩信所说不凡、相貌威武而下令释放,并将韩信推荐给刘邦,但未被重用。后韩信多次与萧何谈论,为萧何所赏识。刘邦至南郑途中,韩信思量自己难以受到刘邦的重用,中途离去,被萧何发现后追回,这就是小说和戏剧中的“萧何月下追韩信”。

此时,刘邦正准备收复关中。萧何就向刘邦推荐韩信,称他是汉王争夺天下不可缺少的大将之才,应重用韩信。刘邦采纳萧何的建议,择选吉日,斋戒、设坛,拜韩信为大将。从此,刘邦文依萧何,武靠韩信,举兵东向,争夺天下。

蔡 姓

姓氏起源

蔡姓源出有二：

一是出自姞姓，乃黄帝之后。据《国语·晋语四》所载，“黄帝二十五宗，得姓者十四人，为十二姓，姬、酉、祁、己、滕、任、荀、葴、僖、姞、儇、依是也”。又据《潜夫论·志氏姓》所载，“姞氏封于燕——姞氏之别有阚、严、蔡、光、鲁、雍、断、须密氏”。古时燕地大致在今河北北部，蔡系姞姓支系，在部落中担任祭祀的职责，具有很高的地位。蔡、祭二字古代通用，故蔡出自祭。

二是出自姬姓，为周文王得后裔。周灭商后，封文王第五子叔度于蔡，让他与管叔、霍叔一起监管殷得遗民，称为“三监”。武王死后，周成王年纪太小，周公旦（武王的弟弟，又称周公）因此临朝摄政。管叔、蔡叔、霍叔等都很忌妒周公摄政，便联合武庚反叛，周公讨伐武庚，事后处死管叔，并将蔡叔放逐。后成王改封蔡叔度的儿子胡于蔡，称蔡仲。春秋时，因受楚的逼迫，多次迁移。蔡平侯时迁新蔡（今属河南），称上蔡；昭侯迁州来（今安徽凤台），称下蔡。从此以国为姓氏，称为蔡氏。

得姓始祖

公元前 11 世纪，周武王灭商后，武王大封同姓诸侯于各地，将其弟叔度封于蔡（故址在今河南上蔡西南），让他与管叔、霍叔一起监管殷的遗民，称为“三监”。蔡叔度始封于蔡而居于卫。武王死后，其子姬诵继位，因年纪太小，便由武王之弟周公旦（周公）临朝摄政，叔鲜、叔度对此不满，联合武庚（商纣王之子）及东方夷族进行叛乱，周公奉成王之命兴师讨伐，并予以平定，事后处死了武庚与叔鲜（管叔），并将叔度（蔡叔）放逐，不久，蔡叔度死于迁所。其

子胡，不仅能认识到父亲的过错，不与之同流合污，而且遵守文王德训，与人为善，周公听说后便派他到鲁国辅佐自己的儿子伯禽。由于胡政绩卓著，周公奏请成王改封胡于蔡，以奉叔度之祀，是为蔡仲。春秋时，蔡受楚国逼迫，曾多次迁移。蔡平侯时迁于新蔡（今属河南），称上蔡；至昭侯时迁州来（今安徽凤台），称下蔡。蔡国传23代，历26君，立国600多年，公元前447年方被楚所灭，亡国后蔡姓子孙散居各地，以国为氏，称为蔡氏。蔡仲也被后人尊为蔡姓的得姓始祖。

迁徙分布

蔡姓得姓之初，主要是繁衍于如今的河南省境内，其间因受楚国所逼，几度迁徙。先秦时期，蔡姓就已开始迁徙，后裔散居于今湖北、陕西、河南、山西、山东等地，世代不断繁衍。秦汉时期，蔡姓人主要在中原地区发展，且以河南、山东等地为其繁衍中心。

到西汉时，河南已出现几个较大的蔡姓郡望，并出现了一大批名人。魏晋南北朝时，我国战乱频繁，社会处于动荡之中，加之两晋时期的八王之乱与永嘉之乱，战火遍及中原，迫使蔡姓族人随同中原士族大举南迁，辗转定居于江浙各地，使家族势力进一步壮大，在此期间，蔡姓人由于在战乱中有功，所以高官不断涌现，家族显赫达十余世而不衰。

随着朝代更变，至唐宋时期，社会逐步安定，经济逐渐发展，蔡姓宗族势力也不断扩大，并远播各地，逐渐成为中原一大姓氏。在唐初时，已入迁福建、广西等地，后安史之乱爆发，中原地区经济遭受重大破坏，蔡姓族人又一次大举南迁，并在当地繁衍生息，尤其是唐末入闽之蔡姓与唐初先入闽者混成一体，逐渐发展成福建大姓，并成为今台湾、广东蔡姓的重要来源。蔡用元为蔡氏入闽始祖，时在唐代。

宋朝时期外族不断入侵中原，仍留在北方的蔡姓族人为避杀戮，不得不再次大规模向江南迁徙，进入江浙、皖南、福建、广东等地，使南方蔡姓人口大幅增加，家族逐渐兴旺，名人高官也不断涌现，地位显赫一时，历数代而不衰，从而使唐宋时期成为蔡姓宗族发展的一个鼎盛时期。

到了明、清时代，蔡姓经世代不断迁徙、繁衍、播迁各地，远播于海外，最终成为我国族大人众的姓氏，并稳居于姓氏排行前列。

蔡姓在《百家姓》中排行第 155 位。在当今中国姓氏排行第 44 位。人口较多，约占全国汉族人口的 0.46%。当今蔡姓在我国分布广泛，尤以广东、浙江、江苏、四川等为多，约占全国汉族蔡姓人口的 44%。

历史名人

蔡伦（? ～121），字敬仲，桂阳郡人。东汉宦官，造纸术发明人。汉明帝永平末年入宫给事，章和二年（88），蔡伦因有功于太后而升为中常侍，蔡伦又以位尊九卿之身兼任尚方令。蔡伦总结以往人们的造纸经验，革新造纸工艺，终于制成了“蔡侯纸”。元兴元年（105）奏报朝廷，汉和帝下令推广他的造纸法。

蔡邕（yōng）（133～192），字伯喈，陈留郡圉（yǔ）（今河南开封圉镇）人。东汉时期著名文学家、书法家，著名才女蔡文姬之父。因官至左中郎将，后人称他为“蔡中郎”。他博学多才，通经史、音律、天文，善散文辞赋，又工隶书，曾创“飞白”书，唐・张怀瓘《书断》评蔡邕飞白书“妙有绝伦，动合神功”。且善画，是东汉四大画家之一。他生平喜藏书，多至万余卷，晚年将所藏之书载数车悉数赠给王粲，估计有 4 000 卷。著有《蔡中郎集》。

蔡琰（177～?），字文姬，陈留群圉（今河南开封围镇）人。蔡邕之女。东汉时著名女诗人。她天生丽质，博学才辩，且通音律，有“才女”之称。汉末大乱，陷居南匈奴 12 年，与匈奴左贤王生二子。其人胡的故事家喻户晓，作品《胡笳十八拍》尤为著名。后为曹操用金璧赎回。著有《悲愤诗》。

蔡京(1047～1126)，字元长，兴化仙游(今福建莆田仙游)人。著名书法家蔡襄的从弟。北宋权相之一，书法家。熙宁三年(1070)进士及第，先为地方官，后任中书舍人，改龙图阁待制、知开封府。崇宁元年(1102)，为右仆射兼门下侍郎(右相)，后又官至太师。蔡京先后四次任相，达 17 年之久。北宋末年，太学生陈东上书，称蔡京为“六贼之首”。钦宗即位后，贬岭南，途中死于潭州(今湖南长沙)。代表作有《草堂诗题记》《节夫帖》《宫使帖》等。

蔡元定(1135～1198)，字季通，建宁府建阳县(今属福建)人。南宋著名理学家、律吕学家、堪舆学家，朱熹理学的主要创建者之一，被誉为“朱门领袖”“闽学干城”。幼从其父学，及长，师事朱熹，熹视为讲友，博涉群书，探究义理，一生不涉仕途，不干利禄，潜心著书立说，学者称“西山先生”。为学长于天文、地理、乐律、历数、兵阵之说，精识博闻。著有《大衍详说》《皇极经世》《八图阵》等传世。

名人故事

蔡邕听琴

汉代，古琴几乎成了家喻户晓的乐器，人们欣赏古琴音乐的水平有了普遍性提高。

蔡邕是历史上著名的音乐家和文学家。在音乐方面，他很有成就，创作了许多著名的乐曲，写过《琴操》一书。

蔡邕曾经做过官，做官时因为人正直，办事公正，遭到邪恶势力的谗言诬害，被充军流放。赦免之后，他带着一家老小在外奔波，过着流亡的生活。后来，他躲到自己的故乡陈留去了。一到家乡，亲朋好友一个个请蔡邕到家中去促膝叙谈家常和国事。蔡邕被乡亲们的热情所感动，久久积压心头的万端愁绪好像慢慢解开了。

有一次，多年不见的朋友林仁听说蔡邕回乡了，特意准备了一

桌酒席，邀请他到家里去做客。蔡邕应约走到林家大门外时，突然停止了脚步。原来屋里正在弹琴，琴声引起了蔡邕的注意，他就站在门外倾听。

开始，琴声悠扬，优美动人。不一会儿，琴声变得沉重、浑浊，有一种紧迫感。蔡邕蓦地听到琴声里隐隐地透露出一股“杀”气。再一听琴声，呀！杀气不但未减，反而更加紧张了，正是生死存亡之际，莫非他们立即要下毒手了？于是蔡邕转身回头就走。

林仁得知蔡邕到了门口，未进大门就转身回去了，心里非常不安，连忙亲自赶到蔡邕住的地方，再一次请他赴宴，并且再三向他道歉，说是忙于屋内张罗，有失远迎，请老朋友不要介意。好说歹说，总算又把蔡邕请到了宴席上。

客人们热情洋溢地频频举杯祝福，个个开怀畅饮，唯有坐在首席的蔡邕好像惊弓之鸟，心魂未定，左顾右盼，掩盖不住内心的恐慌。林仁再也忍耐不住心里要说的话了。他非常坦率地对蔡邕说：“蔡兄，我们是多年的知己，虽然许久不见，情谊却仍然如同当初，亲似手足。不知道今日你心里有什么不快的事情，能不能对小弟讲讲，也好分担忧愁。如果是小弟家中有失礼怠慢的地方，只管讲出来，千万不必介意。”林仁态度很诚恳，有话直说，没有把自己当作外人。

蔡邕这时才放心地举起酒杯，把久久不敢进口的酒喝了下去，并直截了当地把刚才在门口听到琴声里带有“杀气”而产生的疑虑讲了出来。

那位刚才弹琴的客人听了蔡邕的话，会心地笑了，认为这不能错怪蔡邕多心，而要怪他弹琴没有弹好曲子。原来，蔡邕在门口时，他正在弹琴。弹着弹着，忽然看到窗外一棵树上，有一只螳螂，张牙舞爪地正爬向一只蝉的身后。螳螂正要扑过去了，千钧一发之际，弹琴的人发现那只蝉要飞走了，他担心螳螂扑不住蝉，手上情不自禁地为螳螂助威。大概就在这时，琴声中充满了“杀气”，正好被蔡邕听出了这琴声中隐藏的杀机。

听了弹琴的客人介绍，一场误会才解除。大家喜形于色，兴致越来越高。蔡邕一边微笑，一边向林仁赔礼道歉，认为失礼的不是林仁，而是自己。误会解除后，宴会上气氛热闹非凡，一下子到了高潮，大家都争着向蔡邕敬酒。满座高朋，开怀畅谈，尽情痛饮。

这场误会过去，平静之后，大家对蔡邕听琴的本领，欣赏琴乐的能力，一个个惊叹不已，佩服之至。

对古琴的演奏，有欣赏能力的听琴者，可以理解琴声的内在含义和声外之音，这种欣赏能力也是不容易达到的。要有这种欣赏能力，还要懂得古琴的音律。蔡邕就是精通音律的音乐家。

据传有一种叫作虞美人草的植物对古琴有欣赏能力，懂得古琴的音律。古人演奏某一个曲子时，虞美人草会十分激动，枝叶都会自然地摇动起来。据说，这是在和着琴声的节拍和旋律，高兴地翩翩起舞。这个曲子后来被人命名为《虞美人曲》。

潘　姓

姓氏起源

潘姓源出有三：

一是出自姬姓，是黄帝的后代。周文王姬昌第十五子毕公高在西周初年被封在毕，建立毕国。毕公高封其子季孙于潘，附庸于毕国。其地在今陕西省北部，子孙以封邑命氏。或言潘国被楚国所灭，亡国后的潘国人就有用国名作为姓氏的，从此改姓潘。

二是出自芈姓，是春秋时楚国公族"芈潘崇"的后代，属于以先祖名字为氏。潘崇官拜楚穆王太师。《通志·氏族略》："潘氏，芈姓，楚之公族，以字为氏。潘崇之先，未详其始，或言毕公高之子季孙食采于潘，谬矣。潘岳家风诗自可见。晋亦有潘父，恐自楚往也。汉有潘瑾，后汉有潘勉。”

三是出自北方鲜卑族。据《魏书·官氏志》所载，南北朝时，北魏有代北复姓“拔略罗氏”随魏孝文帝南迁洛阳后，定居中原，代为汉姓“潘”氏。

得姓始祖

楚成王时，潘姓中有名为潘崇者曾为太子商臣之师，在楚成王预谋另立太子时，潘崇极力支持太子商臣，并成功地使之继位为楚穆王。潘崇因助商臣继位有功，被封为太师，楚穆王还把自己任太子时的财产全部赐给他。从此潘姓在楚国成为有势力的家族。后人念潘崇兴潘姓有功，便尊他为潘姓的得姓始祖。

迁徙分布

春秋战国时，潘姓主要在今湖北省境内发展，此后，有向山东、湖南迁徙的少数潘姓人。

汉时，有潘姓北迁至荥阳中牟（今属河南省）的，至三国时发展兴旺而为荥阳郡一大望族，以东汉献帝时尚书左丞潘勖为始祖。东汉灵帝有潘乾因仕宦而迁江苏溧阳，此地以潘乾为始祖。

吴国有右将军潘璋由发干（今山东冠县）而迁建康，而吴国还有浏阳侯潘濬，为汉寿（今湖南常德）人，而孙权妻潘夫人为浙江会稽人，这说明在三国以前，潘姓已播迁于上述地方，其中以中牟潘姓最为兴旺，晋时，潘勖之裔孙潘才因任广宗太守，而落籍广宗（今河北威县），后又发展成为潘姓历史上第二大郡望，此期亦有潘姓人播迁广东。

北魏时，破多罗氏改汉姓潘，并逐渐在洛阳形成潘姓的第三大郡望，其开基始祖为潘威。此期潘才的八世孙潘绍业因任随州（今湖北随州）刺史落籍当地。

唐初，陈元光父子开漳，有河南固始人潘节随其入闽。此期潘绍业的曾孙潘求仁因任杭州刺史而定居当地，其间并有移居陕西的潘勖的后人兴旺发达起来，而江夏（今湖北武昌）的唐代秘书监潘肃仁自称是汉寿潘濬的后裔，由此可见，自东汉末至唐朝，潘姓从中牟望族中又衍分出许多支脉，而潘威的后裔则从洛阳望出，又兴盛播迁于怀朔（今内蒙古固阳）、陕甘等地。豫章潘姓兴盛于唐代，至五代南唐时成为当地名门望族。宋时有潘节后人迁广东、云南。

元明清时，潘姓已分布于全国各地。如今，潘姓人分布广泛，尤以广东、江苏、安徽、内蒙古、河南、四川、湖北、浙江等省区多此姓。上述八省潘姓约占全国汉族潘姓人口的69%。

潘姓在《百家姓》中排行第43位。在当今中国姓氏排行第52位。人口较多，约占全国汉族人口的0.42%。

历史名人

潘安（247～300），即潘岳，字安仁，又名潘安仁，巩县（今河南巩义）人。西晋著名文学家。貌美俊，少以才名闻世，20余岁入仕，供职权臣贾充幕府，后历任京官，因作赋颂扬晋武帝躬耕籍田显露才华被当权者左迁河阳县令。有政绩，太傅杨骏引岳为太傅主簿。与石崇、陆机、刘琨、左思并为“贾谧二十四友”，潘安为首。代表作有《闲居赋》《秋兴赋》《悼亡诗》等。

潘季驯（1521～1595），字时良，号印川，湖州府乌程县（今浙江湖州）人。明朝水利专家，世界水利泰斗。嘉靖二十九年（1550）进士。初授九江推官，后升御史，巡按广东，行均平里甲法，斥抑豪强。嘉靖四十四年（1565），由大理寺左少卿进右佥都御史，总理河道，开始治黄生涯。因治黄有功，召为刑部右侍郎。隆庆六年（1572）夏，以右都御史兼工部左侍郎总理河漕，是年九月兴两河大工，次年竣工，黄河下游得数年无恙。隆庆八年（1574）春，加太子太保，进工部尚书，九月迁南京兵部尚书。隆庆十一年（1577）正月，改刑部尚书。著有《宸断大工录》《两河管见》《河防一览》《留

余堂集》。

潘世恩(1769～1854)，字槐堂，号芝轩等，江苏吴县(今苏州)人。清朝名臣，文学家。潘世恩六世祖潘仲兰自明代起由歙县北迁，落籍素享“风土清嘉、人文彬蔚”之誉的苏州。乾隆五十八年(1793)潘世恩状元及第，授修撰。嘉庆年间历侍读、侍讲学士、户部尚书。道光年间至英武殿大学士，充上书房总师傅，进太傅。为官 50 余年，历事乾隆、嘉庆、道光、咸丰四朝，被称为“四朝元老”，与堂兄潘世璜、孙潘祖荫合称为“苏州三杰”，著有《恩补斋集》。

名人故事

潘安:掷果盈车，白发悲秋

潘安有美好的容貌和优雅的神态风度。“才比宋玉，貌似潘安”，这样的夸赞对每一个男人来说，都是莫大的称赞。年轻时夹着弹弓走在洛阳大街上，路上遇到他的妇女无不手拉手地一同围住他。左太冲(左思)长得非常难看，他也来学潘安到处游逛，这时妇女们就都向他乱吐唾沫，弄得他垂头丧气地回家。

潘安在 32 岁时，因仕途不顺使他那密云般乌黑的秀发添了几缕银丝，正值此年秋天，他借古人宋玉、贾谊悲秋的典故写下了《秋兴赋》，后因以“潘鬓”谓中年鬓发初白。唐·李德裕《秋日登郡楼望赞皇山感而成咏》:“越吟因病感，潘鬓入秋悲。”明·无名氏《石榴花·题情》套曲:“我为他只落得心焦无聊，这离情怎消，谩赢得潘鬓沈腰。”潘安在文学上与陆机并称“潘江陆海”。古语云:“陆才如海，潘才如江。”

田 姓

姓氏起源

田姓源出有二：

一是出自妫姓，妫满之后，为陈氏所改。相传帝舜当天子之前，帝尧把两个女儿嫁给了他，让他们在妫汭河边居住，他们的祖孙有留在妫汭河一带的，就是妫姓。周武王灭商后，建立了周朝，便追封前代圣王的后人，找到了帝舜的后裔妫满（为帝舜之子商均的第 32 代孙）。武王封妫满为陈侯，史称胡公满、陈胡公。春秋时，陈桓公的弟弟在陈桓公死后杀死了太子免，自立为陈历公。太子免的两个弟弟欲报杀兄之仇，就趁陈历公去蔡国时把他杀了，兄弟二人相继为国君，这就是陈庄公和陈宣公。陈宣公晚年打算立宠姬所生的儿子为太子，就把先前所立的太子御寇杀了。陈历公的儿子叫陈完（为妫满第 10 世孙），他同御寇的交情很好，御寇被杀后他怕被株连，便逃到了齐国。齐桓公就将他封于田地。陈完因为逃到了齐国，不愿用原来的国名为氏，遂以采地为氏，改称田氏。传至田和任齐国相国时，他将齐康公放逐到海上，自立为君，于是，姜姓齐国成了田和齐国。这就是历史上有名的“田和代齐”。

二是出自妫姓所改。明朝初年有辅佐惠帝的妫子澄，因废削诸藩之权，而引起了靖难之祸，京师不久便被各诸侯攻破，妫子澄被俘获，不屈而死，他的儿子为避祸而改名换姓为田终。后子孙也以田为姓，称为田氏。

得姓始祖

公元前 11 世纪，周武王灭商建立周朝，他追封前代圣王后人——舜的后裔妫满为陈侯，史称胡公满。传到胡公满十世孙陈完时，陈国宣公杀太子御寇，陈完与御寇私交相厚，恐祸及己，便逃于齐国。陈完为人谦逊有礼，一向很有贤名，齐桓公很赏识他，就任命其为公正（管理工匠的官），并封他于田地。其后子孙就以封地为氏，称为田姓。他们尊田完为田姓的得姓始祖。

迁徙分布

田姓是一个非常古老、多民族、多源流的姓氏群体，公元前391年，田完之八世孙田和把齐康公放逐到海上，自立为君，史称“田和代齐”。可见田姓是以春秋战国时的齐国为发祥地，从这一时期活跃于政坛的田姓人来分析，田姓在先秦时期已分布于今山西、河南、北京、湖北等地。传到田和重孙时，齐国为秦所灭，齐王田建被迁于共（今河南辉县），其他田姓开始向西、北之地逃难。不久秦末起义军四起，田姓家族闻风而动，有八人裂地称王，煊赫一时，但不久均纷纷垮台。

汉初，高祖刘邦采纳娄敬之言，强迁关东豪族于关中的阳陵（今陕西咸阳东北），诸田亦在强迁之列，后发展成为京兆一带望族，后来，田姓各族又迁徙至北平（今河北满城北）。从汉代开始，今川、鄂、湘、黔交界一带的汉族和一些少数民族中已有不少田姓人。三国两晋南北朝时，由于社会动荡，田姓避乱南迁，可以说田姓已分布于长江中下游地区，亦有迁山西太原、宁夏固原、天津等地。唐代宗时，有田承嗣被封为雁门郡王而落籍当地。

宋代以前，田姓主要在中国的北部和中部播迁。河南田姓的开基始祖是宋代的田瑜，颍川汝阴田姓开基祖为虢州团练使田令芳。此际，田姓开始有迁今福建、广东者，田希圣为闽、粤始祖，原居浙江杭州，四传至田衍，移居福建宁化，田衍孙田滋茅，于宋末徙居福建长汀，滋茅子松岗迁广东海阳（今潮安），后徙大埔，为大埔开基始祖。传至田文长时，兄弟五人俱移广东程乡（今梅县），文长次子法聪、三子法盛移居广东惠来。

明清之际，田姓已播及大江南北广大区域，从清代中叶开始，闽粤田姓陆续有人迁至台湾，进而移居海外者。

田姓在《百家姓》中排行第156位。在当今中国大陆姓氏排行榜上名列第58位，属于大姓系列。人口约640万，占全国人口总数的0.4%左右。如今田姓在全国分布广泛，以河南、四川、山东、河北等省为多，约占全国汉族田姓人口的43%。

历史名人

田单（生卒年不详），妫姓，田氏，名单，临淄（今山东淄博）人。齐、赵国大臣，军事家。战国时田齐宗室远房的亲属，任齐都临淄的市掾（管理市场的小官）。齐国危亡之际，田单坚守即墨，以火牛阵击破燕军，收复70余城，因功被任为相国，并得到安平君的封号。后来到赵国做将相。

田忌（生卒年不详），妫姓，田氏（亦作陈氏），名忌，字期，又曰期思，封于徐州（今山东滕州南），故又称徐州子期。战国时期军事家。约公元前340年，孙膑向田忌提出了以“下马对上马，以上马对中马，以中马对下马”的赛马法。前354年的桂陵之战，采用孙膑以“围魏救赵”的兵法大胜。前341年的马陵之战，采用孙膑的“减灶之计”，齐国大胜。

田横（？～前202），秦末群雄之一。在陈胜吴广大泽乡起义后，田横与兄田儋、田荣也反秦自立，后占据齐地为王。刘邦统一天下，田横不肯称臣于汉，率五百门客逃往海岛，刘邦派人招抚，田横被迫乘船赴洛阳，在途中距洛阳30里地的首阳山自杀。海岛五百部属闻田横死，亦全部自杀。此岛后称“田横岛”。

田文镜（1662～1732），字抑光，汉军正黄旗人。清代大臣，为雍正之心腹。曾任久淹州县官、福建长乐县丞、内阁侍读学士。雍正元年（1723）出任山西布政使，因他清理积压的案牍，使吏治为之一新，雍正遂评他“忠诚体国，公正廉明”，称之“横范疆吏”，任用如故。雍正五年(1727),晋升河南总督,雍正六年(1728),授兵部尚书衔,兼河东(河南、山东)总督,管两省之行政。著有《抚豫宣化录》,主持编修《河南通志》。

名人故事

田横与五百壮士

秦末农民大起义爆发以后,各路英雄纷纷响应,举兵反秦,并凭借各自的军事实力争夺天下,割据称雄。在这种形势下,原齐国贵族田儋也在齐地自立为齐王,摆脱了秦朝的统治。秦王朝得知以后,急忙派大将章邯前往镇压,最后田儋被章邯击败而死。田儋死后,他的堂弟田荣收其残部,集合部众继续斗争。田荣在反秦斗争中立下汗马功劳却没有得到封王,心中十分不服,就迅速出兵攻占了三齐之地,并自立为齐王,在齐地进行统治。项羽闻讯后十分恼怒,速派大军赶往齐地,大败齐军,田荣也在作战中不幸战死。

田荣死后,田荣的弟弟田横收集余部又拉起了队伍。这时项羽因忙于应付楚汉战争,将主力部队都派去和汉王刘邦作战,使田横在齐地壮大起来,控制了齐地,并立田荣的儿子田广在齐地做了齐王。时间过了几年,刘邦派韩信大军进攻齐地,杀了田广,田横为与之对抗,就自立为齐王。这时期汉王刘邦正在楚汉战争中反败为胜,齐地也大都被汉王刘邦的军队所攻占,刘邦的大将韩信还在齐地做了"假齐王",田横在齐地已经无法立足,只好依附于彭越,以等待时机,东山再起。一年以后,刘邦取得了楚汉战争的决定性胜利,在长安做了西汉皇帝,并大封异姓王,当时的彭越也被封为梁王,成了刘邦的部下,田横见在彭越处已无法安身,只好率领自己的余部 500 多人迁居到一个海岛之上。

刘邦在长安称帝以后,对田横仍不放心,害怕其东山再起,拉起队伍与自己作对,于是就下诏让田横到国都长安见面。田横清

楚地知道，刘邦对自己放心不下，自己在楚汉战争中曾与刘邦作对，斩杀过汉王的使臣，若应诏到了长安，对自己绝没什么好处，于是就决定不去长安，并派手下人到长安给汉高祖刘邦说明情况，说自己请求刘邦允许他作为一普通百姓住在海岛上安度余生就知足了，绝无其他想法，请刘邦放心。刘邦得知后当然不会答应，但下诏赦免了田横以前的罪过，不准部下对田横进行报复，让他放心。

田横得知此情况后，感觉不去长安见汉高祖刘邦确实不行，于是就带了两名亲信离开海岛，一路风尘赶赴长安去见刘邦。一路之上，虽然十分辛苦，但所过之地汉朝官员对他倒还客气，自身安全并没什么问题。田横心想："汉高祖刘邦，从一沛县小小的亭长发动反秦起义，竟打败了实力远过于他的一代英豪西楚霸王，在长安做了皇帝。今天他要见我，我与他不但没有交情，还在楚汉战争中兵戎相见，他下诏赦免我的罪过，见我是为了什么呢？莫非是想向我要一下他皇帝的威严，让我这位战败的齐王向他称臣服输？"这样一想，感觉心中十分不快，不愿到长安拜见刘邦。

带着这种心情，不知不觉田横三人已走到了距洛阳 30 余里的偃师赫田寨。他停下脚步，对同行的两位亲信说："楚汉战争时，我贵为齐王，刘邦不过是项羽分封的一位汉王，现如今他千方百计地要求我这位败将不远千里去长安见他，无非是想看一看我长得怎样，在我面前要一下威风，让我向他俯首称臣，这对我确实是天大的侮辱，我是不会去见的，他要见我，你们两人将我的人头拿去让他见好啦！"说完此话，田横便拔剑自刎。两位亲信心中虽然十分悲痛，但也只好捧着田横的人头，星夜兼程，马不停蹄地赶赴长安，将其送与刘邦。

刘邦见了田横的人头以后，心中十分惊奇和感动，他不顾皇帝的威严，面对群臣连连感叹说："哎呀！竟有这样的伟丈夫呀！田横兄弟三人，都出自于一般百姓之家，弟兄三个相继都在齐地称王，这就够令人佩服的了，我要见田横一面，田横竟以自己的人头来见我，的确是了不起的一个人呀！”因叹服田横的为人和气节，汉高祖下令以诸侯王的规格厚葬田横，将其葬于偃师城关镇赫田寨一带。

田横的葬礼刚刚举行完毕，他的两位亲信就在他墓旁拔剑自刎。留在海岛的500余名田横部属闻听此信，也全部在海岛集体自杀，当时的场面可以想象是何等的感人。

田横及其部属500余名壮士的感人故事，千百年来在民间广为流传，人们感叹他们的气节，赞叹田横的为人。

现代画家徐悲鸿还以此为题创作了《田横五百壮士》巨幅油画，让这一发生在西汉初年的感人故事广为流传。

董　姓

姓氏起源

董姓源出有三：

一是出自己姓。相传颛顼（传说中古代部族首领）的己姓（颛顼之孙叫吴回，吴回之子陆终，陆终的大儿子名樊，赐己姓，封在昆吾国）之后裔飂（liù）有个儿子叫董父，相传对龙的习性很有研究，帝舜就任命董父为豢龙氏，让他专门养龙。在董父的精心驯养下，许多龙学会了表演各种舞蹈，帝舜很是喜欢，就封董父为鬷川（今山东定陶北）侯，还赐他以董为姓氏，他的后代就是董氏。

二是出自姬姓，以官为氏。春秋时，周朝有大夫辛有，辛有有两个儿子在晋国任太史，董督（考察并收藏之意）晋国的典籍史册，他的子孙世袭晋国史官，以官为氏，称董氏。

三是也出自己姓，以姓为氏。相传颛顼的孙子吴回在帝尧时任火神祝融，他有个儿子名终，因为封在陆乡（今山东平原一带），所以叫陆终。他的儿子有叫参胡的，姓董，其后裔就以姓为氏，也称董氏。

得姓始祖

颛顼帝的己姓之后，其后裔飂有一子叫董父，他对龙的习性很有研究。于是帝舜就任命董父为豢龙氏，专门养龙。在董父的精心驯养下，许多龙学会了表演舞蹈。帝舜非常高兴，就封董父为鬷川（今山东定陶北）侯，还赐他以董为姓，其后代就以董姓自居，董父也被尊称为董姓始祖。

迁徙分布

董姓出于同一宗源，均为高阳氏颛顼帝之后裔。据史料所载董姓的发源地在山东定陶北部、山西西南部、山东平原一带。秦汉时，董姓在今山西、甘肃、河北、河南较为集中。在不断的繁衍过程中，甘肃、山东两地董姓发展成当地望族。这一时期，据史书所载董姓族人繁衍迁徙情况有：出自晋国太史一支的辛有后裔董狐裔孙董翳被封为翟王，都高奴（今陕西延安延河东岸），后其子孙又迁居陇西（今甘肃临洮）；西汉董仲舒为广川（今河北枣强东）人，其曾孙由广川迁至陇西，后人又迁往河东（今山西夏县西北）。

魏晋南北朝时期，社会动荡，百姓四处流散，大举迁往南方，安徽、江西、江苏、湖北及长江中、下游地区均有董姓迁徙而来者。隋唐时期，是董姓一大繁衍时期，福建、广东又有董姓迁居者。又唐代固始（今属河南）人陈元光父子开漳入闽，及王潮、王审知入闽时都有董姓加入。

宋元时期，金兵入主中原及蒙古军队的南下再度迫使董姓南迁，浙江余杭一带此时出现董姓族人。

明清之际，台湾、南洋群岛及欧美一些国家和地区均分布有董姓居住者，董姓这一时期可谓遍布海内外了。今日董姓以河北、山东、山西、云南、辽宁、浙江等省最为集中。冀、豫、晋三省，占董姓总人口的31%，滇、鲁、辽、浙、川、鄂六省又占38%，而冀居住了董

姓总人口的11%，为董姓第一大省。

董姓在《百家姓》中排行第127位。在当今中国姓氏排行第29位，人口较多，约占全国汉族人口的0.61%。

历史名人

董仲舒(前191～前105)，广川郡(今河北景县)人。西汉思想家、哲学家、教育家、政治家，今文经学大师。汉武帝举贤良文学之士，他对以“天人三策”，提出“罢黜百家，独尊儒术”的建议，为汉武帝采纳，开此后两千余年封建社会以儒学为正统的先声。其学以儒家宗法思想为中心，杂以阴阳五行说，把神权、君权、父权、夫权贯穿在一起，形成封建神学体系。提出“天人感应”说和“三纲五常”说。著有《天人三策》《士不遇赋》《春秋繁露》等。

董其昌(1555～1636)，字思白，号玄宰，松江华亭(今上海松江)人。明代官员，著名书画家。万历十七年(1589)中进士，为官不辟权贵，不徇私情，从庶吉士、翰林编修官至礼部尚书，以太子太傅致仕。他是书画创作、收藏、鉴赏方面的大家。以他为代表的“华亭派”在山水画方面影响尤大。其风格“柔中有力，转折灵变，层次分明，蕴蓄丰厚，拙中带秀，清隽雅逸，以平淡天真取胜”。他在篆刻、书法上也称为一绝。存世作品有《岩居图》《秋兴八景图》《昼锦堂图》等。著有《画禅室随笔》《容台文集》等，刻有《戏鸿堂帖》。

董小婉(1624～1651)，名白，字小宛，号青莲，江苏苏州人，清代著名才女。因家道中落，生活贫困而沦落青楼，名隶南京教坊司乐籍，因容貌俏丽，与柳如是、陈圆圆、李香君等同为“秦淮八艳”。善书画，通诗史，后来嫁给清代著名文学家冒襄为妾。画作《彩蝶图》，诗作《绿窗偶成》。

董邦达(1696～1769)，字孚闻、非闻，号东山，浙江富阳人。清代官员，著名书画家。雍正十一年(1733)进士，乾隆二年(1737)授编修，因政绩卓著，累官至工部尚书、礼部尚书。以善画山水而著称，画风苍逸古厚，其绘画艺术誉满京华，乾隆帝特命他主持皇家画院，人称清代“画中十哲”之一。与五代董源、明代董其昌合称“三董”。与曹雪芹有深交，并为他的《南鷂北鸢考工志》写过序言。终年 74 岁。

名人故事

董仲舒：三年不窥园

董仲舒自幼天资聪颖，少年时酷爱学习，读起书来常常废寝忘食。其父董太公看在眼里急在心上，为了让孩子能歇歇，他决定在宅后修筑一个花园，让孩子能有机会到花园散散心、歇歇脑子。

第一年，董太公一边派人到南方学习，看人家的花园是怎样建的，一边准备砖瓦木料。头一年动工，园里阳光明媚、绿草如茵、鸟语花香、蜂飞蝶舞。姐姐多次邀请董仲舒到园中玩。他手捧竹简，只是摇头，继续看竹简，学孔子的《春秋》，背先生布置的《诗经》。

第二年，小花园建起了假山。邻居、亲戚的孩子纷纷爬到假山上玩。小伙伴们叫他，他动也不动，低着头，在竹简上刻写诗文，头都顾不上抬一抬。

第三年，后花园建成了。亲戚朋友携儿带女前来观看，都夸董家花园建得精致。父母叫仲舒去玩，他只是点点头，仍埋头学习。中秋节晚上，全家在花园中边吃月饼边赏月，可就是不见董仲舒的踪影。原来董仲舒趁家人在赏月之际，又找先生研讨诗文去了。

随着年龄的增长，董仲舒的求知欲愈见强烈，遍读了儒家、道家、阴阳家、法家等各家书籍，最终成为一代儒学大师。

袁 姓

姓氏起源

袁姓源出有三：

一是出自妫姓，帝舜之裔，周时陈国始君胡公满之 11 世孙诸，字伯爰，其孙涛涂，从齐桓公盟会，赐邑阳夏（今河南太康），以祖父名字为姓（因古时爰、袁、辕相同），称为袁氏。

二是出自妫姓，与上同源，以祖上称号为氏。袁姓的另一说涛涂字仲，谥号宣，时人称之为袁宣仲，其裔孙告，秦末时避难于河洛之间，少子政，以祖上称号为姓，称为袁氏。由于“爰”字和袁、辕、榬、溒、援等字的古义是相通的，所以后来的子孙就分别以这六个字为姓，这就是《袁枢年谱》上所谓的“一姓有六字五族之异”。

三是出自其他少数民族有袁姓。如满、蒙、回、土家、彝、瑶、白、朝鲜族等均有此姓。

得姓始祖

陈胡公满的裔孙有名靖伯庚者，他的第 9 世孙名诸，字伯爰，其孙涛涂，以祖父的字“爰”为氏，史称爰氏，春秋时世袭陈国上卿。“爰”和“袁”在古时通用，爰氏亦为袁氏。又因上古时爰又写作“辕、溒、榬、援”等字，所以后来的子孙就分别以这六个字为姓。《袁枢年谱》云：“一姓有六字五族之异。”涛涂的后代世居阳夏，秦朝末年，传至辕告避难徙居河洛之间，告少子名政，以袁为氏，其子孙后代未再混用。于是袁涛涂即成为袁姓得姓始祖。

迁徙分布

袁姓发源于河南太康，辕告徙居河洛之间，而袁政因把辕改为袁，因而也有人认为袁政是袁姓的得姓始祖。西汉初年，袁政 11

世孙袁爰，被封贵乡侯，复举家迁回阳夏定居，并成为当地望族，号称陈郡袁氏。东汉有袁姓播迁河南汝南，到袁爰八世孙袁安时贵显荣耀，因其不避权贵，为时人所称颂，又因袁安的子孙后代，累世官宦，四世三公，盛于东汉，“汝南袁氏”遂成为东汉的著姓。到东汉末年，袁姓有袁绍称雄河朔，袁术僭号寿春，皆名噪一时。

魏晋南北朝时期，有陈郡袁姓迁河东太原，有陈郡的袁焕（袁安叔父袁璋的后裔）迁京兆，后又分出华阴一支，袁绍次子袁熙的裔孙袁令喜，世居河北东光；袁术败后，子孙散逃于襄阳；居彭城者，出自陈郡，为袁生之后。西晋末年，八王之乱，中原动荡，晋室南迁，许多居于中原的袁姓士族渡江南下，历东晋、宋、齐、梁、陈，多因仕宦而散居江南各地，另外还有许多袁姓人聚居在江西袁州宜春郡，形成当地大族，袁州也因袁姓聚族而居得名。

隋唐时期，袁姓子孙旺于江南，而中原袁姓依然繁衍不衰，而且有资料表明唐宋时期袁姓仍为中原大姓，这一时期，还有部分袁姓徙居浙江杭州、宁波、奉化、鄞县及四川成都、江西南昌、福建福安等地。

宋末，随着金兵南下和蒙古骑兵进扰，袁姓又徙居于今湖北丹阳，安徽庐江，江苏无锡、扬州、南京等地。

宋元以后，袁姓子孙辗转徙居到全国各地。在近代史上，做了83天皇帝的袁世凯，望出项城，其妻妾成群，家族庞大达千人，分居全国各地，侨居美、英、法、德、日、加拿大、新加坡、马来西亚、港、澳、台。至此袁姓人已遍布海内外。如今，袁姓人在全国分布广泛，尤以四川、河北、江苏、河南、江西、浙江等省较多，约占全国汉族袁姓人口的54%。

袁姓在《百家姓》中排行第59位，在当今中国姓氏排行第33位，人口约有700万，占全国汉族人口的0.54%。

袁了凡(1533～1606),字庆远,初号学海,后改为了凡,浙江嘉善人。明朝思想家、慈善家。万历十四年(1586)进士,万历十六年授宝坻知县,颇有政绩,被誉为“宝坻自金代建县八百多年来最受人称道的好县令”。万历二十年(1592),倭寇进犯朝鲜,升任兵部职方司主事,不久调任援朝军营赞划,谋划平壤大捷,一举扭转战局。后罢归乡里,著书立说,担任《嘉善县志》主笔。袁了凡在佛学、农业、民生、水利、医学、音乐、几何、数术、教育、军事、历法和太乙六壬奇门“三式”绝学等,莫不洞悉原委,撰有成编。袁了凡是中国历史上规模最大、价值最高的一部大藏经《嘉兴藏》的最早倡刻者。代表作《了凡四训》。另著有《评注八代文宗》《劝农书》《史汉定本》等。

袁可立(1562～1633),字礼卿,号节寰,又号闲闲居士,睢州城(河南睢县)人。明代著名的清官廉吏和军事战略家,抗清名将。万历十七年(1589)进士,历苏州府推官、山西道监察御史、尚宝司司丞、本司少卿、太仆寺少卿、兵部右侍郎、兵部左侍郎,直至南都累赠光禄大夫太子太保等。立朝不阿权贵,敢于为民请命。历明万历、泰昌、天启、崇祯四帝,为“四朝元老”之臣,诰“五世恩荣”之赏。著有《观海市》《蓬莱阁望海》和《蓬莱阁怀古》。

袁宏道(1568～1610),字中郎,号石公,公安(今湖北公安)人。明代文学家。少敏慧,善诗文,年16为诸生,结社城南,自为社长。万历二十年(1592)进士,历任吴县知县、礼部主事、吏部验封司主事、国子博士等职,与其兄袁宗道、弟袁中道“三袁”是荆州公安县人,其文学流派世称“公安派”或“公安体”,合称“公安三袁”。世人认为他是三兄弟中成就最高者,为明代文学反对复古运动主将,在文学上反对“文必秦汉,诗必盛唐”的风气,提出“独抒性灵,不拘格套”的性灵说。著有《袁中郎全集》《徐文长传》《袁中郎集

笺校》等。

袁枚(1716～1797),字子才,号简斋,晚年自号随园主人等,钱塘(今浙江杭州)人。清代诗人、散文家。乾隆四年(1739)进士,选庶吉士;曾外放江南地区任县令,先后于江苏历任溧水、江宁、江浦、沭阳任县令七年,为官政治勤政颇有名声,奈仕途不顺,无意吏禄,于乾隆十四年(1749)辞官隐居于南京小仓山随园,40 岁即告归。在江宁小仓山下筑随园,吟咏其中。广收诗弟子,女弟子尤众。袁枚是乾嘉时期代表诗人之一,与赵翼、蒋士铨合称“乾隆三大家”;与赵翼、张问陶合称“性灵派三大家”。代表作品有《小仓山房诗文集》《随园诗话》《随园随笔》等。

名人故事

袁了凡与东方第一励志奇书

《了凡四训》是袁了凡的传世名作,共 11 600 多字,由“立命之学”“改过之法”“积善之方”“谦德之效”四篇文章组成。其中“立命之学”是他 69 岁晚年之作,“改过之法”和“积善之方”是他早年《祈嗣真诠》中的两篇,“谦德之效”是以前的《谦虚利中》篇。

隆庆三年(1569),袁了凡落第南回,在南京“访云谷会禅师于栖霞山中”。云谷禅师是当时佛门的高僧大德,韬光养晦,专做苦行。云谷对袁了凡的宿命观不以为然,用佛教“善自获福、恶自受殃”的因果报应思想、儒家的修善立命观念、禅宗的善恶福报义理,开导他掌握自身的命运,放弃传统的宿命观。云谷告诫说:要以积极的道德行为求得立命之道,先天的命运可由后天的修善加以改变,并出示功过格给袁了凡。

云谷相会是袁了凡人生的重大转折点,对他“心性”修养影响最深最大,彻底改变其宇宙观。此后,袁了凡认识到自己宿命论的错误,从追求不堕落是凡夫的理想出发,改号为“了凡”,在于由此

“悟立命之说”。

袁了凡把从云谷那里学得的功过格，作为自己积善立命、开拓命运的工具。随后，通过善书信仰和实践，袁了凡得子、及第、长寿，完成了福禄寿的民间最高愿望。他因此盛赞这一将佛门义理与儒家伦理于一体的“立命之说，乃至精至邃，至真至正之理”。

在《了凡四训》里，袁了凡以其毕生的学问与修养，融通儒道佛三家思想，用自己的亲身经历，结合大量真实生动的事例，告诫世人不要被“命”字束缚手脚，要自强不息，改造命运。《了凡四训》蕴含着中国文化的深邃和智慧，被誉为“东方第一励志奇书”，问世以来深受推崇，被佛教界称赞为“积德行善、改造命运”的典范而广为印行，流传足有几千万册。袁了凡及其《了凡四训》对提高人们的道德素质、改造社会产生了重大影响。

于　姓

姓氏起源

于姓源出有三：

一是由姬姓而来，是周武王姬发的后代。周武王灭商之后，大举分封诸侯，西周初年，周武王把他的一个儿子封在了于邗国，这个儿子被称为于邗叔。后来于邗国被灭，于邗叔的子孙、臣民就用国名当姓氏来纪念祖国，有的姓了邗，有的则姓于。历史上，这也被视为于姓的正宗，这一支于氏至少已有3000年历史。

二是出自古时的复姓“淳于”。历史上，淳于公的子孙以国名为姓，称为淳于氏。唐宪宗李纯即位时，为避讳“纯”字与“淳”字同音，复姓淳于改成了单姓于。到了宋朝，一部分于姓恢复了淳于姓，但也有一部分人没有改回去，就形成了这一支于氏。

三是出自北魏时的万忸于氏。鲜卑族的万忸于氏原本是山东的于姓人，后来随着鲜卑改了姓，到孝文帝时施行汉化改革，他们又恢复了于姓。这一支于氏虽然是从鲜卑族的万忸于氏改过来的，一向也被当作外来的姓氏看待，但在实际上，他们仍然是汉族于姓的后代。

得姓始祖

于邘叔为周武王姬发之次子（一说第三子），武王灭商后，大举分封诸侯，他把于邘国分封给于叔，起初于叔为于邘叔，其名得于封地。后来于邘国的子孙就以国为氏，有的姓了于邘，后来干脆去掉“阝”旁姓于，称为于姓，史称于姓正宗，是为河南于氏，后世于姓尊于叔为于姓的得姓始祖。

迁徙分布

于氏是一个典型的多民族、多源流姓氏。河南沁阳北部一带，是古邘国所在地，当然也是于姓的发祥地。在邘国灭亡后较长的一段时间里，于姓基本上都生活在今河南省境内，播迁基本是以河南境内为主，如方城、午汤、许昌、伏牛山等地。

秦汉时期，于姓人开始以河南为中心缓慢向周边播迁，北迁山西、河北，东迁安徽、山东，西迁陕西、甘肃，此期于姓主要是以中国北方中原地区为繁衍播迁的中心，并形成三大郡望，即河南、东海、河内，由此东迁入山东的于姓也开始兴旺起来。

魏晋南北朝时期，长期的军阀纷争割据，造成“白骨露于野，千里无鸡鸣”的惨状，于姓人跟随着逃难大军，大举南迁于东南广大地区。五胡乱华期间，汉民族百姓民不聊生，而战争又使中原地区成为兵家必争之地，为躲避战乱，处于河南南部的于姓则就近南下湖北，后辗转于四川、湖南。

隋唐时期，由于国家统一，战乱减少，也由于国人根深蒂固的恋家思想，于姓迁徙的少，却繁衍昌盛起来，于姓相继在北方形成了几处大的望族。北宋末年，金兵攻陷东京汴梁（今河南开封），并

掳走徽、钦二宗，有于姓人随往黑龙江。南宋后期，于姓开始由浙入闽，由闽入粤。

元末农民起义军四起，社会动荡不安，江南人口锐减，由于山西的优越位置，所受影响不大，朱元璋建明朝后，迁山西的于姓人，也成为明朝洪洞大槐树迁民姓氏之一，其分别迁山东、河南、河北、陕西、江苏等地。据《于氏宗谱》所载，此前有河南于姓迁顺天府(今北京市)。

清代，河南、河北，尤以山东的于姓人为多。后闯关东谋生并定居，至此于姓人已遍布天下。

于姓在《百家姓》中排行第82位。在全国姓氏排名为第28位。现今分布于全国的人口约1 141万，占全国人口的0.92%。

历史名人

于公(生卒年不详)，汉代东海郯(今山东炎城北)人。系汉相于定国之父。曾官廷尉，为县狱吏。他精通法律，治狱勤谨，无论大小案件，他都详细查访，认真审理，因之“每决而无恨”。他所洗雪的“东海孝妇”一案，以善于决狱而成名，更是千古美谈，并且为我国民间代代相传的因果报应的道德规范，留下了为善为恶“万应不爽”的典型。

于谦(1398～1457)，字廷益，浙江钱塘(今杭州)人。明朝大臣、民族英雄。成祖年间进士，曾历任监察御史、巡抚、兵部右侍郎。巡抚河南、山西期间，平反冤案，赈济灾荒，颇得民心。英宗时，宦官王振专权，朝廷腐败。蒙古瓦剌贵族也先率军来犯，明军出兵阻击，全军覆没，英宗被俘，举国上下为之震动。一些朝臣主张南逃避敌，于谦力排众议，誓死保卫京师，并拥成王为帝(景帝)。后瓦剌军破紫荆关直逼京师，他亲自督战，击毙也先，大败瓦剌军。后官加少保，总督军务。1457年，英宗复辟遭诬杀。《明史》赞其“忠心义烈，与日月争光”。与岳飞、张煌言并称“西湖三杰”。代表作《石灰吟》《节庵诗文稿》。

于成龙(1617～1684),字北溟,号于山,永宁州(今山西吕梁方山)人。清代大臣,著名廉吏。顺治十八年(1661),于成龙被任命为罗成县知县,在任上明确保甲制度,百姓安居乐业,全力耕作土地。清康熙六年(1667),于成龙升任四川合州知州。后迁任湖广黄冈知州,历任代理武昌知府,福建按察使、布政使、巡抚和总督,加兵部尚书、大学士等职。后升任江南江西总督。在其20余年的宦海生涯中,三次被举"卓异",他廉洁奉公,爱民如子,重视教育,兴修学校,康熙赞其"天下廉吏第一"。著有《于清端公政书》。

名人故事

于公:为善为恶"万应不爽"

据史载,于公在县上做狱吏时,东海有位孝道的妇人年轻守寡,婆婆劝她改嫁,她始终不肯。婆婆对邻人说:"儿妇长期守寡无依无靠。怎么办呢?"这位婆婆竟然自杀了。婆婆的女儿去官府告状,说寡嫂杀死了自己的母亲,官府支持诬告。于公知道孝妇冤枉,与官长争辩,但没有成功,只得手捧申诉状在衙门口痛哭。太守下令斩杀了孝妇,当年全郡大旱。三年后,太守找到于公,要祭奠孝妇陵墓,并给予表彰,顿时天作大雨,于公家大门倒塌。父老乡亲都来抢修,于公说:"不要修得那么高大,能过驷马车辆就可以了。我当狱吏多年,常积阴德,没有冤枉过人。"后来他的子孙都很有出息,有的做了丞相,有的做了御史大夫,世代封侯。

于谦:千古名士,"两袖清风"

于谦是一个少年得志、仕途通达之人。15岁中了秀才,20岁以第一名成绩考取廪膳生,23岁获全省乡试第六名举人,24岁进京会考第一名。这个翩翩的杭州才子可谓轰动京城。他33岁出任兵部侍郎之职，以后作为钦差大人，他巡抚河南、山西等地十余年。于谦把妻儿留在京城，自己长年累月在州府奔波。每次进京，除了简单的行李，再无别物，有人就代他出主意，说："带点土特产，做个人情不也很正常吗？"于谦笑着说："谁说我没带东西，我不是带着两袖清风吗？"真正是"两袖清风朝天去，免得闾阎话短长"。殊不知，"两袖清风"这个成语，就是清官于谦送给后人的啊！

于谦不仅是个清官，更是个果断勇敢、临危不乱的英雄豪杰。1449年，英宗受太监王振挑唆，带了50万大军去河北怀来县的土木堡迎战北方的瓦剌部兵马，结果全军覆没，自己也成了俘虏，这就是历史上著名的"土木堡之变"。

皇帝被俘，大厦将倾，英宗之弟郕王出来监国，立刻就有人提议南逃，而此时，于谦坚决反对，厉声在庙堂上说："谁说往南逃者，就斩了谁！京城是天下的根本，一动则大事败了，难道你们没有想到当年宋王朝的南渡吗？"国不可一日无君，于谦极力支持郕王称帝，说："这是为国家，不是为了一己私利。"郕王称帝，是为代宗，代宗又让于谦担任兵部尚书。那一年于谦已经五十一岁。深秋时节，他披着盔甲，登上德胜门，对守城官兵说："大片国土沦陷，京城被围，这是我们的耻辱，全军将士应以头颅热血，雪奇耻大辱！为国存亡而战，有进无退。"

瓦剌军队压着英宗做人质，逼到城下，于谦毫不犹豫派人宣布："社稷为重君为轻，我们已经另立国君了！"五天五夜的激战，北京保住了，立下卓越战功的于谦，加官为少保。

叶 姓

姓氏起源

叶姓源出有四：

一是出自芈姓，颛顼后裔叶公之后，以封邑为氏。据《风俗通义》及《通志·氏族略·以邑为氏》等资料所载，颛顼后人沈诸梁，又称叶公，叶公即成语“叶公好龙”中的叶公，原名沈诸梁，字子高，系春秋时期楚国左司马沈尹戌之子，才能出众，楚惠王时期被任命为楚国北边要邑叶邑的行政长官，因楚县尹通称为“公”，故称“叶公”。

二是出自叶调国。叶调为古国名，故地在今天印度尼西亚爪哇岛或者苏门答腊岛，东汉永建六年曾经遣使中国，建立友好关系，叶调国来中国的移民多以叶为姓，传名竹帛。

三是出自中国古姓。中国古姓中的“叶阳氏”“叶大夫氏”今天已经见不到了。按照两字姓、三字姓转为单字姓的规律，叶阳氏、叶大夫氏后来也改为叶氏。

四是出自其他源流和少数民族。一是据《姓氏考略》所载，我国古代南方少数民族日南郡（今越南境内）蛮有以叶为姓者。如春秋时吴国人叶雄即是南方少数民族的后裔。二是满族纳喇氏、叶赫勒氏、德昂族亥氏，台湾土著、彝、蒙、土家、锡伯、保安、回、苗等民族均有叶姓。

得姓始祖

春秋时期，楚庄王芈旅（熊侣）的曾孙尹戌，在楚平王熊弃疾执政时期（前528～前516）任沈县令尹（今安徽临泉），又称沈尹戌，后出任楚国左司马。沈尹戌为人正直，疾恶如仇，深得楚国人民的敬重，他的后代中有人以沈为姓氏者。楚昭王芈轸（熊壬）十八年（前498），沈尹戌在率军与吴国军队作战时英勇战死，楚昭王遂封沈尹戌的儿子沈诸梁于叶邑（今河南叶县旧城），史称叶公。叶公曾大力平定白云胜叛乱以助楚惠王复位，为楚国立下大功，被分封到南阳（今河南南阳、湖北襄樊一带），赐爵为公，世人尊为叶公。叶公曾在叶邑大力兴修水利，使当地的生存环境有了较大的改善，邑人

“莫不欣戴”。他在平定白公之乱后，身兼要职而不恋权位，急流勇退并归隐，终老于叶邑。因叶公的字号为“子高”，后人多称其为叶子高，其后裔以先祖封邑为姓氏，称叶氏，世代相传至今，叶邑由此成为叶氏祖地，叶公则被叶氏族人尊奉为得姓始祖。

迁徙分布

叶公去世后，经历战国时代，秦国灭楚之际，其后裔为避免灭族之祸，其中一支或者数支改沈为叶，尊沈诸梁为始祖，辗转迁居于河北河间、陕西雍州、江苏下邳。这就是叶县虽然是叶姓的祖地，而叶姓族人并不多的原因。河南一带的叶姓，多为后来南迁重返故乡留下来的。

西晋末年，由于各少数民族问鼎中原，流徙到陕西、河北的叶姓后裔一部分向南迁徙，一部分重返中原，此时形成了以“南阳叶氏”为代表的望族概念。

唐宋时期是叶姓迁徙最频繁时期，这次因支系较多，迁徙往返不定，有避唐末之乱的，有在宋朝为官随宋室南渡的，其中从河南叶县迁居固始、光山的一支，对叶姓以后的流徙有很大的影响。宋末迁往福建的叶昂、叶洙、叶霆成为安柄、佛岭、莲溪叶姓的始祖。世居下邳的叶姓，此时也大量迁居浙江括州、宁波一带。唐宋时期，也是叶姓名人辈出的时期，叶姓成为江南的著姓。

明清之际，随着西方工业文明的兴起，沿海一带的有识之士，纷纷到海外发展，其中就有叶姓名流。明朝过海去台湾的人为数不少，到清代去台湾的开创基业的更多。可以说江苏、浙江、江西、广东的叶姓客家人，没有哪个分支不出海发展，现居港、澳、台各地的叶氏都是其后裔。叶姓在台湾人口有 20 余万，在各大姓中排名第 20 位。

清末民初，沿海和港、澳、台的叶氏后裔开始发展到南洋诸国，特别是新加坡、马来西亚、菲律宾最多，美、加、澳、日等国也出现了

叶姓的贤达与精英。旅居马来西亚的叶亚来，其后裔在马来群岛成为大族。

叶姓经历了数千年的繁衍已遍及天下，尤以福建、台湾、广东、江苏、江西等地人数最多，分布最密集。海外则依然以新加坡、马来西亚、菲律宾最多，叶姓华人已经遍布全球很多地方。

叶姓在《百家姓》中排行第 257 位，在当今中华姓氏中排行第 49 位，人口约 656 万，占全国汉族人口的 0.41%。

历史名人

叶适(1150～1223)，字正则，号水心居士，世称水心先生，永嘉(今温州鹿城区)人。南宋时著名哲学家、思想家、文学家、政论家，永嘉学派集大成者。淳熙五年(1178)进士。历仕于孝宗、光宗、宁宗三朝，历官工部侍郎、吏部侍郎、知建康府兼沿江制置使。他力主抗金，反对和议。他所代表的永嘉“事功学派”，与当时朱熹的“道学派”、陆九渊的“心学派”并列为“南宋三大学派”，对后世影响深远。他是温州创业精神的思想发源。著有《习学记言》《水心先生文集》等。

叶梦得(1077～1148)，字少蕴，苏州吴县人。宋代著名词人，官员。绍圣四年(1097)登进士第，历任翰林学士、户部尚书、江东安抚大使等官职。晚年隐居湖州弁山玲珑山石林，故号石林居士，所著诗文多以石林为名，如《石林燕语》《石林词》《石林诗话》等。

名人故事

叶适与“永嘉学派”

叶适在哲学上是永嘉学派的代表，他持唯物主义观点，反对空谈性理，提倡“事功之学”，重视商业，主张提高商人地位，观点与朱熹、陆九渊对立。在诗文创作上，继承韩愈“务去陈言”“词必己出”的传统，从观点到文字均力求新颖脱俗，提倡独创精神，主张“片辞

半简必独出肺腑，不规仿众作”（《归愚翁文集序》）。

其文雄赡，才气奔逸，尤以碑版之作，简质厚重而著名当世。他不满江西诗派奇拗生硬和“资书以为诗”的诗风，而倾向于晚唐，尤其尊崇姚合、贾岛的流利清淡。与“永嘉四灵”徐照、徐玑、赵师秀、翁卷等人友善，曾刊印他们的诗集，并极力推崇，如在《徐文渊墓志铭》中说“四人之语遂极其工，而唐诗由此复行矣”。他的诗“用工苦而造境生”“艳出于冷，故不腻，淡生于炼，故不枯”（《宋诗钞·水心诗钞》）。所作不限于五律，多五七言古，题材大于“四灵”。

杜 姓

姓氏起源

杜姓源出有三：

一是出自祁姓，为帝尧裔孙刘累之后，以国为氏，始祖杜伯。

二是相传黄帝时酿酒的发明者杜康的后代。

三是出自他族改姓。据《魏书·官氏志》载，南北朝时后魏有独孤浑氏，为鲜卑族人，后汉化改革时改汉字单姓杜氏，是为河南洛阳杜氏。

得姓始祖

上古时代，帝舜封尧的儿子丹朱在唐（今山西翼城），丹朱的子孙在夏和商时都是诸侯。到了周初成王时，唐国不敬当朝天子，被当时摄政的周公旦灭掉，而把其弟叔虞封于唐，把唐国原国君后裔迁到杜，因此改称唐杜氏。周宣王时，唐杜国君桓在朝中任大夫，人称杜伯。杜伯风流潇洒，使周宣王的宠妃女鸠着迷，于是设法勾引他，但正直的杜伯不为所动。恼羞成怒的女鸠恶人先告状，反诬杜伯欺负她，周宣王于是斩杀了杜伯。杜伯死后，其子孙大多逃往中原，留在杜城的遗族便以国为氏，称为杜姓，他们尊杜伯为杜姓的得姓始祖。

迁徙分布

周成王姬诵执政初期，亲旧商的西唐国暗中参与纣王之子武庚的叛乱，被佐政周公旦大军征服，强迁于周王朝镐京（今陕西长安镐京村）东南的杜村（今长安区曲江乡三兆村），封其弟姬虞于唐（今山西夏县），称唐叔虞，国号仍为唐，后改称晋国。

春秋后期，鲁国公室的大权已被季孙、叔孙、孟孙三贵族所控制，三家各立一军。杜泄就是在鲁昭公姬将时期（前 541～前 510）被叔孙豹聘为家臣的，时年 20 多岁。鲁定公姬宋执政时期（前 509～前 495），季平子的势力已强于叔孙、孟孙两家，独掌了大权。不巧，叔孙豹在这时逝世，季平子下令，不准以卿士身份安葬。杜泄等家臣怒，认为三家均为卿士，欺人太甚。他们不仅以卿士礼仪安葬叔孙豹，而且还以周王赏赐的宝器辂车随葬。季平子闻报，大怒，想要捕杀叔孙豹的家臣，杜泄大惧，携家人偷跑出鲁国，去郢（今湖北江陵）投靠楚昭王熊壬（熊轸，前 515～前 489），以避杀身灭门之祸，因而得到楚国的保护。

先秦时期，杜氏族人播迁繁衍于今山西、山东、湖北、四川、河北等省。

汉朝到南北朝时期，杜氏族人在今河南境内分布较为普遍，如南阳、内黄、卫辉、登封、偃师、许昌、林县、邓州、灵宝、洛阳、新野等地均有其族人；陕西西安的杜氏比较兴旺。此外，今四川德阳、彭山、绵阳、成都，山西永济、太原，安徽庐江霍山，浙江杭州，湖北襄阳，江苏高邮、句容，河北临漳、正定，山东潍坊、章丘等地，也都有杜氏的聚居点。

杜氏族人在宋元期间有族人徙居福建、广东。清朝有迁至台湾的，杜氏族人有的又进而远徙海外。

杜姓在《百家姓》中排行第 129 位。在当今中国大陆的姓氏排行榜上名列第47位，在台湾省则名列第55位，人口约640万，占全国人口总数的0.4%左右。

历史名人

杜康（生卒年不详），字仲宁，陕西白水康家卫人。古代传说中的夏代国君，姒姓，古代酿酒始祖。夏王相的儿子，母亲为有仍氏（今山东微山）人。相传为我国历史上最早酿酒的人，创造了用黏性高粱为原料制成清酒的方法，杜康是中国粮食酿酒的鼻祖，后作为美酒代称。曹操《短歌行》有云："慨当以慷，忧思难忘。何以解忧，唯有杜康。"被后人尊崇为"酒圣"。

杜预（222～285），字元凯，京兆杜陵（今陕西西安东南）人，西晋时期著名的政治家、军事家和学者，灭吴统一战争的统帅之一。历官曹魏尚书郎、河南尹、度支尚书、镇南大将军、当阳县侯，官至司隶校尉。功成之后，耽思经籍，博学多通，多有建树，被誉为"杜武库"。著有《春秋左氏经传集解》及《春秋释例》等。

杜如晦（585～630），字克明，京兆杜陵（今陕西西安东南）人。唐朝宰相，著名政治家。为隋唐时期李世民帐下重要参谋，李世民征薛仁杲、刘武周、王世充、窦建德，杜如晦为其出谋划策，运筹帷幄，深为时人所敬服。李世民与太子李建成积怨颇深，杜如晦与房玄龄一起为李世民出谋划策，参与策划玄武门事变，事成之后二人功居首位。李世民承帝位后，杜如晦与房玄龄为左右宰相，为唐选拔人才、制定法度等，时人合称"房杜"。

杜甫（712～770），字子美，巩县（今河南巩义）人。唐代伟大的现实主义诗人。唐肃宗乾元元年（758）六月至乾元二年（759）秋，任华州司功参军。杜甫原在朝中任左拾遗，因直言进谏，触怒权贵，被贬到华州（今华县），负责祭祀、礼乐、学校、选举、医筮、考课等事。与"诗仙"李白并称"大李杜"。代表作《春望》《北征》《三吏》《之别》。杜甫在中国古典诗歌中的影响非常深远，被后人称为"诗圣”，他的诗被称为“诗史”。著有《杜工部集》。

杜佑(735～812)，字君卿，京兆万年(今陕西西安)人。唐代宰相，政治家、史学家。早年以门荫入仕，历任济南参军、剡县县丞、户部侍郎、饶州刺史、岭南节度使、淮南节度使等职。贞元十九年(803)，杜佑升任司空、同平章事。后又进拜司徒、度支盐铁使，封岐国公。他用36年时间博览古今典籍和历代名贤论议，考溯各种典章制度的源流，撰成两百卷《通典》，创立史书编纂的新体裁，开创中国史学史的先河。

杜牧(803～约852)，字牧之，号樊川居士，京兆万年(今陕西西安)人，是宰相杜佑之孙，杜从郁之子。唐代杰出的诗人、散文家。大和二年(828)中进士(26岁)，授弘文馆校书郎。后赴江西观察使幕，转淮南节度使幕，又入观察使幕，理人国史馆修撰，膳部、比部、司勋员外郎，黄州、池州、睦州刺史等职。杜牧的诗歌以七言绝句著称，内容以咏史抒怀为主，其诗英发俊爽，多切经世之物，在晚唐成就颇高。杜牧人称“小杜”，以别于杜甫“大杜”。与李商隐并称“小李杜”。代表作《阿房宫赋》《遣怀》等。因晚年居长安南樊川别墅，故后世称“杜樊川”，著有《樊川文集》。

名人故事

“房谋杜断”，千古美谈

在李世民的24位功臣里，其中最著名的就有“房谋杜断”。

房，指房玄龄。李世民还是秦王的时候，房玄龄就在秦王府任记室。他经常随李世民出战，每平定一地，别人争着求取珍玩，他却首先为秦王幕府收罗人才。这个人最大的特点就是点子多，善于谋划，玄武门政变的策划就有他一份功劳。李世民当上皇帝之后，任命房玄龄为中书令，把用人大权完全交给他。房玄龄根据唐太宗“量才授职”“任官唯贤”“务省官员”的原则，对所有中央官员重新进行了审核优选，最后只留下精干人员共460员。

杜，指杜如晦。他也是秦王府的属官，经常随李世民四处征伐，是其铁杆心腹，参与策划了玄武门政变。杜如晦最擅长的是决策，史称“时军国多事，剖断如流，深为时辈所服”，跟房玄龄搭配得最默契，通常是房玄龄出主意，杜如晦定主意。所以史家说：“房知杜能断大事，杜知房善建嘉谋。”彼此相辅相成。这就是成语“房谋杜断”典故的出处。

房玄龄和杜如晦共同辅佐李世民，给他出了很多利国利民的好点子，唐朝的典章制度基本上都是他们二人所定。史书上在写到大唐盛世、贞观之治时，往往给予李世民高度的评价，他之所以能够把国家治理得井井有条，跟他们两个是分不开的。房、杜二人算得上李世民的智囊团，难怪李世民高度评价他们的贡献是“筹谋帷幄，定社稷之功”。

附：凌烟阁二十四功臣

唐代长安城皇宫内三清殿旁有一个小楼，名为凌烟阁。贞观十七年(643)，唐太宗李世民为了纪念和他一起打天下、治天下的功臣，请画家阎立本画了《二十四功臣图》，并陈列于凌烟阁内，时常前往怀旧。这24位功臣包括房玄龄、杜如晦、长孙无忌、魏徵、尉迟敬德、李孝恭、高士廉、李靖、萧瑀、段志玄、刘弘基、屈突通、殷开山、柴绍、长孙顺德、张亮、侯君集、张公谨、程知节、虞世南、刘政会、唐俭、徐世绩和秦叔宝。他们对大唐的建立、李世民的登基以及贞观之治的出现有着不可磨灭的功勋，所以唐太宗把他们的画像陈列在凌烟阁内，一方面是表彰，另一方面是悼念。

苏 姓

姓氏起源

苏姓源出有三：

一是出自己姓，为周代昆吾之后，以封国名为氏。据《元和姓纂》和《苏洵族谱》等所载，颛顼帝裔孙吴回为帝喾火正，生子陆终，陆终生樊为昆吾，至周武王，其后裔有司寇忿生，受封于苏，建立苏国，后迁都于温（故城在今河南温县西南）。其后代子孙遂以国名为姓，称为苏氏。

二是出自古代少数民族中有苏氏。据《汉书》所载，辽东乌桓在汉武帝时附汉，他们分迁至上谷、渔阳、右北平、辽西、辽东等郡地，其中有改汉姓苏的。

三是出自古代少数民族有苏氏或改姓苏。（一）据《魏书·官氏志》所载，北魏孝文帝汉化改革，改鲜卑族代北复姓跋略氏单姓苏。（二）清代苏佳氏、苏都哩氏、苏尔佳氏改苏姓，锡伯族苏木尔氏，汉姓为苏。（三）裕固族苏勒都斯氏，汉姓为苏；土族苏卜氏，汉姓为苏。（四）羌族苏蟒达房名，汉姓为苏。（五）彝族阿苏氏，汉姓为苏。其他少数民族亦有。

得姓始祖

昆吾，名樊，字衍，己姓，颛顼之裔陆终长子。其父陆终娶鬼方氏之女为妻，一胎生下六子，其后均有封国，樊初封于昆吾（故城在今河南许昌，后迁至今河南濮阳），后又封于苏（一说其子封于苏），夏桀时被商汤所灭。周初，其裔忿生因功被封于苏国，后忿生迁都于温（今河南温县西南）。春秋初，苏国为狄所灭，子孙遂以国名为氏，称为苏姓，并尊昆吾为其得姓始祖。

迁徙分布

苏姓发祥于河南温县，后西周被犬戎所灭，周天子迁都洛阳，史称东周，苏姓为官者随之迁徙洛阳，并在当地形成望族。

春秋时苏氏从入楚仕庄王，而有苏姓定居于两湖一带。

汉武帝时，因苏建讨伐匈奴有功，被封为平陵（今陕西咸阳西北）侯，此后不久，此支苏姓又派生出扶风苏姓、武功苏姓、蓝田苏姓。汉末群雄割据，有苏姓一支由河内迁四川眉山，在此后的很长一段时间里，北方连年战乱，烽火连天，苏姓也随中原士族大举南迁江南各地。苏建 12 世孙苏则为曹魏东平（今属山东省）相，而居山东。

隋朝时，苏则三子苏遁之八世孙苏威因忠谏而为隋炀帝贬为光州（今河南光山）刺史，始为光州固始苏姓。

唐初，陈元光入闽开基漳州，已有苏姓人入闽，到唐末时，苏威五世孙苏益随王潮、王审知入闽，死后赠上将军、武安侯，葬于同安县，是为芦山堂同安苏姓始祖。苏威长子苏光谊的子孙分布在福建德化、永春一带，次子苏光谓的子孙分布于莆田一带，三子苏光海的子孙仍居同安，而早期迁至湖南新化、安化一带的苏姓被称为梅山蛮。

北宋熙宁五年（1072），章惇平定梅山蛮，杀戮过甚，苏姓之幸免者，大都南逃至两广、云南一带，也有逃到越南、老挝、泰国的北部山区。芦山堂的苏姓因仕宦在南宋时散居江南各地，并有一支由闽入粤。东坡幼子苏过一支迁往山西洪洞，后迁往山西晋中苏封村。

苏姓入台始于宋、明。时苏姓入台，其因有二：一是随郑成功收复台湾，二是逃荒谋生。此期随着航海技术的提高，居于福建沿海的苏姓则有漂洋过海，侨居海外者。

清朝时，苏姓人已广布全国。如今，苏姓在全国分布广泛，尤以广东省为多，其人口占到全国汉族苏姓人口的20%。

苏姓在《百家姓》中排行第42位，在当今中国姓氏排行第41位，人口约713.8万，占全国人口总数的0.45%左右。

历史名人

苏秦（约前342～前284），字季子，韩国雒阳（今河南洛阳）人。战国时期著名的纵横家、外交家和谋略家。与张仪齐名。可谓“一怒而天下惧，安居而天下息”。苏秦师从鬼谷子，学成后，外出游历多年，潦倒而归。随后刻苦攻读《阴符》，一年后游说列国，被燕文公赏识，出使赵国。苏秦到赵国后，提出合纵六国以抗秦的战略思想，并最终组建合纵联盟，任“从约长”，兼佩六国相印，使秦15年不敢出函谷关。联盟解散后，齐国攻打燕国，苏秦说齐归还燕国城池。齐大夫间争宠遭刺死。有《苏子》31篇。

苏定方（592～667），名烈，字定方，冀州武邑（今河北武邑）人。唐朝杰出的军事家。15岁时，以骁悍多力、胆气绝伦的气魄追随父亲作战，后投义军，屡建战功。贞观初年归李唐，随李靖北伐东突厥。显庆二年（657），累功升任行军大总管，并以其非凡战绩和正直为人深受唐高宗的赏识与信任，屡委以重任。征西突厥，平葱岭，夷百济，伐高句丽，将唐朝国土向西开拓至中亚，向东扩展至朝鲜半岛，为大唐帝国立下不世之功。先后迁任左骁卫大将军、左武卫大将军，封邢国公。

苏颂（1020～1101），字子容，泉州（今属福建厦门）人。宋代政治家、天文学家、天文机械制造家、药物学家。世代为闽南望族。少承家教，勤于攻读，深通经史百家。庆历二年（1042）中进士。历任同知太常礼院、集贤校理、校正医书官，兼任殿试复考官，又迁太常博士，仍兼校正医书官、尚书右仆射兼中书侍郎（即宰相）等职。苏颂好学，经史九流、百家之说。对科学技术，特别是医药学和天文学方面有突出贡献。制造出世界上最古老的天文钟“水运仪象台”，开启近代钟表擒纵器的先河。李约瑟称其为“中国古代和中世纪最伟大的博物学家和科学家之一”。著有《图经本草》《新仪象要》《苏魏公文集》等。

苏轼（1037～1101），字子瞻，号“东坡居士”，眉州（今四川眉山）人。北宋著名文学家、书画家、散文家、诗人、词人，豪放派词人代表。嘉祐二年（1057）与弟苏辙同登进士。授大理评事，签书凤翔府判官。因反对王安石推行新法，自请外任。元祐四年（1089）出知杭州、颍州、扬州、定州等。晚年新党执政被贬，徽宗时被赦，北还时途中病逝。其在诗词、散文、书画等方面成就很高。与黄庭坚并称“苏黄”。与辛弃疾同为豪放派代表，并称“苏辛”。与欧阳修并称“欧苏”，为唐宋八大家之一。善书，为“宋四家”之一。工于画，尤擅墨竹、怪石、枯木等。著有《东坡七集》《东坡易传》《东坡乐府》等传世。

名人故事

苏轼改对联

苏东坡小时候，在书房门上贴了一副对联：“识遍天下字，读尽人间书。”应该说，苏东坡的雄心壮志无可非议，但是“天下字”多如牛毛，你能“识遍”吗？“人间书”汗牛充栋，你能“读尽”吗？未免有点儿“狂”啊！

这事被一位老者知道了。一天，他拿来一本小书，向苏东坡请教。苏东坡接过小书一看，有许多字并不认识，这本小书也没见过，不禁十分羞愧。老人取回小书，盯着这副对联看了好一会儿，不禁摇摇头走开了。苏东坡看在眼里，觉得自己的这副对联确实狂了一点，很不应该，于是拿起笔来，在开头添了两个字：“发愤识遍天下字，立志读尽人间书。”

这一改，没有了原先的“狂”气，变成努力的方向了。从此以后，苏东坡变得谦逊起来，孜孜不倦地识字、读书，终于成为一代大诗人、大文豪。

魏　姓

姓氏起源

魏姓源出有二：

一是出自姬姓，以邑为氏，或以国名为氏。周文王第十五子毕公高受封于毕，其孙毕万在毕国被西戎攻灭后，投奔到晋国，成为大夫。因功，被赐魏地为邑，其后子孙以邑为氏，称为魏氏。公元前445年，毕万的后代魏斯建立魏国，公元前225年，被秦所灭，亡国的魏国王族以国名为氏，形成魏姓最重要的一支，史称魏姓正宗。

二是外姓改姓魏。战国秦昭襄王时有国相、穰侯、昭襄王母宣太后异父弟魏冉，本楚人，芈姓，后改姓魏；南宋蒲江人有魏了翁，庆元进士，本高氏，后改姓魏；明代有昆山人唯校，其先世本李姓，弘治进士，后改姓魏。

得姓始祖

据载，魏姓为黄帝的姬姓嫡裔，他们原为毕国人。周文王的十五子毕公高受封于毕(今陕西西安、咸阳两地之北)，后毕国为别国所灭，其后裔万仕晋(今山西省境)，成为晋国大夫。晋献公是当时晋国一名很有雄心壮志的君主，在位期间攻克了周围的许多小国，使晋国一度成为当时的强国之一。献公念毕万在晋国灭霍、耿、魏三国功勋卓著，于是将原是姬姓国的魏地赐给毕万为邑。公元前445年，毕万的后代魏斯与韩、赵两家共同瓜分了晋国，自立诸侯，建国为魏，公元前225年，魏国即为秦所灭，亡国后的魏国王族子孙遂以国为姓。毕万也就被后人尊为魏姓族人的得姓始祖。

迁徙分布

魏姓最早发源于今河南省北部及山西省南部一带，早期主要是在今山西、河南、山东省境内发展繁衍，也有部分居于今湖北、湖南省境内。

先秦时期，魏姓就已经出现了以“战国四大公子”之一信陵君魏无忌为代表的一批著名人物，使魏姓在当时盛极一时，家族地位十分显赫，势力也十分庞大。

秦汉时期，魏姓子孙继承先人遗风，历居高官，使本族得以持续发展，并在秦时由于“秦徙天下豪富于咸阳十二万户”，是故魏姓也有部分迁至今陕西省境内。魏无忌的六世孙因在西汉时任巨鹿（今河北）太守，有功于朝廷受到封赏，并使其家族成为朝野所敬仰的家族，其居地巨鹿也就发展成为魏姓历史上最著名的大郡望。与此同时，魏姓也有进入江苏、浙江、甘肃、宁夏者。

三国两晋南北朝时期，军阀割据，相互攻伐，社会动荡，民不聊生，加上西晋末年的“永嘉之乱”，中原士族多受冲击，因此魏姓大举南迁至四川、江西、福建等地，在当地安居繁衍，发展壮大，名人志士也有如泉涌，如三国时期蜀之名将魏延便以勇猛善战、功迁征西大将军而闻名。

盛唐时，社会安定，经济发展，士族壮大，魏姓繁盛，人丁兴旺，郡望与名人显宦大量出现，并且有部分族人随陈政、陈元光父子入闽开辟漳州，于福建安家，后又徙至广东等地，使家族播迁更加广泛，唐末，战乱烽烟又起，外族入主中原，魏姓被迫再度南迁，广泛进入南方各地。

宋末，魏姓人已遍布江南广大地区，繁衍于全国各地，从而使魏姓成为我国一大姓氏。

元明清时期，魏姓族人已远播于海外，成为我国诸多家族中一个比较大的著名宗族。

魏姓在《百家姓》中排行第30位，当今中国姓氏排行第44位，人口约688万，占全国人口总数的0.43%左右。

历史名人

魏惠王（前400～前319），姬姓，名罃。别名魏罃，魏武侯子。魏惠王（前369年即位，在位50年）是有史明确记载的第一个在开封定都的国君，对开封的发展有着巨大的历史贡献。他所修筑的大梁坚城，奠定了今日开封城的基础；他所开凿的人工运河鸿沟，使开封城四周水道畅达，景象万千，颇具名都气象。时至今日，开封仍以多水而著称于世，享有“北方水城”的美誉。

魏收（505～572），字伯起，小字佛助，巨鹿曲阳（今河北晋县）人，北魏骠骑大将军魏子建之子。北齐文学家、史学家。北魏时任太学博士，历官散骑侍郎等，编修国史。入北齐，除中书令，兼著作郎，官至尚书右仆射，位特进。以才学闻名于世。与温子升、邢邵并称“北地三才子”。曾编撰二十四史之一的《魏书》。其他著作《美女篇》《挟琴歌》等。

魏徵（580～643），字玄成，祖籍巨鹿（今河北巨鹿）。唐朝政治家。曾任谏议大夫、左光禄大夫，侍中（宰相）。以直谏敢言著称，是中国历史上最负盛名的谏臣。提出“兼听则明，偏信则暗”和“君，舟也，民，水也。水能载舟，亦能覆舟。”等治世名言，曾谏二百余事，为太宗所器重，辅佐唐太宗共同创建“贞观之治”的大业，被后人称为“一代名相”。其著有《群书治要》（《贞观政要》）等书。为凌烟阁二十四功臣之一。

魏源（1794～1857），字默深，邵阳金潭（今湖南隆回）人。清代启蒙思想家、政治家、文学家。与龚自珍齐名，时称“龚魏”。魏源认为论学应以“经世致用”为宗旨，提出“变古愈尽，便民愈甚”的变法主张，倡导学习西方先进科学技术，提出“师夷长技以制夷”的革新思想。他还有许多山水诗写得气象雄伟、瑰丽悦目，有的还具哲

理意味。著有《古微堂诗集》和《清夜斋诗稿》。

名人故事

魏徵：进谏

魏徵曾任谏议大夫、左光禄大夫，封郑国公，以直谏敢言著称，是中国历史上最负盛名的谏臣。贞观中后期，整个社会的形势越来越好。李世民滋长了帝王的奢侈之心。饱经忧患的魏徵，看在眼里，急在心头。

有一次，唐太宗去洛阳，路上住在显仁宫（今河南宜阳）。大队人马安顿下来，侍女奉茶，太宗一看茶盘、茶杯都是几年前来这儿用过的旧银器，心中很是不快，命人把总管叫来，狠狠地训斥了一通。总管赶忙命御厨将皇上的晚餐多加了几样海鲜。晚上，太宗来到餐桌前，又大为不悦："海味不见新奇，山珍又少得可怜！"……又训斥总管一通。

第二天，魏徵来到太宗的内宫。这时的魏徵已是唐太宗的宠信之臣，进出较为方便，与太宗讲话亦自在得多了。叙过君臣之礼后，魏徵转入正题："陛下，臣闻皇上为总管侍奉不好而发脾气，臣以为这是个不好的苗头。"

唐太宗不解："我大唐国家殷实，多花几个小钱有什么了不起？再说，我可是一国之君啊！"

魏徵语重心长地说："陛下，正因为您是一国之君，所以您一开头，马上上行下效，整个社会就要形成一种奢靡的风气，那就糟了。"

"爱卿，请不要把话说得这么严重。国君就我一人，其他人谁敢向我看齐？"

魏徵越发感到问题的严重性，他想：皇上经常把隋亡的教训挂在嘴上，何不以此来警策皇上呢？"陛下，当年隋炀帝巡游，每到一地，就因地方上不献食物或贡物不精而被责罚。如此无限制地追求享受，结果使老百姓负担不起，导致人心思变，江山丢失。皇上怎么能效法隋炀帝呢?”唐太宗果然大为震惊:“难道我是在效法隋炀帝吗?”

“是的，陛下，像显仁宫这样的供应，如果知足的话，会很满足的。但如果炀帝来，即使供应再丰盛精美，也难填他的欲壑。”

唐太宗听了既震惊又感动:“爱卿，除了你，其他人是讲不出这种话的啊!”

在当时，皇帝拥有至高无上的权力，自命为“真龙天子”，传说龙喉下有逆鳞，如有谁抚之，就要被杀，故批评皇帝就叫“犯龙鳞”。魏徵为国家的长治久安和黎民百姓的安居乐业，不畏“犯龙鳞”，刚直敢言，勇于谏诤，检点太宗的过失，这该要有多大的勇气啊！作为一个明君，有时也免不了对魏徵不顾“天子”面子，当面“揭短”而大光其火。有一次，魏徵又在朝廷上把唐太宗弄得很尴尬。退朝之后，太宗发狠道:“魏徵每次上朝都扫我的面子，我早晚要杀了他!”当然，唐太宗最终没有杀魏徵，想通之后，反而更加信任他了。在魏徵为代表的大臣地带动下，出现了贞观群臣争相谏诤的局面，也是贞观之治形成的重要因素。

魏徵也因此得到了唐太宗的特别器重，官至二品，封为郑国公。

贞观十七年(643)，魏徵病重，唐太宗不断派人送去药品和食物，并遣专人到其家中看护，并随时禀报病情。太宗还两次到魏徵家中探望。第二次，太宗还带上太子和衡阳公主。魏徵勉强地拜见了太宗。太宗忧伤地安慰魏徵，叫他好好养病，并流着泪问他有什么要求。魏徵强支病体说:“我不愁别的小事，只担心国家的兴亡。”作为太宗的肱股大臣，魏徵真是鞠躬尽瘁，死而后已啊!

太宗曾在魏徵像前说:我用铜作镜子，可以正衣冠;用历史作镜子，可以知兴衰;用人作镜子，可以了解得失。今天魏徵去世了，我失去了一面镜子啊！唐太宗把魏徵看作是了解自己得失的一面镜子，这既是对他们君臣关系的生动概括，也是对魏徵的公

正评价。

程　姓

姓氏起源

程姓源出有二：

一是以国名为氏。据《通志·氏族略·以国为氏》所载，为重黎（管理火种的官员）之后裔。周宣王时，休父入为大司马，受封于程国。洛阳上有程聚，即其地也（今河南洛阳东）。时称程伯休父，其子孙遂以封国“程”为氏。

二是以邑为氏。据《左传·杜预注》云：春秋时晋国有中行荀氏之子食采于程邑，其后以邑名“程”为氏。

得姓始祖

颛顼的曾孙重黎，被帝喾封为专门管理火种的官员，称作祝融。重黎的子孙一直担任这个职务，并且在商朝的时候被封在程，建立了程国（洛阳的上程聚，在今孟津、偃师的交界处），为伯爵，史称程伯（伯符）。由于商纣王无道，伯符遂离开商而投奔了周朝，并向周武王进献了“三异之瑞”，即“泰山之车、井中之玉和双穗之禾”。周武王因他进宝有功，就把广平（今河北鸡泽）封给他作为奖赏，重建程国。伯符子孙遂以国为氏，称程姓，并尊程伯符为程姓的得姓始祖。

迁徙分布

程姓在春秋时代已经分布于河北鸡泽、河南洛阳、陕西咸阳一带，春秋末，有晋国名士程本迁居齐鲁大地。三家分晋，程婴的后裔迁往赵国首都邯郸。

秦汉时期，鲁国人程郑举家迁往蜀郡邛崃（今属四川省），且有其他程姓迁往浙江乌程和江西南昌，总之，秦汉时期，程姓已在华北长城以南地区繁衍。

三国时程普（河北丰润人）在建康（今江苏南京）安家，东晋程元璋（洛阳上程聚人）的子孙定居安徽歙县篁墩，东汉末年汝南南顿（今河南项城）人程秉南迁交州（今广州市）为长史，其分支有的在程乡（今广东梅州）定居。

西晋时，程姓有人做官到今甘肃武威、张掖，程姓族人开始在祖国大西北扎根落户。北魏时，洛阳程氏两千多户被迁到东胜州（今内蒙古托克托）安家。

五代时，江南的新安程氏从安徽回迁到中山博野（今河北蠡县），其子孙有迁陕西礼泉者。总之，魏晋南北朝时期，在今安徽、浙江两省交界处，程姓族人的分布日益稠密，逐渐扩散到江苏、江西、福建地区。与此同时，南达岭南的珠江流域，北到长城外的蒙古草原，西到河西走廊，东达东部沿海，在这一广大地区，都已有程姓族人居住。

北宋建都开封，洛阳为西京，使河南地区程姓复兴，金兵南下时，伊洛二程的子孙也随宋室南迁，程颢的长子迁江苏吴县，程颐的长子迁安徽六安，次子迁金城（今江苏句容），三子迁池州（今安徽贵池），河南程姓自南宋开始，成了我国江南程姓繁衍的主要来源之一。

南宋绍兴年间，洛阳程姓有些迁居桂林、贵州。元时，程颐的九世孙程德用又从池州复归业洛阳，贵州地区的少数民族中已有程姓。

明清时期，程姓便已分布于我国广大地区。历史上，程姓的分布是北方以河南、河北、山西、山东等省为主；南方以安徽、湖北、浙江、江苏、广东等省为主。如今分布在河南、安徽、湖北、四川和山东等省的程姓占全国程姓的60%。其中河南最多，据说程姓在全国形成98派，其中河南有18派，派系最多。

程姓在《百家姓》中排行第193位，是当今中国姓氏排行第31位的大姓，人口约660万，占全国汉族人口的0.59%。

历史名人

程婴(？～约前583)，古少梁邑(今陕西韩城)人。春秋时晋国著名的忠义之士。与公孙杵臼设计营救赵氏孤儿，后景公听韩厥言，立赵氏后，诛屠岸贾，婴则自杀以报杵臼。千百年来为世人称颂。

程颢(1032～1085)，字伯淳，学者称明道先生，河南洛阳人。北宋哲学家、教育家、诗人，北宋理学的奠基者。嘉祐进士，神宗朝任太子中允监察御史里行。反对王安石新政。程颢曾和其弟程颐学于周敦颐，世称"二程"，同为北宋理学的奠基者，其学说在理学发展史上占有重要地位，后来为朱熹所继承和发展，世称程朱学派。其撰有《定性书》《识仁篇》等。

程颐(1033～1107)，字正叔，洛阳伊川(今属河南)人，世称伊川先生。北宋理学家和教育家。为程颢之胞弟。幼承家学熏陶，其政治思想颇受父亲的影响，推举其父反对王安石新法乃"独公一人"。历官汝州团练推官、西京国子监教授。元祐元年(1086)除秘书省校书郎，授崇政殿说书。与其胞兄程颢共创"洛学"，为理学奠定了基础。与其兄程颢不但学术思想相同，而且教育思想基本一致，合称"二程"。其著作有《周易程氏传》《遗书》《易传》《经说》，被后人辑录为《程颐文集》。

程瑶田(1725～1814)，字易田，一字易畴，号让堂，安徽歙县人。清代著名学者、经学家，徽派朴学代表人物之一。与戴震同师事江永。精通训诂，提倡"用实物以整理史料"，开启了传统史料学同博物考古相结合的研究路径。在数学、天文、地理、生物、农业种植、水利、兵器、农器、文字、音韵等领域，程皆有深入研究，堪称"一代通儒"。著有《通艺录》《释虫小记》《释草小记》等。

程长庚(1811～1880)，名椿，谱名程闻檄。京剧表演艺术家。

工文武老生，是徽班进京后由演唱徽调、昆腔衍变为京剧的十三位奠基人之一。曾被清末画家沈蓉圃绘入《同光十三绝》画谱。他曾任三庆班主，同人尊称其大老板。曾任精忠庙庙首，三庆、春台、四喜三班总管。他腹笥渊博，能戏三百余出，他与四喜班张二奎、春台班余三胜，为京剧第一代老生演员的杰出人才，并称“老生三杰”“老生三鼎甲”，程长庚名列“三鼎甲”之首，被称为徽班领袖、京剧鼻祖。

名人故事

程婴与赵氏孤儿

“赵氏孤儿”的这段故事，最早见于司马迁《史记·赵世家》。晋景公年间，奸臣屠岸贾欲除忠烈名门赵氏。他率兵将赵家团团围住，杀掉了赵朔、赵同、赵括、赵婴齐等全家老小。唯一漏网的是赵朔的妻子，她是晋成公的姐姐，肚子里怀着孩子，躲藏在宫中。赵朔有个门客叫公孙杵臼，还有一个好友叫程婴。赵朔死后，公孙杵臼质问程婴：“你为什么苟且偷生？”程婴说：“赵朔之妻正在怀孕，若生下来是个男的，就把他抚养成人，报仇雪恨；若是个女的，我就彻底失望了，只好以死报答赵氏知遇之恩。”不久，赵妻分娩生下个男孩。屠岸贾闻之，带人到宫中来搜索，没有找到赵氏母子的藏身之处。母子俩逃脱这次劫难后，程婴对公孙杵臼说：“屠岸贾这次没找到孩子，绝对不会罢休。你看怎么办？”公孙杵臼一腔血气地问：“育孤与死，哪件事容易？”程婴回答：“死容易，育孤当然难。”公孙杵臼：“赵君生前待你最好，你去做最难的事情。让我去做容易的事情——我先去死吧！”恰好程婴家中也有一个正在襁褓中的婴儿，程婴含泪采取了调包之计，将自己的孩子抱上，与公孙杵臼一齐逃到了永济境内的首阳山中。而让妻子带着赵氏孤儿朝另一个方向逃去。屠岸贾闻之，率师来追。程婴无奈只好从山中出来说："程婴不肖，无法保生赵氏孤儿。孩子反正也是死，屠岸将军如能付我千金，我就告诉你孩子的藏身之处。"屠岸贾答应了。程婴领路，终于找到隐匿山中的公孙杵臼和婴儿。

杵臼当着众人的面，大骂程婴，他一边骂一边佯装乞求："杀我可以，孩子是无辜的，请留下他一条命吧！"众人当然不允。程婴眼睁睁地看着亲生儿子和好友公孙杵臼死在乱刀之下。

程婴身负"忘恩负义，出卖朋友，残害忠良"的骂名，偷出赵氏孤儿来到了山高谷深、僻静荒芜的盂山隐居起来。这一隐居就是十五年，在这片人迹罕至的深山中，穿梭着一老一少的身影；在这片世外桃源的泉林中，回荡着一老一少的对话；在这片与世隔绝的沟谷中，积聚了一老一少的复仇力量。赵氏孤儿赵武，终于长成了顶天立地的汉子。

苍天不负有心人，程婴与赵武，在朝中韩厥的帮助下，里应外合，灭掉了权臣屠岸贾。赵氏冤情大白于天下，程婴忠义大白于天下，公孙杵臼忠烈大白于天下。最后的程婴，并未品味胜利的美酒，十数年积聚的丧子之痛、丧君之痛、丧友之痛一并袭上心头，程婴自刎而死，赵武为此服孝三年。

吕　姓

姓氏起源

吕姓源出有三：

一是出自姜姓，以国为氏，其始祖为吕侯（即吕尚），又称姜子牙。相传上古部族首领神农氏炎帝，居姜水流域，因以之为姓，称姜姓。后来姜姓羌人发展出四支胞族即"四岳"，吕部族就是其中一支。该部落的首领在夏时被封为吕侯，建姜姓诸侯国吕国（在今河南南阳）。春秋时，吕国为楚国所灭，其后子孙以国为氏，称吕氏，史称吕姓正宗。古时在今河南新蔡，又有一吕国，史称东吕，实为南阳吕国分出的一支。春秋时，东吕为宋所灭，其后裔也以国为氏，称吕氏。

二是出自魏氏。春秋时晋国有吕氏，系从魏氏分化而来。

三是出自少数民族改姓。南北朝时北魏孝文帝迁都洛阳后，实行汉化，原鲜卑族之代北复姓叱吕氏、叱丘氏改为汉字单姓吕氏。五代后周时又改代北三字姓俟吕陵氏为汉字单姓吕氏。

得姓始祖

吕姓始祖为伯夷的裔孙，为姜姓，是四岳的始祖。他因助夏禹治水有功，被封为吕侯，建立姜姓诸侯国吕国（国都在今河南南阳）。春秋时，吕国被楚国所并，其后裔子孙以国为氏，称吕氏，史称吕姓正宗。相传上古华夏部落首领炎帝神农氏，因居姜水流域，故以姜为姓。后向东发展到中原地区，与黄帝部族杂处，分为四支胞族（即四岳），伯夷曾佐尧帝掌管四岳，后又助大禹治水有功，为大禹“心吕之臣（心腹重臣）”，故被封为吕侯，商、周两代均为诸侯国，春秋初年（前680），吕国被楚国所灭，其后，子孙以国为氏，散居于韩、魏、齐、鲁之地，史称吕姓正宗，伯夷则被列为吕姓始祖。

迁徙分布

吕姓播迁频繁，分布比较广泛。南阳吕国灭亡后，部分遗民被迁至今湖北蕲春。新蔡吕国亡国后，遗民主要分布于今河南南部及安徽北部。齐国吕氏在康公失国前已散居韩、魏、齐、鲁之间，其后子孙有在陕西、甘肃发展繁衍的。

两汉时期，吕氏还分布于今河北、山西、内蒙古的一些地方。东汉末年，西阳人吕范，避乱移居寿春（今安徽寿县），三国时，蜀汉不韦人吕凯、魏任城人吕虔均有后裔徙居河东（今山西永济西南）。

南北朝时，今浙江、江苏的不少地方均有吕姓居民。

北宋初，吕氏有一支徙居福建，分布于泉、漳二州，后有部分移居广东等地。

自清代顺治、康熙年间开始，闽、粤吕氏有多支移居浙江平阳和台湾，进而又有一些人远徙海外，分布于新加坡、菲律宾、马来西亚、印尼、泰国、文莱、越南、美国、加拿大等国家。

吕姓在《百家姓》中排行第 22 位。在 2011 年中国姓氏排行名列第 40 位。全国人口约 611 万，占中国人口总数的 0.47%左右。

历史名人

吕不韦(前 292～前 235)，姜姓，吕氏，名不韦，卫国濮阳(今河南安阳滑县)人。战国末年著名商人、政治家、思想家。公元前 250 年，嬴子楚继位，即秦庄襄王，前 249 年他以吕不韦为相国，封文信侯。庄襄王卒，年幼的太子政立为王，吕不韦为相邦，号称“仲父”，专断朝政。执政时曾攻取周、赵、卫的土地，立三川、太原、东郡，对秦王政兼并六国的事业有重大贡献。吕不韦主持编纂《吕氏春秋》，汇合了先秦各派学说。书成之日，悬于国门，声称能改动一字者赏千金。此为成语“一字千金”的起源。

吕雉(前 241～前 180)，字娥姁，通称吕后，单父(今山东单县)人。汉高祖刘邦的皇后(前 202～前 195 年在位)，高祖死后，被尊为皇太后(前 195～前 180)，是中国历史上有记载的第一位皇后和皇太后。她统治期间实行黄老之术及与民休息的政策，为后来的文景之治打下了很好的基础。司马迁在《史记·吕后本纪》中，给予吕后施政极大的肯定。

吕蒙(178～219)，字子明，汝南富陂(今安徽阜南)人。东汉末年名将。少年时依附姐夫邓当，随孙策为将。以胆气称，累封别部司马。孙权统事后，渐受重用，从破黄祖作先登，封横野中郎将。后累功拜庐江太守。后又以功除左护军、虎威将军。鲁肃去世后，代守陆口，设计袭取荆州，拜南郡太守，封孱陵侯，受勋殊隆。吕蒙发愤勤学的事迹，成了中国古代将领勤补拙、笃志力学的代表，与其有关的成语有“士别三日，刮目相待”“吴下阿蒙”等。

吕才（606～665），博州清平（今山东高唐清平镇）人。唐代哲学家、音乐家，是位多才多艺的学者、自然科学家。从小好学，兴趣广泛，通晓《六经》、天文、地理、医药，乃至阴阳五行、龟蓍、历算、象戏等，尤长于乐律，而且大都有专门著作和创造。其因学识渊博、博才多能而逐渐知名。唐初的一些名臣官僚如魏徵、王珪等都十分赞赏他的“学术之妙”。三十岁时，由温彦博、魏徵等人推荐给唐太宗，进入弘文馆，官居太常博士、太常丞、太子司更大夫。著有《叙宅经》《叙葬书》《叙禄命》等。

吕端（935～1000），字易直，幽州安次（今河北廊坊安次）人。宋朝宰相，政治家。自幼好学上进，终成大器。吕端以其父的官位荫补千牛备身（禁卫官），后任国子主簿、太仆寺丞、秘书郎等职。吕端为官四十年，为相四年，不傲不贪，两袖清风，深得百姓称道。

吕祖谦（1137～1181），字伯恭，婺州（今浙江金华）人，人称东莱先生。南宋理学家。与朱熹、张栻齐名，同被尊为“东南三贤”“鼎立为世师”。隆兴元年（1163）登进士第，复中博学宏词科，调南外宗学教授。累官直秘阁，主管亳州明道宫。参与重修《徽宗实录》，编纂刊行《皇朝文鉴》。他所创立的“婺学”，也是当时最具影响力的学派。著《东莱集》《历代制度详说》《东莱博议》等。

名人故事

吕蒙：士别三日，刮目相看

吕蒙少年时即随姐夫邓当渡江。邓当为孙策部将，吕蒙年仅十五六岁即随军出征。邓当死后，吕蒙代领其众，随孙权征战各地。与刘表部将黄祖作战时，吕蒙为先锋，阵斩陈就，受任横野中郎将，赐钱千万。在赤壁之战中，吕蒙与周瑜、程普击败曹军，围曹仁于南郡，曹仁败走，进据南郡，晋位偏将军，任浔阳县令。

吕蒙初不习文，孙权开导他和另一个勇将蒋钦说："你们如今都身居要职，掌管国事，应当多读书，使自己不断进步。"吕蒙推托说："在军营中常常苦于事务繁多，恐怕不容许再读书了。"孙权耐心指出："我难道要你们去钻研经书做博士吗？只不过叫你们多浏览些书，了解历史往事，增加见识罢了。你们说谁的事务能有我这样多呢？我年轻时就读过《诗经》《尚书》《礼记》《左传》《国语》，只是不读《周易》。自我执政以来，又仔细研究了'三史'(《史记》《汉书》《东观汉记》)及各家的兵法，自己觉得大有收益。像你们二人，思想气质颖悟，学习一定会有收益，怎么可以不读书呢？应该先读《孙子》《六韬》《左传》《国语》以及'三史'。孙子曾经说过：'整天不吃、整夜不睡地空想，没有好处，还不如去学习。'东汉光武帝担任着指挥战争的重担，仍是手不释卷。曹操也说自己老而好学。你们为什么偏偏不能勉励自己呢？"吕蒙听后很惭愧，所以从此开始认真学习，专心勤奋，他所看过的书籍之多，连那些老儒生也赶不上。

鲁肃继周瑜掌管吴军后，上任途中路过吕蒙驻地，吕蒙摆酒款待他。鲁肃还以老眼光看人，觉得吕蒙有勇无谋，但在酒宴上两人纵论天下事时，吕蒙不乏真知灼见，使鲁肃很震惊。酒宴过后，鲁肃感叹道："我一向认为老弟只有武略，时至今日，老弟学识出众，确非吴下阿蒙了。"吕蒙道："士别三日，当刮目相看。老兄今日既继任统帅，才识不如周公瑾(周瑜)，又与关羽为邻，确实很难。关羽其人虽已年老却好学不倦，读《左传》朗朗上口，性格耿直有英雄之气，但却颇为自负，老兄既与之相邻，应当有好的计策对付他。"他为鲁肃筹划了三个方案，鲁肃非常感激地接受了。

"士别三日，刮目相看"有如下含义：一是三日后能被人刮目相看的必须是"士"，也就是有志气、有志向的人；二是士要被人刮目相看，必须别"三日"，这里的三日当然不是指三天(这里的三日是虚数)，而是指经过一段时间之后；三是时间可以改变一切，量的积累会导致质的变化；四是事物都是发展变化的，不能用老眼光、老观点看待同一事物。

丁　姓

姓氏起源

丁姓源出有六：

一是出自丁侯的后裔。丁侯为殷商诸侯。周武王讨伐殷纣时丁侯因不从而被周所灭，其祖孙散居各地，部族仍以丁为氏。

二是出自姜姓，为姜太公的后裔，其始祖为姜伋，以谥号齐丁公为氏，称为丁姓。

三是为孙姓所改，是周文王的姬姓后裔。《江表传》云："孙权因孙匡烧损茅芒，以乏军用，别其族为丁氏。"所以，后世的丁姓中国人之中，特别是南方的丁姓人中，有一部分是周文王的姬姓后裔，因为孙氏传自周文王第八子康叔。

四是出自子姓。春秋时宋国有大夫宋丁公，死后，其子孙以谥号为姓氏，称丁氏。

五是历史上的西域（今新疆大部分地区）人名中，最后一个字是"丁"的很多，进入中原汉化以后往往改姓丁。如《灵山房集高士传》云："鹤年西域人也，曾祖阿老丁，祖父苦思丁，父为乌禄丁，又有从兄士雅漠丁，鹤年知自曾祖以下其名末一字皆丁字，不知何义，后世遂以鹤年为丁姓。"

六是出自于氏所改。据《枫窗小牍》所载："宋有无赖子于庆，欲依丁谓，一老儒教其改姓丁，后果得意。"

得姓始祖

炎帝神农氏是少典的儿子，因居住在姜水之滨，于是以姜为氏。姜姓子孙经夏、商两代，到周时有姜姓吕尚，俗称姜太公。他西周初年任周太师，因辅佐武王灭商有功，封于齐（今山东北部）。其儿子名伋，周成王时为朝廷重臣，又是周康王的顾命大臣，死后谥号为齐丁公，其子孙便以谥号为氏，称为丁姓，并尊丁公伋为丁姓始祖。

迁徙分布

丁氏支源众多，山东为其最早发源地，后在当地发展成为丁氏最大的济阳郡望，山东丁氏一族亦是各地播迁的主源头。

秦、汉时期，丁氏族人聚居地主要在今山东、江苏、河南境内，同时，河北、陕西、广西、湖北、广东等省也有少量丁氏族人落籍。

三国、两晋、南北朝时期，北方战乱导致了丁氏族人频繁迁徙，可谓丁氏族人历史上播迁的昌盛时期。三国孙吴的孙匡改姓丁，为丁氏族人的发展添加了新的支脉，江苏南部及浙江大部分地区成为此支丁氏族人繁衍的主要区域。这时，丁氏族人仍以山东、河南为中心繁衍生息，另外，江西、安徽也有丁氏族人迁入者。

唐朝时期，济阳丁氏族人有入居福建者。《漳州府志》记载："陈元光军谘祭酒有丁儒者，先世济阳，后徙光州固始，总章二年（669），从元光开漳州。"此支丁氏族人在唐朝末期迁居泉州、广东等地。

宋、元时期，有江苏人丁谓后人分居于崖州（今广东崖县西北）和广州。有丁允元、丁肇宪分别开基广东潮州和梅州，被视为当地始祖。

清朝时期，居于福建、广东一带的丁氏族人有移居台湾的，后徙居泰国、新加坡、美国等地。至此，从宋朝以来散布全国各地的丁氏族人已日趋向世界各地延续其支脉。

丁姓在《百家姓》中排行第 177 位，是当今中国姓氏排行第 46 位的大姓，人口较多，约 598.4 万，约占全国汉族人口的 0.44%。

现今丁氏人以江苏、福建、湖南、湖北、安徽、山东、江西、浙江、贵州、吉林、辽宁等省居多，这11省的丁姓约占全国汉族丁姓人口的72％。

历史名人

丁耀亢（1599～1669），字西生，号野鹤，自称紫阳道人，山东诸城人。明清两代小说家。自少年时代聪颖过人，颇有智谋。但他在科场屡试不第，后得进充任教习，郁郁不得志。丁耀亢怀才不遇，倜傥不羁，把这些情感志趣流于笔端，撰写了一系列较有影响的作品，成为颇具个性的文化人。著有小说《续金瓶梅》等。

丁敬（1695～1765），字敬身，号钝丁、砚林，别号龙泓山人等，浙江杭州府钱塘县人。清代书画家、篆刻家。乾隆初年举鸿博不就，卖酒街市。嗜好金石文字，工诗善画，所画梅笔意苍秀。尤精篆刻，擅长切刀法，为“浙派”开山祖，被誉为“西泠八家”之首。著有《武林金石记》《砚林诗集》《砚林印存》等。

丁宝桢（1820～1886），字稚璜，贵州平远（今织金）人。晚清大臣，水利专家，洋务运动重要成员之一。道光二十五年（1845）迁往平远州进修，咸丰三年（1853）中进士，改翰林院庶吉士，自此步入仕途，后任翰林院编修。山东巡抚，官至四川总督，慈禧特为丁宝桢写了一幅字“国之宝桢”。他一生为政清廉，创设了四川机器局，改革盐法，维修都江堰，诛杀大太监安德海等，颇为人称道。今存其《丁文诚公奏稿》。

丁日昌（1823～1882），字禹生，又作雨生，号持静，丰顺县（今广东梅州）人。清朝军事家、政治家，洋务运动主要人物，清代三大藏书家之一。丁日昌还曾组织人员翻译法人所绘著的中越边境地图和说明，以揭露法国的侵略行径。工书法，所存多为手札，皆自然高雅。政务之余，酷爱搜集典籍，辑有《持静斋书目》。

丁汝昌（1836～1895），字禹廷，安徽庐江人，晚清北洋海军提督。1854 年 1 月，丁汝昌参加太平军，后被迫随队投湘军，不久改隶淮军，参与对太平军和捻军作战，官至记名提督。1879 年，丁汝昌被李鸿章调北洋海防差用。1881 年 1 月，赴英国接带“超勇”和“扬威”巡洋舰回国。1888 年，丁汝昌出任北洋海军提督。1895 年，中日威海卫之战中，以身殉国。

名人故事

丁汝昌：血洒刘公岛

甲午战争当中，尽管清朝政府里掌握实权的一些官僚搞投降卖国，可是，清军里有许多爱国将领，因为保卫祖国英勇作战，受到人民的尊重。丁汝昌是北洋舰队提督。他率领的北洋舰队，曾经多次打退日军的进攻。他自己也在黄海大战中身负重伤。清朝政府不仅不嘉奖丁汝昌这种勇敢杀敌的爱国精神，反而怪罪他，命令他退守威海卫。

1895 年 2 月初，日本侵略军从海陆两面围攻威海卫，清朝政府根本不让抵抗，北洋舰队内部军心不齐，日本侵略军觉得有机可乘，就在丁汝昌身上打起了主意。

有一天，丁汝昌收到一封信，拆开一看，正是日军联合舰队司令伊东佑亨递送的劝降书。丁汝昌看了信，又是好笑，又是好气。原来日军司令在信里花言巧语地说了一大堆吹捧丁汝昌的话，最后，要他背叛祖国，率舰队向日本投降。

丁汝昌把信往桌子上一扔，气愤地说：“他们这是白日做梦！我丁汝昌绝不放弃报国大义。”为了表示他誓死保卫祖国的决心，他特意对家里人叮嘱说：“我已经准备为国献身了。”

不久，日本侵略军攻占了威海卫。丁汝昌已无力统率全军进行反攻了，在不得已的情况下，他服毒自杀，实现了他为国献身的誓言。

沈　姓

姓氏起源

沈姓源出有三：

一是出自姬姓，以国为姓，是黄帝的后裔。沈本是上古国名，最早是夏禹子孙的封国。周初时，武王死后，由年幼的成王即位，周公旦（文王第四子）摄政。先守不服，与武庚（商纣王之子）勾结，联合东方夷族反叛，后被周公旦所灭。春秋时，沈国为蔡国所灭，季载之后逃奔楚国，其后子孙遂以原国名命姓，称沈氏。

二是出自芈姓，是颛顼帝的后裔。春秋时，楚庄王之子公子贞被封在沈邑，其后遂以封邑名命姓，称沈姓。

三是出自少昊金天氏，以国为氏。少昊金天氏裔孙台骀氏之后有人建立沈国，春秋时，为晋国所灭，子孙遂以沈为氏。

得姓始祖

沈姓源出于姬姓，为黄帝之后裔，在周朝初年，武王死后，年幼的成王继位，由叔叔周公旦摄政。当时的三监（武王以邶封震叔、以庸封管叔、以卫封蔡叔，以监殷民，称为三监）很是不服，商王纣之子武庚乘机勾结三监，联合东方夷族进行反叛。周公旦组织军队进行征伐，最终平息了叛乱。季载（周文王第十子）因在此次平叛中立下大功，周公于是将这位有才干的弟弟举为周天子的司空，成王后又将其叔季载封于沈国，又名聃国。“聃”可写作“冉”，古时的冉、沈读音相同，所以季载又称冉季载。春秋时，聃国被晋（今属山西）灭掉，季载后代逃至楚国，为不忘亡国之痛，从此便以国为姓，称为沈姓。冉季载从而成了沈姓的得姓始祖。

迁徙分布

沈姓起源于今河南、安徽两省境内。春秋时，沈国被蔡国灭掉后，季载的后代子逞逃奔楚国，其孙沈尹戌，初隐居于零山，后仕楚为左司马。尹戌之子沈诸梁，世袭作司马，食采于叶（今河南叶县）。

秦时，子逞之子沈平封竹邑（今安徽符离集）侯。沈平之子沈遵徙居九江寿春（今安徽寿县）。东汉时有沈戎举家徙居会稽乌程吴兴（今浙江吴兴），此为沈姓南迁之始。魏晋南北朝是沈姓大举南迁之时。

至唐代，沈姓已散居今江苏、浙江、江西、湖北、湖南、四川等地。唐初，中原有沈姓将佐随从陈政、陈元光父子领军入闽开辟漳州，在福建安家落户，其子孙散居龙溪、漳浦、南靖、长泰、诏安等地。唐末，王潮、王审知兄弟入闽，又有中原沈姓族人随同迁往。

南宋初有吴兴人沈启承官至汀州府知府，其子沈廷辅随父入闽，后迁居福建建阳。沈廷辅有八子，分居宁化、龙岩、长汀、清流、延平、连城、上杭等地，其后又有人徙居广东的大埔、梅州等地。

明末，沈斯庵徙居今台南县善化镇，为沈姓移居台湾之始。

清乾隆、嘉庆年间，福建漳州、泉州及广东沈氏，又有多支迁往台湾，进而又移居海外。

沈姓在《百家姓》中排行第 14 位。当今，沈姓人口 300 多万人，约占全国总人口的 0.5%，排行第 37 位。

历史名人

沈约（441～513），字休文，吴兴武康（今浙江湖州）人。南朝史学家、文学家。出身于门阀士族家庭，历史上有“江东之豪，莫强周、沈”的说法，家族社会地位显赫。祖父沈林子，宋征虏将军。父亲沈璞，宋淮南太守。沈约笃志好学，博通群籍，擅长诗文。历仕宋、齐、梁三朝。在宋仕记室参军、尚书度支郎。著有《晋书》《宋书》《齐纪》《高祖纪》《迩言》《谥例》《宋文章志》，并撰《四声谱》。

沈括（1029～1093），字存中，号梦溪丈人，北宋钱塘县（今浙江杭州）人。北宋科学家、政治家、工程师、外交家。仁宗嘉祐八年（1063）进士。神宗时参与王安石变法运动。熙宁五年（1072）提举司天监，次年赴两浙考察水利、差役。熙宁八年（1075）出使辽国，驳斥辽的争地要求。次年任翰林学士，权三司使，整顿陕西盐政。后知延州（今陕西延安），加强对西夏的防御。晚年在镇江梦溪园撰写了《梦溪笔谈》，内容涉及天文、数学、物理学、化学、地质学、气象学、地理学、农学和医学等，是一部百科全书式古代名著。

沈周（1427～1509），字启南，号石田，又号白石翁，明长洲（今属江苏）人。明代杰出书画家。少从陈孟贤学，及长，博综典籍，诗文俱佳，尤工于画，是明代中期文人画“吴派”的开创者，与文徵明、唐寅、仇英并称“明四家”。传世作品有《庐山高图》《秋林话旧图》《沧州趣图》。著有《石田集》《客座新闻》等。

沈万三（1296～1376），本名沈富，字仲荣，俗称万三，湖州路乌程县（今浙江湖州）人。元末明初企业家、经济学家、商人，江南第一巨富。沈万三通过开展海外贸易而积累原始财富，迅速成为“资巨万万，田产遍于天下”的江南第一豪富。周庄“以村落而辟为镇”，也实为沈万三之功。关于沈万三富豪事，民间甚至传说他有一只聚宝盆，由此反映出他财富多到不可胜数，生财聚财技巧高超。

沈葆桢（1820～1879），原名沈振宗，字幼丹，又字翰宇，侯官（今福建福州）人。晚清时期的重要大臣，政治家、军事家、外交家，民族英雄。中国近代造船、航运、海军建设事业的奠基人之一，是清朝抵抗侵略的封疆大吏林则徐之婿。咸丰十一年（1861），曾国藩请他赴安庆大营，委以重用。同治十三年（1874），日本发动侵台战争。清廷派沈葆桢为钦差大臣，赴台办理海防，兼理各国事务大臣。由此，沈葆桢开始了他在台湾的近代化倡导之路。光绪元年

(1875)，被任为两江总督兼南洋大臣，负责督办南洋水师。官派留学之创举是其对近代中国的重大贡献。

名人故事

博学的沈括

沈括在少时就勤奋好学，喜欢读书，遇到问题肯动脑筋，自幼就养成了实事求是、尊重科学的好品格。在童年，他曾随做官的父亲先后游览了四川、福建、河南和江苏等地，这使他大开眼界，从中获得许多知识。沈括在科学研究上的最大特点是：除了知识渊博外，他注重汇集平生见闻，强调调查研究，重视观察实践，亲自参加科学实验。

“人间四月芳菲尽，山寺桃花始盛开”（白居易《大林寺桃花》），当读到这句诗时，沈括的眉头拧成了一个结，“为什么我们这里花都开败了，山上的桃花才开始盛开呢?”为了解开这个谜团，沈括约了几个小伙伴上山实地考察一番，四月的山上，乍暖还寒，凉风袭来，冻得人瑟瑟发抖。沈括茅塞顿开，原来山上的温度比山下要低很多，因此花季才比山下来得晚呀。凭借着这种求索精神和实证方法，长大以后的沈括写出了《梦溪笔谈》。

据《梦溪笔谈》记载，在开封相国寺里有一幅壁画，画着一个管弦乐队在演奏。有人看了以后，说画家画错了：当管乐演奏者在吹“四”字音的时候，那个弹琵琶的居然与大家不合调，手指不是在拨“四”字音所在的上弦，却是在掩着下弦。沈括看了后却认为画家很高明，深知音乐。他说：弦乐跟管乐不同。演奏管乐时，手指头按在什么音，就发出什么音，是同时的。演奏琵琶则不同，只有当手指拨弦之后，才会发音，是动作早于声音。正因为这样，当管乐演奏者在吹“四”字音的时候，弹琵琶的人的手指看上去不像在弹“四”字音。

任 姓

姓氏起源

任姓源出有六：

一是由远古妊姓衍传。人之所以得生，在于母亲妊娠。因生得姓，从母从女，为妊姓，后传为任姓。可认为是母系氏族社会产生的古姓之一。

二是出自黄帝的后代，为天子赐姓。相传黄帝有 25 子，其得姓者 14 人，为 12 姓。其中被赐以任姓者，其后裔就以任为氏，即为任氏。

三是出自黄帝少子禹阳后裔，以国为氏。相传黄帝少子禹阳被封在任国，其后裔以国为氏，姓任。

四是出自风姓。任，为风姓之国，实太皞氏（即上古的伏羲氏）之后，战国时灭亡，居者以国为氏。

五是历史上我国南方少数民族中有姓任的，其后代亦姓任。

六是元代王信之子宣，为避难改姓任，其后代亦称任氏。

得姓始祖

任氏始祖，据考证是黄帝少子禹（禺）阳被封在任国，其后裔以国为氏，到了夏朝中期，有任奚仲为车正，后被封于薛（今山东滕州），再后迁于邳（今江苏邳州），其后嗣仲虺居薛，后为商汤的左相。任奚仲、任仲虺的后裔子孙，以先祖受赐之姓世代相传，是为任氏，为非常古老的姓氏之一。任氏族立国于任、挚、奚、薛、邳、畴等地，诸任封国林立，主要活动于鲁西南、苏北一代，并不断西迁扩散至全国。到了春秋晚期，有个名人叫任不齐，字子选，为孔子的弟子。传说，任不齐为禺阳的第六十四世孙，在从祀孔子的“七十二贤”中排名第 17 位。孔子逝世后三年（前 476），任不齐回归桃乡故里。任不齐被后来的唐太宗李世民在贞观八年(634)追封为任城伯,宋真宗赵恒在大中祥符二年(1009)加封其为当阳侯。在任不齐的后裔子孙中,有以先祖名号为姓氏者,称任氏,世代相传至今,史称任氏正宗。任氏族人大多尊奉任不齐为得姓始祖。

迁徙分布

任姓尽管起源很早,但在发展中由于一直深埋不显,所以其早期历史一直很难让人知其详,但各支任姓中,影响最大者是出自黄帝之后的一支。据某些任姓家谱记载,黄帝之子禺阳在得姓以后,六传至奚仲,再封于薛(今山东滕州南)。

春秋战国时,魏国有任座,秦国有任鄙,他们都是禺阳的后代,楚国有任不齐。可见在先秦时期,任姓已播迁于今湖北、山西、陕西等境。同时,还可以判定任姓早期是以山东为其繁衍中心的,故任姓有以“乐安”为其堂号,其后遂成为当地一大郡望。据《史记·南越列传》所载,南海尉任嚣曾矫诏使赵佗立国,这说明秦代已有任姓徙广东。至汉时,任姓已散居于我国北方的山东、山西、河南、陕西一带,南方则居四川、江苏、广东等地。可见,任姓在汉之前既已南迁。

汉时有世居沛地(今江苏徐州)之任敖,其后有子孙迁陕西渭南。魏晋南北朝之际,军阀混战,夷族入侵,中原成为兵家必争之地,任姓族人为避战乱,开始大举南迁至今江苏、安徽、浙江、湖北等地,并有任姓人迁入福建。

唐时,社会稳定,政治清明,使留居河南、山东的任姓又兴旺起来。南宋末期,赵姓末代皇帝四处逃亡,元蒙古骑兵南下,使任姓逃难于我国南方各地。

元末明初,旱涝蝗疫肆虐,农民起义军四起,造成中原、江南人口锐减,任姓作为洪洞大槐树迁民姓氏之一,被分别迁于山东、河南、河北、江苏、陕西等地。

自清代开始，闽、粤任姓有徙居海外者，如新加坡现有任姓华人，并建立有宗亲组织。

任姓在《百家姓》中排行第58位。当今中国姓氏排行第59位，约占全国的0.37%。如今，任姓已广布全国各地，尤以河南、山东人口较多，约占全国任姓人口的25%。

历史名人

任昉(fǎng)(460～508)，字彦升，乐安博昌(今山东寿光)人。南朝梁文学家、地理学家、藏书家，"竟陵八友"之一。自幼"聪明神悟"，四岁能诵诗，八岁能文，"雅善属文，尤长载笔，声闻藉甚"。叔父任暑夸他"吾家千里驹也"。南朝宋时，举兖州秀才，拜太常博士。入齐为王俭所重，任丹阳尹刘秉的主簿、竟陵王记室参军，官至中书侍郎、司徒右长史。梁时历任义兴(今江苏宜兴)、新安(今浙江淳安)太守。一生仕宋、齐、梁三代，为官清廉，仁爱恤民。他以擅长表、奏、书、启等实用文体知名于世，与诗坛圣手沈约齐名，史称"任笔沈诗"。其藏书多至万余卷，与沈约、王僧儒并称为"三大藏书家"。著有《任彦升集》《地记》。

任仁发(1254～1327)，字子明，号月山，松江(今属上海市)人。元代官员，水利家、画家。书学李北海，画学李公麟。元灭南宋后，为宣尉掾，授青龙镇水陆巡官。至元二十五年(1288)，升海道副千户，改海船上千户，转漕直沽。大德七年(1303)，授都水监丞，后升都水少监，官至浙东道宣慰副使。擅画人物，尤长画马，常与赵孟頫并提，传世作品有《张杲见明皇》《二骏图》等。撰有《浙西水利议答录》。

任薰(1835～1893)，字舜琴、阜长，籍贯萧山(今属浙江杭州)，清代画家。"海上画派"代表人物之一。与兄任熊、侄任预、族侄任颐被后人合称"海上四任"。擅画人物、山水、花卉、禽鸟，亦长于园林设计。其人物画取法陈洪绶及任熊，神态肃穆，面部夸张，须髯细密，衣纹飘逸。花鸟画则工写兼善，取景布局，富有奇趣。作品有《松菊锦鸡图轴》《花鸟图轴》等。

名人故事

任昉：以孝为大，为官清廉，仁爱恤民

任昉对父母极其孝顺，每次伺候得病的父母，睡觉从不脱衣服（时刻准备起来），说话时眼泪一起流下来，汤药、饮食一定要先亲自品尝（试探热冷）。被推荐为兖州秀才，任命为太学博士，因为文才被世人了解。永明（南北朝齐武帝年号）初期，卫将军王俭担任丹阳尹，聘请任昉为主簿（官职名）。王俭每次见到任昉的文章，必定多次夸奖，认为当时没有比得上的。

后来，任昉因为父亲去世辞官痛哭，以至于眼中流血，如此三年，拄着拐杖才能起来。任昉一向身体强壮，守孝完毕后都让人认不出来了。任昉奉养叔父、叔母和自己的亲生父母一样，侍奉哥哥嫂嫂非常恭敬小心。亲戚贫困，他一直供养接济。所得的薪水，四处馈赠，都分散给了亲戚，当天就用光了。他生性通达洒脱，不讲究着装打扮，喜怒从不在脸上表现出来，车马服饰也不鲜明出众。

后来，任昉调出京度担任宜兴太守。当地的人生孩子却不抚养，任昉严厉申明法律，生子不养和杀人同罪。给怀孕的人提供钱财用度，受到接济的人家有好几千。在任上所得的公田、俸禄共八百多石，任昉分成五份分给下级，剩下的全部资助别人，自己的儿女、妻妾只吃麦子而已。后又调任新安太守，在任上不修边幅，像普通人一样拄着拐杖，在乡间、城里徒步行走。见到有人纠纷、打官司的，就地裁决处理。他做官清廉节俭，下级官吏在他面前都很随便。

任昉家里不置产业，以至于没有宅屋府第。当时有人嘲笑他

经常借贷，借贷来的钱也分散给亲戚朋友。东海人王僧孺评论他，“任昉以别人快乐为乐，以别人忧愁而忧，不带家产上任，赢得百姓敬仰回来，不顾贫穷，抛去吝啬的性格，他的行为可以激励当地风俗，他的气节可以教化人伦关系，能让贪婪的人不贪图钱财，让怯懦的人有自立的勇气”。任昉被推崇到了这种地步。

姚　姓

姓氏起源

姚姓源出有三：

一是出自妫姓。相传五帝之一的舜有生于若水，居于地丘的后代，因生在姚墟，其后子孙便以地为氏，称为姚氏。又相传舜在当帝之前，四岳曾向帝尧推荐过陶唐氏，舜继承王位后曾把自己的两个女儿嫁给他，让他们居住在妫河边。他们的子孙有留在妫河边居住的，便以妫为姓。武王灭商后，找到了帝舜的后裔妫满，武王把他的大女儿嫁给妫满，并且封他于陈。传至年仲敬氏时因避王莽之乱而居于吴郡，改姓为妫。传五世后，复改为姚姓。

二是出自子姓。据路史记载，春秋时有姚国，为商族的后代，他的子孙便以国为氏，称为姚氏。

三是他族改为姚姓。据有关史料所载，西晋时有羌族首领姚戈重，本是汉时西羌烧当氏的后人，他们自称是帝舜的后代，故而改姓姚。

得姓始祖

虞舜，传说中的父系氏族社会后期部落联盟首领，历来被列入“五帝”之中，奉为华夏至圣。传其称号为有虞氏，姓姚，名重华，字都君，谥曰“舜”。因国名“虞”，故又称虞舜。东夷之人，生于诸冯（今山东诸城）。他是帝颛顼的六世孙，自五世祖穷蝉起都是平民。

帝舜从小受父亲瞽叟、后母和后母所生之子象的迫害，屡经磨难，仍和善相对，孝敬父母，爱护异母弟弟象，故深得百姓赞誉。舜曾辛勤耕稼于历山，渔猎于雷泽（今山东菏泽），在黄河之滨烧制陶器，在寿丘（今山东曲阜）制作日用杂品，在顿丘（今河南浚县）、负夏（今山东兖州）一带经商做生意。因品德高尚，在民间威望大。自此，姚姓子孙世代相传，都尊称虞舜为姚姓的得姓始祖。

迁徙分布

姚氏是一个多民族、多源流的姓氏群体，在先秦时期，姚姓主要的活动地区在河南、山东地区。秦汉两晋时，姚姓正支迁吴兴郡，其余迁到北方各地、东南各省，西北羌族姚姓的兴起和进入中原，大大扩增了姚姓人群的数量，同时甘肃洮水地区的姚姓南下四川和西南地区。唐朝的两次南下移民东南，姚姓开始进入福建和广东。明初姚姓进入台湾。

宋元明期间 600 余年，姚姓人口主要向东南迁移。姚姓人口的重心由北向东南漂移，浙苏赣皖是姚姓的密集地区。

姚姓在全国主要集中于浙江、安徽、广东、江苏四省。

在《百家姓》中名列第 101 位，在中国姓氏排行榜上名列第 62 位，人口约 504 万，约占全国人口总数的 0.3%。

历史名人

姚崇（651～721），本名元崇，字元之，陕州硖石（今河南陕县）人。唐代著名政治家。嶲州都督姚懿之子。姚崇文武双全，历仕则天、中宗、睿宗三朝，两次拜为宰相，并兼任兵部尚书。他曾参与神龙政变，后因不肯依附太平公主，被贬为刺史。唐玄宗亲政后，姚崇被任命兵部尚书、同平章事，进拜中书令，封梁国公。他提出十事要说，实行新政，辅佐唐玄宗开创“开元盛世”，被称为救时宰相。与房玄龄、杜如晦、宋璟并称唐朝四大贤相。著有《姚崇集》。

姚枢(1201～1278)，字公茂，号雪斋，营州柳城(今辽宁朝阳)人。元初政治家、理学家。少时学习勤奋。金朝末年，蒙古军破许州城，姚枢到燕京(今北京)投靠杨惟中，被引荐北觐窝阔台汗。1250年，忽必烈召姚枢至漠北访问治道，深受器重。后从忽必烈攻大理、鄂州(今湖北武汉)，咨谋军中，屡谏屠戮。元世祖忽必烈即位后，姚枢以藩府旧臣预议朝政，参定一代制度，任东平宣抚使、大司农、中书左丞，出为河南行省佥事，入拜昭文馆大学士，终于翰林学士承旨职位。因其与许衡等人的努力，元朝尊信程朱理学，将其定为官学。

姚广孝(1335～1418)，幼名天僖，法名道衍，字斯道等，长洲(今江苏苏州)人。明朝政治家、佛学家，靖难之役的主要策划者。姚广孝年轻时在苏州妙智庵出家为僧，精通佛、道、儒、兵诸家之学，与高启、杨基等人结为好友，后被明太祖挑选，随侍燕王朱棣，主持庆寿寺，成为朱棣的主要谋士。朱棣靖难时，姚广孝留守北平，建议朱棣轻骑挺进，径取南京，使得朱棣顺利夺取南京，登基称帝，姚广孝担任僧录司左善世，又加太子少师，被称为“黑衣宰相”。曾作为监修官，主持《明太祖实录》，对解缙等人撰修《永乐大典》。

姚鼐(1731～1815)，字姬传，世称惜抱先生，安徽桐城人。清代著名散文家。与方苞、刘大櫆并称为“桐城三祖”。乾隆二十八年(1763)中进士，任礼部主事、四库全书纂修官等，年才四十，辞官南归，先后主讲于扬州梅花、江南紫阳、南京钟山等地书院四十多年。著有《惜抱轩全集》等，曾编选《古文辞类纂》。

姚莹(1785～1853)，字石甫，号明叔，晚号展和；因以十幸名斋，又自号幸翁。安徽桐城人。清朝著名史学家、文学家。从祖姚鼐，为桐城派古文主要创始人。姚莹于嘉庆十二年(1807)中举，次年为进士。嘉庆二十一年(1816)任福建平和县知县，办事干练，诛奸抑暴，被誉称“闽吏第一”。后调任台湾知县。又授台湾兵备道，赏加按察使衔。咸丰初年，任广西、湖南按察使。在文学上，姚莹承袭家学，曾亲聆姚鼐教诲，名列所谓“姚门四弟子”，为桐城派古文家。著有《中复堂全集》。

名人故事

姚崇：灭蝗

唐玄宗(20 多岁)即位时，一心想恢复唐太宗的事业。他任用姚崇为宰相，整顿朝政，把中宗时期的混乱局面扭转了过来。唐朝重新出现了兴盛的景象。

正在玄宗励精图治的时候，河南一带发生了一次特大的蝗灾。中原广阔土地上，到处出现成群的飞蝗。那蝗群飞过的时候，黑压压的一大片，连太阳都被遮没了。蝗群落到哪里，哪里的庄稼就被啃得精光。那时候，人们认为蝗灾是天降给人们的灾难。于是，各地为了消灾求福，都烧香求神。灾情越来越严重，受灾的地区也越来越多。地方官吏不得不向朝廷告急。

宰相姚崇向玄宗上了一道奏章，认为蝗虫不过是一种害虫，没有不能治的。只要各地官民齐心协力驱蝗，蝗灾是可以扑灭的。

唐玄宗十分信任姚崇，立刻批准了姚崇的奏章。姚崇下了一道命令，要百姓一到夜里就在田头点起火堆。等飞蝗看到火光飞下来，就集中扑杀；同时在田边掘个大坑，边打边烧。

这个命令一下去，汴州(今河南开封)刺史倪若水拒不执行。他也写了一道奏章，说蝗虫是天灾，人力是没法抗拒的，要消除蝗灾，只有积德修行。

姚崇看到倪若水的奏章，十分恼火，专门发了一封信责备倪若水，并且严厉警告他说，如果眼看蝗灾流行，不采取救灾灭蝗措施，将来造成饥荒，要他负责。

倪若水看宰相说得很硬，不敢不依。他发动各地官民，用姚崇规定的办法灭蝗，果然有效。仅汴州一地就灭蝗十四万担，灾情缓解了下来。

倪若水在事实面前服输了，可是在长安朝廷里还有一批官员，认为姚崇灭蝗的办法过去从来也没人做过，现在这样冒冒失失推行，只怕闯出什么乱子来。

唐玄宗听到反对的人多，也有点动摇起来。他又找姚崇来问，姚崇从容不迫地回答说："做事只要合乎道理，就不能讲老规矩。再说历史上大蝗灾的年头，都因为没有很好扑灭，造成严重灾荒。现在河南、河北积存的粮食不多，如果今年因为蝗灾而没收获，将来百姓没粮吃，流离失所，国家就危险了。"

唐玄宗一听蝗灾不除，要威胁国家安全，也害怕起来，说："依你说，该怎么办才好？"姚崇说："大臣们说我的办法不好，陛下也有顾虑。我看这事陛下且别管，由我来处理。万一出了乱子，我愿意受革职处分。"

唐玄宗这才点头同意了。由于姚崇考虑到国家的安全、百姓的生活，不顾许多人反对，坚决灭蝗，各地的蝗灾终于平息下来。

卢　姓

姓氏起源

卢姓源出有四：

一是出自姜姓，以邑名为氏。春秋时期齐国文公子名高，食采于卢邑（今山东长清），其后人以"卢"为氏。

二是出自复姓改单姓卢氏。据《通志·氏族略》所载，以卢蒲为姓的一支，是传自九合诸侯，一匡天下的那位齐桓公，到后来，纷纷改了单字的卢氏。南北朝时，北魏孝文帝迁都洛阳后，有代北（今内蒙古中部和山西北端）复姓吐伏卢氏、伏卢氏、卢蒲氏、莫芦氏改为汉字单姓卢氏。

三是出自他姓赐卢氏。隋炀帝时，河间人章仇（复姓）太翼，善天文，赐姓卢氏。

四是出自他姓改卢姓。如范阳有雷氏，以卢氏为著，又以雷、卢音相近，所以在后周初改姓卢氏。还有，唐时，三原（今属陕西）有闾氏，讹为卢氏。

得姓始祖

傒公是吕尚 11 世裔孙，任齐国正卿，因屡建丰功，受封于卢，其子孙遂以卢为姓。齐桓公在登位（前 685）之初，为了表彰傒公在内政外交两方面对齐国做出的贡献，把卢邑（今山东长清偏西南）封给傒公，其子孙以邑为姓。傒公便成为卢姓的得姓始祖。

迁徙分布

卢姓主要发源于山东，后逐渐向西、向南播迁。

先秦时期，卢姓活动地区主要在山东、湖北、河北地区。秦汉时期，卢姓在北方地区繁衍。魏晋南北朝之际，卢姓开始大举南迁。唐末卢姓入闽，宋时入粤。元明清之际，卢姓遍及中国大部分地区。

卢姓在《百家姓》中排行第 167 位，在全中国卢姓人口约有 650 万，约占中国汉族人口的 0.47%，排在第 42 位。主要集中于广西、广东两省区，两省区约占总人口的 35.6%；其次分布于河南、浙江、湖南、安徽、河北、甘肃六省，约占总人口的 29%。

历史名人

卢照邻（约 636～695），字升之，号幽忧子，幽州范阳（今河北定兴）人，初唐诗人。卢照邻出身望族，曾为王府典签，又出任益州新都（今四川成都附近）尉，在文学上，他与王勃、杨炯、骆宾王以文辞齐名，世称“王杨卢骆”，号为“初唐四杰”。他尤工诗歌骈文，以歌行体为佳，不少佳句传颂不绝，如“得成比目何辞死，愿作鸳鸯不羡仙”等，更被后人誉为经典。有七卷本的《卢升之集》、明张燮辑注的《幽忧子集》存世。

卢纶（739～799），字允言，河中蒲（今山西永济）人。唐代诗人，“大历十才子”之一。天宝末举进士，遇乱不第；代宗朝又应举，屡试不第。大历六年，宰相元载举荐，授阌乡尉；后由王缙荐为集贤学士，秘书省校书郎，升监察御史。初为陕府户曹、河南密县令。后任河中浑瑊元帅府判官，官至检校户部郎中。卢纶的诗，以五七言近体为主，多唱和赠答之作。其代表作有《塞下曲》《和张仆射塞下曲》。著有《卢户部诗集》。

卢挚（1242～1314），字处道，一字莘老；号疏斋，又号蒿翁。涿郡（今河北涿州）人。元代大臣，文学家。至元五年（1268）进士，任过廉访使、翰林学士。诗文与刘因、姚燧齐名，世称“刘卢”“姚卢”。与白朴、马致远、珠帘秀均有交往。散曲如今仅存小令。著有《疏斋集》《文心选诀》《文章宗旨》，传世散曲120首。

名人故事

卢照邻：追师而去

卢照邻自幼非常聪明，获人赏识，一路提升，直到都尉。但后来他患了“风疾”（可能是小儿麻痹症或麻风病），因此不得不退职。

孙思邈曾悉心为卢照邻调治风疾，照邻问曰：“高医愈疾，奈何？”思邈答：“天有四时五行，寒暑迭居，和为雨，怒为风，凝为雨霜，张为虹霓，天常数也。人之四肢五脏，一觉一寐，吐纳往来，流为荣卫，章为气色，发为音声，人常数也。阳用其形，阴用其精，天人所同也。”意思是说：“天有四季（春夏秋冬）和五行（金木水火土），寒暑交替，天气平和成为雨，空气流动成为风，水汽凝结而成雨霜，光照云张成为虹霓，这是老天的日常规律。人的四肢五脏，一醒一睡，吐故纳新不断运行，内部流动就使身体显示盛衰，表现

在外就是人的气色，抒发出来成为声音，这是人的日常运行规律和状态。外在表现为形貌，内在表现为精气，天和人都是一样的。”

虽然他还试图做门客，但后来他的病越来越严重，双脚萎缩，一只手也残废了。他买了几十亩地来养老，但终因疾病的痛苦，决定与亲属道别，投颍水自杀。由于卢照邻投江自尽的同一年，他的师父孙思邈逝世，于是也有人认为，卢照邻是为了追随他的师傅而去的。

傅　姓

姓氏起源

傅姓源出有三：

一是出于殷商名相傅说（yuè）的后裔，以地名为氏。根据《史记·殷本纪》《通志·氏族略》所载，商高宗武丁在位时，国事衰微，于傅岩（今山西平陆东南）找到傅说，说帮助武丁兴国，修政行德，使天下大治。在傅说的后裔子孙中，有以先祖名号为姓氏者，称傅氏，世代相传至今，史称傅氏正宗。

二是出自姬姓。黄帝裔孙大由（唐侯丹朱之子）封于傅邑，故其子孙便以地为氏，也称傅氏。

三是出自赖氏改傅姓。赖氏族人有为楚灵王所害，改罗、傅二氏。清代，有部分满洲贵族也改姓傅。如傅恒，满洲镶黄旗人，本姓富察氏；傅开，满洲正白旗人，本姓郎佳氏；爱新觉罗子孙中也有姓傅的。

得姓始祖

商朝从盘庚将商都迁至殷墟以后，只兴旺了很短的一段时期，等到商高宗武丁即位时，国力已经很是微弱。武丁决定振兴朝纲，可是朝中却找不到一个能协助他改革国政的大臣，为此他一直忧虑。一日晚，武丁梦见了一个叫说的圣人，此人状如囚徒模样，却口称腹有良谋，武丁笑醒后，命人按梦中模样画成图像，四处寻访。结果在一个叫傅岩的地方找到一个叫说的奴隶，他们把他带回朝中。说给武丁提了不少关于治国方面的建议，武丁便任命说为宰相。说执政以后，修政行德，使商朝政治、经济、军事和文化都得到了迅速发展。武丁在位五十九年，在说的辅佐下，商朝后期达到了极盛，武丁也因此被誉为“中兴明主”。因说曾居于傅岩，所以称他傅说，傅说就成为傅姓的得姓始祖。

迁徙分布

傅姓是一个多民族、多源流的古老姓氏群体。先秦时期，傅姓悄悄地活动于河南北部和山西南部一带狭小的地区。到了秦汉之际，傅宽跟从汉高祖刘邦打天下，以功封阳陵侯，历任齐相和汉丞相，傅姓的足迹已经踏上了山东，加上蜀中夜郎族傅姓和西羌傅姓的汉化，傅姓在汉朝已是甘肃、宁夏、四川的大姓，很快向西南的贵州、云南、广西等地迁移。至西晋时，傅姓已经北上河北，南下江苏，渡长江进入浙江等地。唐朝末期傅姓随中原南下移民潮进入福建。宋元明 600 余年，傅姓的分布总格局变化较大，其人口主要由北方向东南迁移。全国重新形成了浙赣闽和山东两块傅姓人口聚集地区，其中心亦由北向东南漂移。明朝时傅姓已分布于江南各地了，清初傅姓进入了台湾地区。

傅姓在《百家姓》中列为第 84 位。在当今中国姓氏排行榜上傅氏名列第 36 位，其中在台湾傅氏名列第 56 位，人口总数约 880 万，约占全国人口总数的 0.55%。

历史名人

傅玄(217～279),字休奕,北地泥阳(今陕西耀州)人。西晋哲学家、文学家。初被州里举其为秀才,出任郎中,迁弘农太守。西晋建立,晋爵鹑觚子,加驸马都尉,掌“谏职”,拜侍中,因事被免。又任御史中丞,提出了著名的“五条政见”。升为太仆,转任司隶校尉。其学问渊博,精通音律与诗,擅长乐府是傅姓族人有史以来最有学问的名人。在哲学上,他把自然和人类历史都看作一种纯粹的自然过程。著有《傅子》等传世,在晋文学史上占有重要地位。

傅山(1607～1684),字青竹,改字青主,又有真山、浊翁、石人等别名,山西太原人。明清之际思想家、书法家、医学家。明朝诸生。康熙中举鸿博,屡辞不得免,至京,称老病,不试而归。顾炎武极服其志节。于学无所不通,经史之外,兼通先秦诸子,又长于书画医学。他被认为是明末清初保持民族气节的典范人物。与顾炎武、黄宗羲、王夫之、李颙、颜元一起被梁启超称为“清初六大师”。著有《霜红龛集》《傅青主女科》《傅青主男科》等传世之作,在当时有“医圣”之名。

名人故事

傅山:与酒结下的不解之缘

傅山是一位伟大的思想文化大家,还是一位好酒的性情中人。尤其是他与佳酿竹叶青,还有一段不能割舍的渊源。

傅山年轻时就嗜好喝酒,自号“蘖禅”。他在霜红龛读书时,曾作《红叶楼》七言绝句一首,其中一句就是“傅山彻夜醉霜红”。明亡后的第一个除夕夜,傅山痛苦地写道:“无情今夜贪除酒,有约明朝不拜年。”傅山在长期的流寓生活中,把酒作为发泄愤懑和交流思想的媒介。他和他的同道认为,酒是“真淳之液”,酒后能吐真言。

说起竹叶青，还有一段有趣的传说。这一年，山西酒行又要开酒会了，一东家吩咐两个伙计备好一坛新酒抬去参品。这天天气特别热，伙计俩走得又热又渴，到了正午，恰巧来到一片竹林，两人一商量，决定先在竹林里凉快凉快，找口水喝。可哪有水呢！伙计俩顺手扯了两片大竹叶，捻成两个小酒杯喝起来。他俩喝完酒发现：只剩下半坛子酒，怎么交差呢？

两人走不多远，又见一片竹林，竹林里有个小水洼，上面飘着的一层竹叶将洼中的水映得晶莹碧绿，甚是惹人喜爱。这伙计俩赶紧把酒坛子放下，蹲在小水洼边，你一下我一下地往坛子里加水，不一会儿就把坛子灌满了。

再说酒会上。就在各家的酒快要品尝完了，只见这伙计俩满头大汗地抬着坛子走进会场，东家揭开坛盖，舀了一碗酒，恭恭敬敬地捧到酒会会长面前。不用细说，这年酒会上，伙计俩送去的酒名列榜首！

后来，东家买下了那块地皮，将自己的酒坊迁去，在小水洼上打了一眼井，又从酿造技艺上努力改进，还在酿好的酒中加入新鲜的竹叶，终于酿出了别有风味的好酒，取名“竹叶青”。

傅山经常往来于汾阳，他行医道、品美酒，并从保健和养生的目的出发，对竹叶青的配方进行了研究，还与酒工成为好朋友。一日，傅山看酒工浸泡药材酿造竹叶青酒，便教酒工如何浸泡，如何搭配中药材，才能发挥更好的疗效。酒工们按他说的方法一试，果然酿出的酒不仅味道芳醇、色泽透亮，而且医治经络疾病的疗效显著提高。傅山将竹叶青的配制用药由过去的四五种改为 12 种，保留了竹叶的成分，使竹叶青具有多种保健养生功效，成了名满天下的佳酿。

钟 姓

姓氏起源

钟姓源出有三：

一是出自子姓。为商汤的后代，以邑为氏。据《名贤氏族言行类稿》《新唐书宰相世系表》等所载，相传上古帝的妃子中有一个叫简狄的，因捡到一只燕子蛋，吃了以后生下了契。后来契辅助大禹治水有功，被封于商。传至商纣王时，有一庶兄名启，被封于微，见商朝管理不好，上书商王，商王又不听，于是出走。周武王灭商后，微子投奔周武王，后来他被封为宋。微子就是子姓钟姓的始祖。然而，经过后人的考证最终得出子姓钟姓的始祖应为微子之弟“微仲衍”。

二是出自嬴姓。为钟离氏改钟氏。周代伯益的后人封钟离国，春秋时被楚国吞并，国人称钟离氏。是为安徽钟氏。

三是以官为氏。按周礼规定，在春官大宗伯以下有一负责钟吕等打击乐器的属官，称钟师。担任钟师的人，其职位具有极强的专业性，故世代相袭。乐器中以“钟”为十二律之首，郧公钟仪的先祖以职业为姓姓钟。他们后代比较有名的还有楚大夫钟建以及钟子期。钟子期，因《警世通言》中有“高山流水识知音”的故事而名闻遐迩。

得姓始祖

商纣王帝辛的庶兄名启，最初封在微（在殷墟附近），原为太子。周武王克商灭纣后，封微子于宋国，成为宋国的开国君主。宋第 19 位君主桓公有曾孙名伯宗，在晋国任大夫，被称为“晋之贤者”，但因直言敢谏，得罪权贵郤氏，结果被杀。伯宗的儿子州犁逃奔到楚，后来贵为太宰，食采于钟离，其后世子孙以居地为氏，是为钟姓。自此，微子启就成为钟姓的得姓始祖。

迁徙分布

钟姓是一个多民族、多源流的姓氏群体，无论是复姓钟离氏、还是单姓钟氏，大都发源于今安徽省境内。大致于汉晋之际，则以河南为其繁衍中心，其中以迁入颍川的钟氏从一开始就著称于世。后来成为全国各地钟氏的主要来源。

先秦时期，钟姓主要活动在楚国境内的湖北、湖南以及山东一带。汉晋南北朝时，钟姓已经向东播迁到江浙皖赣与中原地区。

隋朝时期，由于岭南俚人的钟姓在广西和湖南交界地区的势力，随后两广地区的钟姓发展迅速，当地的土著均纷纷加入汉族。

唐朝时期，两次中原南下移民福建。宋元明时钟姓实际已经成为南方的著名姓氏。其人口主要由北方向东南、南方迁移。全国重新形成了以江西为核心的南部和东南部钟姓人口聚集区。

钟姓在《百家姓》中排行第 149 位。在当今姓氏排行榜上名列第 54 位，人口约 541.5 万，约占全国人口总数的 0.34%。

历史名人

钟繇(151～230)，字元常，颍川长社(今河南长葛)人。三国魏大臣，大书法家。东汉末举孝廉，累迁廷尉正、黄门侍郎。曹操执政，任侍中、司隶校尉。曹丕代汉，任廷尉，封崇高乡侯。明帝即位，迁太傅，人称“钟太傅”。工书法，宗曹熹、蔡邕、刘德升，博采众长，自成一家，尤精于隶、楷。书若飞鸿戏海，舞鹤游天。后人评其隶行入神，八分入妙，和大书法家胡昭并称“胡肥钟瘦”。与晋王羲之并称“钟王”。代表作有《贺捷表》《力命表》《宣示表》等。

钟子期(前 387～前 299)，名徽，字子期，楚国(今湖北武汉汉阳)人。春秋战国时代著名音乐家。相传钟子期是一个戴斗笠、披蓑衣、背冲担、拿板斧的樵夫。历史上记载伯牙探亲回国时，在汉江边鼓琴，钟子期正巧遇见，感叹说：“巍巍乎若高山，洋洋乎若江

河。”因兴趣相投，两人就成了至交。钟子期死后，伯牙认为世上已无知音，终生不再鼓琴。

钟芳（1476～1544），字仲实、中实，号筠溪，琼山县崖州（今海南三亚）人。明代著名学者，政治家。正德三年（1508）进士及第，选为“翰林庶吉士”“编修”，历任南京户部“员外郎”、浙江“提学副使”、广西“右参政”、江西“左布政使”、南京“太常寺卿”、南京兵部“右侍郎”等职。他“上继文庄（丘濬），下启忠介（海瑞）”，具有承前启后的作用。《广东通志》一书中尊称其为“岭南巨儒”。他是一位在明代当过文官、武官、法官、学官和财官的著名人物。著有《续古今经要》《少学广义》《崖州志略》《养生经要》《皇极经世图》《读书札记》等二十卷行世。

名人故事

钟子期：高山流水

春秋时代，有一名琴艺十分高超的乐师，名为俞伯牙。伯牙有一位特别了解他的朋友，名叫钟子期。

伯牙曾拜名师学琴，琴艺出类拔萃，长大后开始作曲，琴艺又大大提升。凡是听过他弹琴的人都赞叹不绝。但是很少有人能准确地道出他的心意，而唯独钟子期可以做到这点。

一天，伯牙弹琴给钟子期听。伯牙弹《高山流水》这首曲子时，心中想到了挺拔的高山，琴声就像一座雄伟的山川，竖立在听者耳旁。钟子期陶醉在其中，听后拍手赞叹道：“伯牙，你弹得真是太好了，就好像巍峨挺拔的高山屹立在我的面前。”伯牙心中想到流水，琴声犹如一条翻滚的江水在听者心中流过。钟子期听后高兴地说道：“真是妙极了！这琴声宛如奔腾不息的江河从我面前流过。”他们俩融融洽洽，从来没有发生过冲突。连游人也赞叹道：“钟子期真是俞伯牙的知音呀！”

可惜，没过几年，伯牙这世上唯一的知音钟子期去世了。伯牙泣不成声，悲痛欲绝。

伯牙经常自己在屋中弹钟子期生前最爱听的《高山流水》。听着自己弹的曲子，伯牙仿佛又听到了子期一句句赞赏的话语。伯牙想：“子期死了，谁又能说出我的心意呢？与其这样，那弹琴又有什么意思呀！”他又爱惜地抚摸着琴，心里暗暗地说：“琴呀，跟随了我这么多年，一下子失去你，心里还真舍不得，但是，子期已经去世了，没有人能像子期那样了解我了，留着你，也许没有什么用了，不如去陪我的知音吧！”说完咬咬牙，长叹一声，便把自己心爱的琴“啪”的一声摔碎，从此决定终身再也不弹琴。

姜　姓

姓氏起源

姜姓源出有三：

一是出自神农氏。相传少典娶有蟜氏女生炎帝，号烈山氏，亦即神农氏。炎帝生于姜水，在今陕西岐山县西，因以水命姓为姜。姜姓的历史在500年以上，作为氏则始于齐国灭亡之后，至少也有2 300多年。

二是出自亘氏改姓。据《通志・氏族略》所载：“亘庭昌唐上元中准制改为姜氏。”

三是出自外族的改姓。进入汉晋南北朝之后，外族基因流入北方汉民中的事件不断地发生，北方姜姓中融入外族的血液主要发生在西汉以后，最重要的事件有：南北朝梁国的武兴姜氏为氐族大姓；北魏的雍州蜀族也有姜姓；北宋吐谷浑部中的羌人中也有姜姓；清朝满洲人中有姜姓，其先来自汉民，入旗满化，后又汉化成为东北地区的姜姓汉族，另有清满洲八旗的姜佳氏族全部、章佳氏族一部集体改姓姜氏。因此，当代汉族姜姓的成分中由外族加入的数量可能远远超过了原炎帝后裔姜姓的数量。姜姓是中国最古老的姓氏之一，也是融入外族成分最多的姓氏之一。

得姓始祖

姜姓与姬姓、姺姓等 20 个古姓均起源于公元前 2 000 多年前的母系氏族社会，至今近 5 000 年，是中国最古老的姓氏之一，是中国四大古姓之一。姜姓源自炎帝神农氏，因炎帝生于姜水（今陕西宝鸡境内），故以姜为姓。炎帝裔孙伯夷，号太岳，虞夏之际辅佐禹治水有功而封于吕，今河南南阳西。伯夷是吕国的开国始祖，侯爵，复赐姓姜，以奉炎帝之祀。吕国历经夏商周三朝，商朝末，其后裔吕尚，也称姜子牙、太公望，辅佐周文王灭商，周初封于齐，为周朝东部的重要诸侯国。夏商以来，炎帝的姜姓后裔在西周初有齐、吕、许、申等十几国。因姜姓源自西北高原，留于陕西宝鸡、陇县一带入戎狄的史称姜戎，后来逐渐东移，到春秋中期迁晋南，附晋。齐国是姜姓后裔中最强大的一支，到战国中期，为田氏所灭，子孙分散，有以因为氏是齐氏，或以姓为氏是姜氏。因此，炎帝的出生地，就是姜氏的发源地。姜姓族人共尊炎帝为得姓始祖。

迁徙分布

在历史进程中，由于各种原因，炎帝的许多子孙已变更为其他姓氏。虞、夏之际，炎帝裔孙、四岳始祖伯夷，因辅佐禹治水有功，被封于吕（今河南南阳），建立吕国，复赐以祖姓姜，以接续炎帝的香火。春秋时期五霸之一的齐国，创建始祖是吕国的吕尚。史书记载说："吕尚，姓姜名牙，掌四岳有功，子孙从封姓。"吕尚，既为神农氏的后裔姜太公（姜子牙），因他治四岳有功，被封于吕，故从封姓改叫吕尚。其子孙世袭齐国国君，历 29 世。后来齐国在战国时被田和所灭，齐国变为田氏政权，其子孙后代分居各地，多以姜为姓。这样，分迁到各地的姜姓不断繁衍发展，到了汉代已发展成为

一大望族。

据史书记载，早在春秋时期，西戎也有以姜为姓的，故称姜戎，原在瓜州（今甘肃敦煌西），后逐渐东迁，约于公元前638年由其首领迁至晋南，属于晋国。居住在今山东、河南省境内的姜氏，在西汉以前已发展成为关东（今河南灵宝函谷关以东地区）大族。到西汉初，为充实关中人口，姜氏从关东迁徙至关中，此后世居天水（今属甘肃），故族人便以“天水”为郡号。

到了汉代，姜氏已有徙居到今江苏、四川者。但是，直到唐代，天水仍是姜氏的发展繁衍中心。

唐、宋时期，姜氏还分布于今河北、河南、浙江、江西、安徽、山东等地及广东琼山。

到了明、清时期，姜氏有的居住到今山西、陕西、湖南、贵州、湖北等地。据姜氏族谱记载，明朝洪武年间，有一位姜世良迁至福建漳州龙溪县红豆村，并在此发迹。其后代子孙繁衍，又有分支徙居广东陆丰盐墩乡，继续繁荣发展。后来姜世良11世孙，于清乾隆年间由内地移居台湾。此后，闽、粤姜氏陆续有人迁至台湾，有的又远播海外。

姜姓在《百家姓》中排行第32位，在当今中国姓氏中居于第60位。人口约566万，约占汉族人口的0.34%。主要分布于河北、河南、浙江、江西、安徽、山东、山西、陕西、湖南等地。

历史名人

姜子牙（约前1156～约前1017），姜姓，吕氏，名尚，一名望，字子牙，或单呼牙，也称吕尚，别号飞熊。齐国的缔造者，武王克纣的首席谋主、最高军事统帅与西周的开国元勋，齐文化的创始人，杰出的韬略家、军事家与政治家。商朝末年人。曾经穷困，年老时，借钓鱼的机会求见周西伯，二人谈论后，西伯大喜，一同乘车而归，辅佐西周王，当了丞相，称“太公望”，俗称太公。西周初年，被周文王封为“太师”（武官名），被尊为“师尚父”。著有《六韬》《太公兵法》《素书》等。

姜立纲（1444～1499），字廷宪，号东溪，瑞安（今浙江温州）人。明代大臣，著名书法家。《万姓统谱》说姜立纲的书法“初学黄蒙，继法钟王，后自成一家”。擅长楷书，其字体度浑厚，清劲方正，世称台阁体或诰敕体。曾以“善书”闻名海内，并远播日本，被誉为“一代书宗”。其一生经历明正统、天顺、成化、弘治五朝，累官至太仆寺卿，其谦恭谨慎，生活俭朴，深为朝野人士和乡梓戚友所敬重。清《三希堂法帖》收有他的墨迹。

姜宸英（1628～1699），字西溟，号湛园，又号苇间，浙江慈溪人。明末清初书法家、史学家。明末诸生，康熙十九年（1680）以布衣荐入明史馆任纂修官，分撰刑法志，记述明三百年间诏狱、廷杖、立枷、东西厂卫之害。又从徐乾学在洞庭山修《大清一统志》。与朱彝尊、严绳孙并称“江南三布衣”。康熙三十六年（1697），70岁始成进士，以殿试第三名授翰林院编修。著有《湛园集》《苇间集》《海防总论》。

名人故事

姜太公钓鱼

姜太公是辅佐周文王、周武王灭商的功臣。他在被文王重用之前，隐居在陕西渭水边一个地方。那里是周姬昌（周文王）统治的地区，他希望能引起姬昌对自己的注意，建立功业。

一般人钓鱼，都是弯钩，上面有香味的饵食，然后把它沉在水里，诱骗鱼儿上钩。但太公的钓钩是直的，上面不挂鱼饵，也不沉到水里。他一边高高举起钓竿，一边自言自语道：“不想活的鱼儿呀，你们自己上钩吧！”

一天，有个打柴的来到溪边，见太公用不放鱼饵的直钩在水面上钓鱼，便对他说：“老先生，像你这样钓鱼，一百年也钓不到一条鱼的！”太公举了举钓竿，说：“对你说实话吧！我不是为了钓到鱼，而是为了钓到王与侯！”

太公奇特的钓鱼方法，终于传到了姬昌那里。姬昌知道后，派一名士兵请他。但太公并不理睬这个士兵，只顾自己钓鱼，并自言自语道：“钓啊，钓啊，鱼儿不上钩，虾儿来胡闹！”

姬昌听了士兵的禀报后，改派一名官员去请太公。可是太公依然不搭理，边钓边说：“钓啊，钓啊，大鱼不上钩，小鱼别胡闹！”

姬昌这才意识到，这个钓者必是国之栋梁，要亲自去请他才对。于是，他吃了三天素，洗了澡换了衣服，带着厚礼，前往聘请太公。太公见他诚心诚意来聘请自己，便答应为他效力。

后来，姜尚辅佐文王，兴邦立国，还帮助文王的儿子武王姬发灭掉了商朝，被武王封于齐地，实现了自己建功立业的愿望。

姓氏起源

谭　姓

谭姓源出有三：

一是出自姒姓。相传周初大封诸侯时，姒姓的一支被封于谭国（今山东章丘西），爵位为子。谭国国势一直不盛，不久就沦为齐国的附庸。到了春秋初期，齐桓公称霸诸侯，于周庄王四年（前683）吞并了谭国。谭国国君之子逃亡到莒国（今山东莒县）。而留在故国的子孙就以国为氏，称谭氏，史称谭氏正宗，是为山东谭氏。

二是出自古代西南少数民族。据《万姓统谱》的考证，巴南（今云南、贵州一带）六姓有谭氏，自称盘古的后代，望出弘农，是为云南、贵州谭氏。

三是谈氏有避讳改姓谭氏。又据《万姓统谱》所载，谭氏有避仇去言旁为覃，今岭南（泛指五岭之南），大致相当今广西大部分地区。

得姓始祖

周武王伐纣建立西周后，大封先贤圣君后代。大禹后裔中有一支被封于谭，爵位子，故而称为谭子国（今山东章丘城子崖）。谭子（约前 740～前 660）时，正值春秋初期，他极力振兴制陶业、农业、制酒业和畜牧业，构造严密而完整的组织管理体系，使谭国的经济发展迅速。针对大国诸侯以强欺弱、争夺霸主的局面，他首次提出“尊王抑霸”的政治主张。周平王东迁后，他又极力倡导“抑曲扶直，激浊扬清”的政治口号，不参与大国诸侯强加的联盟，积极主张大小国家均应和平共处，睦邻友好，平等互利，共谋发展。谭子的言行自然遭到大国的记恨，加上谭子国南倚泰山，北临黄河，是一块战略要地，国家被攻占成为必然。周庄王十四年（前 683），齐桓公出兵吞并了谭子国。齐桓公找的理由是：谭子国失礼于齐。据说，齐桓公出师经过谭子国时，谭子没有表现出当时应有的礼仪，后来齐桓公班师回国后，其他的诸侯小国都来祝贺，谭子国又没派使者前往祝贺。欲加之罪，何患无辞。实际上，齐桓公灭掉谭公的真正目的是为了争霸。谭子国灭亡后，谭子逃亡莒国（今山东莒县），为了纪念故土，便以国为氏，以谭姓相传。谭子被尊为谭姓的得姓始祖。

迁徙分布

先秦时期，谭姓活动于山东与河南地区。历经秦汉晋南北朝，谭姓已经繁衍到各地。

唐朝时，谭姓已是湖南的大姓，而且其主体也由北方移入华南地区。

唐宋元之际的几次大移民和民族的融合，使南部谭姓不断得到充实和发展，形成了典型的南方姓氏。

明清时期，山东地区向东北的移民，以及清满洲八旗汉化过程的加速，形成了胶东和辽东半岛的谭姓群，最终造就了当代我国南北谭姓分布的局面。

谭姓在《百家姓》中排行第293位。当今，谭姓汉族的人口已有370万，为全国第65位，约占全国人口的0.3%。以湖南、广东、四川、湖北等省为多，这四省的谭姓人口约占全国汉族谭姓人口的66%。

历史名人

谭纶（1520～1577），字子理，号二华，江西宜黄人。明代抗倭名将，杰出的军事家、戏曲活动家。嘉靖二十三年（1544），初任台州（今浙江临海）知府，练兵抗倭。嘉靖四十二年（1563）巡抚福建，率戚继光、俞大猷等平定境内倭寇。隆庆元年（1567）总督蓟辽，与戚继光训练部队，加强北方防务。他官至兵部尚书、太子太保，主持兵事30余年，与戚继光共事齐名，号称“谭戚”。著有《谭襄敏奏议》十卷、《军事条例类考》七卷、《点将图》《说物寓武》二十篇军事著作等。

谭嗣同（1865～1898），字复生，号壮飞，湖南浏阳人。清代改良派政治家、思想家。少时师从欧阳中鹄，后加入维新派。他曾游历西北、东南各省。甲午战争后，愤中国积弱不堪，在浏阳倡立学社。1896年入资为候初知府，在南京候缺，著《仁学》成稿。1897年，协助湖南巡抚陈宝箴、按察使黄遵宪等设立时务学堂，筹办内河轮船、开矿、修铁路等新政。次年又倡设南学会，办《湘报》，宣传变法。八月以徐致靖荐，被征入京，任四品衔军机章京，参与戊戌变法。与林旭、杨锐、刘光第、杨深秀、康广仁等，史称“戊戌六君子”。失败后被杀，年仅33岁。著作编入《谭嗣同全集》。

谭纶:抗倭英雄

嘉靖二十九年(1548),明朝的海防已经到了不堪一击的地步。这年五月,有大股倭寇窜犯长江,竟然击破明朝的水师合围,杀奔到南京城下。此时,南京只有几千老弱残兵,一时间众人惊慌失措。在关键时刻,兵部职方司郎中谭纶挺身而出,在一无兵、二无权的情况下,他主动在南京郊区招募五百壮士,临时上了战场。怎知就凭这临时拼凑的军队,竟然把来犯的倭寇杀得大溃,斩首一百多人,岌岌可危的南京转危为安。

更让大家惊讶的是,这位平日里温文尔雅的大才子,竟然有一身好武艺,在战斗中身先士卒,凭手中一把长剑,大肆砍杀倭寇。经此一战,谭纶一举成名。

成名之后,谭纶即得重用。两年后,他被任命为台州知府,正是在台州知府任上,他结识了一生的老战友——戚继光。戚继光主动要求练乡兵的计划,谭纶是主要支持者,他不但帮助戚继光说服了起先不同意的胡宗宪,更主动招募千人,教习荆楚剑法和军阵,他的这支部队,在之后的抗倭战争里,成为戚继光重要的友军。

嘉靖四十年(1561),戚家军终于猛虎出笼。在著名的台州九战中,谭纶与戚继光密切配合,转战于浙江沿海,他的部队主要负责在戚家军与倭寇接战后,从侧翼和后方夹击倭寇,尤其是在台州的第九次大战里,正是谭纶从后方袭击了倭寇的船队,断掉了倭寇的逃路,导致倭寇残部陷入了戚家军的虎口,最终落得全军覆没的下场。整个台州九战,共歼灭倭寇一万多人,浙江倭患,就此毕其功于一役,全部肃清。

廖　姓

姓氏起源

廖姓源出有四：

一是出自己姓，为上古时期廖叔安之后裔。相传帝颛顼有个后裔叫叔安，夏时，因封于廖国，故称廖叔安，其后代以国为氏，称廖氏。

二是出自姬姓，为周文王之子伯廖之后裔。周文王有个儿子叫伯廖，因受封于廖，其后裔也有以廖为氏，称廖氏。这支廖氏，望出巨鹿。

三是出自偃姓，尧、舜的贤臣皋陶的后裔夏时受封于蓼而得姓。楚穆王四年灭英、立二国，其后子孙有以国为氏；或以姓为氏，即为廖氏。

四是为缪、颜二姓所改。缪、颜二姓皆皇帝所赐，殷纣王执政时，残酷无道，缪、颜二姓有隐居于黄河西北者，改姓为廖。

得姓始祖

帝颛顼相传生于若水，居于帝丘(今河南濮阳东南)，为南方楚国的先祖，其后裔叔安在夏朝时受封于飂(liù)国，故称飂叔安。夏时，蓼王叔安因追随大禹治水有功，分封蓼国为侯，始称蓼王，国人以国为姓称为蓼。古蓼国(辖境约今河南唐河、桐柏，湖北枣阳、随州)都城在今河南唐河湖阳镇。蓼氏传到三十六世时，才去“艹”加“广”成为廖。公元前 639 年，蓼国被强楚所灭，聪明顽强的廖姓人举族外迁，在故始等地建立了多个蓼国，历史上称湖阳的蓼国为西蓼，故始的蓼国为东蓼，西蓼比东蓼早了 100 多年。自此，蓼国国人以国名飂为氏，称为廖姓，廖叔安作为始封国君，被尊为廖姓的得姓始祖。

迁徙分布

廖姓早期主要是在今河南南部的上蔡、平舆、汝南等地发展繁衍，因这一带西汉初属汝南郡，故廖氏族人皆“先世居汝南”，并以“汝南”为堂号。

战国时期四川一带少数民族中也有廖氏。汉代有廖氏，为巨鹿太守，其子孙有的留居当地。

三国时，襄阳人廖化，任蜀汉右车骑将军，其子孙有的在四川定居；临沅人廖立，徙汶山郡，晋代有隐士廖棠，为将乐（今属福建）人。南朝梁有以儒术知名的廖冲，为桂阳人。由此可见，廖氏在隋代以前已有族人迁至今河北、湖北、湖南、四川、福建、广东等省。

唐代，中原廖氏曾两次迁至福建：一次是唐初随陈政、陈元光父子入闽开辟漳州，一次是唐末随王潮、王审知入闽，均在福建定居。至宋代，福建廖氏已发展成为大族，分布于宁华、顺昌、建宁、邵武、上杭、永定等许多地方，同时又有许多人徙居广东，分为大埔、梅州、兴宁、蕉岭、五华等支派。

从清初开始，闽粤廖氏陆续有人迁至台湾，还有一些人移居泰国、新加坡等国家。

廖姓在《百家姓》中排行第 342 位。在当今中国姓氏排行中为第 58 位，其中廖姓在台湾排第 18 位。人口约有 487 万，约占全国汉族人口的 0.37%。主要分布在广东、广西、湖北、湖南、安徽、江西、贵州、云南等地，约占廖姓总人口的 66%。

历史名人

廖刚（1070～1143），字用中，号高峰居士，南剑州顺昌（今福建顺昌）人。宋朝杰出的文学家、政治家、思想家、军事家。少时从学理学家杨时，成就了廖刚“道南高弟，绍兴名臣”的美名。廖刚一生亲历两朝荣辱兴衰，历任刑部侍郎、御史中丞、工部尚书。他持身立朝，忧国爱民，对外力主抗敌御侮、对内全力慰抚百姓；他刚正不

阿，忠直抗言，令蔡京、秦桧等奸邪沮气。著有《高峰文集》。

名人故事

廖刚：忠直抗言，为闽之廖

南宋初，政府官员迎来送往，铺张盛行，一个朝廷主帅出访，地方所花迎接费用，大郡数万缗，小郡数千缗。地方州县官员之间往来，一样铺张浪费。对此，廖刚强烈呼吁："士大夫多务便私，鲜有能为国家爱惜财用者。"这样浪费是"徒竭吾民之脂膏，无补公家之毫发，弊民力殆不能堪也"。他请求高宗对这些开支做出规定，严加限制。同时，廖刚要求统治者改变奢侈浪费行为，"圣王之用民财也，皆如民之膏血视之，虽欲不敢枉费，虽喜不敢妄予，故节以制度，凡皆不得已而后用"。廖刚主张的"节俭"，就是当今提倡的厉行节约精神。

建炎三年（1129），宋高宗置行宫于临安（今杭州市）。廖刚上书说："国不可一日无兵，兵不可一日无食，今诸将之兵备江淮，不知几万，初无储蓄，日待哺于东南之转饷，浙民已困，欲救此患，莫若屯田。"他建议利用驻军和鼓励农民垦荒种田，以发展江南经济。高宗对他的建议很重视，下令在全国推行。这在一定程度上减轻了东南老百姓的负担，并安置了一部分因战争而流离失所的劳力，有力地发展了生产，提高了百姓生活水平。

绍兴五年（1135），天下大旱，许多农田颗粒无收，灾民饥寒交迫，流离失所。可灾区官吏无视百姓灾苦，廖刚感到"深为可骇"，他请求皇上马上下旨，要求灾区官吏"宽其赋税，尽发仓廪"，并尽快与民间大户联系，要求"量地远近，通融救济"；对于粮贩子令其不得囤积居奇；灾情轻的地区要支援灾情重的地方；对于朝廷所拨的救灾粮，地方官员不得以任何方式克扣，保证发放到灾民手中。

绍兴七年（1137），廖刚调任御史中丞，经常上书陈述时弊。由

于他不畏权势，知无不言，使“骄横者肃然”。时宰相秦桧当权，想拉拢利用廖刚的“台谏之力”，作为排除异己的力量，但廖刚不与秦桧同流合污。因此，秦桧嫉恨在心，寻机使人弹劾廖刚。廖刚终遭贬职，上书要求解职归里，获准辞职回原籍。廖刚的精神和品格，名扬千古，为世代所赞颂。

范　姓

姓氏起源

范姓源出有二：

一是范姓出自祁姓。据《古今姓氏书辩证》和《元和姓纂》所载，帝尧裔孙刘累事夏王孔甲，赐氏御龙。后迁鲁县，至商为豕韦氏。商末国于唐，周成王灭唐，迁之杜，为杜伯。杜伯无罪见杀，其子奔晋为士师，其玄孙士会因功封于范（今河南范县），子孙遂以封邑范为姓。

二是其他民族改姓。晋时，南蛮有林邑（古国名，亦称占城，故地在今越南中南部）王范文，为越南人改汉姓范；金时女真人孛鲁术氏，汉姓有三，其一为范；另外，满、京、彝、阿昌、土家、蒙古、回等民族，亦有此姓。

得姓始祖

范姓出自祁姓，帝尧裔孙刘累之后，在周为唐杜氏。范氏的始祖，可以追溯到 4 000 多年前的圣君唐尧，尧的这一支子孙历经虞舜、夏、商诸代，都称为唐杜氏，入周被改封于杜。入周不久，至周宣王时，大夫杜伯无辜被杀，其有一子名隰叔，逃往晋国，被任命为士师（法官）。隰叔曾孙士会，担任晋国上军主将。公元前 593 年，因战功升为中军元帅，执掌朝政。士会先得到封邑随（今山西介休），后来又得到封邑范，所以又称随会、范会，死后追谥武子，所以也称范武子。其后子孙遂以邑为氏，称范氏。范姓尊范士会为范姓的得姓始祖。

迁徙分布

范姓是一个多民族、多源流的姓氏。先秦时期，范姓活动的地区主要在山西、河南和湖北地区。秦汉时，范姓已经分布到河北、山东、江苏等长江以北地区，随后进入江南地区。

宋朝时期，范姓分布主要集中于四川、河北、河南、江苏四省。全国形成了四川、冀豫、苏鲁三大块范姓人口聚集中心。

明朝时期，范姓大约有 43 万人，约占全国人口的 0.47%，为明朝第 52 大姓。

清初，面对战乱和屠杀，在北方的范姓自然遭到严重的冲击。在南方，范姓主要分布于浙江、江苏、福建三省。全国范姓中心由北、西向东南漂移，形成了浙苏闽赣的范姓人口聚集中心。

范姓在《百家姓》中排行第 64 位。当今，范姓在中国姓氏排行榜上名列第 51 位，人口约 566.1 万，约占全国人口总数的 0.35%。

历史名人

范蠡（前 536～前 448），字少伯，宛地三户邑（今河南淅川）人。春秋末著名的政治家、军事家和经济学家。被后人尊称为“商圣”“南阳五圣”之一。他虽出身贫贱，但是博学多才，与楚宛令文种相识、相交甚深。因不满当时楚国政治黑暗、非贵族不得入仕而一气之下投奔越国，辅佐越国勾践。传说他帮助勾践兴越国，灭吴国，一雪会稽之耻，功成名就之后急流勇退。其间三次经商成巨富，三散家财，自号陶朱公。世人誉之：“忠以为国，智以保身；商以致富，成名天下。”后代许多生意人皆供奉他的塑像，称之“财神”，被视为顺阳范氏之先祖。

范晔（398～445），字蔚宗，南阳顺阳（今河南内乡）人。南朝宋著名史学家、散文家。范晔出身士族家庭，元熙二年（420），刘裕代晋称帝，范晔应诏出仕，任彭城王刘义康门下冠军将军、秘书丞；元嘉九年(432)，因得罪刘义康，被贬为宣城太守，于任内著写《后汉书》。元嘉十七年(440)，范晔投靠兴王刘浚，历任后军长史、南下邳太守、左卫将军、太子詹事。范晔才华横溢，史学成就突出，其《后汉书》博采众书，结构严谨、属词丽密，与《史记》《汉书》《三国志》并称“前四史”。

范仲淹(989～1052)，字希文，苏州吴县(今江苏苏州)人。著名北宋政治家、文学家、思想家和军事家。大中祥符八年(1015)进士，授广德军司理参军，后历任兴化县令、秘阁校理、陈州通判、苏州知州等职，因秉公直言屡遭贬斥。康定元年(1040)，与韩琦共同担任陕西经略安抚招讨副使。庆历三年(1043)，出任参知政事，上疏《答手诏条陈十事》，提出十项改革措施。庆历五年(1045)，范仲淹被贬出京，历任邠州、邓州、杭州、青州知州。范仲淹政绩卓著，文学成就突出，他倡导的“先天下之忧而忧，后天下之乐而乐”的思想和仁人志士节操，对后世影响深远。著有《范文正公集》。

范成大(1126～1193)，字致能，号石湖居士，吴郡吴县(今江苏苏州)人。南宋政治家、文学家、书法家。绍兴二十四年(1154)进士及第。被授任为户曹，监管和剂局。后升任秘书省正字，迁著作佐郎、吏部郎。后被任命为礼部员外郎兼崇政殿说书。淳熙二年(1175)，受任为敷文阁待制、四川制置使。后孝宗命范成大暂代吏部尚书，拜官参知政事。绍熙三年(1192)，加职大学士。从江西派入手，后学习中、晚唐诗，风格平易浅显、清新妩媚，诗题材广泛，终自成一家。与杨万里、陆游、尤袤合称南宋“中兴四大诗人”。著有《石湖集》《吴船录》《吴郡志》等。

范文程(1597～1666)，字宪斗，号辉岳，辽宁沈阳人。清朝开国宰辅、文臣领袖，杰出政治家、谋略家。少好读书，十八岁考中秀才。1618年，后金八旗军攻下抚顺，范文程与兄范文寀主动求见努尔哈赤，为参与帷幄的主要谋士之一，深受倚重。有“清初第一文臣”之称，曾任内秘书院大学士、议政大臣等职，清圣祖为他亲提“元辅高风”匾额。曾仕清太祖、清太宗、清世祖、清圣祖四代帝王，是清代重臣。为清朝开创江山立下不朽之功，对清朝功绩可与汉之张良、明之刘伯温相提并论。

范西屏(1709～1769)，名世勋，海宁郭店人。清代围棋国手，被棋坛推崇为“棋圣”。与程兰如、施襄夏、梁魏今并称清代“围棋四大家”。总结前人经验，推陈出新，著有《桃花泉弈谱》两卷，为清代棋谱中权威之作，流传颇广。另著有《二子谱》等。

名人故事

范蠡:功成身退

周景王二十四年(前 496)，吴国和越国发生了槜李(今浙江嘉兴)之战，吴王阖闾阵亡，因此两国结怨，连年战乱不休。周景王二十六年(前 494)，阖闾之子夫差为报父仇与越国在夫椒(今江苏太湖中洞庭山)决战，越王勾践大败，仅剩 5 000 兵卒逃入会稽山。范蠡遂于勾践穷途末路之际投奔吴国，他向勾践概述“越必兴、吴必败”之断言，进谏:“屈身以事吴王，待图转机。”被拜为上大夫后，他陪同勾践夫妇在吴国为奴三年，“忍以持志，因而砺坚，君后勿悲，臣与共勉!”

三年后归国，他与文种拟定兴越灭吴九术，是越国“十年生聚，十年教训”的策划者和组织者。为了实施灭吴战略，也是九术之一的“美人计”，范蠡亲自跋山涉水，在苎萝山浣纱河访到德才貌兼备的巾帼奇女——西施，在历史上谱写了“西施深明大义献身吴王，里应外合兴越灭吴”的传奇篇章。范蠡仕越王勾践二十余年，苦身戮力，卒于灭吴，成就越王霸业，被尊为上将军。

范蠡认为在有功于越王之下，难以久居，“飞鸟尽，良弓藏；狡兔死，走狗烹”。他深知勾践为人“长颈鸟喙”，可与共患难，难与同

安乐，遂与西施一起泛舟齐国，变姓名为鸱夷子皮，带领儿子和门徒在海边结庐而居。戮力垦荒耕作，兼营副业并经商，没有几年，就积累了数千万家产。

范蠡仗义疏财，施善乡梓，他的贤明能干被齐人赏识，齐王把他请进国都临淄，拜为主持政务的相国。他喟然感叹："居官至于卿相，治家能致千金，对于一个白手起家的布衣来讲，已经到了极点。久受尊名，恐怕不是吉祥的征兆。"于是，才三年，他再次急流勇退，向齐王归还了相印，散尽家财给知交和老乡。

汪　姓

姓氏起源

汪姓源出有二：

一是为汪芒氏所改，据《通志・氏族略》所载，防风氏在商朝为汪芒国国君，故址在今浙江武康东，其后裔为汪氏。

二是出自姬姓，以邑名为氏。春秋时鲁桓公庶子名满，食采于汪（今山东省境内），其后以邑"汪"为氏。后又有鲁成公庶子受封于汪邑，其后亦有汪氏。

得姓始祖

汪满为鲁成公之子，为周公之子伯禽之后，系出姬姓。满出生时手上有纹样"汪"字形状，满后来受封为颍川侯，人称汪侯。汪侯食邑在汪，他的后代就以邑名为氏，称为汪姓。自此，尊汪满为汪姓的得姓始祖。

迁徙分布

汪氏是一个典型的多民族、多源流姓氏。春秋时，鲁国有童子汪骐，哀公的时候和齐国军队战于郎而死，鲁人因为他死于国事，所以按照成人之礼来安葬。这是见于史籍最早的汪姓人物。

东汉时有汪文和，建安中以龙骧将军为会稽令，为躲避祸患，迁至新安，子孙繁盛，后发展为新安望族。据《古今姓氏书辩证》记载：陈稷州别驾汪纲，陈亡，自歙州徙河间。这说明南朝时汪氏已迁于今安徽歙县，隋初有一支迁至今河北河间。唐代以前中原已经有汪氏聚居点。

唐初有汪华，封越国公，其族繁衍昌盛，人丁兴旺，子孙分布于今安徽、浙江、江西的许多地方。

宋代以后，南方的广东、广西、贵州等省都已有汪姓居民。

自清康熙年间开始，闽、粤汪氏陆续有人移居台湾，此后又有远播海外者。

汪姓在《百家姓》中排行第 104 位，在当今中国姓氏排行榜上名列第 56 位。人口约 529.2 万，约占全国人口总数的 0.33%。

历史名人

汪士慎(1686～1759)，字近人，号巢林、溪东外史等，安徽休宁人，寓居扬州。清代著名画家、书法家。“扬州八怪”之一。工分隶，善画梅，神腴气清，墨淡趣足。暮年一目失明，仍能为人作书画，自刻一印云：“尚留一目看梅花。”后来，双目俱瞽，但仍挥写，署款“心观”二字。著有《巢林集》。

汪中(1745～1794)，字容甫，江都(今江苏扬州)人，祖籍安徽歙县。清代著名哲学家、文学家、史学家。乾隆四十二年(1777)为拔贡，后绝意仕进。遍读经史百家之书，卓然成家。能诗，工骈文，所作《哀盐船文》为杭世骏所叹赏，因此文名大显，与阮元、焦循同为“扬州学派”的杰出代表。精于史学，曾博考先秦图书，研究古代学制兴废。著有《述学》六卷、《广陵通典》十卷、《容甫遗诗》六卷等。

名人故事

汪士慎：青杉书屋

一名既卖画又画画的人，叫方可村，约着汪士慎，两人一道乘船去宁波卖画。这一趟，汪士慎兴奋不已，不仅卖画挣了钱，还因为走江过海而大开眼界。自己卖画，加上朋友代卖，汪士慎有了点积蓄。

48 岁那年，他委托马氏兄弟为他在扬州城物色到一处老房子。在当时，48 岁已步入老年了，汪士慎在这个时候终于有了自己的“家”、自己的画室。在汪士慎新居周边，植有各种花卉，最多的是梅花，其次是山茶，这些花经常可见于他的画作中。他的门前窗下，还有茉莉、栀子、牵牛、牡丹及梨花等，还有一棵高大的杉树。这些花卉，在汪士慎的画作中，大多显得冷艳、惨淡，并带有憔悴之状。后人认为这是汪士慎实际生活的写照。汪士慎的新房，被浓密的树荫严严地罩着，因此，他给自己的新居起名为“青杉书屋”。此后，汪士慎在这个房子里创作的字画，都自豪地书上“写于青杉书屋”。

陆　姓

姓氏起源

陆姓源出有四：

一是相传吴回在帝尧时任火神祝融，他的儿子名终。因为在陆乡一带，所以叫陆终。他的后世有的就以陆为姓，称陆氏。这就是山东陆氏。

二是战国时田完裔孙齐宣王有个孙子叫通，受封于平原县陆乡，即陆终的故地，因此以陆为氏。史称陆氏正宗，这是山东陆氏的起源。

三是出自陆浑国。春秋时有一国名为陆浑国，公元前525年被晋国所灭，亡国之后的陆浑国遗民依照汉人的习惯，以国为氏，后代以陆为姓。

四是出自他族改姓。南北朝有代北鲜卑复姓步陆孤氏，随魏文帝迁入洛阳后改为陆氏。

得姓始祖

周武王灭商建立周朝的时候，追封前代圣王后人——舜的后裔妫满为陈侯，史称胡公满。传到胡公满十世孙陈完时，陈国宣公杀太子御寇，妫完与御寇私交相厚，陈完恐祸及己，便逃于齐国。陈完为人谦逊有礼，一向很有贤名，齐桓公很赏识他，就任命其为公正（管理工匠的官），并封他于田地。其后子孙就以采地为氏，称为田姓。他们尊田完为田姓的得姓始祖。田完裔孙齐宣王有个孙子叫通，受封于平原县陆乡，即陆终的故地，因此以陆为氏。据史籍《广韵》记载，相传颛顼曾孙吴回在帝尧时任火神祝融，他的儿子名终，被赐封在陆乡一带（今山东平原），称陆终。其后代子孙以陆为姓者，为山东陆氏的起源。自此，陆终成为陆姓的得姓始祖。

迁徙分布

陆姓的最早发源地为山东，早期陆姓亦是以山东为中心向四周传播。南北朝时鲜卑族步陆孤氏改为陆姓，遂以河南洛阳为郡望，成为陆姓发展史上又一大繁衍主流。陆姓很早便迁居于南方。

西汉时，陆通后裔陆烈任吴县（今属江苏省）县令，迁豫章（今江西南昌）都尉。其子孙留居吴县，发展成为当地强宗大族，治为吴郡，并尊陆烈为开基始祖。后来，吴郡陆姓又进一步分衍出颍川支、荆州支、丹徒支、乐安支、鱼圻支、太尉支等，遍布河南、湖南、江苏、山东等省份，其中颍川支后发展为当地望族，并尊陆闳（陆烈第十二世孙，东汉初年任颍川太守）为开基始祖。

魏晋南北朝时，中原陆姓有鲜卑步陆孤氏加入，南方孙吴政权有大都督陆逊一族，南北方各地的陆姓阵容都得到了更大规模的发展，此期荣载史册的陆姓名人盛出空前。据载，陆逊之子陆抗为孙吴镇军大将军，陆逊之孙陆机、陆云皆西晋著名文学家，江南陆姓此时之昌盛显赫可见一斑。

盛唐时期，陆姓势力呈巩固加强发展之态。据福建《云霄县志》所载，有陆姓将佐随从陈元光父子开漳入闽，落籍于此。

宋元至明清时期，陆姓已广布神州，进而延伸至台湾、新加坡等地。另外其分布格局历经数千年辗转迁徙，无数次避祸南移，已变为典型南方姓氏。

陆姓在《百家姓》中排行第198位，是当今中国姓氏排行第70位的大姓，人口大约420万，约占全国汉族人口的0.31%。陆姓分布以江苏、广西、广东、浙江、上海等省为主，上述几地的陆姓人口约占全国陆姓的65%。

历史名人

陆逊（183～245），本名陆议，字伯言，吴郡吴县（今江苏苏州）人。三国时期著名的军事家、政治家。历任吴国大都督、上大将军、丞相。世代为江东大族。章武二年（222），陆逊在夷陵击败刘备所率蜀汉军，一战成名。“夷陵之战”也成为战争史上著名的积极防御的成功战例。以后陆逊在东吴出将入相。

陆机（261～303），字士衡，吴郡吴县（今江苏苏州）人。西晋文学家、书法家，官员。东吴丞相陆逊之孙，东吴大司马陆抗第四子。他“少有奇才，文章冠世”，与弟陆云俱为西晋著名文学家，合称“二陆”，被誉为“太康之英”。又与顾荣、陆云并称“洛阳三俊”。孙吴灭亡后出仕西晋，曾任平原内史、祭酒、著作郎等职，世称“陆平原”。陆机还是一位杰出的书法家，他的《平复帖》是中古代存世最早的名人书法真迹。著有《陆士衡集》。

陆羽(733～804),字鸿渐,复州竟陵(今湖北天门)人。唐代著名的茶道专家。为人诙谐风趣,闭门著述,不愿为官,一度靠做零工维持生计,与女词人李季兰友谊颇深。一生的嗜好是喝茶,是当时品茶的最高权威,人称“茶神”,开启了一个茶的时代。唐朝上元初年(760),陆羽隐居江南各地,撰《茶经》三卷,成为世界上第一部茶叶专著。

陆龟蒙(? ～881),字鲁望,号天随子、江湖散人、甫里先生,江苏吴县人。唐代农学家、文学家、藏书家。陆龟蒙举进士不第,一度曾做过湖州、苏州刺史的幕僚,后隐居,一边赋诗论撰,一边从事农业。与皮日休并称“皮陆”,诗以写景咏物为多,是唐朝隐逸诗人的代表。他的成就不仅体现在文学上,农学上同样造诣匪浅,他撰写的《耒耜经》是一部描写中国唐朝末期江南地区农具的专著。家多藏书,史称其“癖好藏书”,收藏多至三万卷。

陆游(1125～1210),字务观,号放翁,越州山阴(今浙江绍兴)人。南宋文学家、史学家、爱国诗人。少时受家庭爱国思想熏陶,高宗时应礼部试,为秦桧所黜。孝宗时赐进士出身。中年入蜀,投身军旅生活,官至宝章阁待制。嘉泰二年(1202),宋宁宗诏陆游入京,主持编修孝宗、光宗《两朝实录》和《三朝史》。书成后,陆游长期蛰居山阴,嘉定二年(1210)与世长辞,留绝笔《示儿》。著有《剑南诗稿》《渭南文集》《南唐书》等。

陆九渊(1139～1192),字子静,号象山,书斋名“存”,世人称存斋先生,抚州金溪(今属江西)人。南宋著名的理学家、思想家和教育家。与当时著名的理学家朱熹齐名,史称“朱陆”。陆九渊是中国“心学”的创始人,被后人称为“陆子”。他的学说,经后来多位大儒的继承与发扬成为宋明理学的一个重要派别,对后世影响极大。著有《陆九渊集》。

陆羽:品茶评泉

陆羽到洪州后,经常与御史萧瑜谈论茶叶。

一次,同萧瑜结伴从九江登庐山,一路上品茶评泉,兴致甚浓。陆羽评后,认定谷帘泉为天下第一名泉,但萧瑜不以为然,陆羽为了使其信服,让萧瑜命士兵去汲取谷帘泉水来亲自品尝辨识。

过了两天,士兵汲水回来,陆羽便以此水沏泡庐山云雾茶,可是当他亲自举杯一尝时,便马上皱起了眉头,惊异地问道:“这水恐怕不是庐山谷帘泉水吧?”众人闻之愕然。于是萧瑜将取水的士兵唤来询问,可士兵一口咬定这确是谷帘泉水。正在难以定夺的时刻,恰逢苏州刺使张又新驾到,他早就得知陆羽最爱谷帘泉水,故特地扛了一坛谷帘泉水前来助兴。陆羽便用此水煮茶请诸位重新品尝,大家觉得大不一样,味甘醇而色美,频频举杯,盛赞陆羽品茗高超之技艺。

这时站在一旁的士兵,却吓得脸色发青,张口结舌说不出话来了。原来士兵取水返回途中,经过鄱阳湖时风急浪大,一不留神将一坛谷帘泉水打翻在湖中,为免误时受责,便匆匆忙忙汲了鄱阳湖水拿来交差,本想蒙混过关,不料一下子就被“茶神”识破,无可奈何只得吐出真情。

后来,陆羽把这段经历写进了他的书里。并把品尝过的泉水作了如下评价:

庐山康王谷谷帘泉第一;无锡惠山泉第二;蕲水县半溪水第三;宜昌石鼻山下蛤蟆泉第四;苏州虎丘山观音泉第五;庐山招隐泉第六;长江南零水第七;南昌西山瀑布水第八;桐柏山淮河源第九;庐州龙池山顶水第十;丹阳观音寺井第十一;扬州大明寺井第十二;安康境汉水中零水第十三;秭归玉虚洞下香溪水第十四;商

县武关西洛河水第十五；苏州吴淞江水第十六；天台山西南千丈瀑布水第十七；郴州圆泉水第十八；桐庐钓台下严陵滩水第十九；雪水第二十。

金姓

姓氏起源

金姓源出有四：

一是出自少昊金天氏。相传少昊是上古五帝之一，是黄帝的己姓子孙，少昊死后被尊为西方大帝；按照古人的五行学说，西方属金，所以少昊又有金天氏的称号。他的后裔就有以金为姓的，称金氏。

二是出自匈奴休屠王太子金日磾之后。汉代，匈奴休屠王的儿子叫日磾，在汉武帝时，归顺于汉室。由于他曾铸铜人像（又称金人）以祭天，遂被赐姓“金”氏，称金日磾，从此他的子孙就统统姓了金。

三是刘姓改姓为金氏。唐末五代时，吴越国（十国之一）开国之王钱鏐的“鏐”与“刘”为同音字，为了避嫌，便将吴越国中的刘氏改为金氏。

四是除上述三支外，还有六个来源：（一）南北朝时羌族中有金姓；（二）唐时新罗国有金姓。新罗国（今朝鲜半岛）王姓金；（三）明永乐年间，成祖伐漠北，蒙古王子也先土干，率妻子部署来降，赐姓金氏；（四）元时有金覆祥，其先本为刘氏，后改为金氏；（五）清代文学评论家金圣叹，本姓张，后改姓金氏；六是清代爱新觉罗子孙中多有姓金的。

得姓始祖

金姓的姓源较多，最早的一支源于上古时的少昊帝，即东汉应劭《风俗通义》所云：金姓是“少昊金天氏之后”。少昊是古代东夷族首领，东夷族以鸟为图腾，他曾以鸟名为官名，设有工正和农正，管理手工业和农业。相传他因修太昊之法，故曰少昊，按照古人的五行学说，土生金，他以金得王，故号为金天氏。《帝王世纪》上说：少昊自穷桑登帝，后徙曲阜。穷桑在今山东曲阜市北。少昊的子孙中，有一支简化他的号“金天氏”而为姓氏，就是金氏。自此，少昊成了金姓的得姓始祖。

迁徙分布

金氏是一个非常典型的多民族、多源流姓氏群体，金氏姓源较多，发源地主要有山东和陕西及浙江、江苏等地。

先秦时，金姓的活动仅有点滴资料，秦汉以后，金姓活动地区很快扩展到西北、东北、中原和江浙闽地区，河南一直是金姓的活动中心。到唐宋时期，由于中国人口重心的南迁，金姓的重心向东南移动，最终形成今天的以河南和江浙为主要聚集地的分布格局。

宋朝时期，金姓在全国的分布主要集中于安徽、湖南、河南、浙江、江西等省，集中全国金姓人口的九成，全国形成了以皖南为中心的皖、湘、豫、浙、赣金姓聚集地。

明朝时期，金姓在全国的分布主要集中于浙江、江苏两省。宋元明时期，金姓的分布总格局变化较大，其人口主要向东南地区迁移。全国的金姓聚集区仍在江南地区，但金姓的人口重心向东漂移。

金姓在《百家姓》中排行第 29 位，在当今姓氏排行榜上名列第 69 位，属于大姓系列，人口约 467.6 万，约占全国人口总数的 0.29%。

历史名人

金日磾（mì dī）（前 134～前 86），字翁叔，是驻牧武威的匈奴休屠王太子，汉武帝因获休屠王祭天金人故赐其姓为金。汉代少数民族政治家。后元二年（前87），汉武帝病重，托霍光与金日磾辅佐太子刘弗陵，并遗诏封秺（dú）侯。昭帝即位后，他担起了辅佐少主的重任，鞠躬尽瘁，死后被封为敬侯，陪葬茂陵。金日磾在维护国家统一和社会安定方面建立了不朽的功绩。他的子孙后代因忠孝显名，七世不衰，历时130多年，为巩固西汉政权、维护民族团结做出了重要贡献。

金履祥（1232～1303），字吉父，号次农，自号桐阳叔子，兰溪（今浙江兰溪）人。宋、元之际的学者。从小好学，初受学于王柏，后又学于何基，造诣益深，凡天文、地形、礼乐、田乘、兵谋、阴阳、律历之书，无不精研。为“浙东学派”“金华学派”的中坚，“北山四先生学派”的主要代表人物之一，学者尊称为仁山先生。在“金华四先生”中，他对于经学和史学的研究成绩最著。著有《尚书注》《大学疏义》《论语集注考证》《孟子集注考证》等，编有《濂洛风雅》。

金圣叹（1608～1661），字圣叹，别号鲲鹏散士，明亡后改名人瑞，苏州吴县人。明末清初著名的文学家、文学批评家。幼年生活优裕，博览群籍，后父母早逝，家道中落。他为人狂放不羁，能文善诗，因岁试作文怪诞而被黜革，后应科试。改称金人瑞考第一，但绝意仕进，以读书著述为乐。好谈《易》，亦好讲佛，常以佛诠释儒、道，论文喜附会禅理。代表作《沉吟楼诗选》评点古书甚多，如《水浒传》《西厢记》《左传》等书及杜甫诸家唐诗都有评点。称《庄子》《离骚》《史记》《杜诗》《水浒》《西厢》为“六才子书”。

金农（1687～1763），字寿门等，号冬心先生等，钱塘（今浙江杭州）人。清代书画家，“扬州八怪”之首。嗜奇好学，工于诗文书法，诗文古奥奇特，并精于鉴别。书法创扁笔书体，兼有楷、隶体势，时称“漆书”。53岁后才工画。其画造型奇古，善用淡墨干笔作花卉小品，尤工画梅。晚寓扬州，卖书画自给。好游历，布衣终身。代表作《东萼吐华图》《空捍如洒图》《腊梅初绽图》等。

金农：首创“漆书”

康熙、乾隆时代的书法界，正是“帖学”一统天下。金农和郑燮等人卓然树起叛逆的大旗，成为清代书道中兴的领风骚者。金农的书法艺术和他的绘画一样，以古朴浑厚见胜，有“求拙为妍”的艺术特点。从传世书迹来看，其隶书苍古奇逸，正书朴厚歧出，行书健劲潇洒，影响最大的还是他首创的漆书。

“漆书”这个词的来源，一是头粗尾细，似其形耳；二是宋代大书法家米芾在评自己的书法时说：“臣书刷字。”可知“漆书”是指一种特殊的用笔用墨方法。

金农写漆书，所用的墨是自选墨烟所造的“五百斤油”。“金农墨”浓厚似漆，“谛视之，纸墨相接之处仿佛有毛，幽光徐漾”。写出的字凸于纸面，稍一触指即为墨染。所用毛笔，是“截取毫端”，平扁如刷，蘸以浓墨，行笔只折不转，如漆刷之运作。

用这种方法写出的字，看似粗俗简单，无章法笔意可言，其实是大处着眼，剔除细节，直取磅礴气韵。那险峻雄奇的构局，浑朴钝拙的金石趣，都融合在黑、厚、重、凝的格调之中。

石　姓

石姓源出有三：

一是出自姬姓，为石碏(què)之后裔。石碏是春秋时期康叔的六世孙卫靖伯之列，卫国的贤臣，世称卫大夫。因大义灭亲，为世人称道。石厚的儿子，石碏之孙骀仲，后来以祖父的字命氏，称石氏，史称石氏正宗。

二是据《唐书》所载，为“昭武九姓”之一。当时祁连山北昭武城（今甘肃临泽境内）有康居国，后为匈奴击败，迁至中亚阿姆、锡尔两河流域，成立了康、安、曹、石、米、何、史、火寻、戊地九个小国，称为“昭武九姓”。唐高宗永徽年间，九姓先后归附内地。其中有石氏。石国故地在今乌兹别克斯坦塔什干一带。

三是南北朝时鲜卑族复姓所改。据《魏书·官氏志》载，北魏有代北三字姓乌石兰氏，进入中原后改为单姓石氏。又据《后赵录》载有冉闵改姓石氏为石闵。《北史》载，娄氏有改姓石氏。

得姓始祖

春秋时，康叔的六世孙卫靖伯有个孙子叫公孙碏，字石，又称石碏，是卫国的贤臣。卫桓公二年（前735），其弟州吁骄奢被桓公撤去将军之职，出奔国外。十几年后，州吁领着党徒潜回国内，刺死桓公，自立为君。石碏之子厚也参与了密谋，被拜为大夫。后石碏把州吁和石厚骗到陈国，又暗中给陈桓公写了一封密信，信上说：“卫国褊小，老夫耄矣，无能为也。此二人者，实弑寡君，敢即图之。”所以，州吁到陈国后，立即被抓了起来，后来，石碏命人杀州吁、石厚于陈，然后迎立桓公之弟公子晋为国君。《春秋》称赞石碏说：“石碏纯臣也，恶州吁而厚与焉，大义灭亲，其是之谓乎？”厚的儿子骀仲，以祖父的字命氏，称石氏，史称石姓正宗。自此，石碏就成了石姓的得姓始祖。

迁徙分布

秦、汉两朝以前，石氏族人主要在黄河中下游地区繁衍，同时有部分人徙居江南。

汉朝时期，石氏族人已播迁至今山东省北部、河北省南部，及河南境内的黄河以北地区，并很快成为石氏族人早期的繁衍中心。

魏晋南北朝时期，昌盛为渤海、平原两大郡望，这两大郡望的石氏族人都是石碏的后裔，他们尊石碏之裔孙石奋为开基祖。另

外，石氏族人在北方还有三大聚居点，即武威、上党、河南三大郡望。其中上党石氏族人是十六国时后赵石勒的后裔，河南石氏是鲜卑乌石兰氏的后裔。平原石氏族人在唐元和年间(806—820)以前已徙居广陵(今江苏扬州)，而河南石氏也有部分在唐元和年间以前徙居虢州(今河南灵宝)。

唐朝初期，有石氏族人自河南固始随陈政、陈元光父子入闽开漳并落籍，唐天成四年(929)，石琚自安徽寿县徙居福建同安，其后散居闽粤各地。

五代十国时期，石氏族人在福建地区形成闽南望族。

宋、元两朝以后，石氏族人已遍及江南大部分地区。

明朝初洪武年间，石氏作为洪洞大槐树迁民姓氏之一，被分迁于山东、河北、河南、北京、天津、陕西、甘肃等地。此际，有石玉全在福建南靖永丰里开基，其后子孙有许多人去台湾，进而又远播海外。

石姓在《百家姓》中排行第188位。在当代中国姓氏人口排名中，石姓排名第63位。人口约420万，约占全国人口的0.35%。如今，石氏族人分布以四川、河北、山东、陕西、辽宁、河南等省为多，这六省石氏约占全国汉族石氏人口的63%。

历史名人

石崇(249～300)，字季伦，渤海南皮(今河北南皮东北)人。西晋时期文学家、大臣、富豪，“金谷二十四友”之一。早年历任修武县令、城阳太守、散骑侍郎、黄门郎等职，吴国灭亡后获封安阳乡侯。后任南中郎将、荆州刺史、南蛮校尉、鹰扬将军。其后任徐州刺史、卫尉等职。在任上劫掠往来富商，因而致富。生活奢侈，因与王恺斗富，后来遭人妒忌被杀。著有《金谷园》十卷、《思归吟》《大雅吟》等。

石涛(1642～约1707)，本姓朱，名若极。字石涛，又号苦瓜和尚等，广西全州人。清代画家，中国画“一代宗师”。幼年遭变后出家为僧，法名原济。半世云游，以卖画为业。早年山水师法宋元诸家，画风疏秀明洁，晚年用笔纵肆，墨法淋漓，格法多变，尤精册页小品；人物生拙古朴，别具一格。工书法，能诗文。存世作品有《搜尽奇峰打草稿图》《山水清音图》《竹石图》等。著有《苦瓜和尚画语录》。

石达开(1831～1863)，小名亚达，绰号石敢当，广西贵县(今贵港)客家人。太平天国名将，近代中国著名的军事家、政治家、武学名家。16岁“被访出山”，19岁统率千军，初封“左军主将翼王”，天京事变曾封为“圣神电通军主将翼王”，军民尊为“义王”。32岁死于成都。一生轰轰烈烈，为后世所传颂。

名人故事

王恺与石崇斗富

石崇曾与贵戚晋武帝的舅父王恺以奢靡相比。王恺饭后用糖水洗锅，石崇便用蜡烛当柴烧；王恺做了四十里的紫丝布步帐，石崇便做五十里的锦步帐；王恺用赤石脂涂墙壁，石崇便用花椒。晋武帝暗中帮助王恺，赐给他一棵二尺来高的珊瑚树，枝条繁茂，树干四处延伸，世上很少有与它相当的。王恺把这棵珊瑚树拿来给石崇看，石崇看后，用铁制的如意随手敲下去，珊瑚树立刻碎了。王恺感到很惋惜，认为石崇是嫉妒自己的宝物，石崇说：“这不值得发怒，我现在就赔给你。”于是命手下人把家里的珊瑚树全部拿出来，这些珊瑚树的高度有三四尺，树干枝条举世无双而且光耀夺目，像王恺那样的就更多了。王恺看了，露出失意的样子。

豆粥是较难煮熟的。可石崇想让客人喝豆粥时，只要吩咐一声，须臾间就热腾腾地端来了；每到寒冷的冬季，石家却还能吃到绿莹莹的韭菜碎末儿，这在当时可是件怪事。石家的牛从形体、力气上看，似乎不如王恺家的，可说来也怪，石崇与王恺一块儿出游，

抢着进洛阳城，石崇的牛总是疾行若飞，超过王恺的牛车。这三件事，让王恺恨恨不已，于是他以重金贿赂石崇的下人，问其所以。下人回答说："豆是非常难煮的，先预备下加工成的熟豆粉末，客人一到，先煮好白粥，再将豆末投放进去就成豆粥了。韭菜是将韭菜根捣碎后掺在麦苗里。牛车总是跑得快，是因为驾牛者的技术好，对牛不加控制，让它撒开欢儿跑。"于是，王恺仿效着做，遂与石崇势均力敌。石崇后来知道了这件事，便杀了告密者。

戴　姓

姓氏起源

戴姓源出有三：

一是出自子姓，为商汤的后裔，以谥好为氏。据《元和姓纂》及《古今姓氏书辩证》所载，周初，周公旦在平定"管蔡之乱"后，封商朝末代君主帝纣之庶兄子启（子姓）于商的旧都（今河南商丘南），建立宋国。宋国第十一位君主（前 799 年～前 766），史佚其名，死后被谥为戴公。戴公传子宋武公司空（前 765～前 748）其子孙遂以谥号"戴"为氏，是为河南戴氏。

二是出自姬姓，以国为氏。据《通志·氏族略》及《左传》所载，春秋时有戴国，为姬姓诸侯国，在今河南民权东，一说在河南兰考。隐公十年（前 713）亡于郑国，一说亡于宋国。其族人遂以国名"戴"为氏。

三是据《鼠璞》所载，殷氏有改为戴姓的。武王灭商后，有不少殷遗族以国为氏，称殷氏，其后就有改姓戴的。这一支戴氏也是出自河南。

得姓始祖

西周初年，周公旦在平定武庚之乱后，封商朝末代君王帝辛（纣）之庶兄微子启于商的旧都，建立宋国，定都商丘。宋国第十一位君主（前 799～前 766 年在位）死后谥号曰戴公，其庶子以王父谥号为氏，称戴𢩨。后世亦沿用戴姓，并尊戴𢩨为戴姓的得姓始祖。

迁徙分布

戴氏是一个多民族、多源流的姓氏，先秦时期，戴氏世为宋国上卿，活跃在河南地区。

秦汉时期，戴姓向东迁移到安徽、山东、江苏、浙江等地。

三国两晋南北朝时期，戴姓在长江三角洲地区广为分布，并向西散播到湖北等地。

唐朝时期，戴姓在华北、西北、四川等地有定居点，中原几次南下移民潮中，戴姓进入福建、广东等地区，清初进入台湾省。

宋朝时期，全国以浙江为中心向西、向北散发，形成浙、赣、湘、鄂、苏、豫、鲁七省连成一片的戴姓人口聚集区。

明朝时期，在全国的分布仍主要集中于浙江、江西，约占戴姓总人口的 46%。宋元明期间，戴姓人口主要由北方向东南迁移。由于戴姓的主体早已进入江南，在这期间得到稳定和发展，人口繁衍迅速。全国仍以浙江为中心向三个方向散发，形成了浙、赣、鄂、皖、苏、鲁、闽七省连成一片的戴姓人口聚集区。戴姓的重心开始向北面的江苏移动。

戴姓在《百家姓》中排行第 116 位，在当今中国姓氏排行榜上名列第 64 位，人口约 449.2 万，约占全国人口总数的 0.33%。

历史名人

戴逵（？～396），字安道。谯郡铚县（今安徽濉溪）人。东晋学者、画家、雕塑家。戴逵终生不仕，初就学于名儒范宣，博学多才，善鼓琴，工人物、山水，坚拒太宰武陵王召其鼓琴之命，王徽之曾雪夜访之，到门未入，孝武帝时累征不就。他曾为会稽山灵宝寺作木雕无量佛及偕侍菩萨，又为瓦官寺塑五世佛，和顾恺之的壁画《维摩诘像》、狮子国（斯里兰卡）送来的玉佛，共称“瓦官寺三绝”。他反对佛教的因果报应说，著有《释疑论》。

戴震（1724～1777），字东原，安徽休宁人。清代语言文字学家、哲学家、思想家。他博闻强记，对天文、数学、历史、地理都有研究。他精通古音，立韵类正转旁转之例，创古音九类二十五部之说及阴、阳、入对转的理论，对经学、语言学有重大贡献，为一代考据大师。梁启超称之为“前清学者第一人”，梁启超、胡适称之为中国近代科学界的先驱者。一生先后撰成《筹算》《勾股割圆记》《六书论》《尔雅文字考》及《考工记图注》等著作。

戴衢亨（1755～1811），字荷之，号莲士，大庾（今江西大余）人。清朝政治家。戴第元之子。乾隆四十三年（1778）戊戌殿试一甲一名（状元），授翰林院修撰。选任文衡，累主江南、湖南乡试。嘉庆初年，凡大典须撰拟文字，皆出自其手。从政谨饬清慎，颇有远见，为嘉庆时重臣。历任侍读学士、军机大臣、体仁阁大学士等职。与父第元、叔均元、兄心亨，均显赫于朝，合称“西江四戴”。著有《震无咎斋诗稿》。

名人故事

戴震：难师

戴震自幼聪敏，过目成诵。十岁时日读书数千言不休。

某日，读《大学章句》至“右经一章”以下，问私塾老师说：“此何以知其为‘孔子之言而曾子述之’？又何以知其为‘曾子之意而门人记之’？”

师应之曰："此朱文公所说。"

戴震接着问道："周朝离宋朝有两千年之遥，为什么朱子能知道这些事呢？"

问得老师无言以对，其师不禁赞叹："此非常儿也。"

贾　姓

姓氏起源

贾姓源出有二：

一是出自姬姓，为贾伯之后。据《元和姓纂》及《新唐书·宰相世袭表》所载，西周时，周成王的弟弟唐叔虞，因"桐叶封弟"的缘故，在周公灭唐（今山西翼城西）后，被封于唐，包括以前夏代建都地区（今山西夏县北），并赏给怀姓九宗。自此，唐叔虞成了后世唐、何、杨、温、韩等许多姓氏的始祖。燮即位后，改称晋侯，是为晋国。在周公分封唐叔虞于唐后不久，唐叔虞的少子公明又被成王之子康王封于贾（今山西襄汾西南），名义上是唐国的一个附庸，号为贾伯。春秋时，贾国为晋所灭，贾伯公明的后裔以国为氏，称贾氏，是为山西贾氏。

二是出自狐偃之后。据《姓氏考略》等所载，春秋时，晋文公重耳灭贾国后，晋襄公便把贾地赏给辅佐晋文公称霸的狐偃之子狐射。射字季他，故又称贾季、贾他。襄公去世后，在立襄公的哪个弟弟为君上发生了争斗。贾季为避祸便逃亡翟国，其子孙便以贾为姓，称贾氏。

得姓始祖

据有关资料所载，周成王的弟弟唐叔虞因"桐叶封王"的缘故，在周公灭唐（今山西翼城西）之后，得封地于唐，包括以前夏代建都地区安邑（今山西夏县西北），并获赏怀姓九宗。不久，成王的儿子康王即位，叔虞的少子公明亦被当天子的堂兄封于贾（今山西襄汾西南），为唐国的附庸国，同时公明即号称贾伯。春秋时贾国被晋国吞并，贾伯公明的后裔遂以国为氏，称为贾氏。贾公明被尊为贾姓的得姓始祖。

迁徙分布

贾姓是一个典型的多民族、多源流姓氏。

先秦时期，贾姓活跃于山西、河南、河北、山东地区。两汉时期，由于中原战争频繁，贾氏西奔陕西、甘肃，北移河北。两晋南北朝时在华北地区已经遍布了贾姓，其中一支渡过长江进入了江苏、浙江、安徽、江西等地。唐宋时期，贾姓移居四川和福建。

宋朝时期，贾姓在全国的分布主要集中于河北、四川、河南，其次分布于山东、浙江、陕西、山西。其中，冀、豫、鲁，四川是两个贾姓人口聚集地区。

明朝时期，面对战乱和屠杀，贾姓人口受到了惨重的损失。宋元明时期，贾姓的分布总格局发生了变化，其人口主要由北方向西部和东部迁移，全国形成了华北地区贾姓人口聚集区。

贾姓在《百家姓》中排行第 137 位，在当今中国姓氏排行榜上名列第 45 位，人口约 455.3 万，约占全国人口总数的 0.42%。

历史名人

贾谊（前 200～前 168），洛阳（今河南洛阳）人，西汉政论家、文学家，世称贾生。少有才名，18 岁时就以能读诗书、善文章而为郡人所称道。文帝时，被推荐为博士，又迁大中大夫，后为梁怀王太傅。曾多次上书，批评时政，建议用“众建诸侯而少其力”的办法削弱诸侯王势力，巩固中央集权。主张重农抑商，“驱民而归之农”，并力主抗击匈奴贵族的攻掠，所著政论有《陈政事疏》《过秦论》等。其辞赋皆为骚体，形式趋于散体化，是汉赋发展的先声，以《吊屈原

赋》《鹏鸟赋》最为著名。

贾逵(30～101),字景伯,扶风平陵(今陕西咸阳西北)人。东汉著名经学家、天文学家。贾逵一生,著作等身,所撰经传义诂及论难达百余万言,又作诗、颂、诔、书、连珠、酒令凡九篇,“学者宗之”,被称为“通儒”。所著《经传义诂》《认难》等百余万言,在学术界垂名不朽。

贾诩(147～224),字文和,武威姑臧(今甘肃武威)人。三国时期魏国著名军事家、谋士,被称为鬼才。原为董卓部将,董卓死后,献计李傕、郭汜反攻长安。李傕等人失败后,辗转成为张绣的谋士。张绣曾用他的计策两次打败曹操,官渡之战前他劝张绣归降曹操。黄初元年(220),曹丕称帝,封其为太尉、魏寿乡侯。《唐会要》尊其为“魏晋八君子”之首。贾诩精通兵法,著有《钞孙子兵法》一卷,并为《吴起兵法》校注。

贾思勰(生卒年不详),山东益都人。北魏杰出农学家。曾任北魏高阳郡太守。他从小对农业知识很感兴趣,向农民学习了大量农业知识。后来他得到朝廷重用,指导农业生产,取得很好的效果。晚年,贾思勰辞官回家,以文献中搜集到的资料和访问老农及自己观察、实验的心得,边耕种边著书,历时 11 年,完成《齐民要术》一书,被誉为“中国古代农业百科全书”。贾思勰也被人们誉为“农圣”。

贾岛(779～843),字阆仙,范阳(今河北涿州)人。唐代著名诗人。早年贫寒,落发为僧,法名无本。19 岁云游,结识孟郊、韩愈等。还俗后屡举进士不第。唐文宗时任长江主簿,故被称为“贾长江”。其诗精于雕琢,喜写荒凉、枯寂之境,多凄苦情味,自谓“两句三年得,一吟双泪流”。“推敲”的典故就出自其诗句“僧敲月下门”,有《长江集》十卷,录诗 370 余首。

贾岛:推敲诗句

贾岛作《题李凝幽居》诗:“闲居少邻并,草径入荒园。鸟宿池边树,僧敲月下门。过桥分野色,移石动云根。暂去还来此,幽期不负言。”这诗以“鸟宿池边树,僧敲月下门”一联著称。全诗只是抒写了作者走访好友李凝未遇这样一件寻常小事。

首联“闲居少邻并,草径入荒园”,诗人用很概括的手法,描写了这一幽居的周围环境:一条杂草遮掩的小路通向荒芜不治的小园;近旁,亦无人家居住。淡淡两笔,十分概括地写了一个“幽”字,暗示出李凝的隐士身份。

“鸟宿池边树,僧敲月下门”,是历来传诵的名句。“推敲”两字还有这样的故事:一天,贾岛骑在驴上,忽然得句“鸟宿池边树,僧敲月下门”,初拟用“推”字,又思改为“敲”字,在驴背上引手作推敲之势,不觉一头撞到京兆尹韩愈的仪仗队,随即被人押至韩愈面前。贾岛便将作诗得句下字未定的事情说了,韩愈不但没有责备他,反而立马思之良久,对贾岛说:“作‘敲’字佳矣。”这样,两人竟做起朋友来。这两句诗,粗看有些费解。难道诗人连夜晚宿在池边树上的鸟都能看到吗?其实,这正见出诗人构思之巧,用心之苦。正由于月光皎洁,万籁俱寂,因此老僧(或指作者)一阵轻微的敲门声,就惊动了宿鸟,或是引起鸟儿一阵不安的躁动,或是鸟从窝中飞出转了个圈,又栖宿巢中了。作者抓住了这一瞬即逝的现象,来刻画环境之幽静,响中寓静,有出人意料之胜。倘用“推”字,当然没有这样的艺术效果了。

颈联“过桥分野色,移石动云根”,是写回归路上所见。过桥是色彩斑斓的原野;晚风轻拂,云脚飘移,仿佛山石在移动。“石”是不会“移”的,诗人用反说,别具神韵。这一切,又都笼罩着一层洁白如银的月色，更显出环境的自然恬淡，幽美迷人。

最后两句是说，我暂时离去，不久当重来，不负共同归隐的约期。前三联都是叙事与写景，最后一联点出诗人心中幽情，托出诗的主旨。正是这种幽雅的处所，悠闲自得的情趣，引起作者对隐逸生活的向往。

诗中的草径、荒园、宿鸟、池树、野色、云根，无一不是寻常所见景物；闲居、敲门、过桥、暂去等，无一不是寻常的行事。然而诗人偏于寻常处道出了人所未道之境界，语言质朴，冥契自然，而又韵味醇厚。

韦 姓

姓氏起源

韦姓源出有六：

一是出自彭姓，为颛顼高阳氏大彭之后裔，以国名为氏。据《姓纂》记载："出自颛顼大彭之后，夏封于豕韦，苗裔以国为姓，家彭城（今江苏省徐州）。"又据《元和姓纂》《新唐书·宰相世系表》载，韦姓出自颛顼高阳氏大彭之后裔，夏朝中兴少康当政时，封大彭氏的别孙于豕韦（今江苏铜山附近），豕韦国又称韦国，商时称韦伯，周襄王时始失国，迁居彭城，其子孙遂以国名为姓，称为韦氏。史称韦氏正宗，就是河南韦氏。由此可见，4 000 多年前韦氏和彭氏同出一祖。

二是出自韩姓，为汉初韩信之后裔，为避难简改为韦氏。西汉初年，功臣韩信为吕后所杀，韩信一族险遭灭门之灾，萧何暗中派人将韩信的儿子送往南粤（今广东、广西一带）躲避，韩信的儿子为了避仇，以"韩"字的半边"韦"作为姓氏，世代相传下来。

三是出自汉代西北少数民族中疏勒国。据《汉书·西域传》所载，汉代西北少数民族中疏勒国（今新疆喀什）有韦姓。

四是出自赐姓。据《唐书·桓彦范传》所载，桓彦因功受赐韦姓，其后人以韦姓自居。

五是出自其他源流。清朝时广西庆远府、贵州贵阳府定番州、湖广施南古巴地和海南东方市及仫佬、苗、瑶、水等少数民族均有韦姓。

六是出自子姓。卜辞中有子韦，商王后裔。

得姓始祖

元哲为彭祖四世孙，彭祖为颛顼五世孙，颛顼为黄帝孙。这样，元哲为黄帝十世孙，故韦氏属黄帝子孙。与钱姓、彭姓同出一宗，形成于商代初年，发源于今河南滑县。少康为夏帝时，封大彭氏国支孙元哲（彭祖四世孙）于豕韦（今河南滑县），并建立诸侯国，成为夏的同盟部落，是夏王朝的重要支持力量之一。豕韦国又称韦国，夏末时被商汤所灭，韦国王族四散出逃，其子孙后代便以原国名韦为姓，遂成韦氏。自此，元哲就成为韦姓的得姓始祖。

迁徙分布

韦姓是典型的多民族、多源流姓氏。西汉时，韦孟四世孙韦贤被封为扶阳节侯，又徙京兆杜陵，这样一来，汉代韦姓已是分布于河南、山东、陕西、山西、河北等地。

三国两晋南北朝时，韦姓人除避战乱者有南迁情况外，大部于原籍繁衍生息，“京兆郡”即在此时产生，成为以后韦姓分支的主要源头。

隋唐时期，韦姓的繁衍仍以“京兆郡”即陕西一带为盛，盛唐时韦姓名人如韦应物、韦庄皆出于“京兆”，另外，因韦姓显赫之家多居于陕西长安，而设韦曲镇，可见唐朝韦姓的主要居住地为陕西，同时，江苏、四川、安徽等地有韦姓南迁于此。

从五代十国到宋元明清漫长的历史发展中，韦姓人又有南迁者，但数量较之北方留居者仍为少数，基本上是一个典型的北方姓氏。

韦姓在《百家姓》中排行第50位，在当今中国姓氏排行第122位，约占全国汉族人口的0.11%。今日韦姓以广西、河南等省区居者最多，约占全国汉族韦姓人口的67%。

历史名人

韦贤(前148～前67)，字长孺，鲁国邹(今邹城东南)人。西汉大臣。性质朴，善求学，精通《诗》《礼》《尚书》，号称邹鲁大儒。征为博士，给事中，进宫授昭帝《诗》，迁光禄大夫詹事、大鸿胪。宣帝时，赐爵关内侯，徙为长信少府。生性淳朴，淡泊名利，一心一意专注于读书，因此学识非常渊博，兼通《礼》《尚书》等经，并以教授《诗经》著名。时人都称他为邹鲁大儒。

韦应物(737～792)，长安(今陕西西安)人。唐代诗人、文学家。早年豪纵不羁，横行乡里，乡人苦之。安史之乱起，玄宗奔蜀，流落失职，始立志读书，少食寡欲，常"焚香扫地而坐"。韦应物是山水田园派诗人，后人每以王孟韦柳并称。其山水诗景致优美，感受深细，清新自然而饶有生气。而《西塞山》景象壮阔，则显示韦诗雄豪的一面。他是中唐艺术成就较高的诗人。代表作有《滁州西涧》《观田家》等。

韦庄(约836～910)，字端己，京兆杜陵(今陕西长安东南)人。唐末五代后蜀诗人，大臣。乾宁元年(894)进士，唐初宰相韦见素之后，诗人韦应物的四代孙，唐朝花间派词人，与温庭筠并称"温韦"。词风清丽，有《浣花词》流传。曾任后蜀宰相，谥文靖。所著《秦妇吟》长诗，与《孔雀东南飞》《木兰诗》并称为"乐府三绝"。

韦庄：失爱姬

唐昭宗光化三年（900），诗人韦庄随四川宣谕和协使李询到成都以后，在王建幕下为记室。后来朱全忠称帝，他与诸将向王建劝进。王建即位，他因劝进有功，先后任左散骑常侍和吏部尚书。

王建是很器重韦庄的，韦庄也愿为王建卖力，在起初的一段时间里，相处甚为融洽。但是，后来王建做了一件使韦庄非常伤心的事，韦庄曾为之郁闷愁苦，几乎痛不欲生。

韦庄有一爱姬，容貌美丽，能歌善舞，又会写诗作文。后来被好色的王建看见，王建假借教宫内嫔妃学词为名，硬逼韦庄将她送往宫中。韦庄起先不从，后因王建催促再三，他慑于权势，只好含愤将爱姬送入深宫。

韦庄的爱姬被夺走后，他思念不已，乃作《荷叶杯》一词以寄悲思。这首词伤情凄婉，一字一泪，倾诉了生离死别之苦，人们竞相传播，盛行当时。后来终于被韦庄的爱姬知道，她本怀满腔幽怨，当读到这首词时，不禁呜咽失声，泪流满面，后竟不食而死。

《荷叶杯》词云：

“绝代佳人难得，倾国。花下见无期。

一双愁黛远山眉，不忍更思维。

闲掩翠屏金凤，残梦。罗幕画堂空。

碧天无路信难通，惆怅旧房栊。”

细细品味这首词，仍能感知韦庄惆怅凄怨之情：碧天无路信难通，惆怅旧房栊。相别，从此隔音尘。从此一别，再不相见。

夏 姓

姓氏起源

夏姓源出有四：

一是出自姒姓。相传帝尧时，鲧的妻子有莘氏女志因梦里吃了薏苡而生禹，故帝尧便赐禹以姒为姓。后来，禹治理了水患，兴修沟渠，发展农业，还领兵平定了三苗之乱，使人民安居乐业。为了表彰他的丰功伟绩，舜封他于夏（今河南登封市东），后来还把帝位传给了他。夏禹死后，其子启继位，建立了中国历史上第一个奴隶制国家——夏朝。夏立国400多年，共传十四代，十七王。后因夏帝桀暴虐无道而被商汤推翻，夏王族便以国为氏，称为夏氏。

二是出自妫姓。公元前11世纪周朝初年分封诸侯，夏禹的后裔东楼公受封于杞（今河南杞县），为杞侯。至简公时，被楚国所灭。简公之弟佗（本妫姓）出奔鲁国，鲁悼公因其为夏禹的后裔，给予采地为侯，称为夏侯（复姓），其后裔以夏为姓，称夏氏。

三是出自妫姓。以王父字为氏。西周初年，武王追封帝舜之后妫满于陈，建立陈国，建都宛丘，以奉帝舜之宗祀。史称胡公满、陈胡公。春秋时，传至第十六位君主陈宣公杵臼时，有庶子名子西，字子夏。其孙征舒以王父（祖父）之字为氏，称为夏征舒，其后遂有夏氏。

四是改赐姓或其他。台湾土著哈也湾氏改姓夏；明朝时元人齐噜台被赐名夏贵；土家、蒙古、回、满等族有夏姓。

得姓始祖

相传帝禹死后，其子启打破禅让制而即位，建立了历史上第一个奴隶制国家——夏朝。夏立国400年，共传十四代十七王，末帝

夏桀暴虐无道，国人怨恨，而此时黄帝子姓后裔商汤却因仁德深受拥戴。公元前16世纪，商汤灭夏，建立商朝，夏王族便以国为氏，称为夏姓。夏启因开国君主之位，而被奉为夏姓的得姓始祖。

迁徙分布

夏氏发源于今河南、安徽省境。早期繁衍于中原一带，并向西、向北扩展。春秋时期，夏征舒的后裔夏齿、夏区夫均仕陈国（今河南）大夫，夏御寇仕齐国（今山东淄博）大夫。

秦、汉时期，江西、江苏、浙江等南方地区有夏氏族人迁入。如西汉有夏侯婴为江苏人，夏黄公为浙江人，东汉有夏方为江西人。夏氏族人大举南迁，始于魏、晋、南北朝之际，浙江夏氏族人此期最为昌盛，故有夏氏会稽郡望之说，始祖为西晋高士夏统，此郡亦为夏氏族人发展史上最大望族。这一时期，北方夏氏族人因战乱动荡流离，相对南方，发展低迷。

唐朝时期，政清民和，夏氏族人处于一个萌生勃发时期。北方夏氏族人重振家园，发展壮大，南方则在前代基础之上，更加繁衍旺达。

宋朝以后，荣载史册的夏氏名人比比皆是。北宋有参知政事夏竦，江州德安（今江西德安）人；南宋有画家夏圭，钱塘（今浙江杭州）人。元朝有著名的画家夏迪等。明朝有夏允彝，松江华亭（今上海松江）人；画家夏昶，今江苏昆山人；宰相夏言，江西人。清朝有小说家夏敬渠，江苏人；史学家夏燮，安徽人。另外，明朝初期，有山西大槐树夏氏族人分迁于浙江、江苏、安徽、河南等地。

清朝末期有闽、粤等地夏氏族人渡海入台，后辗转新加坡等地者。总之，宋元明清时期，夏氏支脉延伸更广，且以江南一带为繁衍旺地。

夏姓在《百家姓》中排行第154位。当今中国夏姓人口约468万，约占全国人口总数的0.39%，排名第55位，主要分布在长江三

角洲一带。

历史名人

夏圭(生卒年不详),钱塘(今浙江杭州)人。南宋杰出的画家。早年工人物画,后以山水画著称。画风洒脱,糅合李唐、范宽与米芾的画法,用秃笔带水作大斧劈皴,构图多作半边或一角之景,时称“夏半边”。与马远、李唐、刘松年合称“南宋四家”。传世作品有《溪山清远图》《西湖柳艇图》《雪堂客话图》等。

夏竦(985～1051),字子乔,德安(今江西德安)人。北宋大臣,古文字学家、文学家。少年时就很有才华,出类拔萃,写诗作赋,非常敏捷。12岁时,夏竦作《放宫人赋》,援笔立成,而且赋也做得好。以文学起家,自经史、百家、阴阳、律历至佛老之书,无不通晓。曾为国史编修官,天圣辛未年(1031)进兵部侍郎、兵部尚书左丞,后迁刑部尚书、官户部尚书等,后改枢密使,封英国公。由于夏竦的文学造诣很深,所以他的很多作品都流传于后世。著有《文庄集》。

名人故事

夏竦:真宰相器也

宋真宗景德年间(1004～1007),夏竦20岁出头,应试贤良方正科,对策廷下,刚出殿门,翰林侍读学士杨徽之看他年轻且诗文小有名气,于是上前邀过夏竦说:“老夫他则不知,唯喜吟咏,愿丐贤良一篇,以卜他日之志。”并掏出吴绫手巾摊展在夏竦面前,夏竦乘兴题诗一首:“帘内衮衣明日月,殿前旌旆动龙蛇。纵横落笔三千字,独对丹墀日未斜。”杨徽之一看,点头称赞道:“真宰相器也!”

夏竦的诗在当时就有名气,为时人看重。

江休复说:“夏英公少年作诗,语意惊人,有‘野花无主傍人行’之句。”又说:“江州(今江西九江)琵琶亭诗板甚多,李卿孙唯留夏英公诗:‘年光过眼如车毂,职事羁人似马衔。若遇琵琶应大笑,何须涕泪满青衫。’”

丘(邱) 姓

姓氏起源

丘、邱姓同源，邱姓最迟出现于汉代。汉以后，偶有丘姓为避孔子圣讳，改姓邱，数量极少，故历史上邱姓名人寥寥无几，五代十国时学者邱光庭为其一。清朝雍正三年之后，这个家族大多都用“邱”为姓，源出有四：

一是出自姜姓，以地名为氏，是姜太公的后裔。西周初年，太师吕尚（姜姓，吕氏，名望）因辅佐武王灭商有功，被封于齐，建齐国，都营丘（今山东淄博东北旧临淄），号称齐太公，俗称姜太公。其子孙中后有以地为氏的，称为丘氏。史称丘姓正宗。

二是出自姒姓。夏帝少康时，封其小儿子曲烈于鄫（今河南柘城北），至周灵王时，为莒国所灭，其子孙去邑为曾氏，其后分支中就有以丘为氏者。此为曾、丘联宗之说。

三是出自妫姓，以地为氏。春秋时，陈国有宛丘，郑国有弱丘，居者皆以“丘”为氏。

四是出自他族改姓。南北朝时，北魏孝文帝迁都洛阳后，有鲜卑族复姓丘林氏、丘敦氏、丘穆棱氏改为汉字单姓丘氏。南北朝北魏王侯拓跋嗣将鲜卑王族丘敦氏·豆真始改为丘氏。见模公墓志铭：“豆真将军、镇守来国、归而命氏……”匈奴族丘林氏族改为丘、林、乔三姓，也成为河南丘氏的一部分，这些外族后来文化上汉化，成为中原的丘氏汉族。西汉初东胡族乌丸部为匈奴所灭，余部东奔内蒙古与晋冀辽相接的地区，称乌桓，乌桓山在今内蒙古阿鲁科尔沁旗西北，乌桓人有丘姓；东汉末十六国西秦时羌人中有丘姓。

得姓始祖

西周初年，姜太公吕尚作为开国功臣，被封于齐，建立齐国，定都营丘。据传，太公尊重当地人民的风俗习惯，简化君臣之礼，又鼓励百姓利用本地鱼盐资源发展生产，齐国呈现出一派祥和富足之景象，太公受到国人拥戴。后因故将营丘改称临淄，太公之子穆怀念都城故称，遂以地为氏，人称丘穆，丘穆后人遂沿用丘姓，奉丘穆为得姓始祖。因“邱”姓为“丘”姓避讳加邑旁而来，实属同源，故丘穆亦为邱姓得姓始祖。

迁徙分布

先秦时期，丘姓活动的地区主要在山东地区，后向西进入陕西地区。秦汉时，丘姓南迁到江淮地区，陕西、浙江、内蒙古等地均有丘姓。如西汉有扶风（今陕西兴平）人丘欣；汉平帝时有扶风人丘俊，持节安抚江淮，后因王莽篡位，遂留江左，居吴兴（今属浙江），后成吴兴一带望族。东汉有乌程（今浙江吴兴）人丘滕，还有云中（今内蒙古托克托县东北）人丘季智。此期，丘穆一支后人丘言封临海王，移居山东；丘和居开封府林村，丘茂平迁福建汀州上杭县。

魏晋南北朝至五代时期，丘氏除上述地区发展外，还分布于今江苏、山西、四川等省的一些地方。河南光州固始丘姓为避战乱，与林、黄、陈、郑、詹、何、胡姓（史称“入闽八族”）一同南下，初居福建莆田，后分支长汀、上杭等地。丘穆一支传至四十七世丘宏达，于东晋永和年间（345—356）迁居四川，后人又有迁河南，转福建汀州宁化等地，遂广播福建、广东省境内。另外，此时陕西扶风一带丘姓族大人众，遂成为当地名门望族。唐初又有中原丘氏随陈政、陈元光父子入闽。

宋代，丘氏称盛于福建，分布相当广泛，同时已有迁入今江西、安徽、湖南、广东、广西等地者。北宋中叶，河南丘休秀一支迁福建莆田，其子丘成实，徙广东饶平。

明代，贵州、云南等地也有丘姓聚居点。如世代执掌新添卫军事长官的丘氏家族（入黔始祖系山东即墨人丘安），出名的后裔有云贵两省第一位翰林院检讨、官右庶子的丘禾实和山海关上立有塑像、官至右佥都御史、辽宁巡抚的丘禾嘉。丘休秀后人又有迁福建长汀、上杭，转广东镇平等地者。陕西、山东、河北、河南、北京、天津等地有山西大槐树丘姓移民入居。

从清初开始，闽、粤丘氏陆续有人迁到台湾，此二地丘姓又多属丘休秀派下，后又有移居海外者。

丘姓在《百家姓》中排行第151位，在当今中国姓氏排行榜上名列第65位，人口约467.6万，约占全国人口总数的0.29%左右。

历史名人

丘处机（1148～1227），字通密，道号长春子，登州栖霞（今山东栖霞）人，道教主流全真道掌教、真人、思想家、政治家、文学家、养生学家和医药学家。在道教历史和信仰中，丘处机被奉为全真道“七真”之一，以及龙门派的祖师。他为南宋、金朝、蒙古帝国统治者以及广大人民群众所共同敬重，并以74岁高龄而远赴西域劝说成吉思汗止杀爱民而闻名世界。

丘濬（jùn）（1420～1495），字仲深，号深庵等，广东琼山府（今海南海口）人。明代政治家、思想家。宗景泰五年（1454）进士，授翰林院编修，奉诏修《寰宇通志》，后累官至礼部右侍郎，加太子太保，兼文渊阁大学士。丘濬学问渊博，善为南曲，剧作《五伦全备记》，当时颇有影响。其诗法度严谨，风格典雅。他做官后长期从事编纂工作，曾参与修《英宗实录》《宪宗实录》《续通鉴纲目》等书。著有《大学衍义补》《丘文庄集》。

丘逢甲（1864～1912），字仙根，号蛰庵等。晚清爱国诗人、教育家、抗日保台志士。1887年中举人，1889年己丑科同进士出身，授任工部主事。后返回台湾，在台中衡文书院担任主讲，后又于台湾的台南和嘉义教育新学。1895年春任义勇军统领，同年秋，内渡广东，先在嘉应州和潮州、汕头等地兴办教育，后倡导新学，支持康梁维新变法。著有《柏庄诗草》《岭云海日楼诗钞》等。

名人故事

丘处机：万里西行，一言止杀

兴定四年(1220)正月，丘处机挑选门人赵道坚、宋道安、尹志平、李志常等18名弟子离开山东昊天观，起程西去，这时他已经73岁。几个月后，到达大蒙古国统治的燕京，丘处机一行入驻玉虚观，得到当地官员的热情接待。此时，丘处机听说成吉思汗已经于兴定三年(1219)六月统兵西征中亚的花剌子模沙朝，而自己年事已高倦冒风沙，欲约成吉思汗来燕京会见，于是写了一份陈情表，令人急报成吉思汗。成吉思汗忙于西征战事，不能东到燕京，便写了诏书回复丘处机。

丘处机知道燕京会见不可能，便于兴定五年(1221)春天继续西行。当时刘仲禄欲为成吉思汗挑选美女，丘处机当即劝阻。他说："春秋时期齐景公为了削弱鲁国，派人挑选美女80人送给鲁定公。定公与国相季氏朝欢暮乐，朝政日衰，孔子为此指责定公：'君相沉溺于声色，国家何以图强？'"后成吉思汗知悉而罢选。

四月出居庸关，途经漠南和中亚地区，在漠北草原拜会铁木哥斡赤斤后一路西行，途经镇海城时接纳田镇海的建议留下宋道安、李志常等9名弟子修建栖霞观，然后再经回纥城、昌八剌城、阿里马城、赛蓝城，于同年冬天抵达撒马尔干。

兴定六年(1222)四月，丘处机途经铁门关抵达"大雪山"(今兴都库什山)八鲁湾行宫觐见成吉思汗，实现了龙马相会(成吉思汗属马，丘处机属龙，行程35 000里)。成吉思汗称他为"神仙"。同年秋冬，成吉思汗三次召见丘处机，询问治国和养生的方法，丘处机向他以“敬天爱民”、减少屠杀、清心寡欲等为回应。及后，成吉思汗下诏耶律楚材将这几次的对话编集成《玄风庆会录》。

元光二年（1223）春天，丘处机向成吉思汗辞行，成吉思汗下诏豁免全真道的赋役，并沿途派兵护送，一行人于冬天抵达宣德府。跟随丘处机一路西行的 18 名弟子之一的李志常，根据一路上的西行见闻，后来写成《长春真人西游记》一书，具有重要的史料价值。

方　姓

姓氏起源

方姓源出有二：

一是出自姬姓，以字为氏。西周后期宣王时有大夫方叔（姬姓，字方叔），因功受封于洛（今河南洛阳），他的子孙以他的字为氏，称方氏。史称方姓正宗。

二是出自方雷氏及方相氏之后裔。神农炎帝十一世孙即八代帝榆罔长子曰雷，黄帝伐蚩尤时，雷因功被封于方山（今河南禹州），雷受封于方山后，称方雷氏，子孙以地为氏，分为雷姓和方姓，到西周宣王时，方雷子孙中有一位叫方叔的将军，智勇过人，奉命南征，平定过荆蛮的叛乱，为周室的中兴立了大功。因此，后世不少方姓宗谱采用了“周大夫方叔之后”之说。

得姓始祖

姬方雷为炎帝神农氏第九代孙。黄帝伐蚩尤时，双方激战于涿鹿，雷奋勇杀敌，将生死置之度外，佐黄帝剿除蚩尤立下大功。战争胜利后，黄帝论功行赏，雷被封于方山（今陕西陇县）。夏代时，其部落迁至今河南叶县南、方城东北一带，其后子孙有以封邑为氏者，称方姓，他们尊姬方雷为方姓的得姓始祖。

迁徙分布

方氏是一个典型的多民族、多源流姓氏，方氏族人最早以河南为发祥地，后来南方各地出现的方氏族人有些成为望族，均是河南方氏族人向南播迁的结果。

先秦时期，方姓活动于河南，但一直不活跃。直到西汉末年，方姓东迁安徽北部后，开始发达起来，形成了大族。唐朝时，方姓已经分布于中原、华东和江南各地。方姓一直以中原为中心，多次南下移民，唐宋时期，方姓的足迹出现在海南、广东、福建等地，清初进入台湾。

宋元明期间，方姓的分布总格局变化较大，其人口主要由北向东南部、由南向北迁移，全国重新形成了以浙江为中心，向四周散发的方姓分布特点，方姓人口重心由东南向北移动。

如今在全国的分布主要集中于安徽、浙江、河南三省，全国形成了豫鄂皖浙、闽粤两块方姓聚集区域。

方姓在《百家姓》中排行第56位，在当今中国姓氏排行榜上名列第63位，人口约504.6万，占全国人口总数的0.31%左右。

历史名人

方孝孺（1357～1402），字希直，一字希古，号逊志，浙江宁海人。明代大臣、学者，文学家、散文家、思想家。幼年机警敏捷，每天读书超过一寸厚。乡亲们称他为“小韩愈”。曾以“逊志”命名其书斋，因其故里旧属缑城里，故称“缑城先生”；又因在汉中府任教授时，蜀献王赐名其读书处为“正学”，亦称“正学先生”。方孝孺的政论文、史论、散文、诗歌俱佳，绝大部分收集在《逊志斋集》中。其文学作品，如《蚊对》《指喻》《越巫》《鼻对》《吴士》《越车》等，都有其特色。

方学渐（1540～1615），字达卿，号本庵，桐城（今安徽桐城）人，明代著名学者。明代中叶桐城学术领头人，东林党魁。为诸生祭酒二十余。领乡荐，弃去，专事讲学。以子大镇贵，赠大理寺少卿。方学渐著有《迩训》二十卷，《桐彝》三卷，及《心学宗》等，均入《四库总目》并传于世。

方苞(1668～1749)，字灵皋，晚年号望溪等，安庆府桐城县（今安徽桐城）人。清代散文家，桐城派散文创始人，与姚鼐、刘大櫆合称“桐城三祖”。自幼聪明，四岁能作对联，五岁能背诵经文章句。二十四岁至京城，入国子监，以文会友，名声大振，被称为“江南第一”。康熙四十五年(1706)进士及第。康熙六十一年(1722)，充武英殿修书总裁。雍正十一年(1733)，提升为内阁学士，任礼部侍郎，充《一统志》总裁、《皇清文颖》《三礼书》副总裁。

方克猷(1870～1907)，字子壮，号凤池，浙江临安（今浙江杭州）人。清代著名数学家。年少时聪慧过人，品性端方，七岁束发受经，过目成诵，他父亲对他督教也很严厉。他“年十二应童子试，以第一名入泮（即秀才）”。十三岁补县学生员，十五岁选拔贡，七试皆冠其曹。光绪十六年(1890)，二十岁赐进士出身，任刑部主事。为官清正，爱恤百姓，忧国思振，赞成变法维新。著有《方子壮数学》《圆锥曲线说》《尖锥术解》《尖锥术衍》等，被当时数学界誉为“几何大家”。

名人故事

方克猷：少年才俊

清朝末年，腐朽的清王朝已濒临崩溃，但科举取士的制度还在沿袭，直到光绪三十一年(1905)，推行学校教育才废除科举制度。1882年，年方十二岁的方克猷在家乡于潜应童子试，结果以第一名考中秀才。主考的县宰见他年少，有意再考考他，便出一上联：“方元鼓打到更楼太阳来哉”，要方克猷迅速应对，因为方克猷是方元人，更楼、太阳都是与方元紧密相连的于潜县地名，所以出此上联。

不料少年方克猷才思敏捷，不慌不忙随即吟出下联：“藻溪鱼跳过横塘化龙去矣。”这下联中的藻溪、横塘、化龙也是与方克猷毗邻的于潜县地名，对得如此工巧，可谓天衣无缝，深得县宰的赏识，四邻八乡自然也传为美谈。

邹 姓

姓氏起源

邹姓源出有五：

一是出自姒姓，为越王勾践驺氏之后所改。据《史记·东越传》所载，闽越王无诸及越东海王摇，皆为越王勾践之后，姓驺，据有关学者考证，驺亦作邹。

二是出自子姓，为商纣王微子启之后，以邑名为氏。

三是出自曹姓，为颛顼帝后裔挟（曹姓）之后，以国名为氏。据《说文解字》及《姓氏考略》所载，上古时有邾娄国为颛顼帝后裔曹挟所建，战国时鲁穆功改邾娄国为邹国（今山东邹平）。后来邹国被楚国所灭后有邹氏，亦称为山东邹氏。

四是出自蚩尤之后，以地名为氏。据《拾遗》所载，黄帝在打败蚩尤以后，迁其遗民至邹屠，其子民根据地名命名为邹屠氏，后简为邹氏。

五是出自其他民族。今满、回、土家、苗等族均有邹姓。

得姓始祖

据《史记·殷本记》及《元和姓纂》所载，邹氏为商纣王微子启的后代。微子启乃商纣王的庶兄，本应承继帝位。公元前11世纪，周武王克商灭纣，封子于宋地立国，定都商丘，以供奉商汤的宗祀。微子薨后，其弟衍继位，是为微仲，又传至其曾孙愍公，愍公有孙名考父，历仕宋国戴公、武公、宣公三朝，食采于邹邑，其五世孙叔梁纥时，以邑名邹为氏，是为邹姓，他们尊微子启为邹姓的得姓始祖。

迁徙分布

先秦时期，邹姓人主要活动在山东地区。邹为楚灭后，邹姓开始向河北一带迁衍，后逐渐称盛于范阳一带。古时的范阳，即今北京昌平、房山及河北省涿州一带。西汉以后，邹姓的一支自河北范阳迁居河南邹坊，成一大聚落。

魏晋南北朝时，北方烽火连天，称盛于古时范阳一带的邹姓，首当其冲身受其害，他们也同北方其他士族一起，避祸南迁于江、浙一带，后又散居于闽粤一带。

唐代是邹姓南徙最频繁的时期。唐初，有府兵队正邹牛客，随陈政、陈元光父子入闽开漳并落籍定居。唐德宗贞元末年（805 年左右），邹垣自安徽当涂迁江西南昌新吴驾山，其后不久，为避黄巢之乱，邹垣又举家迁闽，其后子孙繁衍，分居邵武等县。唐末，有光州固始人邹磐、邹勇夫随王潮、王审知入闽，其中邹勇夫曾镇守归化镇（今福建泰宁），其子邹相遂家于当地。

南宋时，邹应龙自泰宁迁居长汀上堡乡，其子殿八郎，移居清溪（今福建安溪）社蕉坑。殿八郎生五子，散居闽粤各处，次子邹德宏，迁至广东长乐（今五华县）象岭开基，子孙居华阳、玉磨两乡，并有迁居广东之梅州、揭阳、广西之平乐者。宋代以后，今福建之泰宁，邹姓更是族大人众，是当地名望地位较高的家族。此际，邹姓在南方各地得到了进一步的推进，已广泛分布于今江西、江苏、福建、浙江、湖南、广东、广西等地。

明初洪武年间（1368—1398），邹姓作为明朝洪洞大槐树迁民姓氏之一，被分迁于河南、山东、河北、江苏、浙江等地。

明清之际，邹姓已广播于江南广大地区，并有闽粤之邹姓渡海赴台，进而漂洋过海，远播海外者。

如今，邹姓在全国各地分布甚广，尤以四川、江西、山东、湖北、浙江、福建等省为多，约占全国汉族邹姓人口的68%。

邹姓在《百家姓》中排行第35位，在当今中国姓氏中排行第67位，人口较多，约占全国汉族人口的0.33%。

历史名人

邹忌（约前385～前319），一作“驺忌”，尊称“驺子”，齐国人。战国时期齐国相国。齐桓公田午时的大臣；齐威王田因齐时期，以鼓琴游说齐威王，被任相国，封于下邳（今江苏邳州西南），号成侯；后又侍齐宣王田辟疆。他曾劝说齐威王奖励群臣吏民进谏，主张革新政治，修订法律，选拔人才，奖励贤臣，处罚奸吏，并选荐得力大臣坚守四境，从此齐国渐强。

邹衍（约前324～前250），齐国人。战国时期“阴阳家学派”与“五行学说”灵魂人物。主要学说是五行学说、“五德终始说”和“大九州说”，又是稷下学宫著名学者，因他“尽言天事”，当时人们称他“谈天衍”，又称邹子。他活动的时代后于孟子，与公孙龙、鲁仲连是同时代人。著有《邹子》《邹子终始》《主运》《大圣》等。

邹伯奇（1819～1869），字一鹗、特夫等，广东南海人。清代物理学家、数学家、学者、近代科学先驱。十七岁开始研究光学。到了1844年制成照相机，因而被世人称为“中国照相机之父”。他还制造过望远镜、显微镜、七政仪等，同时又是近代墨学研究第一人。他精通天文、历法、算术。把数学应用于实际，总结中国关于几何学方面的经验，写成比较完整的几何学著作《格术补》。

名人故事

邹伯奇：君子之交

邹伯奇，字特夫，一生不贪图功名利禄。由于当时广东巡抚郭嵩焘的极力推荐，清廷曾两次召其到北京同文馆任职，邹伯奇都推辞不就。不赴科举，不迷官场，恬退自甘，他视科学研究为专笃使命，就像他的字“特夫”一样。

当地民间至今还流传一段佳话。邹伯奇一身粗布衣，手持一根长杆烟管，一身清贫打扮，步行 50 里路到九江拜见岭南大儒朱次琦。当时朱次琦正在上课，其学生看见邹伯奇落拓穷酸的样子，不禁哄堂大笑，而朱次琦却恭敬地将他迎过来，当上宾款待，学生议论纷纷，待邹伯奇落座安顿好之后，朱次琦才向学生们宣布，来客是有名的科学家邹伯奇。得知邹伯奇是步行 50 里路前来，朱次琦及其学生更是肃然起敬。

在他用自己创制的摄影器自拍的照片下，有这么一首题诗：“平常容貌古，通套布衣新。自照原无意，呼之如有神。均瞻留地步，觉处悟天真。樵占鳌峰侧，渔居泌水滨。行将年五十，乐道织纤尘。”

熊　姓

姓氏起源

熊姓源出有三：

一是出自黄帝有熊氏之后。相传黄帝生在寿丘，长于洛水，居轩辕之丘，建都于有熊（今河南新郑），又称有熊氏。

二是出自祝融八姓——芈（mǐ）姓。据《世本》《古今姓氏书辩证》及《元和姓纂》等所载，黄帝第三十六世裔孙鬻（yù）熊，道家学说的开拓者，以帝师的身份辅佐周文王姬昌，其子早卒，其曾孙熊绎以王父字为氏，称熊姓。熊绎于荆楚建立了楚国，建都丹阳（今湖北秭归南），开启了南中国八百年的江山统治（同启楚周大地，延绵八百年江山）。春秋战国时期，楚国一度强大起来，势力扩展至中原。公元前 223 年，楚灭于秦。楚君的后人多以熊为姓，称为熊氏，史称熊氏正宗，即湖北熊氏。

三是还有一支源自西周时期罗国。罗国与楚国同祖，其子孙中也有熊姓，史称罗国熊姓。

得姓始祖

鬻熊，商末人，其才高八斗，学富五车，曾为周文王之师，被封为护国侯。其先祖为黄帝，黄帝子昌意生颛顼，颛顼四世孙陆终第六子名季连，鬻熊为季连之裔孙。鬻熊曾孙熊绎以王父字为氏，称熊氏。西周成王时，封熊绎在荆楚，建立楚国，建都于丹阳（今湖北秭归东南）。春秋时，楚国一度强大，势力曾扩展到中原，为春秋五霸之一。公元前 223 年，楚为秦所灭，后人多以熊为姓，并尊鬻熊为熊姓的得姓始祖。

迁徙分布

熊氏是一个多民族、多源流的姓氏群体，熊姓发源于古时的楚国，即今湖北、湖南、江西等省，自然这一地区也成了熊姓首先繁衍的主要地区。秦汉之际，熊姓仍旧以上述地方为其繁衍发展的中心，但亦有少数散居于河南、河北、山东等地。

魏晋南北朝时，熊姓已迁入我国江南广大地区，经过长时间的繁衍发展，逐渐在湖北之江陵、江西之南昌昌盛壮大起来，并陆续有人到朝中为官，故熊姓有以“南昌”“江陵”为其郡望堂号的。

唐宋年间，熊姓后人陆续向江苏、浙江地区迁移，而南昌与江陵两地的熊姓依旧长盛不衰，人才辈出，族大人众，据北宋地理总志《太平寰宇记》所载，岳州（今湖南岳阳）四大姓中有熊姓，豫章（今江西南昌）五大姓之首为熊姓。可见在宋代时，熊姓仍广泛分布在江西南昌及湖南岳阳一带。而宋初移居福建建安（今建瓯市）等地的熊姓，也逐渐成为望族，后世出了不少名人学子。

南宋末年，元世祖忽必烈派兵征讨南宋，爱国将领文天祥拼死抵抗，但大厦将倾，非一木所能支也，故节节败退，南宋王室也从杭州出逃福建，再由福建败退广东孤岛——崖山。元兵所到之处，烧杀掳掠，百姓闻风而逃，故江浙一带之熊姓有迁福建者，再由福建入广东，以避兵火。

明初洪武年间，熊姓作为明朝山西洪洞大槐树迁民姓氏之一，被分迁于河南、山东、河北、北京、天津、江苏、安徽、陕西等省。明代以后，熊姓子孙陆续向广西、贵州、云南、四川、海南各处迁徙，并有融入苗族、水族、布依族、土家族、阿昌族等少数民族者。

到清朝，熊姓已散居全国各地，亦有闽粤之熊姓渡海赴台，进而迁居海外，侨居新加坡等国者。

如今，熊姓分布以湖北、江西、四川、湖南等省为多，约占全国汉族熊姓人口的66%。

熊姓在《百家姓》中排行第121位，在当今中国姓氏排行榜上名列第72位，人口约443万，约占全国人口总数的0.28%。

历史名人

熊朋来（1246～1323），字与可，豫章（今江西南昌）人。宋末元初著名的文学家、经学家、音乐家。南宋咸淳甲戌年（1274）进士。宋亡后，隐居乡里，传授儒学。曾任福建、庐陵（江西吉水东北）两郡教授。他博学多识，以教授《周礼》《仪礼》《礼记》"三礼"闻名遐迩。他一生致力于著述、讲学，著有《燕京志》《五经说》《魏氏乐谱》《瑟谱》等。

熊赐履（1635～1709），字敬修，又字青岳，号素九，别号愚斋，湖广汉阳府孝感人。清时大臣、政治家、一代学者。顺治十五年（1658）进士，历任国子监司业，进弘文院侍读、秘书院侍读学士、翰林院学士、内阁学士，授武英殿大学士兼刑部尚书、礼部尚书，至东阁大学士兼吏部尚书。并任修撰《圣训》《平定朔漠方略》《实录》《方略》《明史》的总裁官。著有《经义斋集》《闲道录》等。

熊赐履:政治主张与治国理念

熊赐履一生之中在政治上最为活跃、对清朝历史影响最为深远的时期,是康熙初年(1662 年起)。在激烈的满汉文化冲突中,地位并不显赫的熊赐履站在最前列。站在理学的立场上,对由四大辅臣主导的清朝政治现状提出了尖锐批判,明确提出要以儒学治国安邦。熊赐履说:“治理国家的根本要领,在于皇帝的治国理念,治国理念是政者处理各种重要事务的关键,是万事的起始,所以政府公务人员必须心正,心术不正是万万不能进入政府的。”

在康熙帝清除鳌拜集团后的数年中,熊赐履逐渐成为影响清朝政治的重要人物。他通过讲学宫中促使最高统治者系统学习儒家思想文化,着力解决清朝政治发展方向问题。

由于康熙帝年轻,可塑性强,熊赐履着力向年轻皇帝灌输儒家思想和统治方略。其核心内容是用内圣外王之道影响康熙皇帝,从确立最高统治者基本价值观念的角度明确清朝用人行政之指导思想。熊赐履讲学宫中,特别注意结合清朝政治的现实,鼓励皇帝讲求实际,躬行儒学。

除了基本思想主张外,熊赐履还向康熙皇帝灌输了大量儒家的治国之术,为康熙帝统治思想之形成奠定了坚实的基础。主要有以下几个方面:一是政治以服人心为本。二是民为邦本,休养生息。要服人心,最重要的是改善百姓生活,使其安居乐业。三是清心寡欲,临下以简。四是用人唯慎,好问好察。五是为政务实,不尚空谈。

熊赐履倡导的这种务实作风,得到了康熙皇帝的高度认同,在实践中,有助于清廷集中精力解决百姓生计问题,为百姓安居乐业创造良好的生产、生活环境。

孟　姓

姓氏起源

孟姓源出有二：

一是出自姬姓，出自春秋时期的卫国第二十八代君王之子絷，属于以先祖名字为氏。春秋时期，周朝分封的同姓诸侯国卫国，其开国之君为周武王弟卫康叔，都城在今河南境内。卫国传至第二十八代君王之子絷，字公孟，因病不得继位，让位给其叔。到了公子絷的孙子姬驱，便以祖父之字为姓氏，称公孟氏，后有省文简化为单姓孟氏者，是为河南孟氏。

二是出自公孙姓。春秋时期的鲁国公族庆父的儿子公孙敖，属于以先祖名字为氏。据史书记载，黄帝姓公孙，是少典氏部落首领的儿子。他生于寿丘（今山东曲阜），长于姬水，故又姓姬；后居轩辕之丘，因此号轩辕氏；再迁有熊（今河南新郑），也称有熊氏。

得姓始祖

庆父是个品行极坏的人，与其嫂、鲁庄公夫人哀姜私通；因哀姜没有子嗣，他与哀姜密谋，欲立哀姜妹妹叔姜所生之子子开为鲁君继承人。庄公死后，其小弟季友按照庄公的意愿立庄公之子子开，就是缗公。后来，庆父又派人杀死缗公，欲自立。因此，鲁国人非常恨他，都说："庆父不死，鲁难未已。"庆父非常害怕，逃到莒国。季友用贿赂求莒送归庆父，庆父在归国途中自杀。这时任鲁相的季友，让庆父的儿子公孙敖继承庆父的禄位。因庆父在庶子中排行老大，而"孟"字在兄弟排行次序里也是代表最大的；又为避讳弑君之罪，所以，庆父的子孙改称孟孙氏。后来，孟孙氏又简化为孟氏。庆父欺君，其子孙改姓，都发生在鲁国，鲁国建都于曲阜（今属山东），所以这支孟姓出自山东。庆父共仲虽为孟氏之始祖，但因

其三年连弑二君，罪使国内大乱，人不敢敬，而孟子系庆父后裔，且才高德重，故孟氏族人尊奉孟轲为孟氏的得姓始祖。

迁徙分布

孟氏是一个多民族、多源流的姓氏，先秦时期，孟姓最初活动于河南、山东、河北交会地区。两汉至唐朝，孟姓在华北、中原、西北、江浙、川鄂地区已有分布，但主要的活动地仍在冀鲁大地。

唐朝以后，由于北方外族入主中原，政权频繁更迭，发生了几次大规模的南下移民运动，孟姓在长江以南地区也得到迅速地扩散。

宋元明时期，孟姓主要向江南、东部、西部迁移，鲁、冀、晋为孟姓聚集区。

孟姓在《百家姓》中排行第 94 位，在当今中国姓氏排行榜上名列第 73 位，人口约 406.1 万，占全国人口总数的 0.25％左右。

历史名人

孟子（约前 372～前 289），名轲，字子舆，鲁国邹（今山东邹城）人。战国时期思想家、教育家，儒家学派的代表人物。平民出身，幼年丧父，一生所走的道路都是求学、教书、周游列国。最后他退居讲学，和他的学生一起，“序《诗》《书》，述仲尼（即孔子）之意，作《孟子》七篇”。学说上，他推崇孔子，与孔子并称“孔孟”。后世追封孟子为“亚圣公”，尊称为“亚圣”。代表作有《鱼我所欲也》《得道多助，失道寡助》和《生于忧患，死于安乐》等。

孟浩然（689～740），字浩然，号孟山人。唐代著名的田园隐逸派和山水行旅派诗人。与王维并称为“王孟”。其刚正志高，但仕途坎坷。开元二十五年（737）被张九龄招致幕府，后隐居。代表作有《夏日南亭怀辛大》《过故人庄》《春晓》《宿建德江》等。

孟郊（751～814），字东野，湖州武康（今浙江德清）人。唐代著名诗人。早年生活贫困，曾周游湖北、湖南、广西等地。46 岁时始登进士第，有诗《登科后》。贞元十七年（801），任江南溧阳尉。其代表名诗《游子吟》就是在溧阳时所作。因作诗极为严谨，往往苦思力锤，入深履险，甚至含着涩味，有“诗囚”之称，又与贾岛齐名，人称“郊寒岛瘦”。现存诗歌570多首。

孟珙(1195～1246)，字璞玉，原籍绛州(今山西新绛)人。南宋优秀的军事家、统帅，民族英雄，抗金抗蒙名将。出身将门，随父孟宗政出入行阵，屡败金军。孟珙智勇兼备，知人善任，长于驭军。南宋中期宋蒙战争爆发后，曾以一人之力统御南宋三分之二战线上的战事，由于其在抵抗蒙古军时的杰出表现，被后世军史家称为“机动防御大师”。著有《警心易赞》。

名人故事

孟轲的故事

孟轲是战国时代著名的教育家、思想家。他的成就与他母亲的严格教育是分不开的。

孟轲小时候贪玩。一天，孟母正在织布，还未到放学时间，孟轲却逃学回家。孟母见了，把孟轲叫到跟前，说：“孩子，穷人无本，力气是钱。娘每天没日没夜地辛苦织布，赚钱供你上学。可是，你却逃学。”说着，孟母拿起剪刀，“咔嚓”一声，把织布机上的绫子一刀剪断。孟轲见母亲生这么大的气，吓坏了，连忙央求说：“娘，我错了！我一定改！”

孟母见孟轲知错，指着机上的断绫说：“孩子，不管做什么事，功到才能成。你不好好上学，就跟这些断绫一样，怎么能成材呢？”明白了母亲的一片苦心后，孟轲再也没有逃过学。

孟轲在母亲的循循善诱下，勤奋学习，成了学堂里的好学生，最后成为一代大儒。

孟母施教的种种做法，对于孟轲的成长及其思想的发展影响极大。良好的环境使孟轲很早就受到礼仪风习的熏陶，并养成了诚实不欺的品德和坚韧刻苦的求学精神，为他以后致力于儒家思想的研究和发展，打下了坚实而稳固的基础。

秦　姓

姓氏起源

秦姓源出有三：

一是出自嬴姓，为颛项帝的后裔，以国名为氏。相传颛项帝有个孙女叫女修，生下了儿子大业。大业之子大费（伯益）辅佐大禹治水有功，帝舜赐他姓嬴。伯益的后人有个叫大骆的，被周孝王封在陇西秦亭，让他恢复嬴姓，称为秦嬴。秦国后来成为战国七雄之首，并统一了全国。秦灭后，王族子孙以国名作为姓氏，称为秦氏。

二是出自姬姓，为文王的后裔，以邑为氏。周公旦之子伯禽的后裔食采于秦邑，其后有以邑为姓，称秦氏，史称秦姓正宗。

三是古代大秦人来中国，有的就以“秦”为氏。大秦即罗马帝国。东汉、晋朝时，大秦皆曾遣使来中国通好，有留居不归者，以“秦”姓传也。古时西域称中国为秦，后来西方国家通称中国为支那，即“秦”音之变。

得姓始祖

大业的儿子伯益因辅佐大禹治水有功，帝舜赐他嬴姓，并把本族姚姓子女嫁给他为妻。伯益的后人非子以善于畜牧而出名，他为周孝王养育良种马，深得孝王欢心，就封他在陇西秦亭（今甘肃张家川），让他恢复嬴姓，称为秦嬴。战国时，秦孝公任用商鞅变法，国力逐渐强盛。公元前 221 年，秦王嬴政攻灭六国，统一天下，建立了中国历史上第一个封建王朝。公元前 206 年，秦朝灭亡，其王族子孙遂以国名为姓，称为秦姓。伯益从而也就成了秦姓的得姓始祖。

迁徙分布

秦姓是一个古老、多民族、多源流的姓氏群体，在中国的秦姓主要划分为两支，分别为西北的一支和东部及东南部的一支。前一支为颛顼嬴姓的后代，发源地是甘肃省天水的故秦地。

先秦时期，秦氏主要分布于今河南、陕西、山东、湖北、河北等省。

西汉初，高祖刘邦采纳娄敬的建议，迁徙关东大族充实关中，秦氏有一支自鲁徙居扶风茂陵。这支秦氏人丁兴旺，官宦众多，西汉时有秦袭等五人同时任郡守一级的官，故世号“万石秦氏”。

秦末有秦同，从刘邦击项羽有功，被封为彭侯，是山东秦氏于西汉时迁至今江苏者。

两汉至南北朝时期，秦氏还分布于今甘肃、四川、山西等省。

宋元明时期，秦氏有迁至今广西、安徽、贵州、福建、北京、上海等省市者，历清至近现代，分布地更广，还有不少人移居海外。

秦姓在《百家姓》中排行第 18 位。在当今中国姓氏排行榜上名列第 78 位，人口约 393.8 万，占全国人口总数的 0.25%左右。

历史名人

秦越人(前 407～前 310)，即战国时名医扁鹊，姬姓，秦氏，名缓，字越人，尊称扁鹊，号卢医。战国时著名医学家，居古代五大医学家之首(其余四人是华佗、张仲景、孙思邈、李时珍)。在青年时曾替贵族管理客馆，结拜了名医长桑君，得其真传，尽传其医术禁方，擅长各科，开始行医生涯。有丰富的医疗实践经验，后来医术达到了炉火纯青的地步，随之巡诊列国。遍游各地行医，擅长各科，通过望色、听声，即能知病之所在。被当时广大老百姓尊称神医，并且借用上古神话中黄帝的神医“扁鹊”的名号来称呼他。著有《难经》传世。

秦观(1049～1100)，字太虚，又字少游，别号邗沟居士、淮海居士，世称淮海先生，高邮(今江苏高邮)人。北宋文学家、官员，“苏门四学士”之一，被尊为“婉约派”一代词宗。官至太学博士，国史馆编修。著作有《淮海集》《淮海居士长短句》。

秦九韶(1208～1261)，字道古，安岳(今四川安岳)人。南宋官员、数学家。与李冶、杨辉、朱世杰并称宋元数学四大家。精研星象、音律、算术、诗词、弓剑、营造之学，历任琼州知府、司农丞。1247 年完成著作《数书九章》，被誉为“中世纪数学泰斗”。其中的大衍求一术(一次同余方程组问题的解法，也就是现在所称的中国剩余定理)、三斜求积术和秦九韶算法(高次方程正根的数值求法)是有世界意义的重要贡献，表述的一种求解一元高次多项式方程的数值解的算法——正负开方术，即开高次方和解高次方程，领先英国霍纳(1819)五百余年。

秦良玉(1574～1648)，女，字贞素，忠州(今重庆忠县)人。明朝末年著名女将。丈夫马千乘是汉伏波将军马援后人，世袭石砫宣抚使(俗称土司)。马千乘被害后，秦良玉代领夫职，率领兄弟秦邦屏、秦民屏，先后参加抗击清军、奢崇明之乱、张献忠之乱等战役，战功显赫，被封为二品诰命夫人。她是历史上唯一一位作为王朝名将被记载到史书将相列传里的女将。

名人故事

秦观：洞房三难

宋嘉祐年间，著名词人秦观、字少游，在拜访苏轼时，被聪明可爱的苏小妹所吸引。苏小妹不但精通诗词歌赋，而且联对、针线、女红无一不精，只是在“三苏”的光耀下传世之作不多，鲜为人知。秦观对苏小妹一见钟情，决意将一生的痴情尽付于小妹，以求佳偶天成。在一个帘卷西风、菊绽东篱的深秋季节，秦观与苏小妹这一对有情人终于走进了古往今来演绎了无数绝唱的婚姻殿堂。

聪慧机敏、不让须眉的小妹，决定在入洞房时和少游一比才智

高下。一来可以与心上人切磋切磋，二来也想看看情郎的窘态。于是小妹一进洞房便命丫鬟嫣红将门关上，吟出一下联请秦观对出上联："东厢房，西厢房，旧房新人入洞房，终生伴郎。"

秦观接对，深为小妹对自己的一往情深所感动，不禁脱口而道："南求学，北求学，小学大试授太学，方娶新娘。"

小妹闻听秦观吟出的上联，知道没有难住情郎，便亲自开门，招呼秦观坐在桌前，嫣红上好酒菜便关上房门悄然离去。秦观端起酒杯欲与小妹交杯，小妹轻启朱唇："秦郎若要交杯，仍需对我一联，不知愿否？"秦观深知小妹脾性，既有此意，不对不休。遂站起一揖："请小妹出联。"

"酒过三巡，交杯换杯干杯，杯杯尽在不言中。"

这下可把秦观难住了。此联意在说酒，实为寓情，妙在意会。若对此联，不仅要工，还要符合此景此意。秦观沉思良久，不得而对。小妹见他不语，也不去打搅他，只是五指在桌上点了一下。秦观回过神来，看看满桌的佳肴，恍然大悟，立时对道：

"菜过五味，形美色美鲜美，美美都在心中留。"

秦观以菜喻人，赞不露形，已羞得小妹伸过手臂，以袖遮面，喝下了这杯沁人心脾的交杯酒。待嫣红撤下酒席，已月上中天。秦观执手小妹，四目相对，喜不自胜。小妹含羞说道："红帷帐前，与郎执手，若要同寝，再对一联。"秦观知道事不过三，何况已对出二联，一股豪气顿生："有劳小妹赐联。"

"小妹虽小，小手小脚小嘴，小巧但不小气，你要小心。"

小妹一口气吐出八个"小"字，机警赞己，傲性微露，秦观不由蹙起了眉头。他来回踱步，苦吟不出，不禁暗自焦急。小妹见三更鼓罢，月移西楼，也心生悔意，只是不住地用温情的目光看着秦观。秦观见小妹不住偷瞧自己，顾盼含情，粉面娇羞，不由心动，随口对道：

"秦观年少，少家少室少妻，少见且又少有，愿娶少女。"

秦观绝非浪得虚名之辈，他凭借自己的才思，闯过了三关，终于可以入洞房和苏小妹共度良宵了。

白 姓

姓氏起源

白姓源出有二：

一是《元命苞》云："炎帝臣有白阜怪义之子，为神农通水脉，当为白姓之始。"这是白姓的一支。《新唐书·宰相世系》上说："白氏出自姬姓。周太王五世孙虞仲封于虞（山西平陆东），为晋所灭。虞之公族井伯奚作为晋国伯姬的陪嫁奴隶到了秦国，后来得到秦穆公的赏识，受邑于百里，因号百里奚。奚生视，字孟明，古人皆先字后名，故称孟明视。孟明视有二子：一曰西乞术，二曰白乙丙，其后以为氏。"白乙丙的后代以白为姓，形成了白姓的又一支。因春秋时秦国建都于雍（今陕西凤翔东南），故这支白氏起源于今陕西。

二是嬴姓。据《中国姓氏地图》显示，白姓源自嬴姓。秦武公死后，公子白未能继立，武公的同母弟德公将君位从公子白手中夺走。武公居住的故地在秦国都城雍（今陕西凤翔）附近的平阳（今陕西岐山、嚛县一带），德公把平阳封给了公子白。公子白死后，他的后人就以白为氏。

得姓始祖

白乙丙，名丙，字白乙，孟明视子，一说为蹇叔子。春秋时秦国著名将领。公元前627年，在孟明视率领下，白乙丙与兄西乞术将兵袭郑，灭滑，归途过崤山，遭晋军伏击，被歼，三将均被俘。后释放回国，白乙丙等知耻而后勇，三年后，又将兵伐晋，渡河焚船，大败晋人。白乙丙后积攻升为大夫，其后人以此为荣，遂有以其名讳为氏者，称白姓，并尊白乙丙为白姓的得姓始祖。

迁徙分布

白氏最早发源于陕西、河南一带。战国时期，河南白氏（白公胜一支）迁入陕西等地。秦朝时期，秦始皇一统天下，封大将白起之子白仲于山西太原，其子孙遂世居太原。魏、晋、南北朝之际，白仲之后形成太原郡望，进而或迁陕西韩城、渭南；或迁湖北襄阳；或迁河南洛阳，皆在当地发展旺盛。

隋代以后，白姓有更多新鲜血液注入（如“寻根溯源”所注），使得白姓家族更趋繁茂庞大。唐时白仲后裔白温，迁华州下邽（今陕西渭南东北）；白鍠居郑州（今属河南省）；白鍠之孙为唐朝大诗人白居易，晚年居洛阳（今属河南省）香山，为白姓迁洛始祖，其后代分衍河南各地，蔚为壮观。五代时，白姓迁于古时南阳，后繁衍旺盛，形成当地望族，且以“南阳”为郡望堂号。

宋元时期，有白姓族人为避金人及蒙古军队南下，纷纷徙迁南方。但总体看来，白姓仍以北方为主居地。明朝，白姓作为山西大槐树移民姓氏之一，分迁于山东、河北、河南、陕西、北京、天津等地。从清初开始，闽、粤白姓陆续入居台湾，进而移于海外。今日白姓以四川、山西、陕西、河南等省为多，约占全国汉族白姓人口的65%。

白姓在《百家姓》中排行第267位。当今中国姓氏名列第73位，人口约350万，约占全国汉族人口的0.29%。

历史名人

白圭（生卒年不详），名丹，字圭，战国时期人。著名的经济谋略家和理财家，有“商祖”之誉。其师父为鬼谷子，相传鬼谷子得一“金书”，鬼谷子将里面的致富之计传于白圭。白圭曾在魏国做官，他善于修筑堤坝，兴修水利，后来到齐、秦。《汉书》中说他是经营贸易发展生产的理论鼻祖。著《商经》八十卷刊行于世，天下商人皆效法，并尊其为商人的“祖师爷”；周天子赐白圭“华夏第一商

人”，宋真宗敕封“商圣”。

白居易（772～846），字乐天，号香山居士，又号醉吟先生，祖籍太原，到其曾祖父时迁居下邽。唐代著名的三大诗人之一。白居易与元稹共同倡导新乐府运动，世称“元白”，与刘禹锡并称“刘白”。白居易的诗歌题材广泛，形式多样，语言平易通俗，有“诗魔”和“诗王”之称。官至翰林学士、左赞善大夫。有《白氏长庆集》传世，代表诗作有《长恨歌》《卖炭翁》《琵琶行》等。

白朴（1226～约1306），原名恒，字仁甫，后改名朴，字太素，号兰谷。元代著名的杂剧作家。与关汉卿、马致远、郑光祖并称为“元曲四大作家”。自幼聪慧，记忆过人，精于度曲。其词流传至今一百余首，大多以咏物与应酬为主。其作品歌词典雅，属于文采派。代表作主要有《唐明皇秋夜梧桐雨》《裴少俊墙头马上》《董秀英花月东墙记》等。

名人故事

白居易：少年天才

唐朝有个写诗很多的少年天才——白居易。

白居易五六岁便开始作诗，九岁时对诗的声韵就非常熟悉了。母亲是个慈爱、严格又有文化的妇女，充当白居易的启蒙教师。

不论白天还是黑夜，她总是拿着诗书教导儿子，不过，孩子毕竟是孩子，也有偷懒的时候。这时，母亲不去打骂他，而是讲道理，督促他把漏下的学习任务一点一点补上。

就这样，白居易渐渐养成了勤奋学习的好习惯。

有一次，他拿着自己的几首新作，来到在当时很有名望的诗人顾况府前，顾况漫不经心地瞟了一下名帖，等他一翻开，眼神就像被磁石吸住了，禁不住韵味十足地吟诵起来：“‘野火烧不尽，春风吹又生。’好哇，好！能写出这样诗句的人，想在任何地方住下去，

都不是难事！快请进！快请进！”看到写诗的人竟然是一位少年，就高兴地与他谈起作诗来，不知不觉地就谈到了天黑。这一年白居易才16岁。

这个会写诗的少年天才的名字，一下子在长安城就传开了。

白居易写的诗，生动流畅，连没有什么文化的老婆婆都能明白。可是谁能想到，他哪里是什么“天才”，他学写诗花了多大的心血啊。成名后，白居易对自己的要求更严格了。他还是一天天不停地读了写、写了读……白居易给后世留下了三千多首诗歌，成为唐代写诗最多的诗人之一。

江 姓

姓氏起源

江姓源出有二：

一是出自嬴姓，为颛顼裔孙伯益之后。相传帝颛顼有个孙女叫女修，因食燕子蛋而怀孕生子大业。大业娶少典氏女子女华为妻，生下了伯益。伯益因辅佐大禹治水有功，帝舜时就赐他嬴姓，这样，伯益就成了古代嬴姓各族的祖先。伯益传至十几代，经夏、商，至西周时，伯益的后裔受封于江，春秋时被楚国所灭，子孙就以国名为氏而姓江。

二是出自姬姓，为翁氏所分。西周初年，昭王饿支庶子孙受封于翁山（今浙江定海东），后以邑名“翁”为氏。宋初，有福建泉州人翁乾度生有六个儿子，分姓洪、江、翁、方、龚、汪六姓。其中次子处恭，分姓江，其子孙也姓江。

得姓始祖

江元仲，名恩成，字元仲。舜帝时为伯益之三子，侍夏帝启为大理（主掌刑名之官），受封于江邑，并建立了江国。江国后被楚国所灭，其后子孙以国名为氏，称江姓。故江氏后人尊江元仲为江姓的得姓始祖。

迁徙分布

江氏是一个多民族、多源流的古老姓氏群体，自江国灭亡后，江人被楚国强迁于楚国内地的江亭，今湖北江陵南的江北，成为楚国的臣民。在战国时江人后裔江乙出任郢大夫，郢，为春秋后期楚平王所建的都城，即在今湖北江陵。这支成为楚人的江姓后来向南方移民，繁衍发展，最终在广西形成了江姓人口的一个重要聚集中心。一部分江人北逃入陈国，今河南淮阳地区，后由淮阳为中心向四方散迁，其中一支向东北方迁移到齐鲁大地。

秦汉时期，江人主要活动于河南、山东、湖北地区，后来向西、北、南发展，河北、山西、安徽等地也有了江姓的足迹。

两晋南北朝时，北方战火纷飞，政权频繁更迭，中原地区百姓大批向东南方迁移，江姓也随这股南移之风向江东移民，定居于会稽，即今浙江的绍兴。这一时期是江姓历史上发展的重要转折点，最终发展形成了今天典型的南方大姓。

唐宋之际，随中原居民的多次南下移民，江姓进入了赣、浙、闽广大地区，明朝时进入台湾。

宋元明期间，江姓的分布总格局变化不大，其人口主要向东南和南方地区迁移。全国重新形成了以福建为中心的闽、赣、苏、浙、皖江姓人口聚集地。

江姓在《百家姓》中排行第 141 位。在当今中国姓氏排行榜上名列第 52 位，属于大姓系列，人口约 553.8 万，占全国人口总数的 0.34%左右。

历史名人

江淹(444～505)，字文通，宋州济阳考城(今河南商丘)人。南朝著名军事家、政治家、文学家。少时孤贫好学，6 岁能诗，20 岁步入政治生涯，时齐高帝闻其才，召授尚书驾部郎，骠骑参军事；明帝时为御史中丞；武帝时任骠骑将军兼尚书左丞。入梁为冠军将军长史、秘书监，又升相国长史、吏部尚书；梁武帝天监元年(502)封金紫光禄大夫，改封醴陵侯。历仕南朝宋、齐、梁三代。江淹又是南朝骈文大家，与鲍照、刘峻、徐陵齐名，世称“江郎”，晚年诗文无佳句。因时人谓之才尽，遂有“江郎才尽”之典故。代表作有《恨赋》《别赋》。

江总(519～594)，字总持，祖籍济阳考城(今河南商丘)。南朝陈著名大臣、文学家。出身高门，幼聪敏，有文才。年十八，为宣惠武陵王府法曹参军，迁尚书殿中郎。所作诗篇深受梁武帝赏识，官至太常卿。“侯景之乱”后，避难会稽，流寓岭南，至陈文帝天嘉四年(563)才被征召回建康，任中书侍郎。陈后主时，官至尚书令，故世称“江令”。代表作《闺怨篇》。

江永(1681～1762)，字慎修，又字慎斋，徽州府婺源县(今江西婺源)人。清代著名经学家、音韵学家、天文学家和数学家，皖派经学创始人。博通古今，尤长于考据之学，深究《三礼》，撰《周礼疑义举要》颇有创见。于音韵、乐律、天文、地理均有研究，著述甚多，如《周礼疑义举要》《礼书纲目》《律吕阐微》《古韵标准》等。《四库全书》收其所著书至十余部。

名人故事

江淹：江郎才尽

南朝的江淹，字文通，他年轻的时候，就已经成为一个鼎鼎有名的文学家，他的诗和文章在当时获得极高的评价。可是，当他年纪渐渐大了以后，他的文章不但没有以前写得好了，反而退步不少。他的诗写出来平淡无奇，而且提笔吟握好久，依旧写不出一个字来；偶尔灵感来了，诗写出来了，但文句枯涩，内容平淡得一

无可取。

传说，有一次江淹乘船停在禅灵寺的河边，梦见一个自称张景阳的人，向他讨还一匹绸缎，他就从怀中掏出几尺绸缎还他。因此，他的文章以后便不精彩了。

又传说，有一次江淹在冶亭中睡午觉，梦见一个自称郭璞的人，走到他的身边，向他索笔，对他说：“文通兄，我有一支笔在你那儿已经很久了，现在应该可以还给我了吧！”江淹听了，就顺手从怀里取出一支五色笔来还他。从此以后，江淹就文思枯竭，再也写不出什么好的文章了。

其实并不是江淹的才华已经用完了，而是他当官以后，政务繁忙，仕途得意，无须劳心费力，就不再动笔了。久而久之，文章自然会逐渐逊色，缺乏才气。

阎　姓

姓氏起源

阎姓源出有三：

一是出自姬姓，为黄帝裔孙后稷之后。相传有裔孙后稷，承袭姬姓，北周人尊为始祖。十二世孙古公父又称太王。他有三子：太伯、仲雍和季历。周武王时，封太伯的曾孙仲奕于阎乡。仲奕的后代遂以封地阎作为姓氏。

二是出自姬姓，为周康王之后。周昭王姬瑕的小儿子受上有一个“阎”字。于是，康王封他于阎城，其后子孙以封地为姓。

三是出自姬姓，为唐叔虞之后。春秋时，晋成公的儿子懿，被封于阎，后被晋国所灭。懿的后代散处于河洛，汉末居荥阳，其子孙以封地名为氏。

得姓始祖

阎姓出自姬姓，商末时，周族首领古公亶父（又称太王）有三个儿子：太（泰）伯、仲雍和季历。小儿子季历颇有才干，且生一子姬昌（即周文王），颇得太王欢心，并说："我世当有兴者，其在昌乎！"长子太（泰）伯和次子仲雍为了让父亲的愿望实现，就逃避于三吴一带。周武王灭商后，除了把仲雍之后封于吴外，又把太（泰）伯的曾孙仲奕封在阎乡，至此仲奕的后代就以封邑为氏，奉仲奕为阎姓的得姓始祖。

迁徙分布

春秋时，有阎氏居于今湖北境内。东汉有尚书阎章，其子阎畅，官侍中，封北宜春侯，有三子：显、景、晏。显之子迁至巴西之安汉。显之孙阎甫，被曹操封为平乐乡侯，复居河南新安。

东晋以前，阎氏还有迁至今陕西、甘肃等省者，阎赞之曾孙阎昌，因避难，奔居马邑（今山西朔县），其孙阎满任北魏诸曹大夫，又迁回河南。还有阎显裔孙，北魏居武阳。阎满之孙阎善，居云州盛乐。唐代，贞观年间所定太原郡十姓有阎氏。天水、常山、广平、河南阎姓人较多。明、清时期，南方的江苏、湖南等省已有阎姓居住。清代以后，阎氏部分人徙居海外。

阎姓在《百家姓》中排行第 327 位。当代阎姓的人口已达 310 多万，名列全国第 75 位姓氏，大约占全国人口的 0.25％。

历史名人

阎立本（601～673），雍州万年（今陕西临潼）人。唐代著名画家，官至宰相。贞观年间（627～649）任主爵郎中、刑部侍郎、将作少监；显庆初年（656）升工部尚书。总章元年（668）加右丞相，改中书令。他父亲阎毗和兄长阎立德都擅长于绘画、工艺、建筑，阎立本亦秉承其家学，并师法张僧繇、郑法士，而能"变古通今"。他善画人物、车马、台阁，尤擅长于肖像画与历史人物画，笔触较顾恺之细致，人物神态刻画细致，其作品倍受当世推崇，被时人列为“神品”。曾为唐太宗画《秦府十八学士》《凌烟阁功臣二十四人图》，为当时称誉。作品有《步辇图》《古帝王图》《职贡图》《萧翼赚兰亭图》等传世。

阎复（1236～1312），字子靖，号静轩、静山，山东高唐人。元代大臣。初入东平府学，拜名儒康晔为师。以干练有才，又被选任会同馆副使兼接伴使；又简拔习“进士”课程，经元好问校试，预选他与徐琰、李谦、孟祺称“东平四杰”。大德元年（1297）改任翰林学士，再擢翰林学士承旨；武宗即位后，晋阶荣禄大夫，授中书平章政事。著有《静轩集》。

阎若璩（1638～1704），字百诗，号潜丘，山西太原人。清初著名学者，清代汉学（或考据学）发轫之初最重要的代表人物之一。万历三十二年（1604）进士，官至辽东宁前兵备道参议。不仅精通经史，而且“于地理尤精审，凡山川、形势、州郡沿革，了若指掌”。在清初的学术史上，阎若璩上承顾炎武、黄宗羲，下启惠栋、戴震。作为清代汉学（或考据学）的直接先驱，阎若璩在清代学术史上的贡献是不可磨灭的。著有《敬刑录》《计辽始末》诸书。

名人故事

阎立本：最精妙的艺术品

唐太宗在位时，阎立本官至重位，与哥哥阎立德齐名，曾经奉太宗召令，亲自为唐太宗画像。阎立德绘画的《职贡图》，画的都是外域的人物，形象非常怪异。阎立本绘画的国王的速写单本流传在民间。这以前南、北两朝的绘画高手，没有超过他们兄弟俩的。

一次，南山出现一只凶猛的野兽伤害人，太宗皇帝派遣勇士去捕获它，没有捕到。虢地的王元凤自告奋勇为民除害，一箭射死了这只猛兽。太宗皇帝非常喜爱他的豪壮，让阎立本将他射杀猛兽的场面画下来，此画鞍马仆从，栩栩如生，跟真的一样。看过这幅画的人，没有不惊叹和佩服他高超的技艺的。

阎立本家世代擅长绘画。他有一次去荆州，观看张僧繇的遗画时说："从这画来看，他是空有虚名啊。"第二天又去看，说："他还是近代的绘画高手。"过了一宿又去看，说："盛名之下没有低手。"在画前或坐或卧，观赏不已，晚上就睡在画旁边，过了十天还不离开。

梁人张僧繇的《醉僧图》，画得惟妙惟肖，道士们常常用这幅画来嘲笑僧人。僧众们感到羞辱，于是大家凑了几十万钱，雇用阎立本画《醉道士图》，这两幅画同时流传了下来。

薛 姓

姓氏起源

薛姓源出有三：

一是出自黄帝的任姓，奚仲之后裔。相传黄帝共有二十五个儿子，分别得十二个姓。其中有一子叫禺阳的，因被封在任（今山东济宁），得任姓，传至十二世孙奚仲在夏禹时任车正（官名），传为车的创造者，居于薛，称薛侯。春秋时，奚仲后人薛公子登在楚国做官，薛人迁往下邳（今江苏邳州西南），楚怀王赐以沛地为食邑，其后以原国名"薛"为姓氏，称薛氏。

二是出自虞舜的妫姓，为孟尝君（即田文）之后裔。舜的后人有姓妫的，其后妫完出奔齐国，称陈氏，传至五世孙陈桓子，因食于田，称田和，其子孙便改姓田。其后裔田文被封于薛（今山东滕州），称薛公，号孟尝君。秦灭六国后，其后人于汉初徙竹邑，亦以薛地为氏，称薛氏。

三是由他姓或他族改姓为薛的。一是北魏孝文帝迁都洛阳后，将鲜卑族的复姓叱干氏改为单姓薛氏；二是出自周文王的姬姓冯氏之后裔，唐时有薛怀义，本姓冯，后改姓为薛；三是辽西也有薛氏，满族与朝鲜族中也有薛氏。

得姓始祖

薛姓出自黄帝的任姓，黄帝共有二十五个儿子，分别得十二个姓，其中有一子名禺阳，因被封在任（今山东济宁）而得任姓。任姓传到十二世孙奚仲，奚仲在夏禹时任车正，为车的创造者，居住在薛，称为薛侯。其后人祖已的七世孙曰成，举国迁于挚，改号为挚国。商末时，周伯季历娶挚国女大任为妻，生子姬昌，就是后来的周文王。到武王克商，复封为薛侯。春秋时，齐桓公称霸诸侯，唯有薛侯不从，被黜为伯爵。春秋后期，薛公子登在楚国做官，薛人迁往下邳（今江苏邳州），楚怀王赐沛地为其食邑。薛国历夏、商、周三代，凡六十四世，战国时亡国，其后子孙以国为氏，称薛姓。他们尊奚仲为薛姓的得姓始祖。

迁徙分布

薛氏是一个多民族、多源流的姓氏，自春秋战国得姓以后，就得到了长足的发展。山东是薛姓的发源地，地处中原东部，薛姓人由山东向周边地区扩散，活动地域大致在赵、宋、楚、齐、秦诸国，相当于今湖北、湖南、江苏、河南、河北、陕西、山东的部分地区。

秦及两汉，薛姓经过长期的繁衍发展，人口大为增加，一些人因仕宦等原因而分居于各地，使薛姓的分布地域得以扩大到黄淮流域中下游，为薛姓的河南郡望形成奠定了基础。东汉末年，豪强割据，薛氏一族在社会动荡中进行了一次大规模的迁徙。从此，在蛮夷居多的西南蜀地有了薛姓的踪迹，并很快发展为蜀地大姓，世号蜀薛。

魏晋南北朝时期，薛姓族人已遍及北方的黄淮流域，很大一部

分集中于今山西、河南、山东、安徽北部等地。

隋唐时，薛姓除在黄淮流域中下游继续发展外，更称盛于中国西北部。及至唐代，薛姓人多在朝中为官，因此，大量的薛姓族人迁居关中，从而跻身关中望族。武则天女儿太平公主嫁给出自河东薛氏家族的薛绍，既是恩宠，也是唐王朝对薛氏家族的拉拢。

宋朝建立后，薛姓散居于全国各地，其中北宋初年薛居正家族比较显赫。

明清时期，薛姓规模日盛，族人已遍及大江南北，尤其向南迁徙的进度更快、规模更庞大了。东南沿海的薛姓已零星迁入台湾。有的涉洋过海，向东南亚等地迁徙，成为当地华侨。

薛姓在《百家姓》中排行第 68 位。在当今中国姓氏排行榜上名列第 48 位，人口约 672 万，占全国人口总数的 0.42%左右。

历史名人

薛仁贵(614～683)，名礼，字仁贵，山西绛州(今山西河津)人。唐朝名将，著名军事家，政治家。出身于河东薛氏世族，在贞观末年投军，征战数十年，曾大败九姓铁勒，降服高句丽，击破突厥，功勋卓著，留下“良策息干戈”“三箭定天山”“神勇收辽东”“仁政高丽国”“爱民象州城”“脱帽退万敌”等故事。

薛稷(649～713)，字嗣通，蒲州汾阴(今山西万荣)人。唐代大臣，画家、书法家。隋朝内史侍郎薛道衡曾孙，唐朝中书令薛元超从子。曾任黄门侍郎、参知机务、太子少保、礼部尚书。善画人物、鸟兽，画鹤尤为生动，时称一绝，工书法，师承褚遂良，他的书法与欧阳询、虞世南、褚遂良并称“唐初四大家”。书画作品《信行禅师碑》，画作《顾步鹤图》等。

薛涛(770～832)，唐代女诗人，字洪度，一作宏度，长安(今陕西西安)人。姿容美艳，性敏慧，八岁能诗，洞晓音律，多才多艺，声名倾动一时。父早亡，沦为歌妓。善歌舞、工诗词，曾创制深红小笺写诗，人称薛涛笺。与刘采春、鱼玄机、李冶，并称“唐朝四大女诗人”。与卓文君、花蕊夫人、黄娥，并称“蜀中四大才女”。流传至今的诗作有九十余首。代表作有《送友人》《题竹郎庙》《池上双鸟》等。

薛瑄（1389～1464），字德温，号敬轩，山西河津人；明代思想家，著名的理学大师、文学家，河东学派的创始人。生性聪颖，在六七岁时便能对《小学》、四书熟习背诵，十一二岁就会写诗作赋。官拜礼部右侍郎，兼翰林院学士，入阁参与机要。其一生勤廉从政，刚直不阿，执法如山，被誉为“光明俊伟”的清官。著有《读书录》《从政名言》《薛文清集》等。

薛福成（1838～1894），字叔耘，号庸庵，江苏无锡人。晚清散文家、外交家、洋务运动的主要领导者之一。出身于书香门第、官宦之家。自幼聪慧，广览博学，致力经世实学。历任浙江宁绍道台、湖南按察使、驻英、法、比、意四国公使。称赞西方君主立宪，主张发展中国工商业，一生撰述甚丰，著有《庸庵文编》四卷、《筹洋刍议》十四卷、《出使四国日记》六卷等。

名人故事

薛仁贵：三箭定天山

薛仁贵原来是个农民，家里十分贫穷。但他从小爱好武功，尤其善于骑马、射箭，练就了一身的本领。唐太宗征辽东时，薛仁贵报名参军，作战十分勇敢，多次立下战功。

贞观年间（627～649），唐太宗发兵征辽东。有一次两军对阵，一名辽将十分勇猛，李世民手下的几个战将都不是他的对手。他们一个个轮番上阵，都无法制服他，全败下阵来。

第二天，那名辽将带兵又来挑战。唐太宗手下竟然没人再敢应战。唐太宗正在着急，却见队伍中闪出一个身穿白色战袍的年轻军人，自告奋勇去应战。

“你叫什么名字?”唐太宗问他。“禀告皇上，末将叫薛仁贵。”他回答。“你有没有看到那辽将异常勇猛，我们几个大将都不是他的对手?”唐太宗又问。“那辽将武功确实了得，但不是没有破绽；他每次交战都像不要命似的拼杀，得胜的主要原因是在气势上占了上风。”薛仁贵回答。

唐太宗见这个原来不起眼的军人，居然在阵前有这样冷静的头脑，因而非常欣赏他，就再次问他：“你凭什么来战胜他?”薛仁贵回答：“先声夺人。”

唐太宗赞许地点点头。只见薛仁贵手持方天画戟，腰挂弓箭，像一股飓风似的拔地而起，拍马杀去。那个前来挑战的辽将还没反应过来，薛仁贵已经杀到，方天画戟直刺他的咽喉。

那辽将被薛仁贵挑下马来，顿时一命呜呼。薛仁贵又趁势杀入敌阵，横冲直撞，没有人能抵挡得住他。唐太宗抓住时机发动进攻，将对方杀得溃不成军。

战斗结束后，唐太宗召见薛仁贵，给他记了头功，升他为右领军中郎将。

唐太宗去世后，九姓突厥又来扰乱边境，唐高宗李治便派薛仁贵前去平定边乱。薛仁贵当即率领部队远赴天山，扎下营盘后，准备第二天与九姓突厥交战。

九姓突厥出兵十余万人，蜂拥而至。薛仁贵不慌不忙，派兵遣将，沉着应战。九姓突厥派出最骁勇的将士前来挑战，为首的三个悍将，都是虎背熊腰，面目异常凶恶。他们口出狂言，把薛仁贵骂得一钱不值，气焰十分嚣张。

薛仁贵也不答话，跃马张弓，连射三箭，三个悍将应声落马而死。九姓突厥的十万大军顿时乱成一团，纷纷向后溃退。薛仁贵早在九姓突厥大军后退必经的一个山谷，布下了伏兵。当他们退进山谷时，两边山上的弓箭手万箭齐发，把他们射了个人仰马翻。

九姓突厥被薛仁贵的勇猛威武、足智多谋所慑服，表示愿意归顺大唐。薛仁贵同意九姓突厥投降，并做了必要的安抚。薛仁贵大获全胜，凯旋，军中响起了“将军三箭定天山，战士长歌入汉关”的歌声。

后来薛仁贵又接连打下扶余（今吉林农安）等40城，升任本卫大将军，还被封为平阳郡公。

段　姓

姓氏起源

段姓源出有五：

一是出自姬姓，是春秋时郑武公的儿子共叔段的后代，以王父字为氏。据《元和姓纂》《史记·郑世家》记载，春秋时，郑武公的妻子武姜生长子庄公时难产，生二儿子叔段时却很顺利，因此她喜欢叔段而不喜欢庄公。郑武公病重时，她请求武公废长立幼，郑武公没有答应。庄公当了郑国国君后武姜又请求把制（今河南汜水）作为叔段的封地，庄公不答应，而把京城封给了叔段，叔段与姜氏勾结，不断扩张自己的势力，并准备袭击庄公。庄公获悉后派兵讨伐。叔段大败，逃到共，称为共叔段。他的子孙后来四处分布，有的姓段，有的姓共叔，还有的以共为姓氏。

二是出自封地，为段干木的后代以地名为氏。据《史记·老子列传》所载，老子之子宗，春秋时为魏国将领，受封于段干，人称段干木，后代有以单姓段为姓氏的。这为山西段氏的由来。

三是出自辽西鲜卑族后裔。据《姓氏寻源》《辞海》等资料所载，西晋时有鲜卑人的一个部落首领檀石槐之后，叫段务目尘、段匹石单等，被封为辽西公。其领地有三万家，分布在辽宁西部，族人多段姓。十六国时被后赵帝石虎所占，后来与汉人杂居，遂被融合，后多以段作为姓氏。是为辽西段姓。

四是出自云南段姓。宗源有二：(一)据《姓氏寻源》所载："云南蛮段氏，魏末段延没蛮代为酋帅，裔孙凭入朝拜为云南刺史，本出武威(今属甘肃省)。"后传下这支段姓。(二)后晋时，白蛮人段世平建大理王朝(今云南大理一带)，段姓为其大姓。

五是出自其他少数民族。潞西德昂族道普雷氏，满、蒙、土、苗等均有段姓。

得姓始祖

春秋时，郑武公妻子武姜生长子庄公寤生时，难产以为怪，遂不喜欢；生少子叔段时顺利，且叔段生得一表人才，很讨武姜欢心，于是请求武公立叔段为太子，武公以长幼有序没有答应。庄公寤生即位后，武姜请求把制(今河南汜水)封给叔段，庄公不同意，而把京城(今河南荥阳)封给弟弟，人称"京城太叔"。太叔恃母爱，并以武姜为内应，公开招兵买马企图夺兄之位，就在他一切准备就绪即将行动时，早有防备的郑庄公先发制人，突袭京城，大败叔段。叔段逃到共(今河南辉县)，时称共叔段，其子孙为与郑国王室有所区别，以王父字为氏，奉共叔段为得姓始祖。

迁徙分布

西汉时，段氏任北地都督，玄孙段贞任武威太守，子孙遂在此世居，日益族大人众，形成武威郡，尊段贞为开基始祖。

魏晋南北朝之际，段姓因仕宦或避战乱而迁往各地。段贞后裔段荣任北魏定、秦二州刺史，段诏任北齐太宰左丞相，封平原忠武王，段嗣元任郑州刺史，段榅任大理司直并隋、朔二州刺史，段纷任后魏晋兴太守。此支段姓可谓仕官累累，簪缨不绝。另有鲜卑段姓世居之地被后赵帝石虎所灭，族人遂与汉人杂居，而日渐相融。

唐代段姓仍以北方人口居多。段一支此期仍多入仕，主居于陕西西安及河南一带，人丁兴旺，家族庞大，有段文昌任穆宗时宰相。后晋有白蛮（白族前身）人段世平建大理王朝，其子孙相继统治达 317 年之久，致使段姓在云南发展迅速，今日大理，段姓仍位居大姓之一。

宋元时，北方段姓为躲避金人南下及蒙军入主中原所带来的战祸，纷纷南下，为南方段姓的发展注入新的力量。

明代有山西大槐树籍段姓迁于山东、河南、河北、甘肃、陕西、湖北等地。清代段姓无大规模迁徙之举，各地段姓繁衍平稳，覆盖广泛。今日以四川、山西、河北、云南等省多此姓，上述四省段姓约占全国汉族段姓人口的 58％。

段姓在《百家姓》中排行第 218 位。在当今中国姓氏排行第 87 位的大姓，人口约 280 万，约占全国汉族人口的 0.23％。

历史名人

段文昌（773～835），字墨卿，又字景初，西河（今山西汾阳）人。唐朝大臣。段文昌自幼客居荆州，为人豁达豪爽，不拘小节。早年曾入韦皋幕府，后历任灵池县尉、登封县尉、集贤校理、监察御史、补阙、祠部员外郎、翰林学士、祠部郎中。唐穆宗即位后，段文昌拜相，担任中书侍郎、同平章事，后以使相出镇，担任西川节度使。此后历任刑部尚书、兵部尚书、淮南节度使、荆南节度使，封邹平郡公。著有《段文昌集》。

段思平（893～944），大理喜睑（今云南喜洲）人。杰出的汉裔白蛮首领和政治家。年幼时"惟甘贫度日"，段思平因为武艺超群，才干出众，累积军功而升任为大义宁通海节度使。后晋天福二年（937），灭大义宁，建立大理国。在位期间，厉行改革，尽逐杨氏邪臣，更易制度，损除苛令，建立了一整套封建制度，于是远近归心，咸奉约束，把南诏末朝以来分裂、战乱的局面重新统一起来。使大理国的社会经济在短期内得到了迅速的恢复和发展。

段玉裁(1735～1815)，字若膺，号懋堂，晚年又号砚北居士等，江苏金坛人。清代著名文学训诂家、经学家。乾隆举人，历任贵州玉屏、四川巫山等县知县，引疾归，居苏州枫桥，闭门读书。段玉裁曾师事戴震，爱好经学，擅长探究精微的道理，获得广博的知识。长于文字、音韵、训诂之学，同时也精于校勘，是徽派朴学大师中杰出的学者。著有《经韵楼集》十二卷及《诗经小学》《古文尚书撰异》《周礼汉读考》《仪礼汉读考》《汲古阁说文订》《说文解字注》等书。

名人故事

段玉裁:师恩不忘，笔耕不辍

清乾隆三十四年(1769)，流落在北京的段玉裁，仰慕当时经学大师戴震的学问，恭敬地拜他为师。当时，他穷困潦倒，时日难度，但仍不放弃学习，戴震深受感动，并将自己年酬金的一半借给段玉裁，帮他渡过难关。段玉裁对恩师的雪中送炭十分感激，即使到了八十岁高龄，每提到戴震时，立即毕恭毕敬地垂手而立，而且每逢初一、十五必定要庄重诵读戴震的手札。

俗话说:“三年清知府，十万雪花银。”段玉裁作为乾隆盛世的县官退休回乡时，带回了七十二箱子沉甸甸的宝贝，一下子让人红了眼。当天夜里，十几个强盗即来洗劫一空。可是，第二天，他们又原物奉还。原来，强盗们发现箱内全是书，都被这位两袖清风的老举人感动了。

段玉裁辞官回家后，闭门谢客，继续撰写《说文解字注》一书。他对考证每个字的形、音、义一丝不苟。有一次为了把几个字考证清楚，时值寒冬腊月，他骑着毛驴晓行夜宿到杭州，来回花了一个多月的时间，终于把几个难解的字弄清楚了。他在著书时，为了弄清麦子开花的情况，他曾请教过老农，并待到麦子开花之时，深夜亲自掌灯到麦田里去观察，一直等到五更时分，麦子开花了。他把这一观察的结果概括为："花开两瓣，花色微黄，开而仍含，中挺一须，须头黄蕊出瓣外，夜开朝精英。"可见他治学之严谨。

雷　姓

姓氏起源

雷姓源出有三：

一是出自方雷氏，炎帝神农氏的九世孙方雷之后，以国名为氏。据《元和姓纂》及《通志·氏族略》所载，相传方雷氏是炎帝神农氏的九世孙，因战功被黄帝封于方山（在河南嵩山一带），建立诸侯国。其子孙以国名为氏，为复姓方雷氏，后又分为两支，一支姓方氏，一支姓雷氏。

二是出自黄帝有臣子名雷公，其后以祖名为氏。据《姓苑》所载，雷姓是个古老的姓氏。相传黄帝有大臣雷公，是个名医，精通医术，曾与黄帝讨论医学理论。据《素问·著至教书论》说："黄帝坐明堂，召雷公问之。"殷纣王有宠臣雷开。其后子孙以雷为氏。

三是出自他族改姓和少数民族：（一）据《姓氏考略》所载（下同），东汉末年以及魏晋南北朝时期，有"潳山蛮"和"南安羌"改姓为雷。他们逐渐全盘汉化，再经过这么长久的时间，现在已经与汉族成为一体。（二）金时女真人阿典氏，改汉姓为雷。（三）满洲阿克占氏，改汉姓为雷。（四）景颇族春雷氏，改汉姓为雷。（五）基诺族布柯氏，改汉姓为雷。（六）今壮、苗、彝、瑶、水、阿昌、畲、羌、土家、蒙古、回等民族均有雷姓。

得姓始祖

炎帝神农氏的第九代孙名雷，黄帝伐蚩尤时，双方激战于涿鹿，雷奋勇杀敌，将生死置之度外，佐黄帝剿除蚩尤立下大功。战

争胜利后，黄帝论功行赏，雷被封于方山（今河南叶县南、方城东北一带），其族称方雷氏，为古诸侯国之一，方雷氏的后代有以国为氏者，称雷姓。他们尊方雷为雷姓的得姓始祖。

迁徙分布

雷姓最初是以中原为其繁衍地，从周朝至秦朝的八百余年内，雷姓不显于史，这大约是此期缺乏名人的缘故。上述几支雷姓，在早期发展中各自独立，界限分明，其中出自方雷氏部落的一支，在后汉、三国时相继出了雷义、雷同等著名人物。此时，已有雷姓迁居于楚汉之地，即今江西、湖北、安徽、四川等地。此后，雷义、雷同的后代在晋朝时形成了今江西省境的一大望族，史称“雷姓豫章望”。后不断向南北方扩散，其中，豫章人雷焕后裔有一支迁往冯翊（今陕西大荔），后来发展成为当地一大名门望族，于是雷姓又有以“冯翊”为其郡望、堂号的。

魏晋南北朝时期，雷姓在南北方都有新的发展，但均以冯翊、豫章为其主源，而且这两支雷姓均各自独立发展，直到隋唐以后，才因一些特殊的原因，逐渐迁徙、发展、合流在一起。

唐宋以后，雷姓分布更加广泛，如内蒙古、广东、陕西、四川、江西、湖南、广西、山西均有雷姓人的身影。其中，迁徙至江南、岭南的雷姓，有一部分融入苗、瑶、彝、侗、畲、壮、黎、布依等族中，在瑶族、畲族中，雷姓都是大姓，他们有自己的族谱，还涌现出一些有作为的人物。瑶族雷姓在广西、湖南、广东一带分布相当广泛，如广西临桂、灵川、湖南城步等县皆有，他们大多尊雷元祥为开基祖。

明初洪武年间，雷姓作为明朝洪洞大槐树迁民姓氏之一，被分迁于陕西、甘肃、湖南、山东、河南、河北等地。明中期以后，至清代中叶，雷姓分布更为广泛，而且有部分人移居海外。

雷姓在《百家姓》中排行第 69 位。当今中国姓氏排行第 88 位的大姓，人口约 270 万，占全国汉族人口的 0.22%左右。如今，雷姓在全国分布广泛，尤以四川、湖北、陕西等省多此姓，三省雷姓约占全国汉族雷姓人口的53%。

历史名人

雷海青(716～755)，清源郡田庄村(今福建莆田)人，是唐玄宗时的著名宫廷乐师，善弹琵琶。为人豪爽，忠心耿耿，又才华横溢，唐明皇(唐玄宗)十分器重，任命他为掌管宫廷歌舞的伶官和梨园戏剧的教官。安史之乱时，因得罪安禄山而遭残杀。

雷发达(1619～1693)，字明所，南康府建昌县(今江西永修)人。清代著名建筑学家。先祖在明洪武年间即以工匠身份服务于宫廷。受家庭环境的熏陶，长辈的教诲，他自幼爱好木工技艺。由于勤奋学习，刻苦钻研，他的技艺超过了长辈。他是清初宫廷“样式房”的掌案(总设计师)，世称“样式雷”，被誉为近代世界著名的建筑艺术大师。清代初年，雷发达与堂兄雷发宣，因以建筑工艺见长，应募赴北京修建皇室宫殿，当时，朝野上下流传“上有鲁班，下有长班，紫微照令，金殿封官”的歌谣。著有《工部工程做法则例》《工程营造录》等著作。

名人故事

雷海青：殉国就义

据《明皇杂录补遗》记载：安史之乱，安禄山攻入长安，数百名梨园弟子皆为俘。海青不愿为叛军演奏，便称病不去，被安禄山派人强押到场。这些梨园弟子相对而泣，曲不成调，安禄山大怒，雷海青也在其中。一日，安禄山在长安西内苑重天门北凝碧池举行大宴，命梨园弟子奏曲作乐，言有泪者当斩。雷海青忍耐不住，对着安禄山，举着琵琶，奋力往地上一摔，琵琶被砸得粉碎，然后面西放声大哭，安禄山暴跳如雷，下令将雷海青在试马殿前肢解示众。

王维闻雷海青死难之事后，很是感动，赋一首七绝：“万户伤心

生野烟，百官何日再朝天。秋槐叶落空宫里，凝碧池头奏管弦。”安史之乱后，唐肃宗赠封死难大臣，其中就有乐师雷海青。

黎　姓

姓氏起源

黎姓源出有四：

一是出自九黎的后裔。据《风俗通义》等所载，九黎，古时为我国南方土生土长的庞大种族之一，相传为少昊（传说中古代东夷首领）金天氏之时的诸侯。黎曾被封为北正（一说火正）官，掌管民事，其后裔有以字为氏，称黎氏。

二是出自黎国后裔。据《元和姓纂》等所载，商时有两个诸侯国——黎国，一个在今山西长治西南，商末为周文王所灭；另一个在今山东郓城西。这两个黎国的子孙，后以国为氏，姓黎。又据《风俗通义》所载，这两个黎国均为古部落“九黎之后”。

三是出自帝尧的后代。据《元和姓纂》等载，商末为周文王所灭的黎国，在周武王分封诸侯时，被封给帝尧的后裔，赐爵为侯，并仍沿用黎国的名称。春秋时，黎国迁都于黎侯城（今山西黎城东北），后为晋国所灭，其子孙以国为氏而姓黎。又据《路史》所载，古黎国被周文王戡平，武王克商后，封商汤后裔于黎国，后有黎侯丰舒，其子孙有黎氏、犁氏。有一支出自帝尧后裔的黎姓人家，史称黎姓正宗，后来成了整个黎氏家族中最为主要的组成部分，是为山西黎氏。

四是少数民族改姓为黎。据《魏书·官氏志》所载，南北朝时后魏有代北鲜卑族复姓素黎氏，随魏孝文帝迁都洛阳后，改为汉字单姓黎氏，是为河南洛阳黎氏。

得姓始祖

丰舒系商汤后裔。商时有诸侯国——黎国，商末，西伯姬昌攻灭黎国，武王克商后，大封天下，封成汤后裔于黎国，赐为侯爵，其后有黎侯丰舒。丰舒之后，子孙有以国为氏者，称黎氏，尊丰舒为得姓始祖。

迁徙分布

黎姓早期发源地当是今山西黎城县东北一带，即春秋时黎国都城所在地。战国时期，黎姓或因仕宦而处，或因避难而居，西入陕西，东向山东、河北，南徙江苏、广东、广西及越南北部。另据史料记载，此期有梁（今陕西韩城）人黎喁（yóng）迁居江右（今江西省）。

汉时，有黎朱苍任长沙（今属湖南省）相，其后代在湖南发展繁衍。魏晋南北朝时期，迫于北方战乱，黎姓族人大批南迁，南方黎姓随之而昌盛起来，一直到后代各个时期。据《黎氏族谱》所载，南朝齐有黎侨因功封永乐侯，被奉为明州（今浙江宁波）始祖。

唐与五代时期，黎姓更广泛地分布于南北方各个区域，其发展出现了些新特点。黎侨一支传至黎干时，在京兆（今陕西西安）发展成为望族，于是此支黎姓以“京兆”为郡望堂号，尊京兆尹黎干为开基始祖。黎干之子黎度，任虔化（今江西宁都）县令，为宁都开基始祖。黎度之孙黎祚，后晋时任职河南（今河南洛阳）太守。宋代黎姓有徙居福建上杭、宁化者。此时，史册所载黎姓名人渐多起来，说明黎姓势旺达到新的程度，繁茂于以往任何时期。

宋末元初，有黎天麟自福建迁居广东梅州程乡（今梅县），被视为入粤始祖。其后子孙有迁居广东丰顺、陆丰，江西赣县石芫横溪（黎万兴）等地者。

明代有山西大槐树黎姓迁居于湖北、湖南、河南等省。

清代乾隆年间，有广东、福建籍黎姓入居台湾，进而徙于海外。

黎姓在《百家姓》中排行第262位。在当今中国姓氏排行第92位，人口约200万，约占全国汉族人口的0.19%。今日黎姓尤以湖南、广东、江西等省为多，约占全国汉族黎姓人口的67%。

历史名人

黎淳(1423～1492)，字太朴，号朴庵，学者称之为朴庵先生，湖南华容人。明代大臣、史学家。明朝天顺年间(1457～1464)状元，历任翰林院修撰、詹事府少詹事兼侍读、吏部右侍郎和工部尚书、礼部尚书等职。黎淳博学多才，尤以经史著称，除参与修撰《大明一统志》《英宗实录》《续资治通鉴纲目》等外，还著有《龙峰集》《明试录》《黎文僖集》等传世。

黎庶昌(1837～1896)，字莼斋，自署黔男子，贵州遵义人。晚清时著名的外交家和散文家。早期从郑珍学习，讲求经世之学。光绪二年(1876)起，出使欧洲，历任驻英吉利、德意志、法兰西、西班牙使馆参赞。他在欧洲五年，游历了十国，考察各国政治、经济、军事、文化、地理和民俗风情等，写成《西洋杂志》一书，成为清代黔北"睁眼看世界"的第一人。光绪七年(1881)，擢升道员，赐二品顶戴，派任驻日本国大臣。曾出资创建云贵会馆，举办洋务学堂，培养出国留学人才。一生著有《拙尊园丛稿》《西洋杂志》《丁亥入都纪程》等二十多部书稿。

名人故事

黎淳：刚正为官

黎淳任吏部左侍郎时，量才选官，不徇私情，不受请托。虽至爱亲朋，从不假以辞色。对于卖官鬻爵、徇私用人事件，他深恶痛绝，吏部一时弊绝风清。他在南京任工部尚书时，有华容人任江苏华亭县令，将当地特产云布一裹送黎。黎并不开拆包裹，即挥笔在封裹上写道："昔之县令，栽桑种麻；今之县令，锦上添花。"原封退回。华容人谢文献任江苏宜兴县令，犯受贿罪，被拘捕追赃甚急，托黎出面求情。黎义正词严道："县令受贿，正该追赃问罪，我岂可为贪官求免?"断然予以拒绝。他在左庶子任内，曾一度担任顺天(北京)甲午科(1474)主考。考完第一场，他看一份优秀试卷，拟选为第一。后看到这位应试者的二场、三场试卷，竟与第一场大不相称，经严格追查，原来是誊卷人舞弊换了他人的试卷。黎当即严办当事人，杜绝考场弊端，榜出，原来那份优秀试卷是名士马中锡的，幸得黎刚正，才未被他人侵没。

史 姓

姓氏起源

史姓源出有五：

一是出自黄帝时创造文字的"史皇"仓颉。仓颉之后，衍生了仓氏、史氏、侯氏、侯冈氏、夷门氏、仓颉氏。仓颉为史官，人称史皇氏，其后有一支以官为氏，称史氏。

二是出自周太史佚之后。史佚的远古祖先是高辛帝元妃姜嫄生后稷为周始祖，历至文王，文王生皇子伯邑考、伯邑考生佚。西周初年佚任太史令一职，辅佐武王克商，与周、召、太公共辅成王。一生为人严正，《桐叶封臣》里"天子无戏言"的千古名言就出自他口。后人把他作为史官的楷模，并将他与太公、周公、召公并称为四圣，史佚子孙以官职"太史令"的史字为氏，称史氏。春秋时期，列国史官多以官为氏。

三是隋唐时代"昭武九姓"之一。古西域康国支系有史国，居史城，为"昭武诸国"之一，史国有人来中原居住，遂以国名为氏。

四是为突厥族阿史那氏所改。北魏阿史那部，有归附唐朝者，改姓史氏。

五是史氏混化了他族血统。如唐有史思明，本宁夷州突厥种。

得姓始祖

相传在上古时候，黄帝属下有一位史官，名叫仓颉，史称“史皇”。仓颉头上长着四只眼睛，模样怪异，举止不同于常人。但是他善于观察事物，天生就能写会画，因而深受人民爱戴。在史籍《路史》中记载，他能够“穷天地之变，仰观奎星圆曲之势，俯察龟文鸟羽山川指掌”。后来，史皇创立了象形文字，结束了远古时期结绳记事、刻痕为史的漫长历史，将人类带入文明。据说，在仓颉创制出文字的当夜，鬼神都为之哭泣。在他逝世后，人们把他葬在昌意城（今河南南乐）。仓颉的后裔子孙们为了纪念先祖为人类做出的卓越贡献，便取他在世时担任的“史官”官职称谓作为姓氏，称史氏，世代相传至今，是非常古早的姓氏之一。史氏族人大多尊奉史皇仓颉为得姓始祖。

迁徙分布

史氏起源复杂，自以官为姓称史氏后，春秋战国时期，就已广泛分布于全国各地，至魏晋南北朝时，在中国北方就已形成了五个郡望，郡望中的史氏主要源于汉朝史丹之后。西汉末，史氏族人已入迁广东、广西。东汉时，迁入四川。史氏族人大举南迁，始于魏、晋、南北朝之时。

唐末五代时期，今湖南、浙江、山西等省有史氏。

宋朝时期，今江西、河北有史氏。

明朝时期，史氏族人分布于今湖北、安徽、福建、广东、贵州、云南等省的一些地方，已遍布江南。

清朝以后，史氏族人有迁往海外者，侨居于新加坡等国家。当今史氏族人尤以湖南、山东为多，约占全国史氏人口的37%。

史姓在《百家姓》中排列第63位。当今中国姓氏排行第80位的大姓，人口约300万，约占全国汉族人口的0.25%。

历史名人

史弥远(1164～1233),字同叔,孝宗时代宰相史浩之子,浙江鄞县人。南宋中期权臣。淳熙十四年(1188)进士及第。宋宁宗时任礼部侍郎,1206年,宰相韩侂胄因主持“开禧北伐”被非法杀害,他主持与金人的谈和,后为宰相,掌握南宋的实权。

史孟麟(1559～1623),字际明,号玉池先生,江苏宜兴人。明朝理学家。万历十一年(1583)进士,时年25岁。最震动朝野的是“疏请册立皇太孙,绝群小觊觎之望”和营救御史刘光复而忤帝意。师事顾宪成,其主张以理学为“国本”,以名节相砥砺,同时授学于东林书院,名望极高。后来阳羡一地汤之锜(世调)、任元祥(王谷)学派竞起,其源启开自孟麟。

史可法(1601～1645),字宪之,号道邻,河南祥符(今河南开封)人。明末抗清义士。崇祯元年(1628)进士。因其与农民军作战有功,崇祯十年升都察院右佥都御史,巡抚安庆、庐州(今安徽合肥)、太平、池州四府。清军南下,其坚守扬州,被清军俘获,英勇就义。著有《史忠正公集》遗世。

名人故事

史可法:血战扬州

顺治二年(1645)四月,清军攻到离扬州城只有三十里的地方。正在抵挡左良玉进攻的史可法得到消息,心急如焚,率领几个仆从,骑上一匹快马,连夜赶回扬州。史可法为人正直,做官廉洁,率兵打仗和士兵们同甘共苦,所以,他的威信很高。

这一次,史可法赶回扬州,马上派人四处调兵。可是各镇将领拥兵观望,拒不听命。只有总兵刘肇基率领两千人来到扬州救援。史可法见兵力太弱,无法迎击清军,就命令刘肇基将部队开入城内,紧闭城门,准备守城。

史可法身披铠甲，手持宝剑，亲自和刘肇基在城墙上指挥，老百姓也都组织起来，青壮年男子登城站岗，老年人和妇女烧水煮饭，扬州城军民决心与敌人血战一场。

清军统帅多铎很敬重史可法的为人，好几次写信劝他投降，史可法连信封也不打开，就扔到了一边。多铎见劝降没用，就下令用大炮猛轰扬州城，城内军民伤亡很大。

总兵刘肇基向史可法献策说："城内地高，城外地低，可以决开淮河，将水灌入敌军阵地，不怕敌人不退。"史可法觉得这个办法虽然可能制服敌军，但是也会伤害老百姓，就说："那样办，敌人未必能全军覆没，淮南一带的百姓可要遭殃了，我怎么能忍心呢？"

清军加紧了攻势，城中军民尽管顽强抵抗，无奈力量悬殊，孤立无援，史可法知道事情难有转机，就下决心与扬州城共存亡。

到了第七天，城西北角"轰"的一声，像地裂山崩一样，城墙被炮火轰塌了。清军从城墙缺口像潮水般涌进城里。将士们跟清军短兵相接，在街巷里展开了肉搏战。最后，没有一个人投降，全部壮烈牺牲，刘肇基被杀，史可法被俘。

清兵抓到史可法，马上把他拥上城楼，去见多铎。多铎一见是史可法，就快步上前行礼，很客气地说："我再三拜请，都被先生叱回。今天先生对旧朝忠义已尽，就请替我大清收拾江南，不愁没有厚报。"史可法声色俱厉地说："我是大明朝的重臣，岂能苟且偷生，作万世罪人！头可断，身不可屈！"多铎把脸一沉，说："既是忠臣，本帅就满足你的心愿吧！"史可法微微一笑，说："即使碎尸万段，我也心甘情愿。只有一事相求，扬州城的百姓，请千万不要杀害。"说罢，他昂首下城，从容就义了。

陶 姓

姓氏起源

陶姓源出有六：

一是出自姬姓，为唐尧之后，以封地名为氏。据《辞源》所载：尧称帝以前，先封于陶（今山东定陶西北），后徙封于唐（今河北唐县），故称陶唐氏。他的子孙有一支就以其封地名命姓，称为陶氏。

二是出自姬姓，亦为唐尧之后，以职业技艺为氏。据《元和姓纂》和《姓苑》所载，尧担任部落首领以前，曾在今山东定陶西北地方居住，以市面上作陶器为职业，其地世称为陶丘。尧的后裔，有的以祖上职业命姓，遂形成陶姓。

三是出自商朝七族中的陶氏，以职业为氏。据《元和姓纂》《风俗通》所载，商朝七族中有陶氏，都是以陶冶为职业者。陶冶即指陶工与铸工。原为掌握此项专业技术，役使奴隶的低级贵族。春秋之后，从事制陶业的庶民也有以“陶”技为姓，称为陶氏。

四是出自虞姓，为舜之裔孙虞阏之后，以官职名为氏。据《元和姓纂》载，相传舜把部落首领禅位给禹后，禹的儿子启，建立了夏朝，把禹的后裔封于虞，故舜之后为虞姓。西周初年有人名虞阏，是舜的裔孙，其父名虞思，官至陶正，即管理陶质器物制作的官职。虞阏继承父职，仍为陶正，其子孙遂以官职名命姓，称为陶氏。

五是出自唐姓，为宋代唐谷，因避帝讳而改姓陶。据《宋史本传》《东都事略·陶谷传》等载，宋有陶谷，字秀实，邠州新平（今陕西彬县）人。原姓唐，为避晋祖（石敬瑭）名讳，改姓陶。其子孙遂相传姓陶，形成陶氏的一支。

六是出自他族改姓和少数民族：（一）满族陶佳氏、托和罗氏、达斡尔族吐钦氏、古隆氏，锡伯族托库尔氏汉姓均为陶氏。（二）今

白、傣、京、苗、瑶、彝、布朗、蒙古、回等民族均有陶姓。

得姓始祖

上古圣帝。在其担任部落首领之前，曾在今山东定陶西北居住，以制作陶器为职业，其地世称为陶丘。另说尧帝少年智慧，十三岁时就助其兄挚帝治理天下，因功封在陶丘，十五岁时又改封在唐，所以史称陶唐氏。尧开创了禅让制，死后把帝位禅让给了没有一点血缘关系的舜。尧贤明民主，为世所敬重。后世子孙或以技艺为氏，或以封地为氏，称陶姓。他们尊唐尧为陶姓的得姓始祖。

迁徙分布

据《姓氏考略》记载，陶姓最初是以山东定陶为发祥地。周以前，陶姓于史书不显。春秋时才出现了第一位名载史册的人物，即以节义传论千古的女性陶婴。春秋战国时期，陶姓逐渐南移到今河南兰考一带，后经繁衍发展，形成了陶姓历史上的第一大郡望——济阳郡。

西汉时，有陶舍、陶青出仕长安，而陶青功封开封侯，子孙世袭其职并家于当地。两汉时期，陶姓人逐渐南迁于江苏、安徽一带，并在长江之南落籍，如东汉徐州州牧、溧阳侯陶谦即为丹阳（今安徽宣城）人。

魏晋南北朝时，中原士族大举南迁，河南、山东陶姓开始南迁江浙，而原居苏北、皖北之陶姓亦渡江入浙赣。此期在江南一带涌现出了不少陶姓名人，如东晋大司马、鄱阳（今江西鄱阳）人陶侃，其后迁浔阳柴桑（今江西九江），著名诗人陶渊明即为其重孙。南朝宋孝昌相陶贞宝，晋安侯陶隆均为秣陵（今江苏南京）人，后经不断繁衍，陶姓在上述地方形成了族大人众、子孙昌盛的局面，于是后世陶姓以丹阳、浔阳为其郡望。

宋代以前，陶姓发展依旧以上述两地为主源，在江南各地缓慢播迁，并有陶姓一支进入湖南。宋代时，陶姓在北方得以发展，陕

西、河北、山东、山西、河南等地均有陶姓人。南宋末年，江南一带狼烟四起，陶姓有播迁于湖南、湖北、福建、广东、广西之地者。

明初，陶姓作为明朝洪洞大槐树迁民姓氏之一，被分迁于江苏、安徽、河南、河北、山东、北京等地，作为明初另一大移民聚集地的江西瓦屑坝，陶姓北迁安徽、湖北等地，而两湖之陶姓则随湖广填四川的移民浪潮，入居四川，进而播迁云贵高原。清时，陶姓已广布全国，并有渡海赴台，进而播迁海外者。

陶姓在《百家姓》中排行第 31 位。在当今中国姓氏排行第 83 位，人口约 280 万，约占全国汉族人口的 0.22%。

历史名人

陶侃(259～334)，字士行(或士衡)，江西鄱阳人。东晋政治家、军事家。他出身贫寒，初任县吏，后逐渐出任郡守。永嘉五年(311)，任武昌太守。他平定陈敏、杜弢、张昌起义，又作为联军主帅平定了苏峻之乱，为稳定东晋政权，立下赫赫战功。建兴元年(313)，任荆州刺史，史称“路不拾遗”。他精勤于吏职，为人所称道。在后将军郭默擅自杀害赵胤后，即率兵征讨，不费一兵一卒就擒获郭默父子，因而名震敌国。后官至侍中、太尉、荆江二州刺史、都督八州诸军事，封长沙郡公。有文集二卷，其曾孙为陶渊明。

陶渊明(约 352～426)，名潜，字元亮，号五柳先生，私谥靖节，浔阳柴桑(今江西九江)人。东晋末期南朝宋初期诗人、文学家、辞赋家、散文家。曾做过几年小官，后因不愿为“五斗米”折腰而毅然辞官回家，从此隐居田园，传世名作有《饮酒》《归园田居》《桃花源记》《五柳先生传》《归去来兮辞》《闲情赋》等。

陶弘景(456～536)，字通明，丹阳秣陵(今江苏南京)人。南朝梁时道教思想家、医药家、炼丹家、文学家，人称“山中宰相”。陶弘景工草隶，行书尤妙。对历算、地理、医药等都有一定研究。曾整理《神农本草经》，并增收魏晋间名医所用新药，成《本草经集注》七卷，共载药物七百三十种，并首创沿用至今的药物分类方法，以玉石、草木、虫、兽、果、菜、米实分类，其内容为历代本草书籍收载，得以流传。作品有《本草经注》《集金丹黄白方》《二牛图》《华阳陶隐居集》等。

陶宗仪（？～1412），字九成，号南村，浙江黄岩人。明代著名的史学家、文学家。自幼刻苦攻读，广览群书，因而学识渊博，工诗文，善书画。元末兵起，避乱松江华亭，筑室名“南村草堂”，耕作之余，随手札记。元至正末，由其门生加以整理，得其中精粹五百八十余条，分类汇编成书。代表作有《辍耕录》《说郛》等。

名人故事

陶侃惜谷

陶侃外出游历，看到有人拿着一把没熟的稻穗。陶侃问：“拿这些东西干什么？”那人说：“我在路上看见的，随便取来玩玩罢了。”陶侃非常生气地对他说：“你既不努力种田，竟然还为了游戏而破坏农民的庄稼！”于是，就把那人抓起来用鞭子打。这件事广为流传，因此，老百姓都勤恳耕种，家家生活宽裕，人人丰衣足食。

节俭是中华民族的优良传统。珍惜劳动果实，是对农民辛勤劳动的尊重。陶侃用他的实际行动传承了这一美德，并因此换来了一方百姓的丰衣足食。如今，我们更应该珍惜生活，爱惜粮食。

陶渊明：不为五斗米折腰

东晋诗人陶渊明，是名人之后，其曾祖父是赫赫有名的东晋大司马。他的“采菊东篱下，悠然见南山”诗，被传诵了千百年而不衰。他的《桃花源记》，被历代列为学子必读之作。他的“不为五斗米折腰”的故事，更被传为千古美谈，为后世志趣高洁的读书人奉为座右铭。

陶渊明本有“大济于苍生”之志，可是，在国家濒临崩溃的动乱年月里，他的一腔抱负根本无法实现。加之他性格耿直，清明廉正，不愿卑躬屈膝攀附权贵，因而和现实社会发生了尖锐的矛盾，产生了格格不入的情感。为了生存，陶渊明最初做过州里的小官，可由于看不惯官场上的那一套作风，不久便辞职回家了。后来，为了生活他做过一些地位不高的官职，过着时隐时仕的生活。

义熙元年(405)，他已过“不惑之年”，在朋友的劝说下，再次出任彭泽县令。一次，县里派督邮来了解情况。有人告诉陶渊明说：那是上面派下来的人，应当穿戴整齐、恭恭敬敬地去迎接。陶渊明听后长长叹了一口气：“我不愿为了小小县令的五斗薪俸，低声下气地向这些家伙献殷勤。”说完就辞掉官职，回家去了。

此后，他一面读书为文，一面参加农业劳动。后来由于农田不断受灾，房屋又被火烧，家境越来越潦倒。但他始终不愿再为官受禄，甚至连江州刺史送来的米和肉也坚拒不受。朝廷曾征召他任著作郎，也被他拒绝了。

陶渊明因“不为五斗米折腰”，而获得了心灵的自由，获得了人格的尊严，写出了颇具一代文风并流传百世的诗文。在为后人留下宝贵文学财富的同时，也留下了弥足珍贵的精神财富。他因“不为五斗米折腰”的高风亮节，成为中国有志之士的楷模。

贺　姓

姓氏起源

贺姓源出有三：

一是出自姬姓，为吴王僚之子庆忌之后。《会稽先贤传》记载，唐中期以前官谱所载，不少贺氏家谱如北宋词人贺铸家谱也如此记载。

二是出自姜姓，为齐相国庆封之后。据唐中后期姓氏书籍《元和姓纂·贺氏家谱》所载，为庆封后裔备受质疑，主要原因有：（一）史载庆封其族被灭，庆封无后；（二）所载庆封后裔汉末徙会稽山阴，与会稽山阴贺氏汉代中后期即有人已活跃于政坛相冲突，与汉末和两晋时贺氏已成会稽第一大姓相冲突，与鉴湖由庆湖—镜湖—鉴湖的历史演变相冲突。

三是出自少数民族改姓。据《魏书·官氏志》所载，南北朝时后魏孝文帝迁都洛阳后，实行汉化，将鲜卑族复姓贺兰氏、贺拔氏、贺狄氏、贺赖氏、贺敦氏皆改为汉姓贺氏，是为河南贺氏。

得姓始祖

春秋时，齐桓公（姜姓）有个孙子叫公孙庆克，他的儿子庆封以父名命氏，称为庆氏。庆封在齐灵公时任大夫，在庄公时与崔杼曾为上卿，执掌国政，后两人再升为左右相国。因崔杼家内发生内乱，庆封以弑君罪灭掉崔氏，独霸朝政。于是庆封把政事交给儿子庆舍处理，自己只管吃喝玩乐，引起了朝上朝下对庆氏的不满，后庆封的亲信卢蒲癸和王何，趁庆封外出之机，杀死了庆舍，庆封见势不妙，便逃到了吴国。吴王噶把朱方封给庆封，庆氏宗族闻讯赶来相聚，从此，庆氏比在齐国时还要富裕。至西汉末，子孙徙会稽山阴，东汉时传至庆仪为汝阴令，其曾孙庆纯官拜侍中。为避汉安帝的父亲刘庆的名讳，“庆”字改为同义的“贺”字，庆纯改为贺纯，史称贺姓正宗。贺纯就成为贺姓的得姓始祖。

迁徙分布

贺氏得姓是在今浙江绍兴一带，起始就是当地一大望族。故族人自改姓为贺氏以后，就以会稽为其堂号、郡望。贺纯有孙名贺齐，为三国时吴国大将军。齐之孙贺邵任中书令，邵之子贺修在西晋任太子太傅，由于仕宦周迁等原因，贺氏开始在江浙一带缓慢迁徙。

会稽贺氏在汉、魏六朝时，与同郡的虞、魏、孔三姓并称为“会稽四姓”。

魏晋南北朝时期，因北方兵连祸接，各民族不断大举南迁，使得南方的贺氏家族分布更广。出自鲜卑的贺氏，也很快繁衍壮大，后与从江南北上的贺氏不断地融合发展，逐渐在北方形成两大郡望，即河南郡、广平郡。

唐朝时期，贺修的十二世孙贺德仁为唐太子中书舍人，贺德仁的侄孙贺默为彭州（今江苏徐州）刺史，贺德仁的侄曾孙贺知章任唐玄宗秘书监，可见此期世居会稽之贺氏已呈大批北上之势。

宋朝词人贺铸为贺知章之后，生于今河南汲县，晚年退居苏、常。唐宋之际，贺氏已分布于中国东部广大地区，其中在北方，是以今河南、河北、山西、山东、陕西分布最为集中。此期又形成山阴（隋朝时贺德基之族所在）、青州（宋朝时贺恂之族所在）、忻州（宋朝时易州刺史贺惟忠之族所在）、陈留（宋朝时右千牛卫大将军贺率景之族所在）、蔡州（宋朝时中散大夫贺应诚之族所在）、济南（宋时秉议郎贺适中之族所在）、齐州（宋朝时光禄卿贺志诚之族所在）、密州（宋朝时贺宽之族所在）等郡望。明初，贺氏作为洪洞大槐树迁民姓氏之一，被分迁于江苏、河南、山东、湖北、河北等地。

明、清以后，贺氏遍及全国各地，并有远播海外者。

贺姓在《百家姓》中排行第 70 位。在中国姓氏排行中列第 93 位。人口有 220 多万，约占全国人口的 0.18%。如今，贺氏分布甚广，尤以湖南、山西两省较多，约占全国汉族贺氏人口的 30%以上。

历史名人

贺若弼（544～607），复姓贺若，字辅伯，河南洛阳人，隋朝著名将领。出生在将门之家，其父贺若敦为北周将领，以武猛闻名，任金州（今陕西安康）刺史。贺若弼以伐陈有功，封上柱国，晋爵宋国公，官至右武侯大将军。

贺知章（约 659～约 744），字季真，晚年自号四明狂客，越州永兴(今浙江萧山)人。唐代著名诗人、书法家。少时就以诗文知名。唐武后(武则天)证圣元年(695),中乙未科状元,授予国子四门博士,迁太常博士。后历任礼部侍郎、秘书监、太子宾客等职。诗文以绝句见长,除祭神乐章、应制诗外,其写景、抒怀之作风格独特,清新潇洒,著名的《咏柳》《回乡偶书》两首诗脍炙人口,千古传诵。与张若虚、张旭、包融并称"吴中四士"。作品录入《全唐诗》共十九首。

名人故事

贺知章:为儿乞名

唐玄宗天宝初年(742 年始),文名颇著的秘书监贺知章,上书朝廷,欲告老致仕归故乡吴中。玄宗李隆基,对他非常敬重,诸事待遇异于众人。

贺知章临行,与玄宗辞别,不由得老泪纵横。唐玄宗问他还有什么要求。贺知章说:"臣知章有一犬子,尚未有定名,若陛下赐名,实老臣归乡之荣也。"玄宗说:"信乃道之核心,孚者,信也。卿之子宜名为孚。"知章拜谢受命。

时间长了,贺知章不觉大悟,自忖道:"皇上太取笑我啦。我是吴地人,'孚'字乃是'爪'字下面加上'子'字。他为我儿取名'孚',岂不是称我儿爪子吗?"

顾　姓

姓氏起源

顾姓源出有三:

一是出自己姓,为夏朝时昆吾氏之后,以国名为氏。据《元和姓纂》和《唐书·宰相世系表》等所载,相传帝颛顼有个孙子叫吴回,吴回的儿子陆终娶鬼方氏的女儿为妻,生了六个儿子,其中大儿子名樊，赐己姓，封在昆吾国(今河南许昌东)，后代便是昆吾氏。夏朝时，昆吾氏有子孙被封于顾国(今河南范县东南)，世称顾伯。夏末顾国被商汤攻灭，散居各地的顾伯子孙便以国名为姓，所以称为顾氏。

二是出自姒姓，为越王勾践的后裔顾余侯之后代，以祖上封号为氏。

三是出自少数民族有顾姓或他族改姓顾氏：(一)满洲姓伊尔根觉罗氏自礼部尚书顾八代始，子孙以顾为氏。(二)裕固族顾令氏，汉姓为顾。三是锡伯族郭尔佳氏(亦作顾尔佳氏)，汉姓为顾。四是今蒙古、壮、回等民族均有顾姓。

得姓始祖

顾摇为越王勾践七代孙。上古时代，大禹死后葬在会稽(今浙江绍兴)，夏帝少康后来把庶子无余封在会稽主持禹的祭祀，并在该地建立了越国。春秋末年时，越国常与吴国发生战争，公元前494年，吴王夫差灭掉越国，越王勾践卧薪尝胆，最终战胜吴国并成为霸主。经秦至汉，下传勾践七世孙摇，摇曾担任过分布在今福建北部和浙江南部地区的闽越首领，因助汉灭项羽有功，于汉惠帝三年受封为东海王。后来摇封自己的儿子为顾余侯，子孙留居会稽，其支庶子孙以封爵为氏，称顾姓。他们尊顾摇为顾姓的得姓始祖。

迁徙分布

顾氏是一个多民族、多源流的姓氏，主要发源于浙江省境的会稽地区(今浙江绍兴)。顾姓分为两支：一是北顾(指发祥于河南范县的顾伯后裔)，二是南顾(指发祥于江苏吴县的顾摇后裔)。顾姓在得姓以后，北顾发展不及南顾。

春秋战国时期，两支顾姓发展缓慢。有资料表明，南顾得姓后不久就成为会稽一带的大姓，汉魏六朝时与陆、朱、张合称为会稽四姓。

汉时，有会稽大孝子顾翱，因母喜食菱白，而徙居太湖湖畔。至南朝梁时，会稽人顾欢是著名征士，其子孙后迁金华，又由金华迁居天台，发展成为强宗大姓。当地的一些山水地名，如顾儒岭、欢溪等，皆是由他而来。由于顾姓主要发源和发展于会稽（江苏吴县），所以在历史上会稽也被当作顾姓的著名郡望之一。此外，这支顾姓中后来又有人迁武陵（今苏州武陵溪），并在当地迅猛发展，武陵也因此被尊为顾姓的另一大郡望。

三国至唐代，顾姓一直是江东四大姓之一。唐以后，由于官职调迁，避兵火之乱等原因，顾姓不断地向南北各地播迁。

明初洪武年间，顾姓作为明朝洪洞大槐树迁民姓氏之一，被分迁于河北、河南、山东、安徽、江苏等地。明末至清中叶时，有闽粤之顾姓渡海赴台，进而播迁海外。

顾姓在《百家姓》中排列第 93 位。在当今中国姓氏排行榜上名列第 89 位，人口约 283 万，约占全国人口总数的 0.17%。如今，顾姓在全国分布甚广，尤以江苏、浙江等省为多，约占全国汉族顾姓人口的 60%。

历史名人

顾恺之（348～409），字长康，小字虎头，晋陵无锡（今江苏焦溪）人。东晋画家，绘画理论家，诗人。他博学有才气，工诗赋、书法，尤善绘画。精于人像、佛像、禽兽、山水等，时人称之为画绝、文绝和痴绝“三绝”。谢安深重之，以为苍生以来未有之。与曹不兴、陆探微、张僧繇合称“六朝四大家”。顾恺之作画，意在传神，其“迁想妙得”“以形写神”等论点，为中国传统绘画的发展奠定了基础。

顾璘（1476～1545），字华玉，号东桥居士，长洲（今属江苏）人。明代官员、文学家。弘治年间进士，授广平知县，累官至南京刑部尚书。少有才名，以诗著称于时，与其同里陈沂、王韦号称“金陵三俊”。著有《浮湘集》《山中集》《息园诗文稿》等。

顾宪成(1550～1612),字叔时,号泾阳,江苏无锡人,因创办东林书院而被人尊称"东林先生"。明代思想家,东林党领袖。万历八年(1580)中进士后,历任京官,授户部主事、内阁大学士等。万历三十二年(1604),与顾允成、高攀龙、安希范、刘元珍等人组成"东林党",宣扬他的政治主张。时称"东林八君子"。著作有《小心斋札记》《泾皋藏稿》《顾端文遗书》等。

顾炎武(1613～1682),本名绛,字忠清,后改名炎武,因故居旁有亭林湖,学者尊为亭林先生,苏州府昆山(今江苏昆山)人。明末清初杰出的思想家、经学家、史地学家和音韵学家,与黄宗羲、王夫之并称为明末清初"三大儒"。他一生辗转行万里路,读万卷书,创立了一种新的治学方法,成为清初继往开来的一代宗师,被誉为清学"开山始祖"。著有《日知录》《肇域志》《古音表》《诗本音》《音论》《亭林诗文集》等。

名人故事

顾炎武:博学强记

顾炎武小时候,每年春夏温习经书,家人为他请了四名声音洪亮的士子,坐在周边。顾炎武面前放一本经书,四人前面还放着该经书的注疏。他先叫一人读一段经书,遇到其中字句不同的或他忘记了的地方,则与四人辩论或再记一遍。一人读 20 页,之后再叫另一人读 20 页,他每天温习经书 200 页。

顾炎武一生手不释卷,出门总是骑着一头驴,用两匹瘦马驮着几箱书。遇到边塞亭障,就叫身边的老仆到路边的酒店买酒,二人对坐痛饮,咨询当地的风土人情,考究其地理山川。如果与平生所听到的不相符,他就打开书本验证,必定要弄清楚才罢休。骑在驴上无事时,他就默诵诸经注疏。碰上老朋友,他往往记不起他是谁了。顾炎武这样勤学,终于成为学问渊博的大家。

顾炎武曾经客居北京。一天，在朝廷做官的王士祯去他住所拜访，对顾炎武说："先生博学强记，请您背诵一下古乐府《蛱蝶行》好吗？"顾炎武当即背诵出来了，一字不遗，同座皆惊。《蛱蝶行》虽然是一首仅仅五十六字的短诗，但它较生僻，要完整地记在脑海里是不容易的。

毛　姓

姓氏起源

毛姓源出有四：

一是出自姬姓，以国为姓。毛，本姓姬。黄帝后裔，周武王母弟毛叔郑之后。毛叔郑于西周初年受封于毛国，本居钜鹿（今河北地区）。一说毛国在今陕西岐山、扶风一带，后避难于河南荥阳。从以上资料可知毛姓出自周王族，后代以国为姓。

二是以封邑命姓。周文王姬昌之子伯聃（一作明），受封于毛邑（今河南宜阳一带），世称伯聃（伯明），以封邑取名毛伯聃。他的后世子孙以其封地命姓，遂成毛氏。《通志·氏族略》载：毛氏"周文王之子毛伯明之所封，世为周卿士，食采于毛，子孙因以为氏"。

三是赐姓及少数民族中的毛姓。

四是子姓毛氏，《世本》中有载，髦子姓。武王封姬郑，应该是在灭亡子姓髦国的基础上再封的。

得姓始祖

毛叔郑为周文王第八子，周武王之弟。周武王克商灭纣后，大肆分封诸侯。为巩固统治，亦封了不少同姓诸侯，其中将其八弟叔郑封于毛国，赐为公爵，叔郑曾在周任大夫，贤明有德，时称毛公。毛公子孙在周朝世袭卿士，毛国灭亡后，其后子孙以国为氏，称毛姓，并尊毛叔郑为毛姓的得姓始祖。

迁徙分布

毛姓主要发源于两个地方，即今河南宜阳和陕西岐山、扶风一带。但他们均为周文王的后裔，换言之，这两支毛姓，实际上是血缘关系最为密切的同胞兄弟。

春秋时期，毛姓家族发生内乱，周朝卿士毛得，杀毛过而代为毛伯，后又逃到楚国。在汉代以前，毛姓以此为源地，逐渐向外播迁、繁衍，很快就在山西的西河、河南的荥阳两地发展起来。在唐代以前，毛姓仍以北方为中心，散居于北方各地。其中心在今山西、河南、宁夏、甘肃、内蒙古等省的毛姓繁衍得最盛，故毛姓有荥阳、河阳、北地等郡望。而见于史册的江南毛姓人物，仅有东汉时以孝行著称的庐江(今属安徽)人毛义，巴西郡承毛植等寥寥数人。

唐末，从安史之乱到黄巢起义，中原长期动荡，毛姓开始随中原人士族大举南迁，其中有一支从中原迁居今江西吉州龙城。

唐末五代以后，毛姓除居于河南、河北、山西、山东、陕西等省外，开始在江南昌盛起来，自此以后，开始称盛于南方，北方毛姓风光不再。

元朝至正年间，原居江西吉水的一支毛姓在太华的率领下迁居云南澜沧卫，明朝立国之后，毛太华又与长子毛清一，四子毛清四北上做官，居于湖南湘乡北门外绯子桥。十余年后，毛清一、毛清四又迁湘潭三十九都(今韶山)，并最终落籍该地。不久，又有另一支毛姓人在毛命传的带领下迁到这里。此际，毛姓作为明朝洪洞大槐树迁民姓氏之一，被分迁于湖北、湖南、河南、山东、江苏、北京等地。

从清朝雍正年间开始，毛姓陆续有人迁居台湾。

毛姓在《百家姓》中排行第 106 位。在当今中国姓氏排行榜上名列第 86 位，人口约 307.6 万，占全国人口总数的 0.19%左右。如今，毛姓分布甚广，尤以浙江最多，约占全国毛姓人口的 62%。

历史名人

毛遂(前285～前228),战国时人,赵国平原君门客。身为赵公子平原君赵胜的门客,居平原君处三年未得崭露锋芒。公元前257年,他自荐出使楚国,促成楚赵合纵,声威大振,并获得了“三寸不烂之舌,强于百万之师”的美誉。

毛先舒(1620～1688),字驰黄,后改名先舒,字稚黄,仁和(今浙江杭州)人。明末清初文学家,西泠十子之一。明末诸生。入清,不求仕进,从事音韵学研究,也能诗文,有“七子”余风。与毛奇龄、毛际可齐名,时称“浙中三毛,文中三豪”。著有《东苑文钞》《东苑诗钞》《思古堂集》等。

毛奇龄(1623～1716),又名初晴,字大可,号秋晴等,萧山城厢镇(今属浙江)人。清初经学家、文学家。以郡望西河,学者称“西河先生”。与兄毛万龄并称为“江东二毛”。康熙时荐举博学鸿词科,授检讨,充明史馆纂修官。其学识渊博,能治经、史和音韵学,亦工词,擅长骈文、散文、诗词,都自成家数。著有《西河合集》《诗话词话》《大学知本图说》等。

名人故事

毛奇龄:勤学苦读

毛奇龄从小就养成了勤学苦读的习惯。因家中清贫,藏书不多,常到藏书丰富的祁家借阅。为了按时归还,他总是不顾一切地拼命攻读,还把疑难问题和体会心得记在本子上。数年之后,他的读书笔记竟堆有两尺多高,他刻苦学习的精神被家乡传为美谈。

一天,十三岁的毛奇龄去参加童子试,当时担任主考官的是位名人,叫陈大樽。他一见毛奇龄便开玩笑说:“黄毛未退,敢来应试?”没想到毛奇龄马上顺口答道:“鹄飞有待,此振先声。”意思是说自己年纪虽小,却有要干一番大事业的远大志向。陈大樽一听,大吃一惊，惊叹这小考生的思维敏捷。考试时，陈大樽让考生们以“春蚕作茧”为题作诗，并出了一道难度较大的题目，只见小小的毛奇龄，不慌不忙，提起毛笔，蘸两下墨，便下笔成诗。其中有两句“经纶犹有待，吐属已非凡”，不仅十分切题，同时还大胆表明自己具有满腹经纶学问、等待重用的不凡抱负。陈大樽看后不禁拍案叫好，断定毛奇龄将来一定成就非凡。在这次考试中，毛奇龄名列第一，小小年纪名声就传遍整个县城。

万 姓

姓氏起源

万姓源出有五：

一是出自姬姓，是以祖父的字作为姓氏。据《通志·氏族略》所载，周朝有大夫受封于芮国（在今陕西大荔朝邑城南，公元前640年为秦所灭），史称芮伯。春秋时，传至芮伯万，曾一度官至周王朝司徒，但后因芮伯万宠姬太多，便被母亲芮姜赶出国去，住在魏城（今山西芮城），其子孙以祖父的字“万”为氏。

二是出自姬姓，以祖父的字“万”为氏。据《元和姓纂》所载，春秋时，晋国有大夫毕万，乃毕公高之后，因辅佐晋献公有功，受封于魏（今山西芮城北，原为西周分封的诸侯国，公元前661年被晋献公攻灭，把他封给了毕万），又称魏万，其子孙以祖父的字“万”为氏，称万氏。

三是出自他族改姓。据《魏书·官氏志》载，南北朝时北魏有鲜卑族复姓叶万氏，随魏孝文帝迁都洛阳后，改为汉字单姓万氏。一说代北（泛指汉、晋代郡和唐以后代州以北地区。大致相当于今山西、河北省北部一带）三字姓万纽于氏改为万氏。又据《齐东野语》载：“方臣山，名岳，为南仲丞相，幕客赵父名方，乃改姓为万。”

方岳乃宋理宗赵葵的参议官。

四是其他源流。史载，周武王因“以万人而服天下”，其后就有人以“万”为姓氏。

五是古代有弈叶的人，曾居住在阴山北面的万纽于山，他的后代以居住地为氏，取山名的第一个字“万”作为姓氏。

得姓始祖

周初，成王封同姓族人姬良夫于芮（今山西芮城和陕西大荔一带），遂建芮国。芮国是一个诸侯国，其国君人称芮伯，芮伯传至春秋时，出芮伯万，因其宠姬众多，风流成性，致使母亲芮姜极度不满，将其驱至魏城（今山西芮城）。其子孙有以万为氏者，称万姓，并奉芮伯万为万姓的得姓始祖。

迁徙分布

万氏是一个多民族、多源流的古老姓氏，春秋时期，芮国占据今山西、陕西一带，晋国则占据山西一带，故早期万氏当发源于山西、陕西省境，此二省亦为后世万氏支系的主要源头。

汉朝以前，万氏族人有入迁山东者，如战国时期有山东人万章，但两发源地仍为万氏族人主要繁衍生息之地。两汉时期，陕西扶风一带万氏族人枝繁叶茂，遂有郡望——扶风郡。

魏晋南北朝时，北方战火四起，万氏族人有避居南方者，此次南迁，奠定了后世万氏族人盛于南方的基础。另外，北魏迁都洛阳后，随着汉化政策的推行，鲜卑复姓吐万氏改单姓万，并迅速发展壮大，形成又一郡望——河南郡。

唐朝时期，浙江、安徽万氏较盛，时有浙江昆山令万齐融、安徽人万敬儒，三世同居，族人所居之所称“成孝乡广孝聚”。唐代以后，史载万氏名人比比皆是，且多出南方。

宋元时期，更朝换代频繁，少数民族辽、金、蒙皆想争霸天下，北方时有战争，致使万氏族人举族南迁，南方万氏族人由此陡增，江西、湖北、湖南、天津、山东等地均有万氏族人散居点。据载，宋朝有万顷，出江州（今江西九江）；万镇，出平江（今湖南平江）；万人杰，出大冶（今湖北大冶）；元朝有万邦宁，出宝坻（今天津）。

明清时期，是历史上万氏族人最盛阶段，山东、四川、江苏、广东、广西亦有万氏族人的足迹。可见，万氏族人已涉足于祖国最南端，遂有清朝万氏族人渡海迁播于更广阔之领域。据此期间史载万氏名人来看，多出江苏、江西一带，则此区成为万氏族人发展最旺之地。另，明朝万氏作为大槐树迁民姓氏之一，于河北、河南、山东、安徽、陕西、北京等地落籍。

万姓在《百家姓》中排行第 162 位。在当今中国姓氏排行榜上名列第 88 位，人口约 295.3 万，占全国人口总数的 0.18%左右。

历史名人

万寿祺（1603～1652），字年少，又字介若等，又名明志道人等，世称年少先生，河北沧州人。明末清初文学家、书画家。曾参加抗清活动，明亡后，仍以遗民自居，隐居江淮一带，着儒士服，戴和尚帽，人称“万道人”，与阎尔梅同称“徐州二遗民”，著有《隰西堂集》。其为人风流倜傥，工书画，精于六书，癖嗜印章，辑有《沙门慧寿印谱》一册。代表作有《秋江别思图》《松石图》《山水图》等。

万树（1630～1688），字红友，一字花农，号山翁、山农，常州府宜兴（今江苏宜兴）人。清初著名诗人、词学家、戏曲文学作家。顺治年间以监生游学北京。康熙年间，人两广总督吴兴祚幕府做幕僚，一切奏议皆由其执笔，闲暇时作剧供吴家伶人演出。遗作有戏曲二十余种，仅存传奇《风流棒》《空青石》《念八翻》三种，合刻为《拥双艳三种曲》；诗文集有《璇玑碎锦》《香胆词》传世。

万斯同（1638～1702），字季野，号石园，浙江鄞州人，清初著名史学家。师事黄宗羲。康熙间荐博学鸿词科，不就。精史学，以布衣参与编修《明史》，前后十九年，不署衔，不受俸。《明史稿》五百卷，皆其手定。著有《历代史表》《纪元汇考》《儒林宗派》《群书辩疑》《石园诗文集》等。

名人故事

万斯同：闭门苦读

清朝著名学者、史学家万斯同，参与编撰了我国重要史书《二十四史》。但万斯同小时候是一个顽皮的孩子，他由于贪玩，在宾客们面前遭到了批评。万斯同恼怒之下，掀翻了宾客们的桌子，被父亲关到了书屋里。

万斯同闭门思过，并从《茶经》中受到启发，开始用心读书。

转眼一年多过去了，万斯同在书屋中读了很多书。父亲原谅了儿子，儿子也明白了父亲的良苦用心。

万斯同经过长期的勤学苦读，终于成为一位通晓历史遍览群书的著名学者，并参与了《二十四史》之《明史》的编修工作。

钱　姓

姓氏起源

钱姓源出有二：

一是以官职命名的姓氏。周朝有官职名“钱府上士”掌管财政，遂以官为氏。相传为古帝颛顼玄孙彭祖（即籛铿）的后代。宋人郑樵《通志·氏族略》将钱氏列入“以官为氏”类，说：颛帝曾孙陆终生彭祖，裔孙孚，周钱府上士，因官命氏焉。

二是赐姓，这是中国古代帝王彰布皇家威仪，昭示荣宠，笼络、褒奖臣属，邀集人心的重要手段之一。五代时钱镠曾以杭州为中心建立了吴越国，历时 86 年之久，是时境内安宁，人民富足，有不少吴越臣僚先后都被赐以国姓“钱”，而改姓为钱。《宋史·吴越钱氏世家》称，吴越王钱谬“与战士多赐己姓”，至忠懿王钱弘傲临朝称制，这些因赐姓而改姓钱氏之人“皆称同宗”，都自认为属于钱姓之人了。目前，属于这种赐姓的钱姓人仅见于台湾高山族土著中，据《台湾姓氏源流》记载，清乾隆二十三年(1758)，台湾高山族土著七姓中有一支因忠于朝廷，有功于国家，被乾隆帝赐姓为钱，此后相沿不改，迄今仍为钱氏。

得姓始祖

颛顼帝是我国南方早期主要八个姓氏的先祖，有裔孙名铿，后来封于彭城(今江苏徐州)，因此得了彭姓，彭铿是有名的长寿者，据说亲历夏商两代，活了800多岁，被尊为彭祖。彭祖有孙名孚，西周时担任钱府上士，其后子孙便以其官名为氏，称钱姓。他们尊钱孚为钱姓的得姓始祖。

迁徙分布

先秦时，钱姓表现不明朗。秦汉时，钱姓在江苏徐州一带静静地发展起来。三国时，钱姓已经遍布江苏、浙江和安徽。

晋朝时，江西成为钱姓的另一重要基地。唐朝之前，钱姓已经分布到中原和长江南北。

钱姓发展的鼎盛时期，是在唐宋之际，钱镠在临安称帝，即在今浙江杭州建立了吴越国，传五主，割据江苏南部和浙江一带达86年。钱镠的子孙分封到东南各地，其子孙很快在江浙地区繁衍。尤其是吴越国平稳地降宋，不仅使钱姓子孙未遭战争屠杀，钱姓人士反而可以入仕宋朝，尤其在南宋时期，其人口在东南地区增加快速。在宋朝形成的“百家姓”中，第一句就是“赵钱孙李”，足以证明钱姓的影响和社会地位。不久钱姓进入闽粤地区，清初涉足台湾。宋元明期间，钱姓在全国的分布，主要集中于浙江、江苏、江西，约占钱姓总人口的80%。从中可以看到，其分布总格局变化较大，其人口主要由北方向东南、南方迁移，特别是向江浙赣地区移民。全

国重新形成了江浙赣钱姓人口聚集中心。

钱姓在《百家姓》中排列第 2 位。当代中国钱姓的人口已近 220 万，排在第 96 位，大约占全国人口的 0.18%。

历史名人

钱乙（1032～1113），字仲阳，宋代东平人。宋代著名的儿科医家。钱氏治学，当初先以《颅囟方》而成名，行医儿科，曾治愈皇亲国戚的小儿疾病，声誉卓著，被授予翰林医学士。曾任太医院丞，在多年的行医过程中，钱乙积累了丰富的临床经验，成为当时著名医家。《四库全书总目提要》称“钱乙幼科冠绝一代”，言不为过。著有《伤寒指微》《婴孩论》《小儿药证直诀》传世。

钱一本（1546～1617），字国瑞，号启新，武进（今江苏常州）人。明朝易学家、学者。万历十一年进士，任庐陵知县，授福建道御史，曾劾江西巡按祝大舟，因上《论相》《建储》二疏论政弊，遣神宗忌恨，削职为民。归筑经正堂，潜心六经及濂洛诸书，尤精于《易》，学者称启新先生。与顾宪成分主东林书院讲席，为“东林八君子”之一。著有《像象管见》九卷、《四圣一心录》六卷、《范衍》及《遯世编》等。

钱谦益（1582～1664），字受之，号牧斋，晚号蒙叟，东涧老人，苏州府常熟县（今江苏张家港）人。明清官员、文学家。明万历三十八年（1610），一甲三名进士，官至礼部侍郎。崇祯年间，作为东林党首领，博学工辞章，主东南文坛数十年，主张诗要有本，反对严羽妙语说。后马士英、阮大铖在南京拥立福王，建立南明弘光政权，钱谦益为礼部尚书。清朝时，为礼部侍郎。著有《初学集》《有学集》。

钱大昕（1728～1804），字晓徵，号辛楣，又号竹汀，江苏嘉定（今上海嘉定）人。清代史学家、汉学家、考据学家。早年，以诗赋闻名江南。乾隆十六年（1751），清高宗弘历南巡，因献赋获赐举人，官内阁中书。乾隆十九年，中进士。复擢升翰林院侍讲学士。乾隆三十四年(1769)，入职上书房，授皇十二子书。参与编修《热河志》，与纪昀并称“南钱北纪”。参与修《音韵述微》《续文献通考》《续通志》《一统志》及《天球图》诸书。他是18世纪中国最为渊博和专精的学术大师，被推为“一代儒宗”。著有《唐石经考异》《经典文字考异》《元史艺文志》《潜研堂文集》等。

名人故事

钱乙：救治伤寒

一个姓朱的人，有个儿子五岁，夜里发热，白天无事，有的医生作伤寒治，有的医生作热病治，用凉药解表，始终治不好。病儿的症状是：多涎而喜睡。别的医生用铁粉丸下涎，病情反而更重，至第五天，出现大渴引饮。

钱乙说：不能用下法治。他于是拿白术散末一两煎水三升，使病儿昼饮服。姓朱的问道：“饮多了不会泻吗？”钱乙答道：“不渗进生水在里面，是不会泻的。纵使泻也不足怪，只是不能用下法治。”姓朱的人又问：“先治什么病？”钱乙说：“止渴治痰、退热清里，都靠这味药。”到晚上，药估计服完，钱乙看看病儿，说：“可再服三升。”又煎白术散水三升，病儿服完，稍觉好些。

第三日，又服白术散水三升，那个病儿再不作渴，也没有流涎了。接着钱乙给其服两剂阿胶散(又名补肺散、补肺阿胶汤)，由阿胶、牛蒡子、甘草、马兜铃、杏仁、糯米组成，病就完全好了。

钱谦益：剃发降清

清顺治二年(南明弘光元年，1645)五月，清兵进逼南京。兵临南京城下时，柳如是劝钱谦益与其一起投水殉国，钱谦益沉思无语。最后，走下水池试了一下水，说：“水太冷，不能下。”柳如是“奋身欲沉池水中”，却给钱谦益硬托住了。

五月十五日，钱谦益率诸大臣在滂沱大雨中开城向清军统帅多铎迎降。史敦《恸余杂记》记载：“豫王（多铎）南下江南，下令剃头。南明民众对此议论纷纷。一日，钱谦益忽然说：‘头皮痒得厉害’，突然出门而去。家人以为他去用篦子篦发。不一会儿，剪了头发，留着辫子进来了。”时人有诗云：“钱公出处好胸襟，山斗才名天下闻。国破从新朝北阙，官高依旧老东林。”而当时与钱谦益交好的河南巡抚越其杰、河南参政兵备道袁枢俱，誓不仕清，相继绝食而死。

南明弘光政权亡。同年秋，清廷任钱谦益为礼部右侍郎，北上充修《明史》副总裁。柳如是留居南京。

洪　姓

姓氏起源

洪姓源出有四：

一是来源于姜姓，出自上古炎帝神农氏之后共工，属于以先祖官称名字为氏。

二是来源共氏。东汉灵帝时，十常侍作乱，有帝随从官共姓者，为避祸改姓洪，原籍敦煌，改洪姓后徙青州，至三国吴，其后裔宣城人洪矩为庐江太守。所以洪姓历史至少有 1 800 多年。

三是改自弘氏。唐高宗太子李弘，死后谥号孝敬皇帝，毗陵洪姓本姓弘，为避此名讳而改姓洪。又，宋太祖赵匡胤之父赵弘殷，因避其名字之讳，豫章和曲河弘姓均改姓洪。

四是出自外族的改姓。在秦汉时期，东南地区的山越族中早有洪姓，不久与中原南迁汉人相混居，最后同化为东南洪姓汉族，是组成东南洪姓的重要成分。直到清朝前，洪姓人群中基本上没有发生过较大的其他民族血缘的融入。到清前期，满洲八旗姓爱新觉罗氏、洪佳氏、宏义氏，清蒙古八旗姓乌兰氏、弘吉剌氏等先后全部或部分改姓洪氏，形成了北方地区的洪姓。南方土著中的洪姓，最早来自东南地区洪姓汉民，融入土著后逐渐土著化，在南方地区汉化的过程中很多土著的洪姓又回到汉族。

得姓始祖

上古炎帝的后裔，黄帝时任水官。史书云："共工，人面，蛇身，朱发。"是把共工神化的一种描绘。其活动中心应在黄河中游，近伊、洛流域。古史记载，他曾与颛顼争帝，怒而撞不周之山，使支持天的柱子被撞断，地的四角也裂开，所有这些神话般的描绘都是在说明炎黄两系争斗激烈。为了怀念这位先人，遂有共姓。后因避仇，又因共工有水德，成洪姓，尊共工为洪姓的得姓始祖。

迁徙分布

洪氏是一个典型的多民族、多源流的古老姓氏，洪姓形成后，主要活动地区在江西、湖北、湖南、江苏和浙江等地，人口发展迅速，这与东南地区的原山越族洪姓人群的汉化有关。先秦至五代十国的漫长历史时期，见诸史册之洪姓人物寥寥无几，纵有亦知名度不高。

从宋代开始，在全国的分布主要集中于江西、浙江、江苏、福建，这四省洪姓大约占全国洪姓总人口的82%，其次分布于四川、河北、河南、广东。全国形成了以赣、浙、苏、闽为中心的洪姓聚集区。

明朝时期，在全国的分布主要集中于浙江、安徽、福建，约占洪姓总人口的64%，其次分布于江西、江苏、湖北，这三省的洪姓又集中了20%。宋元明期间，洪姓的分布总格局变化较大，其人口主要向东南沿海地区迁移。全国的洪姓中心仍在浙、苏、闽地区。

从明朝至今，全国形成了沿长江口、南抵海南的一片高比率洪姓分布区域。在这期间，洪姓人口流动的程度和方向与宋元明期

间区别不大，由东南部继续向西、向南移民。

洪姓在《百家姓》中排列第 184 位。在当今中国姓氏排行榜上名列第 99 位，人口约 246.2 万，占全国人口总数的 0.16%左右。

历史名人

洪觉范（1071～1128），字觉，自号寂音，江西筠州新昌（今江西宜丰）人。宋代诗人、散文家、僧史家、佛学家。年轻时天赋极高，才华横溢，以其书而出奇，同县人邹元佐以其命而出奇，彭渊材以其音乐而出奇，人称“新昌三奇”。他在当时就深受黄庭坚的赏识，并与江西诗派中众多诗人过往唱和，诗名颇响。有人认为洪觉范是宋代诗僧中的翘楚，在文学史上应有其一席之位。著有《石门文字禅》《寂音自序》《续传灯录》《五灯会元》等。

洪适（1117～1184），字温伯，晚号盘洲老人，饶州鄱阳（今江西波阳）人。南宋金石学家、诗人、词人。与弟弟洪遵、洪迈皆以文学负盛名，有“鄱阳英气钟三秀”“三洪文章名满天下”之称。同时，他在金石学方面造诣颇深，与欧阳修、赵明诚并称为宋代“金石三大家”。累官至尚书右仆射、同中书门下平章事兼枢密使，封魏国公。著成《隶释》二十七卷、《隶续》二十一卷，又著《隶缵》《隶图》和《隶韵》。另著有《盘州集》八十卷。

洪迈（1123～1202），字景卢，号野处，饶州乐平（今江西乐平）人。南宋著名文学家。洪皓第三子，与其兄洪适、洪遵并称“三洪”。洪迈自幼读书勤奋，精通四书五经，广猎稗官野史、道释经籍、医卜星算。南宋绍兴十六年（1146），高中博学词科，官至翰林院学士、资政大夫、端明殿学士，宰执（副相）、封魏郡开国公、光禄大夫。洪迈一生著作有 40 多种，著有《夷坚志》《容斋随笔》《万首唐人绝句》《野处类稿》，其中，《容斋随笔》被历代名人誉为“垂范后世”的佳作。

洪承畴（1593～1665），字彦演，号亨九，福建泉州人。清朝重臣。为明神宗万历四十四年(1616)进士,累官至陕西布政使参政,崇祯时官至兵部尚书、蓟辽总督,后降清,成为清朝首位汉人大学士。洪承畴于崇祯年间,辑有《古今平定略》十二册。后人又辑有《洪承畴章奏文册汇辑》及《经略纪要》二十四卷。

名人故事

洪承畴:豆干对联

洪承畴童年时家境不好,11 岁就辍学回家,帮助母亲做豆腐干。每日清晨,他还要走村串户去卖豆腐干。有一天,洪承畴去卖豆腐干,几个学生围拢来,每人买了一块,洪承畴要他们多买一块,学生们愁眉苦脸地说,对子还没对出来,不敢多耽搁。洪承畴就答应帮他们对对子,但每人必须多买一块豆腐干。

老师,洪启胤先生拉着一个学生让他当场对对子,这个学生对不出来。只好承认是卖豆腐干的小孩帮他对的。洪启胤立即让学生把洪承畴叫来,见这孩子聪明,就想试试他的才思,于是出了一副对子的上联,让洪承畴对下联。洪启胤指着桌上的砚台说:“砚台长长,能赋诗文百篇。”洪承畴看着自己卖剩的豆腐干答道:“豆腐方方,犹似玉印一章。”洪启胤听了很高兴,就又出了一副对子的上联:“白豆腐,豆腐白,做人清正博学学李白。”洪承畴明白,先生既倒过来以豆腐为题,他就也应以砚台做答,于是随口读出:“黑砚台,砚台黑,为官铁骨叮当当包黑。”先生听了觉得这孩子不仅有天分,而且抱负不凡,就去找洪承畴的母亲,劝她送孩子上学,并答应不收学费。她的母亲自然高兴,洪承畴就这样又进了学馆,很为洪启胤器重,并成为他的得意门生。

洪秀全与血鸭的故事

“永州血鸭”是湖南永州的一款传统名菜。在当地,几乎家家户户都会制作此菜。有关“永州血鸭”的来历，民间还流传着这么一段动听的故事。

相传太平天国起义初期，太平军首领洪秀全率众攻下了永州城，当地老百姓为慰劳起义军，也前往军中与厨子一起下厨。可是在杀鸭拔毛时，鸭身上的细毛却怎么也拔不干净。这时临近开宴了，一位老厨子急中生智，先是把鸭肉剁成块，下锅炒好后再将生鸭血倒进鸭肉里，继续炒拌成糊状，这样一来，鸭块上的细毛自然看不见了。到了开宴时间，一碗碗拌有鸭血的鸭肴全部端上了餐桌。这时，有人问老厨子：这叫什么菜，老厨子结结巴巴，答不上来。最后，还是洪秀全之妹洪宣娇说了句：“这叫作‘永州血鸭’”。于是，“永州血鸭”便由此得名，并一直流传至今。经过历代永州厨师潜心钻研、精心烹制，“永州血鸭”以其独特的口味闻名于世。

武　姓

姓氏起源

武姓源出有六：

一是出自姬姓。公元前 770 年，犬戎入侵西周，周幽王被杀，周的京都也遭破坏。周幽王的儿子宜臼受申、许、鲁等部分诸侯拥戴，在申即位，后迁到雒邑，历史上称东周。宜臼就是周平王。因其手掌上有一“武”字形状的纹路，被赐为武氏，为周朝大夫，后来他的子孙，因而以武为氏，史称武姓正宗。是为河南武氏。

二是据《世本》所载，“出夏臣武罗”，其后子孙也称武氏。

三是出自子姓：据《武班碑》所载，为商王武丁之后，汉代武班即是。据《风俗通义》所载，春秋时宋戴公之子司空，死后谥号为“武”，史称宋武公，其子孙以其谥号为氏，亦称武氏。

四是又据《风俗通义》所载，汉朝有武强王梁，封地在今河北武强，其后代因封地“武强”简为武氏。

五是出自以武字开头的复姓，即武安氏与武疆氏。(一)为秦大将白起之后。战国时，白起因功封为武安君，其后子孙以封爵“武安”为氏，称武安氏。(二)为周顷王之孙姬满的后裔。因姬满的后裔曾被封于武疆，因而以地为氏，称武疆氏。

六是出自唐代的冒姓或被赐姓为武姓的。

得姓始祖

商王武丁继位时，国力衰弱，他极力想恢复殷商当年盛况，却因找不到贤臣辅佐而犯愁。相传，有一夜武丁梦到叫“说”的圣人会辅佐他，于是四方找寻，终于在山西平陆东面傅岩之地找到，此人即是出身奴隶的贤相傅说。武丁对傅说十分信任，君臣齐心协力，使殷商达到鼎盛时期，史称“武丁中兴”。武丁死后，其后人认为他功劳盖世，可与开国君主成汤相比，应有自己的姓，遂以其名为氏，称为武姓，奉武丁为武姓始祖。

迁徙分布

武氏是一个典型的多民族、多源流的姓氏群体，武氏最早的发祥地应在今河南省境内，其后在此地不断繁衍，并迅速地向邻近的山东及江苏等省迁徙。

春秋时期的宋国，是武氏的主要发源地之一，故其早期的活动区域应在今河南商丘一带，后来随着时间的推移，武氏族人数量的增加，社会生产的发展，政治局势的变化，其活动区域也不断地扩大。到战国时期，武氏族人从中原地区逐渐向四周迁移，主要在我国北方一些地区。汉朝时期，山东武氏族人已经是一个兴旺、显赫的家族。出自此地的武氏族人，后繁衍至今河南、安徽、山西等地。

三国、魏、晋、南北朝时期，因北方战乱，武氏族人也同中原的士族一起大举南迁，成为江苏等省境内的一大望族，故武氏有“沛国”郡望，而另一支武氏族人迁入今山西省境。在西晋时期朝廷

中，除了武周、武陔、武韶、武茂等同一家族中人外，还有中书监荀勖的女婿武统、武陵内史武察、青州刺史武沈等武氏之人。后来这些人的后裔大都迁徙到南方。

唐朝时期，武氏家族因出了一位武则天，使得武氏族人繁衍达到了极为昌盛时期，武氏族人也正是始于唐朝在北方各地再次得以大举繁衍迁徙，族派不断扩大，在今山西太原一带发展成为一个大族，故武氏有以“太原”为其郡望。

明清以后，武氏族人已经遍布全国各地。

武姓在《百家姓》中排列第 250 位。在当今中国姓氏排行榜上名列第 95 位，人口约 270.7 万，占全国人口总数的 0.17%左右。当今武氏人口尤以河南、黑龙江为多，约占全国武氏人口的 35%以上。

历史名人

武士彟(yuē)(577～635)，字信，并州文水(今山西文水东)人。唐朝的开国功臣。武则天之父。李渊兵起，武士彟没有参与商议。后来以大将军府铠曹参军随从平定京师，受官光禄大夫、义原郡公。官至工部尚书，进封应国公，曾任利州、荆州都督。贞观六年(632)，武士彟任荆州都督时，打击豪强，“宽力役之事，急农桑之业”，使荆州生产发展，“奸吏豪右，畏威怀惠”，唐太宗手敕称誉他的“善政”。死后谥号为“魏忠孝王”。

武则天(624～705)，名武曌，并州文水(今山西文水东)人。唐代政治家。14 岁入后宫为唐太宗的才人，赐号“武媚”，初为昭仪，后尊号为天后，临朝称制期间改名为“曌”。公元 690 年自立为皇帝，定都洛阳，改称神都，建立武周王朝。国家在武则天主政期间，政策稳当、兵略妥善、文化复兴、百姓富裕，故有“贞观遗风”的美誉，亦为其孙唐玄宗的“开元之治”打下了长治久安的基础，武则天对历史做出过巨大的贡献。

武宗元(980～1050)，字总之，白坡人(今河南孟津)。北宋著

名画家。他学吴道子，行笔流畅，擅佛道鬼神，曾为寺观作壁画，人皆称之。北宋景德年(1007)末，宋真宗营建玉清昭应宫，应募画工3 000多人，最后中选百人，分左右两部绘制壁画，武宗元任左部之长。他擅画道释人物，曾为开封、洛阳、嵩山、许昌等地寺观绘制宗教壁画。存世作品有描绘道教内容的《朝元仙仗图》。

武训(1838～1896)，字蒙正，自号义学症，东昌府堂邑县(今山东冠县)人。晚清群众办学的先驱者，享誉中外的贫民教育家、慈善家。原名武七(因在家中排行第七)，亦称武豆沫，清廷为嘉奖其兴办教育之功，取“垂训于世”之意，替他改名武训。其行乞38年，建起三处义学，教育了无数穷家子弟，是中国历史上唯一以乞丐身份被载入正史的人，被誉为“千古奇丐”。

名人故事

武则天：贞观遗风

武则天前后执政长达半个世纪，表现出惊人的政治谋略和手段。在称帝之后的十余年中，她首开殿试，破格选用人才；不计门第，一律量才使用。她奖励农桑，发展经济；她选用官员的标准是，能够致“田畴垦辟，家有余粮”的，则予升迁；否则，“轻者贬官，甚至非时解替”。这样，在她执政的年代里，农业和手工业得到较大的发展。人民安居乐业，人口增加很快。据当时统计，高宗时全国户数为380万户，到武则天执政的最后一年，全国户数已达615万户，几乎翻了一番。

在对外政策方面，武则天延续了贞观时期金戈铁马的尚武精神。面对吐蕃贵族的入侵和骚扰，武则天给予铁腕还击。长寿二年(692)，她派大将王孝杰击败吐蕃，打通了河西走廊，收复安西四镇，复置安西都护府于龟兹。之后，又设置北庭都护府等，不但巩固了西北的边防，也打通了一度中断的“丝绸之路”，使唐朝和中亚的贸易再度活跃起来。

在她统治时期，整个社会相对稳定。她能知人善任，有容人纳谏之量。始终有一批“文似仁杰”“武类休武”的能臣干将为其效命，充分显示了她在用人、处事、治国等各个方面杰出的政治才能和政治家的气魄。因此才保持了贞观以来的辉煌，并奠定了开元盛世的基础。武则天统治中国 50 年，是承上启下的 50 年，她连接“贞观之治”和“开元盛世”两个黄金时代，把大唐帝国的综合国力，提高到一个新的高度，史称“贞观遗风”。

孔　姓

姓氏起源

孔姓源出有五：

一是出自子姓，以王父为字氏，据《史记·孔子世家》所载：孔子，宋微子之后。宋襄公弗父何，弗父何生宋父周，周生世子胜，胜生正考父，考父生孔父嘉。五世亲尽，别为公族，姓孔氏。孔父嘉生木金父，木金父生睾夷，睾夷生防叔。防叔畏华氏之逼，奔鲁。其叔为叔梁纥，生子孔丘。

二是出自姬姓，据《姓考》所载，春秋时卫国有孔悝，以王父字为氏，其后有姬姓之孔氏。

三是出自妫姓。春秋时，陈国（今河南淮阳）有孔宁，王父字为氏，其后有“妫”姓之孔氏。

四是又据《左传》所载，春秋时郑穆公之后有孔张，其支孙以王父字为氏，为郑国的姬姓孔氏。

五是另据《姓考》等书记载，卫国（今河南滑县东）有出自古佶姓的孔氏。

得姓始祖

据唐朝林宝在《元和姓纂》中说，西周初期，由殷纣王的哥哥微子启建立的宋国，为子姓。微子启逝世后，其弟衍继位。其曾孙的玄孙正考父，是宋国上卿。其子名嘉，字孔父，史称孔父嘉。孔父嘉的后裔子孙以先祖名字为姓氏，称孔氏。孔父嘉是孔子的六世祖。他被人所记得的，就是那令人扼腕的悲惨命运：众多史料记载，因妻子太过美丽，孔父嘉惨遭杀害。自此，孔氏族人大多尊奉孔父嘉为得姓始祖。

迁徙分布

从孔子至今，2 500 多年过去了，孔氏宗族又传承了 80 多代。孔氏谱系完善，被尊为“天下第一家”“儒家第一姓”，历代孔家都有社会和经济方面的殊遇。自古有“天下孔姓一家人”之称。

先秦时期，孔姓的活动主要在山东、河南地区。秦汉以后，孔姓很快散播到河北、山西、湖南、广东等地。三国两晋时，孔姓迁移到浙江、江西东南地区。唐宋时孔姓播散到全国各地。清朝初期孔姓进入了台湾地区。

宋元明期间，其人口主要由北向南迁移。全国重新形成了以山东为中心的鲁、赣、苏、浙孔姓人口聚集区。

孔姓在《百家姓》中排列第 25 位。在当今中国姓氏中排行第 83 位，人口约 270 万，约占全国汉族人口的 0.29%。

历史名人

孔子（前 551～前 479），名丘，字仲尼，春秋鲁国（今山东曲阜）人。春秋末期著名的思想家、教育家、政治家，开创了私人讲学的风气，是儒家学派的创始人。生有圣德，学无常师，相传曾问礼于老子，学乐于苌弘，学琴于师襄。初仕鲁，为司寇，摄行相事，鲁国大治。后周游列国 13 年，晚年致力于整理古代经典。有弟子 3 000，身通六艺者72人，开平民教育之先河，后世尊为“至圣先师”，被列为“世界十大文化名人”之首。代表作《六经》《春秋》。

孔安国（约前156～前74），字子国，孔子十一代孙，鲁国（今山东曲阜）人。西汉经学家。少学《诗》于申培，受《尚书》于伏生，学识渊博，擅长经学。汉武帝时任博士，后为谏大夫，官至临淮太守。习通经学与董仲舒齐名。学识渊博。据传，汉鲁恭王刘馀扩建宫室拆除孔子故宅，于壁中得古文《尚书》，较今天《尚书》多16篇，他将古文改写为当时通行的隶书，并为之作“传”，成为“尚书古文学”的开创者。《史记》作者司马迁研究《尧典》《禹贡》等古文，也曾向他请教。后世尊其为先儒。

孔融（153～208），字文举，鲁国（今山东曲阜）人。东汉末年文学家，“建安七子”之一。少有异才，勤奋好学，与平原陶丘洪、陈留边让并称俊秀。汉献帝即位后任北军中侯、虎贲中郎将、北海相，时称孔北海。在任六年，修城邑，立学校，举贤才，表儒术，经刘备表荐兼领青州刺史。不久，被朝廷征为将作大匠，迁少府，又任太中大夫。孔融能诗善文，散文锋利简洁，代表作是《荐祢衡表》。

孔颖达（574～648），字冲远（一作仲达、冲澹），冀州衡水（今属河北）人。孔子三十二代孙。唐朝经学家。八岁就学，曾从刘焯问学，日诵千言，熟读经传，善于辞章，隋大业初，选为“明经”，授河内郡博士，补太学助教。曾奉唐太宗命编纂《五经正义》，融合南北经学家之见解，集魏晋南北朝以来经学之大成。孔颖达所疏的经书包括《周易》《尚书》《诗经》《礼记》和《左传》等。

孔尚任（1648～1718），字聘之，别号岸堂，自称云亭山人。山东曲阜人，孔子六十四代孙。清初诗人、戏曲作家。他继承了儒家的思想传统与学术，自幼即留意礼、乐、兵、农等学问，还考证过乐律，为以后创作戏曲《桃花扇》打下了音乐知识的基础。世人将他与《长生殿》作者洪昇并论，称“南洪北孔”。著有《宫词》《律吕管见》《介安堂集》，诗文《石门山集》《湖海集》等。

名人故事

孔子学琴

孔子向师襄子学琴，一首曲子学了十天还在弹。师襄子说：“可以继续了。”孔子说：“曲子虽然能走下来，但还没能把握其中韵致规律和结构。”过了一段时间，师襄子又说：“韵致已经把握，可以增加新曲了。”孔子说：“可是我还没能得其心志。”

又过了一段时间，师襄子说：“志趣已得，现在可以学别的了。”孔子说：“此曲志趣虽然已得，但我还未完全进入他的境界，得其为人。”又过了一段时间，孔子神情俨然，仿佛进到新的境界：时而庄重穆然，若有所思，时而怡然高望，意志深远。终于，他说道：“我找到他了！默然黝黑，颀然高大，目光深邃，心系苍生，王者气度，胸怀天下，除了文王，还能是谁呢？”师襄子听后，赶紧起身再拜，答道：“我的老师也认为这正是《文王操》啊。”

这个故事在《史记·孔子世家》《韩诗外传》《孔子家语》《列子》上都有记载，它不仅给后人树立了一个难得的学习音乐的榜样，也反映出身为万世师表的大教育家孔子自己的好学、善学的精神和品质。“孔子持文王之声知文王之为人”(《韩诗外传》卷五)，也再次涉及前面提过的“知音”的问题。

卫 姓

姓氏起源

卫姓源出有二：

一是出自姬姓，来源于周文王的第九子康叔之后，以周国封地国名为氏。上古周文王的第九子康叔被封于卫(今河南淇县)，接管旧殷都朝歌七族的遗民，建立了卫国。到春秋战国时，卫国被秦国兼并。卫国公族子孙就以故国名为姓，世代相传姓卫。

二是出自中国古代少数民族鲜卑族有卫姓。据《后燕录》载：昌黎（今河南昌黎）鲜卑为卫姓。历史上昌黎卫氏为鲜卑族的一支，入中原后相传为卫氏。

得姓始祖

据《姓纂》考证，卫姓的开山祖是康叔。上古周文王第九子叫康叔，被封于上古商代首都朝歌，商朝已为周朝代替，原商遗民，有七族归康叔管理，康叔于是建立卫国，即现在河南淇县，就在卫地繁衍了40余代。后卫国迁至濮阳，至春秋战国末年，卫国才被强秦所灭，卫并入秦，卫国公族的后代，遂约定以国名为姓，子孙都姓卫，称为卫氏。自此，卫康叔就成为卫姓的得姓始祖。

迁徙分布

卫姓是一个多民族，多源流的姓氏群体。卫姓起源于河南，卫国立国800余年，期间曾三迁国都，一迁楚丘（今河南滑县），二迁帝丘（今河南濮阳），三迁野王（今河南沁阳）。秦二世灭卫之前，卫国公族因仕宦、逃难外加三次迁都等原因，已进入山西、河北、陕西、山东等地。就在二世灭卫的同一年爆发了秦末农民起义，刀兵过处，有燕（今河北北部）人卫满避地朝鲜称王。

汉景帝时丞相卫绾，世居代郡大陵（今山西文水），其裔孙卫皓在应召途中卒于河东安邑（今山西夏县北），明帝因赐所亡地葬之，子孙遂安家于安邑。除此支卫姓外，追随刘邦东征西讨的将领中有后来被封为武原侯的卫月去和封为东平侯的卫毋择，其子孙袭爵，显赫一时。再加郑姓改卫的卫青家族的出现，使卫姓成为天下名门著姓之一，也使卫姓河东郡望昌盛至极。三国时，蜀有嘉严道（今四川荥经）人卫继，吴有广陵（今江苏扬州）人卫旌，表明此际之卫姓已落籍于今四川、江苏等南方省份，其中北周蜀人卫元嵩是由河东（今山西永济）迁徙而去的。

两晋南北朝至隋唐，卫姓除继续昌盛于河东郡外，还在陈留郡兴旺发达。唐时，户部郎中卫畿道由河东徙京兆（今陕西西安）。唐末，有山东之卫姓避居华亭（今上海松江），其裔有卫阒迁昆山石浦乡。此际卫姓有徙于浙江、安徽、江西、广东者，其中广东卫姓是唐代官吏、河东安邑（今山西夏县）人卫中行的后裔。

宋元时，卫姓遍布江南各地及甘肃等省。明初，山西卫姓作为洪洞大槐树迁民姓氏之一，被分迁于河南、河北、山东、江苏、湖北等地。

清代，其分布已相当广泛。如今，卫姓在全国分布较广，尤以陕西、四川等省为多。

卫姓在《百家姓》中排列第 12 位。在当今中国姓氏排行榜上名列第 171 位，人口约 67.6 万，占全国人口总数的 0.042%左右。

历史名人

卫青（？～前 106），字仲卿，汉朝时河东郡平阳（今山西临汾）人。西汉军事家。武帝时期的将领，汉武帝皇后卫子夫的弟弟，他曾先后七征匈奴，屡建战功，拜为大将军，封长平侯。元光六年（前 129），匈奴骑兵南侵上谷郡（今河北怀来）。汉武帝派遣四路军马同时出击，卫青一路，率军万骑，直捣茏城，首战成功，深得武帝赏识。元朔二年（前 127），匈奴集结大量兵力再次进犯汉朝上谷、渔阳，汉武帝派卫青率大军进攻久为匈奴盘踞的河南地（今黄河河套地区）。卫青等人引军北上，发动突袭，击败匈奴的白羊王和楼烦王，收复了秦时蒙恬所辟的河南地，汉朝在这里设置了朔方郡和九原郡，建筑了朔方城。后虽位高权重，才干绝人，但敬重贤才，不立私威，气度宽广。

卫铄（272～349），卫瓘之女，字茂漪，河东安邑（今山西夏县）人。西晋书法家。东晋望族之一卫瓘，在当时不但武功彪炳，而且写得一手好草书。卫夫人家学渊博，她所写的隶书与正书，更冠绝一时。曾有“粹玉壶之冰，烂瑶台之月，宛然芳树，穆若清风”的时誉。《书断》一书，也特别推崇她的字说：“卫夫人隶书尤善规矩”。其弟子为著名的王氏父子（王羲之、王献之）。

名人故事

大将军卫青

卫青是汉武帝皇后卫子夫的弟弟。卫青出身低微，本为平阳公主的家奴。随卫子夫入宫后，渐渐得到汉武帝重用，由一个奴仆当上了大司马大将军，受封为长平侯。这固然同他的国舅身份有关，但更主要的还是凭借其个人的人品、才干和功业。史书上说，“卫氏支属以军功起家”。

卫青前后七次出击匈奴，解除了匈奴对汉王朝的威胁，战功赫赫，权倾朝野。但他忠于朝廷，恪守军人本分。因此，当苏建劝他结交宾客、招徕士人以扩大自己声望和势力时，卫青马上很不满意地说：“亲待士大夫，选举贤人，罢黜不肖，这些都是皇上的权柄，做臣下的只要奉法遵职就行了，为什么要参与养士呢？”

卫青谦恭退让、礼贤下士的品格更是载入史册。同朝的汲黯是有名的敢于直谏的大臣，敢与卫青分庭抗礼。对此，卫青不但不怀恨在心，反而更加敬重汲黯，多次向汲黯请教军国大事，两人相交极深。

施　姓

姓氏起源

施姓源出有三：

一是施氏为殷民七族之一。据《左传》记载，周朝初期，武王的弟弟康叔封为卫侯，在他的管辖范围内，有殷民七族：陶氏、施氏、繁氏、樊氏等。施氏为制旗帜的工匠。

二是以国民为姓氏。夏代诸侯国里有一个施国，国亡后，其后代便以国名为姓。

三是出自“姬”姓，以亡父的字为姓氏。根据史料记载，春秋时鲁惠公的儿子，字施父，其后代以先祖的字“施”为姓。

得姓始祖

春秋时鲁国君主惠公之子，名尾生，字施父，人称施父尾。其在鲁桓公时任大夫之职，据说他精通音律，曾视来访的曹国太子赏乐姿态之变化，断言曹伯（曹国国君）将不久于人世，果验。桓公深敬施公之才，委以重用，施父后成为春秋名臣。传到施公之重孙孝叔时，以祖名为姓，以示与别的家族不同，于是形成施父姓，后省去父字，遂为施姓。他们尊施父为施姓的得姓始祖。

迁徙分布

施氏是一个多民族、多源流的姓氏，施氏族人发祥于周王朝时期的鲁国，即今山东西南部一带。

先秦时期，施姓开始活动在山东、安徽一带，随后被迫西迁河南北部，接着南下湖北施恩地区，又进入湖南、贵州，其中一支西迁四川泸州地区和云南洱源地区，形成了西南施姓主要生息地。由安徽古施国南下一支是移民中最重要的，唐朝时在浙江湖州吴兴郡已经形成了施姓望族。到唐宋时期，施姓已经散播到江南各地。

宋元明时期，施姓人口主要向东南地区迁移，苏、浙、赣、闽为当时的施姓聚集中心。

明朝时期，施姓分布主要集中于浙江、江西、福建、江苏，约占施姓人口的81%。

施姓在《百家姓》中排列第23位。在当今中国姓氏排行榜上名列第97位，人口约258.4万，占全国人口总数的0.16%左右。

历史名人

施耐庵(1296～约1371),名子安,本名彦端,兴化(今江苏兴化)人。元末明初小说家。博古通今,才华横溢,举凡群经诸子,辞章诗歌,天文、地理、医卜、星象等。元延祐元年(1314)考中秀才,泰定元年(1324)中举人,至顺二年(1331)登进士不久任浙江钱塘县尹,后弃官归里,闭门著书,与门下弟子罗贯中一起研究《三国演义》《三遂平妖传》的创作,最终创作成"四大名著"之一的《水浒传》。后人评价《水浒传》:"天翻地覆事,侠肝义胆情,忠义照千秋,热血奇男儿。"

施闰章(1619～1683),字尚白,一字屺云,号愚山,媲萝居士等。江南宣城(今属安徽)人。清初著名诗人、文学家。顺治六年(1649)进士,授刑部主事。顺治十八年(1661)举博学鸿儒,授侍讲,预修《明史》,进侍读。文章淳雅,尤工于诗,与同邑高咏等唱和,时号"宣城体",有"燕台七子"之称,与宋琬有"南施北宋"之名,位"清初六家"之列,处"海内八大家"之中,在清初文学史上享有盛名。著有《学馀堂文集》《试院冰渊》等。

施琅(1621～1696),字尊侯,号琢公,福建泉州晋江人,明末清初军事家。原为郑芝龙和郑成功的部将,投降清朝后被任命为清军同安副将,不久又被提升为同安总兵、福建水师提督,先后率师驻守同安、海澄、厦门,参与清军对郑军的进攻和招抚,1683年率清军渡海收复台湾。著有《靖海纪事》《平南实录》等。

名人故事

才子施耐庵

施耐庵,元末明初小说家。关于他的生平,旧籍记载很少。相传,施耐庵出身船家,从小就对河湖港汊的水上生活十分熟悉。当时,下层坊间流传着许多生动的传说,其中,关于北宋宣和年间宋江起义的故事，深深地吸引了施耐庵。由于对社会现实不满，他决心写一部反映宋江起义的白话小说。

施耐庵用心搜集各种材料，对宋末以来艺术家们津津乐道的话本《大宋宣和遗事》加以研究，从而在《宋江三十六人赞》的基础上，运用惊人的艺术才能，创造了一百〇八将的姓名和绰号，使宋江起义的故事变得更为有血有肉。经过不懈地努力，他终于完成了以描写农民起义为中心内容的长篇小说《水浒传》的初稿。

不久，全国爆发了规模宏大的反元斗争，施耐庵因博学而被张士诚请入幕府。但施耐庵见张士诚胸无大志，便托词回乡，继续从事自己喜欢的小说创作。

施耐庵敢于打破世俗观念，大胆地借那些“打家劫舍”的强盗抒写自己对专制社会的痛恨，他描绘了一个由宋江等一百〇八位好汉建立的理想的水泊梁山，那里人人有平等的地位而不失其秩序，个个有独立之才而不枉其用。他宣扬平等、民主，讴歌自由，深刻地揭示了“官逼民反”的道理。《水浒传》把颠倒的历史重新颠倒过来，使那些帝王将相在农民英雄的正直形象面前黯然失色。书中语言洗练明快，酣畅活泼，通俗而富有表现力。

今天，《水浒传》已成为世界古典文学宝库中的璀璨明珠。

华 姓

姓氏起源

华姓源出有三：

一是出自子姓。据《名贤氏族言行类稿》《古今姓氏书辨证》《广韵》及《辞源》所载，宋戴公子正考父，正考父之子督，字华父，为宋太宰，杀其君殇公及其大夫孔父，厚赂齐、秦、鲁、郑四国，不能讨，使相宋公，因自立为华氏。古未有生而赐族者，唯督以一时之妄，自立姓氏，后世因之。一说督父正考父食采于华（故城在今河南新郑北），其后以邑为氏。

二是出自姒姓。据《姓氏考略》所载，夏仲康封观于西岳，曰华氏。

三是出自他族。清满洲八旗姓爱新觉罗氏之后有改华姓者；清岭夷十二地夷人头目，嘉庆十三年（1808）归附，嘉庆十六年改流更姓住牧，芭蕉沟夷人为华姓；锡伯族华西哈尔氏，汉姓为华；今满、蒙古、回等民族有此姓。

得姓始祖

华督，一作华父督，有说其字为华父，春秋时宋国人，宋戴公之孙。公元前 710 年，时任太宰的华督杀死大夫孔父嘉，夺其妻据为己有，然后一不做，二不休杀死宋殇公，并迎立公子冯为宋庄公，自任为相。后华督自立为华姓，后世子孙遂称华姓，并尊华督为其得姓始祖。

迁徙分布

华氏是一个多民族、多源流的姓氏，春秋时期见诸史册之华姓近 20 人，《左传·正义》曰："世本云，督生世子家，家生季老，老生司徒郑，郑生司徒喜"。这一支乃华督之嫡出，另外名将华元乃华督之曾孙，华元父华御事曾任宋之司寇，从众多华姓来分析，可以说此际乃华姓发展之高峰期。

春秋时华姓已播迁于楚（都今湖北江陵）、吴（都今江苏苏州）、卫（都今河南淇县）、齐（都今山东淄博）等国。

公元前 286 年，宋被齐、楚、魏三国瓜分，华姓渐有北徙山东，南迁安徽、江苏者。汉初，华寄、华毋害追随刘邦征战有功，封为列侯，子孙袭爵，为沉寂近一个世纪的华姓重新增光添彩。两汉时，华姓可以说遍布山东大地，并在山东平原一带形成望族，另在今山东、江苏、安徽间地的沛国也形成了华姓大族。新莽之乱时，有北方华姓避居今湖南溆浦一带，与祖居此地之华姓相融合，后来昌盛

为华姓武陵郡望。

三国两晋时期，华姓发展达到高峰，其中以平原郡的华歆家族为杰出代表，其人丁兴旺，世代名家辈出，可谓光照史册。永嘉之乱中，华姓避乱南迁于今江苏、浙江、湖北、安徽等省。

历南北朝至隋唐，华姓在今江苏、上海等地繁衍昌盛，并有一支华姓入迁福建。

宋元两代，华姓遍及黄河、长江、珠江中下游。明初，山西华姓作为洪洞大槐树迁民姓氏之一，被分迁于河南、河北、山东、陕西、江苏、安徽等地。

历明清两代，华姓广布于台湾以及西南、西北、东北各地。如今，华姓在全国分布较广，尤以陕西、上海、吉林、江苏等省市多此姓，上述四地之华姓约占全国汉族华姓人口的 62%。

华姓在《百家姓》中排列第 289 位。在当今中国姓氏排行榜上名列第 180 位，人口约 82.4 万，占全国人口总数的 0.051%左右。

历史名人

华佗(约 145～208)，字元化，一名旉，沛国谯县(安徽亳州)人。东汉末年著名的医学家。华佗与董奉、张仲景并称为“建安三神医”。少时曾在外游学，行医足迹遍及安徽、河南、山东、江苏等地，钻研医术而不求仕途。他医术全面，尤其擅长外科，精于手术。并精通内、妇、儿、针灸各科。华佗首创用全身麻醉法施行外科手术，被后人称为“外科圣手”“外科鼻祖”。后人多用神医华佗称呼他，又以“华佗再世”“元化重生”称誉有杰出医术的医师。著有《青囊经》(已佚)、《华佗针灸经》。

华蘅芳(1833～1902)，字若汀，江苏无锡人。清末数学家、翻译家和教育家。出生于世宦门第，少年时酷爱数学，遍览当时的各种数学书籍。青年时游学上海，与著名数学家李善兰交往，李氏向他推荐西方的代数学和微积分。1861 年为曾国藩擢用，与同乡好友徐寿（字雪村）一同到安庆的军械所，绘制机械图并造出中国最早的轮船"黄鹄"号。与李善兰、徐寿齐名，同为中国近代科学事业的先行者。他曾三次被奏保举，受到洋务派器重，一生与洋务运动关系密切，成为这个时期有代表性的科学家之一。著有《行素轩算稿》。

名人故事

华佗拜师

华佗是东汉末年杰出的医学家。他精通医道，技术全面，尤于外科，曾发明全身"麻沸散"用于剖腹开背、切除胃肠等大手术。特别是在他功成名就之后，仍谦虚好学。华佗拜师学艺的故事，被后人传为佳话。

一次，华佗给一个年轻人看病，经望、闻、问、切后，认为患者得了头风病。可是一时又拿不出治疗此病的药方，病人也很失望。后来，这位病人找到一位老医生，很快就把病治好了。华佗听后很是惭愧，便打听到老中医的住处，决心去拜师学艺。但华佗当时名噪四方，恐老医生不肯收他为徒，于是改名换姓，来到老中医门下，恳求学医。老人见他心诚，就收下了他。从此，华佗起早贪黑，任劳任怨，虚心好学，终于获得了治头风病的绝技。当华佗满师归来时，这个老中医才明白眼前这个徒弟就是名医华佗，他一把拉住华佗的手说："华佗啊，你已是名扬四海，为何还要到我这里受苦？"华佗把来意告诉了老人，并说："山外有山，学无止境。人各有所长，我不懂的地方就应该向您学习。"

"华佗拜师，不耻下问"的故事，说明了"既要参加实践，又要学习经验"的重要性。

鲁　姓

姓氏起源

鲁姓源出有二：

一是出自姬姓，为周武王的弟弟姬旦之后，以国名为氏。据《通志·氏族略》《姓氏考略》及《元和姓纂》等所载，周武王封其弟周公旦之子伯禽于鲁国（今山东曲阜），是为鲁公。鲁国从周公开始，到顷公一共传了30多代，由于鲁国固守周的旧制度，春秋以后逐渐衰落了。到了战国时，鲁国被楚国的考烈王灭掉。被迫迁居下邑（国都下属城邑）。其后代子孙遂以国名为姓，称为鲁氏。

二是出自其他民族改姓而来。（一）据《通鉴》所载，东晋时乌桓人有鲁姓。（二）金时女真人孛术鲁氏汉姓为鲁。（三）甘肃平番县土司巩卜失加（元蒙古人后裔），明时赐姓鲁。（四）清满洲八旗姓秦楚鲁氏、博都里氏有改鲁姓者。（五）佤族姓木依库氏，子孙分别以三子之名为姓，其一曰鲁。（六）清满洲人姓，世居沈阳者有鲁姓。（七）今彝、白、苗、土家、布依、朝鲜等民族均有鲁姓。

得姓始祖

姬旦，又名周公、周公旦，周武王之弟，周初三公之一。是周武王克商灭纣时的主将，居功至伟。周初，周武王大封诸侯，周公旦被封鲁国（都今山东曲阜），为天下最富饶地之一。周公旦被封后，因要留在京城辅政，乃遣其子伯禽就封鲁国。下传三十四代到公元前256年，鲁王顷公时，鲁国被楚国所灭，其子孙遂以国为氏，称鲁姓。他们尊姬旦为鲁姓的得姓始祖。

迁徙分布

古时的鲁国，拥有较大的封地，包括现在的山东滋县及江苏沛县、安徽泗县一带。公元前256年，鲁为楚所灭，子孙被迫迁居下邑（今安徽砀山东），后此地被齐国所占，鲁姓开始在山东大地缓慢繁衍。如战国末期的著名学者鲁仲连即为齐国人，后拒不仕秦。秦汉之际，鲁姓开始向当时政治文化中心——关中迁徙。

王莽篡权时，有扶风平陵人鲁匡在朝中任职，号为“智囊”，其子在建武初为武陵太守，其孙鲁恭为东汉名相，恭之弟鲁丕任侍中高职，由于此支扶风鲁姓历代显贵，族大人众，于是形成了鲁姓历史上的第一大郡望——扶风郡。东汉中期以后，鲁姓开始向河南新蔡一带迁衍，后昌盛壮大为鲁姓新蔡郡望。并以新蔡为中心，向安徽、江苏北部缓慢迁衍。

东汉末年，临淮郡东城县（今安徽定远）人鲁肃为避战乱，举家先迁曲阿，后渡江定居建康（今江苏南京），其子鲁淑、孙鲁睦均为将于东吴，三家归晋后，子孙散居江南各处。

西晋时，著名学者鲁胜为代郡（今山西阳高）人，鲁褒为南阳人。因永嘉之乱，中原士族大举南迁，至隋唐以前，鲁姓已广布江东一带。

唐代前期，政通人和，百姓安居乐业，鲁姓得以平稳发展，除继续繁衍播迁于江南一带外，在北方的山东、山西、河北、河南、陕西都得以发展。宋元之际，居江苏、江西、安徽、浙江一带的鲁姓为避兵火南迁入闽粤，西迁入湖广。

明初洪武年间，鲁姓作为明朝山西洪洞大槐树迁民姓氏之一，被分迁于山东、河南、北京、天津、江苏、湖南等地。清中叶以前，山东鲁姓发展迅速，并随闯关东之风潮到东北谋生，亦有临海之鲁姓赴台，进而播迁海外。

鲁姓在《百家姓》中排列第49位。当今中国姓氏排行第119位的姓氏，人口约156万，约占全国汉族人口的0.12%。

历史名人

鲁班（前 507～前 444），姬姓，公输氏，名班，人称公输盘、公输般、班输，尊称公输子，鲁国（今山东滕州）人。建筑鼻祖、木匠鼻祖。我国古代的一位出色的发明家，发明了锯子、曲尺、墨斗、云梯、钩强、石磨、雕刻、伞等。2 000 多年来，他的名字和有关他的故事，一直在广大人民群众中流传。我国的土木工匠们都尊称他为祖师。

鲁肃（172～217），字子敬，临淮郡东城县（今安徽定远）人。东汉末年杰出战略家、外交家。周瑜为居巢长时，因缺粮，鲁肃将粮食赠予周瑜。从此，二人结为好友，共谋大事，瑜遂荐于孙权。赤壁大战后，鲁肃被任命为赞军校尉。周瑜逝世后，为汉昌太守，授偏将军，后为横江将军。著有《榻上策》。

鲁九皋（1732～1794），原名仕骥，字絜非，号乐庐。又因书室额文“山木居士”，故人称“山木先生”。清新城（今江西黎川）钟贤人。清代文学家。乾隆进士，出选山西夏县知县。他廉正谦和，关心百姓，体察民情，轻徭禁贪，施行惠政，事必躬亲，使民得以安居乐业，并以理义规范自己的行为。著有《山木居士集》。

名人故事

巧匠鲁班

鲁班，姓公输，名班。出身于工匠家庭，从小就跟随家里人参加过许多土木建筑工程劳动，逐渐掌握了生产劳动的技能，积累了丰富的实践经验。鲁班是我国古代的一位出色的发明家，2 000 多年以来，他的名字和有关故事，一直在广大人民群众中流传。我国的土木工匠们都尊称他为祖师。

传说鲁班为楚国的水军发明了“钩”和“拒”，当敌军处于劣势时，用“钩”能把敌军的船钩住，不让它逃跑；当敌军处于优势时，用

"拒"能抵挡敌军的船只，不让它追击。楚军有了钩、拒后，无往不胜，鲁班也无愧为军工专家。

一天，鲁班向墨子说："我有舟战的钩和拒，你的义也有钩和拒吗？"墨子是主张和平、反对战争，鼓励人们相敬、相爱，仁义至上的。他于是回答："我是用爱来钩，用恭来拒。你用'钩'钩人，人家也会用'钩'钩你；你用'拒'拒人，人家也会用'拒'拒你。你说'义'的钩拒，难道不比'舟'的钩拒强吗？"鲁班无言以对。

鲁班又拿出他的发明：一只木鹊，它可以连飞三天而不落地。墨子却说："这木鹊还不如一个普通工匠顷刻间削出来的一个车辖，车辖一装在车轴上，车子就可以负重五十担东西；而你的鹊有何实际作用呢？木匠做的东西，有利于人的可称为巧，无利于人的只能叫作拙。"鲁班听完，深感墨子的哲理，后来，他一心为民所用，发明了许多受老百姓欢迎的木制品，被称为"木匠之父"。

柳 姓

姓氏起源

柳姓源出有三：

一是出自姬姓。为春秋时鲁国展禽之后，以邑名为氏。据《元和姓纂》及《唐书·宰相世系表》所载，春秋时，鲁孝公之后有展禽，曾任鲁国士师（相当于狱官），封邑在柳下。死后谥号为"惠"。其后有"柳"氏。

二是出自芈姓。义帝——楚怀王，为春秋时楚怀王孙子心之后，以都城名为氏。

三是出自改姓及少数民族中柳姓，如明末有曹逢春改姓柳，即柳敬亭是也，又有柳如是，本杨姓。另外满、蒙、彝、苗、水等族均有柳姓。

得姓始祖

柳下惠乃周公旦之子伯禽之裔孙，西周初年，伯禽代父就封，为第一代鲁公，下传至春秋鲁孝公时，生有一子叫展，展之孙无骇以王父字为氏，始姓展。无骇生子展禽，名获，字禽或季，鲁国大夫，曾掌管刑狱，食邑于柳下。据说他夜宿郭门，有女子来同宿，恐其冻死，坐之于怀，至晓不为乱。展禽死后，因其有坐怀不乱之美德，故谥曰“惠”，史称“柳下惠”。孟子赞之为“圣之和”的圣贤君子，柳下惠的后人以其封邑为氏，称柳氏。“柳下惠坐怀不乱”，是大家所熟悉的一个著名典故。这位被孟子赞誉为“圣之和”的圣贤君子柳下惠，正是中国柳姓的得姓始祖。

迁徙分布

柳氏是一个多民族、多源流的姓氏。柳姓最早繁衍之地在今河南北部和山东西部一带。公元前256年，鲁国被楚国所灭，柳姓有入居楚地者，至秦灭六国后，又有入居山西境者，后渐在河东(今山西境内黄河以东地区)形成名门望族。此后相当长时期内，河东一直是柳姓的发展繁衍中心，柳姓的许多名人也大都出自河东。

南北朝时期，刘宋时武威将军柳世隆，系河东分支，其有五子，均为南朝显官：长子柳悦，官中书郎；次子惔，官至尚书仆射；三子恽，终官右将军；四子澄，官至蜀郡太守；五子忱，官光禄大夫，五人皆曾领州牧。此支柳姓，荣耀显赫之势，可见一斑。

唐代以前，柳姓已入居四川、广西、福建等地。唐代以后，柳姓称盛于南方，且分布极广。另有柳公权，京兆华原(今陕西耀州)人，一代书法家，封河东郡公，与其兄柳公绰(时任吏部尚书)、其侄柳仲郢并称“一门三杰”，柳姓一族，由此生辉。

宋元明清时期，柳姓名人多出江苏、安徽、浙江、福建等南方之地，北方柳姓多沉寂，由此，柳姓称盛于南方的状况不言而喻。明代柳姓作为大槐树迁民姓氏之一，被分迁于山东、河北、河南等地，

清代居闽、粤之地的柳姓有入台、徙新加坡等地者。

柳姓在《百家姓》中排列第 60 位。在当今中国姓氏排行上名列第 133 位，人口约 140.3 万，占全国人口总数的 0.089%左右。今日柳姓尤以山东、四川、湖北、湖南等省居多。

历史名人

柳宗元（773～819），字子厚，河东（今山西运城永济一带）人。唐代文学家、哲学家、散文家和思想家。世称“柳河东”“河东先生”，因官终柳州刺史，又称“柳柳州”。柳宗元与韩愈并称为“韩柳”，与刘禹锡并称“刘柳”，与王维、孟浩然、韦应物并称“王孟韦柳”，唐宋八大家之一。柳宗元一生留诗文作品达 600 余篇，骈文近百篇，散文论说性强，笔锋犀利，讽刺辛辣。游记写景状物，多所寄托，有《河东先生集》，代表作有《溪居》《江雪》《渔翁》。

柳公权（778～865），字诚悬，京兆华原（今陕西铜川）人。唐代书法家、诗人。历仕宪、穆、敬、文、武、宣、懿七朝，官至太子少师，封河东郡公，以太子太保致仕，故世称“柳少师”。柳公权书法以楷书著称，与颜真卿齐名，人称“颜柳”，又与欧阳询、颜真卿、赵孟頫并称“楷书四大家”。他的书法，吸取了颜、欧之长，在晋人劲媚与颜书雍容雄浑之间，自创“柳体”，以骨力劲健见长，后世有“颜筋柳骨”的美誉。柳公权亦工诗，《全唐诗》存其诗五首，《全唐诗外编》存诗一首。所书碑刻，传世者有《送梨帖跋》《玄秘塔》《金刚经》《神策军碑》。

柳永（约 984～1053），原名三变，字景庄，后改名柳永，字耆卿，因排行第七，又称柳七，福建崇安人。北宋著名词人，婉约派代表人物。少时学习诗词，有功名用世之志。咸平五年（1002），柳永离开家乡，流寓杭州、苏州，沉醉于听歌买笑的浪漫生活之中。大中祥符元年（1008），柳永进京参加科举，屡试不中，遂一心填词。景祐元年（1034），柳永暮年及第，历任睦州团练推官、余杭县令、晓峰盐碱、泗州判官等职，以屯田员外郎致仕，故世称柳屯田。柳永是第一位对宋词进行全面革新的词人，也是两宋词坛上创用词调最多的词人。存世词作有《乐章集》。

柳如是(1618～1664)，女，本姓杨，初名隐，后名爱，字影怜，婚后称河东君；吴江(今江苏苏州)人。清朝初期著名诗人、画家。明末曾为江南名妓，与马湘兰、卞玉京、李香君、董小宛、顾横波、寇白门、陈圆圆同称“秦淮八艳”。后嫁与文学家钱谦益为妾。其善画，白描花卉，雅秀绝伦，山水石竹，淡墨淋漓。又博览群书，著有《戊寅草》《柳如是诗》等。

名人故事

柳公权发愤学书法

柳公权小时候字写得不好，常常受到老师和父亲的批评。他虚心听取他们的教诲，经过一年的勤学苦练，他写的字进步很大，受到老师的表扬。

有一天，柳公权和几个小伙伴举行写大楷比赛。他很快地写好了一篇，满以为稳拿冠军，脸上露出得意扬扬的神色。这时，一个卖豆腐的老人看到他写的几个字“会写飞凤家，敢在人前夸”，觉得这孩子太骄傲了，便皱皱眉头，说：“这字写得并不好，好像我的豆腐一样，软塌塌的，没筋没骨，还值得在人前夸吗?”柳公权一听，很不高兴地说：“有本事，你写几个字让我看看。”

老人爽朗地笑了笑，说：“不敢，不敢，我是一个粗人，写不好字。可是，人家有人用脚都写得比你好得多呢！不信，你到华京城去看看吧。”

第二天，柳公权起了个五更，独自去了华京城。一进华京城，他就看见一棵大槐树下围了许多人。他挤进人群，只见一个无双臂黑瘦老头赤着双脚，坐在地上，左脚压纸，右脚夹笔，正在挥洒自

如地写对联，笔下的字迹似群马奔腾、龙飞凤舞，博得围观的人们阵阵喝彩，写出的字比自己不知要好多少倍。他冷静下来想想，觉得自己那么一点成绩真算不得什么。

柳公权“扑通”一声跪在那位无臂老人面前，诚恳地说：“我愿意拜您为师，请您告诉我写字的秘诀……”老人慌忙用脚拉起柳公权说：“我是个孤苦的人，生来没手，只得靠脚巧混生活，怎么能为人师表呢？”柳公权苦苦哀求，老人才在地上铺了一张纸，用右脚写了几个字：“写尽八缸水，砚染涝池黑；博取百家长，始得龙凤飞。”

老人解释说：“这就是我写字的秘诀。我用脚写字，已经练了50多个年头。我磨墨练字用完八大缸水，每天写完字就在半亩大的池塘里洗砚，池水都染黑了。可是天外有天，山外有山，我的字还差得远呢！”

柳公权把老人的话牢记在心，从此发奋练字。他搜集了许多古代书法家的字，反复琢磨，吸取各家的长处。他经常登门拜访当时的书法名家，向他们虚心求教。手上磨起了厚厚的茧子，衣服补了一层又一层。经过苦练，柳公权终于成为我国著名书法家。

屈　姓

姓氏起源

屈姓源出有三：

一是夏代时有屈骜，曾经被夏王启讨伐。他是屈氏的祖先。

二是以封地命姓，出于芈姓，其始祖是春秋时楚国莫敖。春秋时，楚武王的儿子瑕，官至莫敖，位于令尹之下，楚武王封瑕于屈地(今湖北秭归)，把屈作为瑕的食采之邑，故史称屈瑕，或莫敖瑕。屈瑕的后代以封地命姓，遂称屈氏。战国时，屈氏、景氏、昭氏成为楚国公族中有势力的大宗。

三是北魏孝文帝时，有代北复姓屈男氏、屈突氏改为屈姓。其后子孙亦称屈氏。

得姓始祖

春秋时期，楚武王熊通有个儿子叫熊瑕，官至莫敖，位于令尹之下。楚武王封熊瑕于屈邑（今湖南常德一带，一说今湖南岳阳一带），并把屈邑作为熊瑕的食采之邑，其后史称其为屈瑕，或莫敖瑕。在熊瑕的后裔子孙中，多以先祖封地名称为姓氏，称屈氏，世代相传至今，史称屈氏正宗。自此，芈姓屈氏族人皆尊奉熊瑕（屈瑕）为得姓始祖。

迁徙分布

屈氏是一个非常典型的多民族、多源流姓氏，传统意义上的屈氏远祖，始于春秋时期楚国国君楚武王之子芈瑕，受封于屈（湖北秭归），子孙后代遂以封地名“屈”为姓。因此，屈氏是楚国的公族，屈氏起源于芈姓。

屈氏得姓后十分兴旺发达，春秋战国时屈氏和景氏、昭氏为楚国最有势力的三大王室宗族，并显赫一时。这一时期名载史册者达十余人，以三闾大夫屈原最为著名。公元前 223 年楚灭于秦，屈氏从此开始徙奔四方。一部分为避难散居今湖北、湖南等地。汉灭秦，曾迁六国贵族后裔和关东豪族于关中，屈氏亦列其中，为屈氏入陕之始。西汉后，两湖之地的屈氏有一部分迁居浙江临海，一部分迁居江苏泗洪、盱眙等地。而两汉之交的动荡不宁，使关中屈氏有进入山西、河北、山东者，其中一支迁居河南洛阳。

魏、晋、南北朝时期，繁衍于今浙江临海、江苏盱眙、河南洛阳的屈氏家族庞大，人丁兴旺，昌盛为屈氏临海、临淮、河南郡望。屈氏后来在临海郡发展成望族，世称临海望。三国时期，汝南人屈晃因仕宦于吴，落籍今江苏省境。北魏时期，屈遵家族在河北北部、辽宁南部的繁衍也颇引人注目。随着同时期屈突氏改为屈氏，极大

地壮大了屈氏家族。隋唐时，屈氏发展表现为南北争雄，竞相发展。

宋元时期，屈氏在南方的发展压倒了北方，播迁于南方广大省份，今江西、福建、广东、广西均有屈氏人定居。

明朝初期，山西屈氏作为洪洞大槐树迁民姓氏之一，被分迁于河北、北京、江苏、河南、山东等地。

明清以后，屈氏分布地进一步扩大。

屈姓在《百家姓》中排列第 124 位。在当今中国的姓氏排行榜上名列第 182 位，人口约 76.3 万，占全国人口总数的 0.048%左右。屈氏在中国分布较广，以湖南、陕西等省为多。

历史名人

屈平(约前 342～前 278)，字原，通常称为屈原，号灵均，丹阳(今湖北秭归)人。楚国政治家。战国时期楚国贵族出身，任三闾大夫、左徒，兼管内政外交大事。楚武王熊通之子屈瑕的后代。屈原虽忠事楚怀王，却屡遭排挤，怀王死后又因顷襄王听信谗言而被流放，最终投汨罗江而死。屈原是我国已知最早的著名诗人，世界文化名人。他创立了“楚辞”这种文体，也开创了“香草美人”的传统。代表作品有《离骚》《九歌》等。

屈大均(1630～1696)，字骚余，号菜圃，广东番禺人。明末清初著名学者、诗人。与陈恭尹、梁佩兰并称“岭南三大家”，有“广东徐霞客”的美称。曾与魏耕等进行反清活动。后避祸为僧，中年仍改儒服。诗有李白、屈原的遗风，著作多毁于雍正、乾隆两朝，后人辑有《翁山诗外》《翁山文外》《翁山易外》《广东新语》及《四朝成仁录》，合称“屈沱五书”。

屈复(1668～1745)，字见心，号晦翁等，蒲城(今属陕西)县罕井镇人，后迁县城北关。清朝著名文学家。19 岁时童子试第一名。不久出游晋、豫、苏、浙各地，又历经闽、粤等处，并四至京师。乾隆元年(1736)，曾被举博学鸿词科，不肯应试，世称“关西夫子”。72

岁时尚在北京蒲城会馆撰书，终生未归故乡。著有《弱水集》等。

名人故事

屈原投江

屈原早年受楚怀王信任，任左徒、三闾大夫，常与怀王商议国事，参与法律的制定，主张彰明法度，举贤任能，改革政治，联齐抗秦。同时主持外交事务。主张楚国与齐国联合，共同抗衡秦国。在屈原努力下，楚国国力有所增强。但由于自身性格耿直，加之他人谗言与排挤，屈原逐渐被楚怀王疏远。

公元前 305 年，屈原反对楚怀王与秦国订立黄棘之盟，但是楚国还是彻底投入了秦的怀抱。使得屈原亦被楚怀王逐出郢都，流落到汉北。屈原被逐出郢都，流放期间，心中郁闷，开始文学创作，在作品中洋溢着对楚地楚风的眷恋和为民报国的热情。其作品文字华丽，想象奇特，比喻新奇，内涵深刻，成为中国文学的起源之一。

公元前 278 年，秦国大将白起挥兵南下，攻破了郢都，屈原在绝望和悲愤之下，怀大石投汨罗江而死。传说当地百姓投下粽子喂鱼，以此防止屈原遗体被鱼所食，后来逐渐形成一种仪式。以后每年农历五月初五端午节，人们吃粽子、划龙舟，以纪念这位伟大的爱国诗人。1953 年，世界和平理事会通过决议，确定屈原为当年纪念的世界四位文化名人之一。

项　姓

姓氏起源

项姓源出有二：

一是出自姬姓，周朝有项国，其地在今河南项城一带。项国是周朝的同姓（姬姓）诸侯国，公元前 647 年被楚国所灭，项国国君的子孙便以国名为姓，称项氏。

二是出自芈姓，为楚国王族后裔。春秋时期，楚国公子燕受封于项城（今河南项城），建立了项国。后来，项国被齐国所灭，其子孙遂以国名“项”命姓，称项姓。

得姓始祖

《项氏宗谱》记载，季毂，武王时虎贲中郎职，武王伐纣以兵会师牧野有功。武王崩，成王以叔父季毂分封河南项城（《辞海》释“项县”条亦谓：“春秋时项国，后属楚，秦置县。治所在今河南沈丘。”）食采其地，历数传后子孙以邑为姓，望出东鲁，郡号汝南，名载三王全纪。夫人辛氏，生四子：浚、衍、沿、淹。《明二十八年项城志》：按禹贡属豫州之域而商因之周为项国，灭季氏盖春秋鲁僖公十七年（前643）也，战国属楚，嬴秦改属颍川。其后，季毂就成了项姓的得姓始祖。

迁徙分布

项氏是一个典型的汉族姓氏，先秦时期，项姓主要活动在今河南地区，两汉时期，已经分布到今山东、江苏、浙江、陕西地区。

宋朝时期，项姓分布于湖北、浙江、江苏、河南等地。明朝时期，项姓分布于江苏、江西、安徽、四川、福建、河南等地。全国形成以浙江为中心的项姓聚集区。

项氏分布特点：据《项氏宗谱》记载，浙江淳安、安徽徽州（含婺源）为项羽后裔，淳安及徽州歙县、婺源三地项氏，宋元明清时期，有迁徙浙江、安徽、江苏、上海、江西、湖北、湖南、广东、广西、福建、河南、四川、重庆、云南、贵州、河北、北京、东北等地区。

项姓在《百家姓》中排列第125位。在当今中国姓氏排行榜上名列第192位，人口约65.2万，占全国人口总数的0.041%左右。

历史名人

项羽(前232～前202),名籍,字羽,秦末下相(今江苏宿迁)人,楚国名将项燕之孙。军事家,中国军事思想“兵形势”的代表人物(兵家四势:兵形势、兵权谋、兵阴阳、兵技巧),堪称中国历史上最强的武将之一,古人对其有“羽之神勇,千古无二”的评价。秦末农民起义领袖,贵族出身,力能扛鼎,才气过人。从叔父项梁在吴中起义,项梁败死后领其军。破釜沉舟,于巨鹿击败秦军主力。入关后,自立为西楚霸王。作《垓下歌》。

项橐(生卒年不详),春秋时神童。相传他7岁时与孔子辩难,使孔子窘困。曾被大圣人孔子叩拜为师。《三字经》记述:“昔仲尼,师项橐,古圣贤,尚勤学。”后世尊项橐为圣公,因而得其名。被后世称为“圣人之师”。

项名达(1789～1850),原名万准,字步莱,号梅侣,浙江钱塘(今浙江杭州)人。清代数学家。嘉庆二十一年(1816)为举人,考授国子监学正,道光六年(1826)进士,改任知县,但未就职。应考进士期间,曾在京盘桓数年,与友人研讨数学,后返居故里。道光十七年(1837)前,主讲苕南。此后,在紫阳书院(杭州三大书院之一)执教,并研究数学。道光二十六年(1846)冬,退职还家,集中精力撰著书稿,主要数学著作有《象数一原》六卷,《勾股六术》一卷,《三角和较术》一卷,《开诸乘方捷术》一卷,后三种合刻为《下学庵算术》印行。

名人故事

项羽破釜沉舟

项羽世代为楚国贵族。楚国灭亡后,叔父项梁带着他逃到了江南的会稽郡。有一次,秦始皇去江南巡游,经过会稽郡,项羽叔侄一起前往观看。秦始皇出巡时,千车万骑,好不威风。项羽却用手指着秦始皇说:“我可以取而代之!”

秦二世元年(前 209),陈胜、吴广在大泽乡发动起义。项羽和项梁趁机在会稽起兵响应,聚集起八千子弟兵。随后,他们渡江北上,拥立楚怀王的孙子为王。不久,项梁战死沙场,项羽奉命北上巨鹿,援救被秦军围困的赵国。为了显示决心,项羽在渡过漳河后,下令将全部船只凿沉,又把所有的铁锅砸坏,只带三天的干粮。在与秦军交战时,楚军人人斗志高昂,毫不畏惧。巨鹿一战,秦将王离被擒,秦军惨遭失败。各路诸侯军见了,无不心惊胆战。战后,项羽被推举为诸侯上将军,统一指挥各路军队。第二年,秦将章邯走投无路,只好向项羽投降。

包　姓

姓氏起源

包姓源出有三:

一是出自风姓,为上古传说中的部落酋长太昊(伏羲)的后代。太昊创制八卦,教民捕鱼、畜牧,以充庖厨,故又名庖牺或庖羲。据《路史》载:包羲氏后有包氏。

二是出自申姓,为春秋时楚国大夫申包胥之后。申包胥,楚国君蚡冒的后裔,故又称王孙包胥。他曾赴秦国求兵援楚。申包胥的后代,以其名字中的包字为姓,为包氏。

三是据《后汉书》载,丹阳包氏,本为鲍氏,为避王莽之乱,改鲍为包,成为包姓的一支。

得姓始祖

周敬王姬丐十四年(前 506),吴王僚用伍子胥之计破楚入郢。王孙包胥随楚昭王芈轸(熊壬)逃出,辗转至随国。在楚国将亡的危急时刻，王孙包胥认为只有强大的秦国能够帮助楚国，因而独自求援于秦国。秦哀公不愿意得罪吴国，拒绝出兵。王孙包胥因遭拒，便在秦廷不吃不喝地一连哭泣了七天七夜，秦哀公为其忠心所感动，终于派公子子蒲、子虎率领战车 500 辆援救楚国。在秦、楚两国军队的反击下，终于驱走吴国军队，收复了郢都，楚国得以复国。后来，楚昭王论功行赏，封王孙包胥于申地（今江苏江阴、上海一带），而王孙包胥则声称：我请救兵不是为了一君，而是为了楚国人民！拒受赏赐，随即隐居山中，以度余年。因此，楚国人民对王孙包胥非常敬重，仍按封邑名称其为申包胥。申包胥的后人，在周敬王十四年（前 506）即开始以祖之字为姓氏，该支包氏自此开始，后史称包氏正宗。因而，申包胥被尊为包氏的得姓始祖。

迁徙分布

先秦时期，发源于湖北的包姓，随后向北部和东部扩散。秦汉时期，包姓已在山西上党地区形成望族。魏晋时期，由泰山鲍姓改姓的包氏族，在山东地区也迅速向东南迁移，同时包姓主力向安徽、江西、江苏、浙江一带聚集。唐宋时期，包姓已在长江南北分布，并进入福建。

自宋朝至今，包姓人口的增加率是呈下降趋势。在全国的分布主要集中于浙江、江苏、广西，其次分布于甘肃、辽宁、湖北、四川、重庆、上海。全国形成了以江浙为中心，桂渝川和东北两块聚集地的包姓分布局面。

包姓在《百家姓》中排列第 185 位。当代中国包姓的人口已达 65 万，为全国第 181 位姓氏，大约占全国人口的 0.052%。

历史名人

包拯（999～1062），字希仁，庐州合肥（今属安徽）人。北宋大臣，以清廉公正闻名于世。天圣朝进士。累迁监察御史，建议练兵选将、充实边备。奉使契丹还，历任三司户部判官，转运使。入朝担任三司户部副使，又改知谏院，多次论劾权幸大臣。曾任天章阁待制，人称“包待制”，后为龙图阁直学士，故后人亦称“包龙图”。历权知开封府、权御史中丞、三司使等职。嘉裕六年（1061），任枢密副使。有《包孝肃公奏议》传世。

包恢（1182～1268），字宏父，一字道夫，号宏斋，建昌南城（今属江西）人。南宋大臣、文学批评家。从小聪明好学，先求学于陆九渊，后又从朱熹游学，博览群书，通经熟史。嘉定十三年（1220）中进士，初任金溪、光泽主簿、监府翼军等，因讨平唐石之乱有功，改任沿海制置司干官、台州等知府。景定初年，任礼部侍郎、中书舍人，又改任刑部侍郎、华文阁直学士。咸淳二年（1266）五月，升为刑部尚书、端明殿学士、签书枢密院事，封南城县侯。以廉吏，政绩显著著称。著有《敝帚稿略》。

包世臣（1775～1855），字慎伯，晚号倦翁等，安徽泾县人。清代学者、书法家、书学理论家。自幼家贫，勤苦学习，工辞章，有经济大略，喜谈兵。嘉庆二十年（1815）举人，曾官江西新渝知县。包世臣学识渊博，尤其具有农、礼、刑、兵，所谓“齐民四术”的广博学识，所以，包世臣成为当时许多封疆大吏重视的“全才”幕僚。他学书法 30 年，为书家大宗，论书法尤精，所著《艺舟双楫》为中国书学理论重要著作。晚年著作《安吴四种》一书。

名人故事

包公断案

宋仁宗景佑四年（1037）春，包拯 39 岁，赴京听调，进京前写了一首明志诗。诗曰：“清心为治本，直道是身谋。秀干终成栋，精钢不作钩。仓充鼠雀喜，草尽狐兔愁。史册有遗训，无贻来者羞。”这就是包拯出仕做官的座右铭。

到京后不去拜权贵，立志廉洁奉公，正身立朝，做上报国家、下安黎民的清官。包拯接到诏命，便立即赴天长县上任。

刚到任，有个农民哭着到县衙告状，诉说有人割了他家牛的舌头，请求捉拿凶手，给他申冤。这就是有名的“牛舌案”。这虽是一个小案，但影响农耕生产，包拯详细询问后，认定是仇人报复案件。思虑后想出个“金钩钓鱼计”，便对告状的农民说：“牛舌被割，这头牛必死，你回去杀掉卖肉赚钱吧。只是不要声张，更不能说是本县叫你杀的牛。”那位农民一听，顿时吓了一跳，连忙说道：“包大人，牛舌虽无，但牛还未死，杀耕牛是违法的。”包拯说：“本县给你做主。”果然不出包拯的神算，犯人见仇人宰杀耕牛，认为有机可乘，立即到县衙告状了。

包大人升堂，一拍警堂木，猛然怒喝道：“大胆狂徒，为何先割牛舌，又来告人家私宰耕牛？如此可恶，还不从实招供。”罪犯一听，以为事已败露，十分惊恐，又怕刑杖之苦，只好招供认罪。这就是包拯断的第一个案件。

包拯“善断狱讼”的名声，就从这里流传开了。以至于如今的包公戏，基本离不开他如何善断奇案、昭雪沉冤等。事实上，包拯的政绩，并不全在断案上。

文 姓

姓氏起源

文姓源出有五：

一是姬姓，是以谥号命名的姓氏。据《风俗通义》等有关资料记载，商朝末年，居住于渭河流域的周族逐渐强盛起来，商王文丁感到周的威胁，就找借口杀了周人（姬姓）的领袖季历。季历之子姬昌即位后，励精图治，深得国人拥戴，被商纣王封为西伯。因西伯声望太高，纣王又找借口将西伯囚禁，后释放。西伯归周后，以

贤臣姜尚为辅佐，形成了“三分天下”的局面，其实力超过商王朝。西伯在位 50 年，他死后，其子周武王继承了他的遗志，完成了灭商大业，于公元前 11 世纪建立了周朝，建都于镐（今陕西长安沣水以东），追谥西伯为周文王。文王的支庶子孙中有以他的谥号“文”为姓氏的，称文氏。是为陕西文氏。

二是周代卫国将军文子之后。据《姓氏考略》等所载，西周初年建立的卫国，至春秋时期的卫献公时，有个将军叫孙文子，是个很有声望的人物，其子孙有以祖字为氏，称文氏，是为河南文氏。

三是姜姓，为炎帝后裔姜文叔之后。西周初，周武王封炎帝裔孙太岳之苗裔文叔于许（在今河南许昌），建立许国，为姜姓诸侯国。春秋时，许国受郑楚所迫，经四次迁都，公元前 576 年迁叶（今河南叶县西南），前 553 年迁城父（今安徽亳州东南），前 529 年复迁叶，前 524 年迁白羽（今河南西峡），前 506 年迁至容城（今河南鲁山东南），战国初年为楚所灭（一说灭于魏），子孙四散。除有以原国名“许”为氏外，还有以许国开国君主文叔之字为氏，就是文姓。

四是妫姓，为妫满之裔孙，是以谥号命名的姓氏。战国时，齐国（今属山东）有贵族田文，是齐威王的孙子，号称孟尝君，门下有食客数千，是当时有名的政治家。后来齐国贵族田甲叛乱，孟尝君逃到魏国（西周时分封的诸侯国，在今山西芮城北），在魏任相国，死后谥号文子。其后人也有以“文”为氏的，是为山西文氏。

五是敬姓避讳改姓。五代后晋时，为避晋高祖石敬瑭之名讳，“敬”姓改为“文”姓。如宋代文彦博、文天祥，其祖先（在唐五代时）皆为敬姓。

得姓始祖

周武王赐商末帝谥号为“纣”，史称商纣王，或称殷纣王。按西周典制，谥不过三，因此对先祖的谥号向上只能追赐三代。周武王因此追谥父亲西伯侯姬昌为“文”，史称“周文王”；追谥祖父西伯姬季历为“王”，史称“周王季”；追谥曾祖父西伯姬父为“太”，史称“周太王”或“周泰王”。周文王除了有十个嫡子外，还有 89 个庶子，其中有名字的仅有 23 个。在其支庶后裔子孙中，多有以先祖谥号为姓氏者，称文氏，是为陕西文氏，史称文氏正宗。姬姓文氏族人大多尊奉周文王为得姓始祖。

迁徙分布

春秋时，文姓主要活动于河南、山东、湖北一带，战国时，文姓已经播迁到江淮地区。两汉时，文姓西进四川、北上山西、南下跨过长江。唐朝时文姓已经出现在两广地区，尤盛在江西和安徽。其后，文姓在各地都有了分支。

宋元明时期，文姓的分布总格局变化较大，其人口主要向东南、南方、西部地区迁移。全国重新形成了以长江流域省份为中心的文姓聚集区。

文姓在《百家姓》中排列第 355 位。当代中国文姓人口已达 170 万，约占全国总人口的 0.14%，排在全国第 109 位。

历史名人

文彦博(1006～1097)，字宽夫，号伊叟。汾州介休(今山西介休)人。北宋时期著名政治家、书法家。被誉为介休三贤之一。天圣五年(1027)进士及第。他历仕仁、英、神、哲四帝，出将入相 50 年。任殿中侍御史期间，秉公执法，曾成功地抵御了西夏的入侵。为相期间，大胆提出裁军八万之主张，为精兵简政，减轻人民负担，被世人称为贤相。晚年皈依佛法。官至太师、平章军国重事，封潞国公。有《文潞公集》40 卷。

文天祥(1236～1283)，初名云孙，字宋瑞，一字履善，自号文山、浮休道人，江西吉州庐陵(今江西吉安青原区富田镇)人。宋末政治家、文学家，爱国诗人，抗元名臣，民族英雄，与陆秀夫、张世杰并称为“宋末三杰”。宝祐四年(1256)状元及第，官至右丞相，封信国公。于五坡岭兵败被俘，宁死不降。至元十九年(1282)十二月初九，在柴市从容就义。著有《文山诗集》《指南录》《指南后录》《正气歌》等。

文徵明(1470～1559)，原名壁(或作璧)，字徵明，长州(今江苏苏州)人。明代画家、书法家、文学家。42岁起，更字徵仲。因先世衡山人，故号衡山居士，世称“文衡山”。曾官翰林待诏。诗宗白居易、苏轼，文受业于吴宽，学书于李应祯，学画于沈周。在诗文上，与祝允明、唐寅、徐祯卿并称“吴中四才子”。在画史上与沈周、唐寅、仇英合称“吴门四家”。著有《甫田集》，画作有《真赏斋图》《绿荫草堂图》。

文廷式(1856～1904)，字道希，号云阁等，江西萍乡人。晚清词人、学者、维新派思想家。光绪十六年(1890)榜眼，曾任翰林院侍读学士。他赞成光绪亲政，支持康有为发起强学会，因而受到慈禧太后的嫉恨，被参革职。1898年戊戌政变后出走日本。他能诗词，也有慨叹时事之作，著有《云起轩诗抄》《闻尘偶记》等。

文康(生卒年不详)，姓费莫氏，字铁仙，一字悔庵，号燕北闲人。满族镶红旗人。清代小说家。他出身显贵，早年家世盛极一时；晚年诸子不肖，家道中落，以至于家中物品变卖殆尽。曾任过理藩院郎中，官徽州知府。文康当时独居一室，仅有笔墨相伴，有感于世运变迁、人情反复，便以警教式的理想化的笔触，撰写完成了长篇白话小说《儿女英雄传》(又名《金玉缘》)。该书是我国小说史上最早出现的一部熔侠义、言情、公案于一炉的社会小说，有人甚至称其为“一时杰作”。影响之大，自不待言。

名人故事

宁死不屈的文天祥

1275年正月，因元军大举进攻，宋军的长江防线全线崩溃，朝廷下诏让各地组织兵马勤王。文天祥立即捐献家资充当军费，招募当地豪杰，组建了一支万余人的义军，开赴临安。由于元军攻势猛烈，江西义军虽英勇作战，但最终未能挡住元军兵锋。

次年正月，元军兵临临安，文武官员纷纷出逃。谢太后任命文天祥为右丞相兼枢密使，派他出城与伯颜谈判，企图与元军讲和。文天祥到了元军大营，却被伯颜扣留。元军占领了临安，伯颜企图诱降文天祥，利用他的声望尽快收拾残局。文天祥宁死不屈，伯颜只好将他押解北方。行至镇江，文天祥冒险逃出，后辗转到达福州，成为宋端宗的右丞相。

1277 年夏，文天祥率军由梅州出兵，进攻江西，在雩都（今江西于都）获得大捷。1278 年冬元军大举进攻，文天祥兵败被俘。文天祥服毒自杀未遂，元将张弘范让他写信招降张世杰。文天祥说："我不能保护父母，难道还能教别人背叛父母吗？"张弘范一再强迫文天祥写信。文天祥于是将自己前些日子所写的《过零丁洋》一诗抄录给张弘范。

辛苦遭逢起一经，干戈寥落四周星。
山河破碎风飘絮，身世浮沉雨打萍。
惶恐滩头说惶恐，零丁洋里叹零丁。
人生自古谁无死，留取丹心照汗青。

张弘范读到"人生自古谁无死，留取丹心照汗青"两句时，不禁也受到感动，不再强逼文天祥了。1283 年，文天祥遇害。

荣　姓

姓氏起源

荣姓源出有三：

一是据《姓氏考略》和《吕氏春秋》载，远古黄帝时代，有个音乐家叫荣援，受黄帝命，与伶伦共铸造了12个铜钟，以和五音。荣援就是荣姓的始祖。此支荣姓的望族出于上谷。古代时的上谷，指的是今河北省中部及西部等地方，《姓氏考略》上记载“荣氏望出上谷”。因此，上谷正是荣氏的发源之地。

二是以食邑地名为氏。据唐代《名贤氏族言行类稿》记载，上古(距今3 000多年前)周成王有个卿士受封于荣邑(在今河南巩义一带)，称为荣伯，他的子孙便以邑为姓，相传姓荣。周代大夫荣夷公，其先人食邑于荣，以荣为氏，望族出于乐安。又根据历来学者的考证，这一支荣氏出自周成王的卿士荣伯，最初聚居于乐安(今山东境内)一带，后来逐步繁衍迁徙到全国各地。

三是出自清朝满洲旗人的改姓。清兵入关后，有满洲旗人改姓为荣，使荣氏的家族阵容更加庞大。在改姓为荣的满洲人中，最为有名的是光绪年间慈禧太后的宠臣荣禄。还有诗人荣涟、书画家荣林等。

得姓始祖

荣姓的始祖，乃是黄帝座前的大臣荣将，或称为荣授，因此荣姓是一个古老的姓氏，至少已经有5 000年的历史。根据《姓氏考略》上说，在《吕氏春秋》有记载，据说荣授曾经奉黄帝之命，与伶伦共铸12钟，以和五音，是中华民族音乐的始祖，也是荣后人尊为荣姓的得姓始祖。

迁徙分布

荣氏祖先本与西周姬姓同宗，“周成王卿士荣伯食采于荣(今河南巩义西)，因以为姓氏”。周庄王四年(前693)，荣叔公“奉王命见鲁桓公，有功社稷，封为上谷大夫，始迁于鲁，宅居郕邑(今山东汶上，古称中都)，是为鲁宗之始”。

叔公后人荣启期精通音律，博学多才，思想上很有见解，但在政治上并不得志，特别在老年以后，常常在郊野“鹿裘带素，鼓琴而歌”，并以此自得其乐。

春秋时，荣旗（古字作旂），字子祺，生于周景王三年（前542），年龄小于孔子九岁，早年到洙水、泗河跟孔子学习，精通六艺，帮助孔子删《诗》、赞《易》、序《书》、定《礼》，“共维斯道于不坠，名列（孔子）七十二子之中”。唐玄宗时封雩娄伯，宋真宗时封厌次侯，明世宗嘉靖年间追称先贤荣子，今曲阜孔庙东庑供奉其牌位，列第二十位。宋朝荣諲（字仲思）第一次修《荣氏宗谱》，即尊荣启期为鼻祖，尊荣旗为一世祖，至荣諲为第四十六世。

荣子子祺公三十八世孙荣助因设教授徒，由美化大庄迁居济州任城八里店。荣助被尊为任城始迁祖，时在唐朝中叶。荣助几代单传至荣子四十六世孙荣諲。荣諲宋真宗时举进士，官至集贤殿修撰、秘书监，《宋史卷》有传。荣諲主修荣氏第一部宗谱，并因知洪州迁家湖广鄂渚，被梁溪无锡和河北霸州荣氏尊为近世一世祖，至荣毅仁先生为近世三十一世；从一世祖子祺公算起，荣毅仁先生为七十六世。

荣姓在《百家姓》中排列第199位，在中国姓氏排行中第169位，在全国人口约88万，约占全国总人口的0.07%。

历史名人

荣启期（前571～前474），字昌伯，郕国（今山东汶上县北）人。春秋时著名隐士。传说曾行于郕之野，语孔子，自言得三乐：“为人，又为男子，又行年九十。”后用为“知足自乐”之典。南朝砖画有《竹林七贤和荣启期》，正是陶渊明诗中吟咏的“荣叟老带索，欣然之弹琴”的形象。

荣禄（1836～1903），字仲华，号略园，瓜尔佳氏，满洲正白旗人。清末大臣，晚清政治家。出身于军官家庭，以荫生晋工部员外郎，后任内务府大臣，工部尚书，出为西安将军。因为受到慈禧太后的青睐，留京任步军统领，总理衙门大臣，兵部尚书。辛酉政变前后，为慈禧太后和恭亲王奕䜣所赏识，官至总管内务府大臣。著有《荣文忠公集》《荣禄存札》。

名人故事

荣启期：知足者常乐

荣氏祖先本与西周姬姓同宗，周成王卿士荣伯食采于荣（今河南巩义西），因以为姓氏。周庄王四年（前693），荣叔公“奉王命见鲁桓公，有功社稷，封为上谷大夫，始迁于鲁，宅居郰邑（今山东汶上，古称中都），是为鲁宗之始”。

荣启期为叔公后人，精通音律，博学多才，思想上很有见解，但在政治上并不得志，特别在老年以后，常常在郊野“鹿裘带素，鼓琴而歌”，并以此自得其乐。

孔子游泰山时，在路上遇见荣启期，衣不蔽体，但边弹琴边唱歌，一副怡然自得的模样。孔子问他：“先生所以乐，何也？”荣启期回答：“吾乐甚多：天生万物，唯人为贵。而吾得为人，是一乐也。男女之别，男尊女卑，故以男为贵；吾既得为男矣，是二乐也。人生有不见日月、不免襁褓者，吾既已行年九十矣，是三乐也。”

孔子连连点头称是。又不无惋惜地说：“以先生高才，倘逢盛世，定可腾达，如今空怀瑾瑜，不得施展，仍然不免遗憾。”

谁知荣启期却不以为然地说：“古往今来，读书人多如过江之鲫，而能飞黄腾达者才有几人？贫穷是读书人的常态，而死亡则是所有人的归宿，我既能处于读书人的常态，又可以安心等待人最终的归宿，还有什么可遗憾的呢？”孔子听了说：“善乎！能自宽者也。”这就是“知足者常乐”的典故。

当然连荣启期本人也没有想到的是，他与孔子的这番对话，使他的名字永远地流传下来。在后世许多诗文辞赋中，都把他作为“高士”记载和歌颂。东晋陶渊明作《饮酒》诗，有专写他的一章：

"九十行带索，饥寒况当年。不赖固穷节，百世当谁传？"

司马姓

姓氏起源

司马姓源出有三：

一是源于西周，以官职为姓。上古时有人重黎，为司掌天地之官，唐尧曾抚育重黎之后。同宣王时，有重黎之后程伯休父，官至司马，执掌国家军队，佐政辅国，权势重大，程伯休父克平许方，立下大功，周王室允许他以官职为姓，其后遂成司马氏。

二是晋元帝司马睿，本姓生，改姓司马，其后亦为司马氏。

三是为许氏、郝氏所改。如许穆之、郝惔之即是。他们的后代司马姓望族居河内（今河南省）。

得姓始祖

据史籍《通志·氏族略》上记载，追源溯流，司马氏的得姓始祖，是周宣王执政时期官拜司马（管辖军政和征战的官职）的程伯休父，因他屡次征战有功，而被赐姓为司马，其后世子孙即"以官为氏"而姓了司马。程伯休父是殷、周朝时期一个诸侯，是上古颛顼帝之后祝融氏重黎的子孙所传。程伯休父的子孙，一部分"以官为氏"而姓了司马；一部分依照惯例"以国为氏"而姓了程。因此司马氏系出程氏，与程氏一族是一家人。司马氏的得姓，在 2 700 余年前。司马氏后人奉程伯休父为司马氏的得姓始祖。

迁徙分布

先秦时期，司马氏族人已分布于郑（今河南新郑）、晋（今山西）、卫（今河南濮阳）、程（今陕西咸阳）等地。《姓氏考略》载，司氏最早繁衍发展中心是古代顿丘。就是现在河南清丰、浚县之间一带，该地名曾出现于《诗经》中的《卫风·氓》中，是一个与中华民族有着深厚渊源的地方，根据考证，这个地方在春秋时代是属于卫国的一个邑，到了战国时代又改隶魏国。

两汉时期，司马氏主要分布在今河南、陕西、四川等地，其中河内郡（今河南西部、黄河以北地区武陟西南一带）一直是司马氏的重要聚集地。

三国曹魏时期，河内温地（今河南温县）出了一位著名的政治家、军事家司马懿，后其孙司马炎废魏建晋，建都于洛阳。从此，河内郡成为司马氏家族最著名的郡望。

司马氏在中国历史上建立了西晋和东晋政权，共历十五帝，公元156年，进一步扩大了司马世家的影响。但是由于晋朝司马氏皇权不断衰落，司马姓的贵族为免被害，很多改换他姓。

东晋王朝灭亡以后，司马氏步入平稳发展时期，司马氏有许多改为司氏、马氏、同氏、仝氏、冯氏等，亦有维持司马氏复姓者。

如今，司马氏仍为复姓中的大姓，分布较为广泛，在河南洛阳、偃师、温县，陕西韩城，山西涑水，安徽宿松，湖南湘潭、湘乡、湘阴，山东兰陵，北京、上海、天津、河北、内蒙古，香港、台湾等地，均有司马氏族人分布。

司马姓在《百家姓》中排序为第410位。司马姓人口排名第549位，人口2.8万人。

历史名人

司马迁（前146～?），字子长，夏阳（今陕西韩城）人。西汉著名史学家、文学家。初任郎中，汉元封三年（108），继父任太史令，尽阅史馆所藏旧史。遍游名都大邑，探访古迹，汉太初元年（前104），开始编撰史书。后因替李陵败降匈奴事辩解，触怒汉武帝而下狱，受宫刑。出狱后，任中书令。仍发愤著书，历12年，于汉征和二年（前91），撰成中国第一部纪传体通史，时称《太史公书》。三国后期，称为《史记》。

司马相如（前 179～前 118），字长卿，巴郡安汉县（今四川南充蓬安）人。西汉辞赋家，文学史上杰出的代表。景帝时为武骑常侍。工辞赋，其代表作品为《子虚赋》。作品辞藻富丽，结构宏大，使他成为汉赋的代表作家，后人称之为赋圣和“辞宗”。古琴曲《凤求凰》演绎了他与卓文君的爱情故事。作品有《上林赋》《长门赋》《司马相如上书谏猎》等。

司马懿（179～251），字仲达，河内郡温县（今河南温县）孝敬里人。三国时期，魏国杰出的政治家、军事家，西晋王朝的奠基人。曾任职过曹魏的大都督、太尉、太傅，是辅佐了魏国三代的托孤辅政之重臣，后期成为全权掌控魏国朝政的权臣。平生最显著的功绩是多次亲率大军成功对抗诸葛亮的北伐。司马炎称帝后，追尊司马懿为宣皇帝。

司马昭（211～265），字子上，河内温县（今河南温县）人。三国时期，曹魏权臣，西晋王朝的奠基人之一。他是司马懿的次子，司马师的弟弟，西晋开国皇帝司马炎的父亲。司马昭继承父兄的权力，弑魏帝曹髦，彻底控制了曹魏政权。其子司马炎称帝后，追尊司马昭为文皇帝。有著名的成语“司马昭之心，路人皆知”。

司马光（1019～1086），字君实，号迂叟，陕州夏县（今山西夏县）涑水乡人，世称涑水先生。北宋政治家、史学家、文学家。历仕仁宗、英宗、神宗、哲宗四朝。宋仁宗时中进士，英宗时进龙图阁直学士。王安石变法以后，司马光离开朝廷 15 年，主持编纂了中国历史上第一部编年体通史《资治通鉴》。为人温良谦恭、刚正不阿；做事用功、刻苦勤奋。以“日力不足，继之以夜”自诩，其人格堪称儒学教化下的典范，历来受人景仰。著作甚多，主要有《资治通鉴》《温国文正司马公文集》《稽古录》《涑水记闻》《潜虚》等。

司马迁与《史记》

司马迁是西汉时期大文学家和历史学家，父亲是西汉很有学问的史官。他从小随父亲到长安，10 岁攻读古文，学习非常刻苦。他 20 岁后，漫游大江南北，到过长城，渡过黄河，登过泰山，游过长江，一路上采访民间传说，考察文物古迹，搜集历史资料。这些活动丰富了他各方面的知识，培育了他热爱祖国的思想感情。

司马迁漫游回来后，当了一名小官。不久他父亲病危，去世前，拉着司马迁的手说："我家世代为史官，你将来也会接替这个职务。我早就想写一部通史，但这个愿望实现不了啦！你一定要继承我的事业，千万不要忘记啊！"司马迁坚定地回答说："我虽然没什么才能，但我一定实现您的愿望！"

后来，司马迁当了史官，他如饥似渴地阅读皇家图书馆里的藏书、档案，整理和考证历史资料。那时的文字都刻在木简上或写在丝绢上，有时一部书就要堆满一间屋子，读书是很不容易的，到 41 岁那年，他开始写《史记》。六年后，司马迁因直率地发表自己的看法，得罪了皇帝，被送进监狱。他在狱中曾产生过自杀的念头，但是他又觉得："人固有一死，或重于泰山，或轻于鸿毛。"如果就这样轻易死去，《史记》由谁来完成呢？他决心活下去，一定要把《史记》写完！

50 岁那年，司马迁被释放出狱。他更加勤奋，把全部心血都倾注到写《史记》中去。他用了 14 年的时间，终于写成了这部 50 多万字的著作。《史记》是我国第一部通史，一共写了 3 000 多年的历史，其中有揭露帝王作恶的文章，也有歌颂奴隶起义的故事。这是司马迁用毕生的精力，艰苦的劳动，写出的一部永远闪耀着光辉的伟大著作。

诸葛姓

姓氏起源

诸葛姓源出有三：

一是根据《通志·氏族略》上的记载，诸葛氏是葛婴的后人，因居住在诸城，而被称为诸葛。

二是从《三国志·吴志·诸葛瑾传》中可知，琅琊诸县人葛氏，后来迁居阳都，阳都原来已经有姓葛的人，为了将两葛氏人区分开来，所以称诸县葛氏为诸葛。

三是赐姓，据《风俗通》记载，孝文帝因葛婴有功而被诛杀，所以追封他的孙子为诸县侯，并且称诸葛氏。

得姓始祖

诸葛氏最初是源自葛氏，得姓源流有三种不同途径。一是根据《通志·氏族略》上的记载认为，诸葛氏是葛婴的后人，因居住在诸城，而被称为诸葛。二是从《三国志·吴志·诸葛瑾传》中引证得出，琅琊诸县人葛氏，后来迁居阳都，阳都原来已有姓葛的人，为了将两葛氏人区分开来，所以称诸县葛氏为诸葛。三是《风俗通》上所提到的，孝文帝因葛婴有功而被诛杀，所以追封他的孙子为诸县侯，并且称诸葛氏。此外，另有一说是由“詹葛”氏改成的。综合以上文献资料可知，诸葛氏的得姓途径虽有不同，但追本溯源，却一脉相传自夏商之际的诸侯葛伯，而且都出自山东诸城。这个家族之所以会以诸葛为姓，主要是基于血统和地缘两个因素。在血缘上，他们是葛伯之后；在地缘上，他们同发祥于诸城，也成长于诸城。诸葛氏后人奉葛伯为诸葛姓的始祖。

迁徙分布

早在商朝，相传伯益的后裔葛伯，被封为诸侯，之后，其后世有一支迁居诸城（今山东诸城），后迁至阳都（今山东沂水），因当地已有葛姓，故后来的葛姓取“诸葛”二字为其姓氏。

秦代葛婴（陈涉大将）在农民起义中屡立战功，却被谗言所害，遭杀身之祸，而后世汉武帝刘彻为其不平，隧赐其子孙为诸县侯，由此，后人取“诸、葛”二字，合姓“诸葛”；再一说，有“詹葛”一姓，在齐国人的语系里，“詹”与“诸”两音不分，时间长久后，误传为“诸葛”。诸葛复姓望族居琅琊郡。秦始皇时置郡。相当于现在山东诸城、临沂、胶南一带。

诸葛姓在《百家姓》中排列第 414 位。据不完全统计，诸葛氏现有人口 3.7 万人，排名第 544 位。

历史名人

诸葛亮（181～234），字孔明，号卧龙，徐州琅琊阳都（今山东沂南）人，三国时蜀汉丞相，杰出的政治家、军事家、散文家、书法家、发明家。东汉末年，隐居邓县隆中（今湖北襄阳西），留心世事。刘备“三顾茅庐”，诸葛亮出山成为刘备的主要谋士，建立了蜀汉政权。刘备称帝，他任丞相。刘备死后，受遗诏与尚书令李严共同辅佐后主刘禅。曾发明木牛流马、孔明灯等，并改造连弩，叫作诸葛连弩，可一弩十矢俱发。有《诸葛武侯集》《出师表》《诫子书》等名篇。诸葛亮一生“鞠躬尽瘁，死而后已”，是中国传统文化中忠臣与智者的代表人物。

诸葛恢（265～326），字道明，晋代琅玡阳都（今山东沂南）人。东晋时期重臣，名士。曾任安东将军司马睿（即晋元帝）属下的从事中郎，后官至尚书右仆射。咸康八年（342），受晋成帝遗诏与庾冰、何充等为顾命大臣，一同辅佐朝政。晋康帝继位后，加任侍中、金紫光禄大夫。诸葛恢与荀闿、蔡谟号称“中兴三明”，当时的人说："京都三明各有名，蔡氏儒雅荀葛清。"

名人故事

诸葛亮招亲

诸葛亮未出山之前，隐居在南阳卧龙岗，他住在茅庵里，一边开荒一边发奋读书。卧龙岗下有位黄员外，十分欣赏诸葛亮的才华，而诸葛亮十分尊敬黄员外的学问；两个人你来我往，成了忘年交。久而久之，黄员外便有心将女儿许配给诸葛亮；请媒人一说，诸葛亮既没有应承，也不好拒绝。原来诸葛亮听说黄小姐相貌丑陋，心中不大乐意。

过了几天，诸葛亮上黄员外家拜访，他向家人报了姓名。家人说："诸葛相公请进吧！"也不领他就走了。诸葛亮只好自己往里走，第二道门紧闭着，他轻敲两下，门自动开了。待他入门，门又关上。正在他想探个究竟时，前面"呜"地扑过两只狗，叫着冲他扑上扑下，吓得诸葛亮左躲右闪，好不着急。这时跑过一个丫鬟，拍拍狗的脑门又拧拧狗耳朵，狗就跑开了。诸葛亮细看才知道这是两只木头狗，外面缝了狗皮。诸葛亮忙向丫头打听这是谁做的，丫头笑而不答。诸葛亮只好继续往里走，第三道门又是自开自关了，诸葛亮想：这回又能蹦出个什么东西呢？眼前猛地蹦出两只老虎，牙齿锋利，张着血盆大口十分恐怖，诸葛亮不怕：肯定也是假的！于是学着丫鬟的样子往老虎头上拍，这下可好，拍得老虎尾巴都竖起来，眼睛睁得铜铃似的就要扑上来咬他。诸葛亮正不得脱身！那丫鬟又跑来，拍拍老虎的屁股，老虎就乖乖地趴下了。丫鬟说："你真是自作聪明，狗和老虎会是一样吗？"诸葛亮被说得很不好意思，说："这深宅大院难进，请你带我进行吧！"丫鬟说："我正忙呢！"挥手指指那边，那边有盘磨，被一头木驴拉着跑，诸葛亮一看就呆住了，惊叹道："黄先生府上能人真不少啊！"诸葛亮想，这里面还不知

有多少新玩意儿，也不知还要惹多少麻烦！正在犹豫之时，里面走出一位姑娘。对诸葛亮说："跟我进来吧！"这姑娘行为举止利索大方，引着诸葛亮往里走，一边把各种机关拧上，诸葛亮很快就见到了黄员外。

诸葛亮问："见先生真不容易，不知是哪位能人发明那些东西？"黄员外大笑道："是我那好事的丑闺女呀！让您受惊，实在多有不恭！"诸葛亮一听脸就红了，心中暗骂自己："糊涂啊，这么有才华的女子提亲给你，是你的福分啊！"于是忙施礼道："小姐才智超人……晚生在此拜见岳丈大人了！"黄员外呵呵大笑起来。

后来，诸葛亮与黄小姐成了亲，两人在很多方面互帮互学，很有进益。